红星耀武川

政协武川县委员会 编

张立侠 主编

中国文史出版社
CHINA CULTURAL AND HISTORICAL PRESS

《红星耀武川》编委会

主　编

张立侠（副教授）

工作人员

韩文贵（武川县政协主任科员）

李彩青（武川县政协干部）

尹　璐（武川县政协干部）

汪瑞梅（武川县政协干部）

赵慧军（武川县政协干部）

田宏伟（武川县住建局干部）

李　强（武川县政协干部）

段建平（武川县政协干部）

张鹏飞（武川县政协干部）

刘喜平（武川县政协干部）

胡宝明（武川县政协干部）

霍雪飞（武川县政协干部）

温　昕（武川县政协干部）

郭田雨（武川县政协干部）

大青山英雄纪念碑（1985 年国务院批准为全国重点烈士纪念建筑物保护单位）

“蜈蚣坝伏击战革命遗址”纪念碑（蔚堃摄影）

1938 年，八路军大青山支队与蒙汉游击队胜利会师

第二战区民族革命战争战地总动员委员会游击第四支队部分人员合影

八路军居住过的窑洞

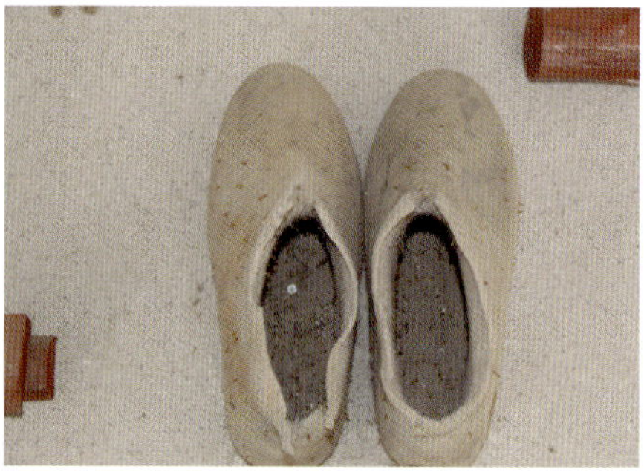

大青山抗日游击队战士的衣物

郝区政府旧址的“郝区政府”石刻被命名为自治区级文物保护单位

报务员正在发电报

姚喆司令员重返大青山（李绍华供图）

郝秀山重回老区（郭秀英供图）

时任武川县政协主席的张立侠一行看望郝秀山老前辈

武川县学者郭志刚老师为前来寻访大青山支队红色足迹的大青山支队后辈黄晓明和党史学者一行介绍大青山抗日历史

武川县第八届政协主席张立侠与列席政协会议的离退休政协和人大领导合影

中央纪委驻交通部纪检组原组长、内蒙古自治区党委原副书记杨利民等来武川县考察

第九届武川县政协第四次会议

2021 年 7 月 28 日中共武川县第十五次代表大会留影

2020年10月25日，内蒙古政协党组书记、主席李秀领来武川县调研工作。内蒙古政协秘书长狄瑞明，呼和浩特市委常委、武川县委书记云海，武川县委副书记、县长靳春亮，武川县政协主席张立侠一同调研

革命老区武川县大青山乡井尔沟新貌

鸣谢：

北京市门头沟区政协

2019 年 8 月门头沟区政协一行来武川考察

2019 年门头沟区政协一行来武川考察，参观大青山乡干只汗村委会下南滩村北魏武川镇古城遗址

前言

《红星耀武川》选编的是中国共产党领导的抗日武装创建大青山抗日游击根据地，开展抗日战争和解放战争这一段惊天地、泣鬼神的英雄故事，撰写者、忆述者多是大青山抗日游击根据地的创建者和游击战争的参与者及其后代，还有武川县政协工作者、党史研究者，资料具有亲历、亲为、亲见、亲闻的特点。

大青山抗日游击根据地是中国共产党领导的全国19个抗日根据地之一，原全国人大常委会副委员长、大青山抗日游击根据地领导人李井泉曾作出了“武川是大青山抗日游击根据地的中心地带”的客观评价。

在80多年前那场关系中华民族生死存亡的民族战争中，党中央、毛主席从全国战略高度出发，派遣八路军一二〇师一支劲旅开赴大青山，开辟了大青山抗日游击根据地。八路军健儿风餐露宿，爬冰卧雪与日寇浴血奋战，武川人民积极参军参战，捐款捐物，与八路军生死与共，结下了鱼水深情，谱写了一曲团结御侮、抵抗侵略的英雄赞歌。在钟灵毓秀、人杰地灵的武川大地上，浓墨重彩地描绘了一幅自强不息、共赴国难的历史画卷。

本书武川革命纪事、红旗漫卷大青山、战斗在敌人心脏、英雄印记、社会建设、军民鱼水情等几个方面，共辑录文章48篇，42万字，真实记录了大青山抗日游击根据地的建立、发展、巩固和坚持斗争，直到最后取得胜利的全过程，深刻揭露了日本侵略者的残暴罪行，热情讴歌了八路军和游击队将士及根据地人民群众为实现民族独立和人民解放不怕艰难困苦、甘愿流血牺牲的大无畏精神。深情回顾了大青山地区蒙汉各族人民在山河破碎、民族危亡的关键时刻，深明大义、舍身忘死支援抗战的感人场景。革命前辈和青山儿女以天下兴亡、匹夫有责的爱国情怀，视死如归、宁死不屈的民族气节，不畏强暴、血战到底的英雄气概，百折不挠、坚韧不拔的必胜信念，不怕牺牲、英勇斗争，用他们满腔的热血和艰苦卓绝的斗争，共筑血肉长城，保卫了祖国的大好河山，保卫了我们可爱的家乡，最终迎来了抗日战争、解放战争的胜利和新中国的诞生。历史不会被忘记，先烈们的事迹和英名定会万古流芳，必将永垂青史。

希望通过本书的出版，有助于开展革命传统教育和爱国主义教育，传承红色文化基因，提升文化软实力，促进武川革命老区红色文化资源综合开发利用，逐步打造协同互补、研学共进的全国爱国主义示范教育基地，推动武川红色文化产业提档升级，助力乡村振兴，促进县域经济社会高质量发展。

中共武川县委书记 杨晟

武川县人民政府县长 喀达

2021 年 7 月 1 日

目录

第三辑 战斗在敌人心脏

第四辑　英烈印记

第五辑　社会建设

第六辑　军民鱼水情

第一辑 武川革命纪事

武川县革命活动大事记（1925—1951）①

刘耀冰*

武川县是内蒙古革命活动较早的地区之一。在漫长的革命岁月里，我党、我军和武川各族人民群众，前仆后继，浴血奋战，进行了艰苦卓绝的革命斗争，取得了一个又一个伟大胜利。在武川的大地上留下了惊心动魄的足迹，谱写出永载史册的光辉诗篇。

1925—1936

1921 年中国共产党成立后，党在领导全国革命斗争的同时，立即着手开展少数民族地区的革命斗争。内蒙古是党首先开辟革命工作的少数民族地区，这里如火如荼的斗争，是在以李大钊同志为首的中国共产党北方区委的直接领导和关怀下，蓬蓬勃勃发展起来的。早在党的一大后，即有何孟雄、张昆弟同志到平绥铁路开展工作。继而，从 1923 年开始，李大钊、邓中夏、赵世炎等同志，亲自引导在北京蒙藏学校读书的一批蒙古族青年走上了革命道路，不少人加入了中国社会主义青年团和中国共产党。1925 年以后，党把这批蒙古族青年中的一部分派回内蒙古地区，建立了中国共产党热河、察哈尔、绥远、包头四个工作委员会，在草原上竖起了革命红旗；另一部分送到广州农民运动讲习所、

① 原载于《武川文史资料》第一辑，1985 年 2 月。

*刘耀冰：原县委宣传部党史办干事，曾任政协文史资料委员会副主任（兼），乌兰牧骑指导员。

黄埔军校和十月革命的故乡苏联学习深造。1925年秋，共产国际同意李大钊同志向中共中央建议，成立了内蒙古地区蒙古民族有史以来所组织的第一个革命政党——内蒙古人民革命党。同年冬，李大钊同志又担任了内蒙古地区第一个团结和领导蒙汉各族劳动人民进行革命斗争的群众性组织——农工兵大同盟的书记。

在这个历史背景下，四个工委在各自所在地区开展工作，发展党员，建立基层党组织和青年团组织，形成坚强的领导核心。中共绥远工委设在归绥旧城（今呼和浩特市旧城）巧尔齐召内，当时对外的公开名称是由我们党帮助组建的国民党绥远党部。在工委下面还建立了萨县工委，书记是李瑞；和林县工委，书记是万寿；归绥县工委，书记是赵受恩；土默特旗工委，负责人是崇德臣、孙承业。武川县也于1925年秘密建立中共地下党组织，设中共武川县工委，书记是温财旺。到1926年，全工委的党团员各有30多人。中国共产党这面鲜艳的红旗在武川的大地升了起来，指引着武川蒙汉各族人民同封建军阀进行坚决的斗争。

1927年，波澜壮阔的大革命失败了，在白色恐怖极端残酷的时候，继中共北方区委之后，党的顺直省委、满洲省委、山西省委、陕北工委先后派人到内蒙古联络同志，恢复组织，坚持斗争。

1928年3月，中共顺直省委提出了内蒙古工作方针，分析了内蒙古的政治、经济形势，指出这里的阶级斗争和民族冲突错综复杂地交织在一起，只有在中国共产党领导下，蒙汉族人民团结斗争，才能得到共同的解放。4月，中共中央决定在顺直省委领导下建立中共内蒙古特别支部，由韩麟符、郑丕烈、云润、杨洪涛、卢东白、张述等组成。在热河、察哈尔、绥远三个特别区恢复和发展了党的组织，在群众中扩大党的影响。

为了加强党对内蒙古工作的领导，顺直省委和内蒙古特支从6月开始，要求中央直接指导内蒙古工作。1929年2月，中央决定将内蒙古特支改为特委，郑丕烈任书记。并规定内蒙古民族工作的纲领是：赶走帝国主义的势力；推翻军阀、国民党、王公贵族的统治；取消王公贵族的一切特权，取消奴隶制等。号召蒙汉被压迫阶级联合起来。同时要求内蒙古特委加强对蒙古民族“反改省运动”的领导。1930年6月，内蒙古特委遭破坏，郑丕烈被捕。

同年12月5日，中央指示满洲省委重建内蒙古特委，由李希逸主持，以热河为中心开展内蒙古工作。同时中央拟定了“内蒙古工作计划大纲”，全面系统地阐述了内蒙古革命形势、任务和工作部署。1931 年九一八事变爆发后，内蒙古特委发出“团结全国各民族，反对日本帝国主义侵略”的号召。10 月 2 日，内蒙古特委在热河滦平县金沟屯召开各旗县党组织代表联席会议，选举产生了新特委，李铁然任书记。1933 年 2 月 22 日，内蒙古特委在张家口组织“蒙汉抗日同盟军事委员会”，发表《坚决抵抗日本帝国主义宣言》，号召蒙汉各族人民参加抗日同盟军，团结抗日，乌兰夫参加组织工作。接着，内蒙古特委在北京、热河围场和张家口先后召开紧急会议，制订工作计划，决定进一步发动工人、农民、牧民、士兵开展武装抗日斗争。王逸伦参加会议，并当选为特委委员。不久，内蒙古特委遭破坏，李铁然被土匪杀害，特委其他成员分散各地继续开展斗争。

1937年

1937 年，七七事变的消息很快传到了绥远各个角落，随后敌人侵占了平绥路。1937 年 10 月，日寇侵入，武川沦陷。于 11 月 14 日成立了伪政府——武川县公署。属所谓“蒙疆联合政府”的巴彦塔拉盟驻厚和市（今呼和浩特市）所管，为二等县，完全与内地政府脱离。可是，武川各族人民在日寇、汉奸、蒙奸统治蹂躏下，更是处于水深火热之中。1937—1938 年，这一年，武川地区局面混乱。日寇于 1937 年 8 月进入绥远地区。当时，国民党军有一部分人留下给日本人办事，当了汉奸，大部分人逃跑，在平川地区待不下去，便跑到了后山，刁[①]人抢马，闹得人心惶惶。来到这里的区兵、警察、保安队就是土匪，土匪层出不穷，有 1000 多人。从 1938 年开始，这些土匪由于存灏组成所谓绥远民众抗日自卫军，起名叫四路军。平川地区由张涛组成三路军，王有功是三路军的总指挥。这些所谓民众抗日自卫军大部分集中在武川，成为名副其实的官土匪，公开抢劫，祸害人民。

共产党人不忍国土沦亡，进行了武装抗日的尝试。在绥远坚持斗争的共产

① 刁：方言，抢劫。

党人杨植霖、刘洪雄、高凤英、贾力更等积极组织抗日武装。他们在归绥附近的滕家营积极活动，发动了 18 个蒙汉族农民组成游击队，缴获土匪和国民党溃兵部分枪支，武装起来，准备抗日，后被国民党溃兵冲散。杨植霖等为了争取自卫军抗日，曾打入自卫军政治处，从事抗日宣传活动。绥包沦陷后，杨植霖亦随自卫军总部退到伊克昭盟，转赴晋西五寨参见了贺龙、关向应，遂奉命返回绥远再次从事争取自卫军的工作。但由于王有功、郭怀翰所率自卫军第三、第四路军，并无抗日诚心，争取工作未能成功。于是，杨植霖、刘洪雄等再次进行组织游击队工作。刘洪雄策反托县伪蒙军失败，杨植霖争取土匪出身的卜存良合组游击队也受挫。几经周折，吸取了教训，积累了经验。蒙汉抗日游击队在斗争中产生。1938 年 6 月，杨植霖在家乡归绥城西什报气村动员了六个农民，搞了五支枪，开始了组织游击队的准备工作。当时，归绥城西兵州亥村绅士张有聚的家被伪军洗劫，杨植霖乘机鼓动张有聚抗日，张有聚欣然答应，并带 20 余人与杨植霖组建抗日武装。接着，隐蔽在归绥城东北滕家营的高凤英和农民党员王之德，带领当地蒙汉农民加入游击队。蒙汉抗日游击队就这样在斗争中成立了。张有聚任队长，杨植霖任参谋长，并成为与八路军联系的总联络人。

蒙汉抗日游击队在斗争中发展壮大。游击队以大青山为依托，根据自己的力量同日伪军进行了斗争，并由几十人发展到 100 多人的骑兵抗日武装。游击队在旗下营附近伏击敌人火车，在归（绥）武（川）公路上伏击敌人汽车，战斗虽小，但对敌人是个意外的打击，对人民群众是个鼓舞。蒙汉抗日游击队是一支规模很小的抗日武装。在大青山一带敌人统治严密、军事力量强大的环境下，没有也不可能在军事上给敌人以多大的打击，也没有进行太多的战斗。但它的意义就在于当国民党驻军溃败、在日寇统治强固的敌后，由共产党人率领蒙汉各族人民奋起武装抗日，表明中国共产党是真正抗日的领导者。它的存在和发展就是一个胜利。

1938年

1938 年春天，刘洪雄曾到晋西北向一二〇师汇报大青山的情况，请求派八路军挺进大青山。蒙汉抗日游击队的战士们，日夜盼望着亲人们早日到来。

1937 年 8 月，中共中央政治局洛川会议提出了在敌人后方放手发动独立自主的游击战争，使游击战争担负配合正面作战，开辟敌后战场，建立敌后抗日根据地的战略任务。党中央、毛主席根据这项任务，并充分分析了大青山敌我双方的战略地位后，作出了建立大青山抗日游击根据地的战略决策。1938 年 3 月 30 日和 4 月 18 日，毛主席、滕代远两次电询贺龙、关向应、萧克，要求调查大青山地区可否建立游击根据地。5 月 14 日，毛主席电示朱德、彭德怀、贺龙、关向应、萧克等："在平绥路以北沿大青山脉建立游击根据地甚关重要，请你们迅即考虑此事。" 6 月 10 日，朱德、彭德怀及贺龙、萧克、关向应电告毛主席，说明在大青山建立抗日游击根据地的重要性和具体意见。毛主席于 11 日电复："大青山脉的重要性如来电所述，该地应派何种部队，何人指挥及如何做法，由你们依据情况处理之，惟开始建立根据地时，敌人知其重要意义，必多方破坏，故部队须选精干者，领导人须政治军事皆能对付，且能机警耐苦，而有决心在该地创立根据地者。" 在不到两个月的时间内，党中央、毛主席英明地作出了建立大青山抗日游击根据地的战略决策，并对建立抗日游击根据地的方针、任务，以及派遣部队的原则、选派干部的要求作了明确的指示和部署。

根据党中央、毛主席的决策和指示，八路军一二〇师决定派该师三五八旅七一五团和师直骑兵营一个连，组成八路军大青山支队，挺进绥远敌占区，开辟游击根据地。同时决定派出由太原成成中学师生组成的第二战区民族革命战争战地总动员委员会游击第四支队。总动员委员会晋察绥工作委员会部分工作人员，与七一五团同往大青山，参加创建游击根据地。李井泉任支队司令员，姚喆任参谋长，彭德大任政治部主任，武新宇任动委会晋察绥边区工委主任，原成成中学校长刘镛如任四支队支队长。

大青山支队主力是三五八旅七一五团，团长王尚荣，政委朱辉照，参谋长李文清。下属三个营，一营营长傅传作，二营营长唐金龙，三营营长陈刚。共计 15 个连，每连有 120 人左右，共产党员占三分之一，七一五团的排以上干部共约 140 人，绝大多数是长征前或长征中参加革命的老红军，有的还是 1927 年的老赤卫队员；战士中五分之三是老红军，经过长征的锻炼，这支部队有很高的政治军事素质，装备也比较好，有较强的战斗力。

太原成成中学是北京师范大学毕业的晋籍学生于 1924 年建立的一所私立中学。大革命失败后，有一些共产党员在该校任教。30 年代初，中共党员刘镛如、武新宇等也到成中任教，从事地下斗争，后任校长和训育主任。从此，成成中学就成为我党领导下的一所进步学校。七七事变后，八路军驻太原办事处就设在成中，对该校师生的抗日救亡运动起了很大的推动作用。不久，刘镛如率领该校师生实行武装抗日，组织了师生游击队，先后被编为总动委会游击第四支队，山西保安二区游击第四支队，晋绥边区游击第四支队。党还派曹振之、冯福厚担任支队领导。四支队配合八路军一二〇师转战晋西北，经受了战争锻炼。挺进大青山时，四支队约 300 人，组织系统隶属于总动员委员会晋察绥工作委员会，军事统归大青山支队指挥。

第二战区民族革命战争战地总动员委员会晋察绥边区工作委员会主任武新宇、组织部长武达平、宣传部长张晋勋、分配部长乔凤山、武装部长李维中，并有干部队六七十人，为建立大青山游击根据地各级动委会的骨干。

大青山支队组成后，即在晋西北五寨举行了挺进敌后、开展敌后游击战争誓师大会。三五八旅旅长张宗逊和政委李井泉发表了重要讲话。7 月 15 日，八路军总司令朱德发出进军大青山的命令。晋察绥动委会及其部队于 7 月 26 日由苛岚到达五寨，与大青山支队会合。7 月 29 日，大青山支队、四支队及动委会总计 2300 多人，由王尚荣亲率七一五团第三营为先头部队，从五寨出发，挥师北上。

由于八路军向大青山进发，引起日寇注意，于是调集五千余兵力，分七路沿途围堵。大青山支队为保存实力，避免与敌人主力交锋，便迂回到山西偏关附近的贾堡稍事休整。

8 月中旬，大青山支队从贾堡继续北上，由于敌人堵截，只得夜行军或迂回行军。在右玉夜涉浑河，并在台子村伏击日寇 5 辆汽车，歼敌 20 余人，缴获机枪 4 挺，步枪十余支及一批弹药物资。接着，从杀虎口越过长城，进入凉城县境。先头部队夜袭天成村，歼灭伪军一个连，烧毁日寇军用卡车十余辆，以引开敌视线，便于大部队通过岱海滩，进入蛮汗山麓太平寨。在太平寨稍事休整后，决定留七一五团第一营一个连及动委会部分人员在蛮汗山开展工作，姚喆带部分武装在蛮汗山接应由晋西北运往大青山的冬装，李井泉率主力继续北上。月底，齐集平绥铁路三道营和旗下营之间，经过周密调查和部署，8 月 31 日夜间，乘敌人不备，越过平绥铁路。9 月 1 日凌晨，支队主力及随行四支队动委会工作人员，到达了预定地点武川县大滩和甘沟子。9 月 3 日深夜 12 点钟，支队袭击了陶林，由于对敌人工事和增援速度估计不足，未达到袭击目的，迅速撤离，西出乌兰花。9 月 8 日深夜，支队包围了乌兰花。9 日凌晨，突然发起进攻，不到 20 分钟，就将蒙头大睡的 180 多人的伪军全部俘获。黎明，李井泉政委疾进武川井尔沟，王尚荣团长处理善后事宜。我军在向俘虏宣传抗日统一战线及民族政策时，四子王旗王府派二喇嘛前来，俘虏中有一部分王府保安队，要求释放，并保证今后严守中立。我军为了维护党的民族政策，团结抗日，王尚荣团长将人、枪、马一并清点退还了王府。乌兰花一战，除遵照民族政策将蒙古保安队放回王府外，其余伪军大部分释放。这次战斗缴获机枪 9 挺、步枪 80 余支和一批弹药，同时获得 100 多匹马，为后来支队改编为骑兵部队创造了条件。

由于大青山支队在绥中的游击活动，特别是陶林、乌兰花两次战斗对日伪军的袭击，使日寇大为惊慌，于是 9 月中旬以来从归绥向大青山以北运输日军和军用物资，并在各主要公路沿线增设据点，在各主要山口增派兵力，企图保证军运畅通，控制和消灭八路军在绥中的活动。9 月下旬，日寇出动了近 40 辆汽车，其中先头 4 辆汽车从归绥出发，顺归武路直向大青山进发，企图反扑。我军在事先获得敌人行动的准确情报的有利条件下，二营营长唐金龙指挥全营战士，于深夜埋伏在武川蜈蚣坝顶上的老爷庙，扼守马家店公路。当敌人进入伏击圈后，我战士猛打猛冲，经过很短时间的战斗，将敌 4 辆汽车全部击毁，歼灭日军 80 多人，其中击毙领队的少佐军官 1 人，并获得许多战利品。

1938 年 9 月，在武川井尔沟的柳沟门村召开了支队党政干部会议，参加会议的有李井泉、姚喆、团长王尚荣、团政委朱辉照、二营长唐金龙、三营长陈刚、动员会主任武新宇。研究如何建立乡村基层抗日政权、军事战略和军事部署问题，同时决定七一五团驻守在井尔沟。唐金龙率领指战员和战地动委会同志，在井尔沟中心地柳沟门，召开了群众会，开辟了根据地，发动群众，组织起来抗日，成立了井尔沟分动员委员会，负责人张焕狮，武装员曹文玉，分配员张玉堂，村闾长王芝堂。

1938 年 9 月 21 日，在李支队先行抵达绥东后，动委会第四支队抵达大青山，首先在武川三区建立起第一个区动委会，继之武川五区和陶林三区也建立起区委会。

1938 年 10 月，蒙汉抗日游击团（当时称谓）的杨植霖同志在武川六区的马场梁偶然会见了李井泉派来寻找他们的民运科黄副科长，并在他的带领下，组织全团开赴归绥县第二区的面铺窑子村，与主力部队会师。杨植霖向李井泉汇报情况后，研究决定将抗日游击团改为“绥蒙游击队”，杨植霖任政委，张有聚任大队长，大队与主力部队配合，开辟大青山绥西抗日游击根据地。同年12月，武川县建立我党地下组织归武工作委员会，杨植霖任书记，成员有杨建林等同志。

1938年10月底，支队进入了大青山的白兰旗和武川境内的井尔沟、庙沟，一直顶到高台梁。

1938年12月，我三营向绥西水涧沟门转移。途中，在武川马场梁与敌人遭遇，经过半个多小时的激战，300多个日本兵，毙敌百余，打伤50多个，其余逃跑。我缴获机枪3挺、长短枪60多支和部分弹药。

1938年12月，武川县八区动委会在玻璃哈达村建立。选举地方开明士绅王景堂任主任，总动委会干部李琦任副主任。区动委会下设武装部，部长曹文玉；分配部，部长郝秀山；总务处，处长刘永福；区动委会游击队长任德仲。在成立区动委会的这一天，特别邀请了国民党武川县政府代表及附近的伪义合乡、义庆乡等乡的乡长参加。

1939年

1939年1月底，刚刚组建成的大青山骑兵部队即集中了绥中、绥南的兵力，向驻在武川县西南土城子的土匪康德胜部发起远距离的奔袭。在战斗中俘获土匪数千人、马百余匹，解救了被劫掠的农家妇女百余人。28日晚，又集中优势兵力袭击了驻在陶林以西米粮局的肖顺义、夏军川匪部，俘匪近百人，缴马100多匹，解救了200多名被劫掠的妇女。接着，我军又在归绥和武川地区消灭了伪军苏美龙部和地主武装郭田基部，俘获人枪各百余。

1939年1—3月，白如冰同志带了一批干部由伊克昭盟来到大青山，与李井泉支队组成绥远省委，白如冰任省委书记，李井泉任支队司令员兼政委。省委设在武川大南沟一带，行政公署驻在井尔沟一带，支队司令部驻在大滩、双塔背、关庄和窝儿兔沟一带。

9月底，支队西进。我军进入武川的时候，所谓的“抗日自卫军”全部收缩到庙沟一带。当时，我军向他们提出了抗日统一战线，宣传了团结抗日的道理，并派人到他们司令部取得联系。随之在庙沟召开了联欢会，部队的领导鼓励和支持了他们的抗日行动。后来，部队西进到了土旗的万家沟。

1939 年，大青山革命根据地有了很大的发展，地方游击队增多了，根据地开辟了包括绥东、绥西、绥南、绥中等大部分地区。八路军的影响越来越深入人心，根据地的据点也建立不少。武川地区以井尔沟为重点，二道沟、四道沟、得胜沟、李气沟、马场梁以及万家沟一带，东至黄花窝铺、白兰旗，都是我们的根据地。

井尔沟是八路军到大青山后，开辟的一个比较大的游击根据地。大青山抗日游击队的司令部曾在这里，绥察行署、公署、县政府都在这里驻扎。我二、三团都经常在这里驻防、休整、操练，这里是我大兵团能够存身的地方，并担负保卫得胜沟司令部的任务。姚司令员坚持守在大青山打游击，电台曾设在这里，与贺龙师长联系。

1939 年，武川县各级动员委员会，一是大力开展物资动员，给我们部队送一些物资，解决军需。二是开展群众工作，动员群众、宣传群众、组织群众抗日。三是组织一些自卫军打日寇，发挥统一战线的作用。与此同时，又动员了群众，组织了抗日救国会、农民会、妇女会，建立了情报网。根据地从内到外，从军队到群众，都有了一个比较完善的组织。杨植霖等同志路过前窑子村时，招走了郝秀山、任德仲同志。当时郝秀山同志才 19 岁。从此，他们就投入了轰轰烈烈的抗日斗争。随后参加革命的还有邸旺、张平、苏化德、于祥、王振科、潘三娃等同志。在建立武归县第八区时，郝秀山担任了区长，任德仲任副区长，邸旺任游击队队长，从此他们就在这一带进行抗日活动。敌人屡遭游击队的打击，以极残酷的法西斯手段向根据地人民进行报复。有一次，日寇偷窜入酒馆东坡西水头沟一带，残酷杀害群众 43 人。在苏家沟杀害田顺小的父亲田挠时，田挠不畏强暴，面对敌人的刺刀向敌人打去，把一个日军指挥官打得仰面朝天，后面的一群日本兵围上来把田挠和他的女儿、外甥三人杀害。从井尔沟到水磨沟一带的 30 多个村庄，烧得不留一间住房。西水头村原来只有几户人家，20 人，日本兵把全村的人赶到空地上，将全部房屋烧毁，然后用刺刀捅死 19 人，只幸存 1 人。日本侵略者在大青山抗日游击区实行频繁的“扫荡”时，李气沟和八区政府经常受到日军的烧杀掠夺。朱三娃的父亲被日本兵一刺刀捅死，母亲被日本兵关在房里，放火活活烧死。八区政府的三间窝棚，也三番五次地被日军烧毁。敌人烧毁一次，同志们和乡亲们就修盖一次。敌人反复无穷的洗劫，激怒了八区政府干部和战士，他们气愤恼怒地说："日本狗强盗可以烧毁我们的窝棚，可烧不毁我们中国人民坚决抗日彻底消灭日本帝国主义的决心。"战士们愤恨地在三间窝棚前的一块大石头上，深深地刻上了"郝区政府"。让日本侵略者永远烧不烂，毁不掉。

在大青山地区的抗日斗争中，我们的党和蒙汉各族人民做出了极大的牺牲。据不完全统计，从 1938 年 8 月八路军挺进大青山到 1945 年 9 月抗日战争胜利期间，在绥远敌占区和雁北地区牺牲的烈士，编入《大青山抗日斗争史》附录四大青山烈士英名录的有 1060 位，其中最为蒙汉人民所传诵的，有八路军游击支队政治部主任彭德大、中共土默特旗工委书记贾力更、蒙古游击队队长高凤英、中共绥西地委书记王聚德、归绥城我地下党组织负责人刘洪雄，还有牺牲在武川井尔沟一带的八路军科员巴增秀等同志。英勇的中国人民是吓不倒、杀不绝的，从而唤起广大群众起来革命。武川县东坡李气沟的张兰女就是一个典型的代表。在那战火纷飞的岁月里，她为抗日送情报送给养，缝衣做鞋，被称为"支援抗日的女模范"。

1939 年 7 月，日寇进攻大青山，攻打武川县的井尔沟、二道沟、四道沟、李气沟、灯笼素、万家沟等地。这时，国民党军队已经逃跑，只剩我军与日寇作战。为了使我党、我军在大青山立脚、扎根，毛主席指示大青山地区的八路军游击队必须大部分由步兵迅速改为骑兵。贺龙同志坚决执行这一指示，要求部队作为紧急任务去执行。同时电令：七一五团主力由王尚荣团长率领开赴冀中。支队作了新的调整：由一营、雁北警备六团、四支队各一部共四个连，组成第一支队，由邹凤山同志负责，驻绥南；由二营、四支队一部组成二支队，王贤光负责，驻绥中；第三营营部三个连、四支队一部组成三支队，由彭德大、陈刚负责，驻绥西；其余师、旅骑兵连，四支队的两个连，组成独立营，由黄厚同志负责。以上各部队均由李井泉、姚喆同志领导，筹建组织大青山骑兵支队，继续坚持大青山抗日斗争。为了支援骑兵的建设，大青山蒙汉人民有的叫自己的子弟带马参军，有的主动教子弟兵骑马、喂马、打马掌。井尔沟张润喜冒着生命的危险，到日本人盘踞的归绥城，机智、勇敢地和日伪周旋，终于买到 200 多副马鞍子和马镫，支持了骑兵的建设。不到一年的时间，骑兵队伍就建起来了。我军先把武川得胜沟的一个连组成骑兵第三团，只有120人，这些同志大部分不会骑马，于是就在得胜沟的下沟开始练兵，克服了重重困难，骑兵第三团终于由120人的骑兵团变成了400余人的战斗部队。1939年击退敌人5月大“扫荡”以后，将原来的三个支队分别扩建为骑兵第一、第二、第三营，正式装备组建成“大青山骑兵支队”。

1939年，根据中央决定，中共绥远省委进驻大青山逐步建立起地、县两级组织。绥西地委书记杨植霖、绥中地委书记武达平、绥东地委书记白成铭（兼）、绥南地委书记崔岩。这一时期的活动范围包括现在的乌拉特前旗、固阳、达茂、四子王、武川、萨拉齐、察素齐、中旗、托县、和林、清水河、凉城、后旗、集宁、丰镇及归绥县等地。

1939年后半年，阎锡山解散了动员会，不少同志转入了地下工作。前面所叙，在部队未来以前的1937年，杨植霖同志就在井尔沟一带组织了十来个人成立了杨大队进行活动。以后，他转入地下，首先活动在前窑子村一带。杨建林当时是县委书记，由于绥西的对敌斗争极其残酷，在武川坚持地下斗争的朱其华等同志都已牺牲。

1939年11月间，武川县建立区级政权。

1939年冬，李守信伪蒙军300多人押300多峰骆驼，组成的驼队，由包头、固阳两地出发，一路摘去驼铃，“偃旗息鼓”，隐蔽行动，企图偷袭我武川得胜沟，抢夺我军在那里埋藏的粮食。群众及时把敌人的动向报告了我军，我们的侦察情报也证实了敌人此次行动的目的。根据得胜沟当时的地形，三营九连在那里埋伏，与敌人展开粮食保卫战。一天晌午，伪军押着驼队悄悄进入得胜沟。正在他们得意的时候，九连猛烈的火力将前队敌人杀伤大半，后边的敌人掉转屁股狼狈逃窜，我军缴获战马100多匹，长短枪80多支，还有部分弹药。300多峰骆驼都是敌人强征来的，驼户也被拉差跟了来，经说服动员，驼户们高兴地帮助我们把得胜沟的粮食转移到马场梁，而后在那里的背沟里隐蔽妥当。

1940年

1940年春，反顽（自卫军）斗争胜利后，武川一、二联区政府正式建立，区长高鸿光，副区长范建国。随着党在群众中工作的深入开展，游击根据地不断扩大，各级党组织和抗日民主政权也逐渐建立起来。1940 年 8 月，在武川八区西梁村召开了具有历史意义的绥远各族各界人士代表大会。成立大青山地区抗日游击政权晋绥第二游击区行政公署驻绥察办事处。下辖绥西、绥南、绥中三个专员公署，姚喆任主任，杨植霖任副主任，李维中为绥西专员公署专员，司令部正式移到武川得胜沟。

得胜沟位于井尔沟西南，我党政军机关驻守得胜沟时，这里只有四五户人家，二十来口人，是一个闭塞的小村庄。我军在村西南旁的土坡上挖了坑搭成窑棚，这是大青山抗日游击支队司令部，也是姚司令员的住地。门前一个磨盘、一个树根就是司令员最好的办公地方。村南山坡搭起的两排窝棚，是省委、专署和地委的驻地，警卫连驻守在村北峰峦起伏的半山腰。电台设在钻天沟，抬头看天只是一条缝，兵工修械所、卫生队全设在树木茂密的南山榆树沟里，村中设立了供销社、卫生所、食堂。骆驼场是我大青山抗日游击支队三团的后方机关所在地。供给处、修械所、被服厂、伤病员的医疗所，遍布在骆驼场内的山坡沟洼中。在敌后抗日战场中，骆驼场是我绥西游击区内最秘密的地方。在大青山最艰苦的岁月中，主力部队和省党政机关到山西偏关时，姚喆司令员和三团指战员坚持在绥西打游击，曾来过骆驼场研究敌情，指挥着各地分散游击的作战活动。蔡久团长率领三团 100 多名指战员，在骆驼场驻守过几个月，顽强地保卫了这个秘密后方机关。进出骆驼场的主要通道，青山北直通李气沟，为保护这个秘密地方，武川县八区政府设在离李气沟 10 里远的西南大沟、密林深处的北口坡地上。这里是通向骆驼场的北大门，也是骆驼场同外界联系的必经之处。八区政府担负着保卫北大门，供给骆驼场粮食和物资的任务。

1940 年 5 月，李井泉奉命调回晋西北后，姚喆任司令员，陈刚任参谋长（后任副司令员），参谋长张成功，政治部主任张达志。骑兵一团在绥南，团长邹凤山，政委范宝顺；二团在绥中，王贤光、李国梁先后任团长，彭宝山任政委；三团在绥西，朱有德、蔡久、于占彪（代）先后任团长，姜文华任政委。

1940 年 5 月 28 日，贺龙、关向应指示将骑兵支队营的建制改为团的番号。司令员李井泉，参谋长姚喆，政治部主任彭德大。

位于百灵庙、固阳、武川三角地带的厂汗嵨鸪附近有个平坝。1940 年我军将指导员刘水仔同志（江西人、红军战士）派往那里，组织发展了一支有 200 多人马的骑兵游击支队。春节过后，我军三营开到脑赖茆，准备与该支队配合行动。这时，侦悉顽军第四路（号称拥有四个骑兵团，2000 多人马）妄图反扑。我军当即在脑赖茆召开了连以上干部联席会议，决定给敌人以沉重打击。派刘水仔同志的骑兵诱敌，把顽军引入群山环抱的小盆地明安滩，利用地形，以少胜多，消灭敌人。经过一天的激烈战斗，共打死打伤顽军官兵 100 多人，生俘 300 余名，缴获战马 400 多匹，长短枪 600 余支，还有一批弹药、银钞、烟土等物。担任策应的自卫军八路两个团闻讯未敢冒进，撤向五原。在这次战斗中，彭德大、刘水仔同志光荣牺牲。我绥西第三支队扩大为五个连，改编为“第三骑兵支队”，同年 8 月扩编为“第三骑兵团”。

1940 年，部队和当时的地委派遣张少庭同志化装成逃荒者，先以牛倌、小磨倌的身份，打入武川马莲滩、西窑子、种地窑子、乌兰不浪地下，并在这一带发展了张罗子（史显）、张二虎（张禄）、李一平为中共党员。三人组成地下支部，张罗子为支部书记，张二虎、李一平为支委，并决定张罗子到乌兰不浪乡公所担任乡长，在乡里开展对敌斗争。后来，张少庭同志又到黑沙兔一带，在地主李银良家当了油坊跑外，并当了李家的二掌柜，敌人一来黑沙兔就来李家。这里成了敌人的心脏，张少庭把各方面的敌情秘密报告我军，多次粉碎了敌人的行动计划和“五一大扫荡”。

1941年

1941 年春，姚喆同志从延安汇报工作回来，根据党中央关于加强全党军政训练的指示精神和大青山根据地环境恶劣、干部损失大、新干部斗争经验缺乏的实际，与其他领导同志研究决定，建立干部教导大队，对根据地部队和地方的基层干部进行训练。姚喆同志亲自兼任教导大队大队长。上级还从延安抗日军政大学派来两名教员。大青山根据地唯一的干部学校在绥西武川县得胜沟建立。教导队每期一百几十人，共编为三个排，10 个班。教学内容是紧密结合当时形势和斗争需要安排的。学习内容，政治方面有国内外时事、党的方针政策、党史、毛泽东同志的《新民主主义论》《论持久战》等著作；军事方面有骑兵战术技术，班、排、连进攻和防御战术等，并结合实战进行演习，另外还设有文化课。

1941 年春到 1942 年 10 月，教导大队共训练了三四批基层干部，共六七百人。这些同志陆续补充到根据地党、政、军各方面，带领群众坚持抗日斗争，发挥了极为重要的作用。

1941年5月8日，大青山骑兵支队在武川以西地区，将伪蒙军自卫团20余人歼灭，缴其装备。28日，大青山黑山子日寇出动四辆汽车，载敌40余人，包围武川区公所，我骑兵支队赶往袭击，歼敌50名，击毙日军指挥一名。

1941年10月底，中共绥察边区委员会社会部长兼绥西地委书记王聚德同志，两个秘书丁云、李陟，蒙古游击队长高凤英同志及十余名战士，被敌人包围在万家沟的大火烧，全部英勇牺牲，这是我党坚持绥西斗争付出代价最为沉重的一次。

1942年

1942年春的一天，武川县县长李康带着区、县游击队100多人在扁担石沟住宿。由于我党地下工作者宦宦和月月的叛变告密，第二天敌人以五六倍于我的兵力，把部队围在三四道坝一带。经过一场激战，部队突围，我游击队牺牲了十几个同志，李康县长也在这次战斗中英勇牺牲。活动在这一带的我骑兵二团团长黄厚得知消息后，心里十分悲痛，布置部队将宦宦和月月捉拿，命令战士将两个死有余辜的叛徒用刺刀捅死，为死难烈士报仇雪恨。

1942年春，国民党的挺进军鄂友山、苏美龙、苟子臣等近千人又来到武川、固阳、陶林等地区。日寇“扫荡”频繁，当时我军处于四面包围、两面作战的劣势之中。虽然对挺进军做了争取抗日的工作，但是土匪本性难改，他们是有利就和我军拉关系，无利就会同日寇攻打我方。

1942年秋，日寇为配合太平洋战争，企图打通北路，战胜苏联，调兵4万，从绥东到绥西，采取了“烧光、杀光、抢光”的三光政策。步步为营，包围我大青山地区，进攻根据地。他们采取了篦梳式的战术，从归绥、包头、萨县、固阳、武川及哈乐、二份子、陆合营等地由远而近，全面包围。“扫荡”前，我军的领导机关已经转移。这时，教导大队也被迫停课，在崇山峻岭中与敌人周旋，不少同志在“扫荡”战斗中英勇牺牲。从延安抗大来的两名教员也不幸牺牲，教导大队随之缩编，分散活动。姚喆司令员带了一个班到平川（大青山有个“姚班长”的称呼，就是指这个时候）。我军的骑兵三团和游击队共500多人被敌人围困在大海流。围困两三天后，我军突破了敌人的包围，撤到绥东。绥东的敌人也很多，敌强我弱，在绥东没停留又转向绥西。当时敌人来势很猛，一面包围，一面搜山，逼迫群众搜捕八路军和工作人员及其家属。为了扭转当时的局势，游击队留下一个班，三团留下几个班，坚持地下活动。整天蹲在山里，白天不能下山，有时还被敌人打散。尽管环境很苦，人员很少，仍然坚持敌后活动，有时在武川县域出现，并且居住；有时在归绥城外活动，神出鬼没，威胁敌人。经过两个月的斗争，敌人大部分撤走，留下的敌人几乎遍及武川，四处扎下据点。我军隐蔽山间，在山里活动。同年，武川县井尔沟民兵中队正式建立。

1942 年 10 月 24 日，决定成立塞北军分区，姚喆任司令员，郭鹏任副司令员，高克林任政委，张达志任副政委。大青山骑兵部队兵员一般保持在 1000 人左右，最多达到近 1800 人。

1943年

1943 年 3 月，在大青山坚持斗争的八路军集中到红军背整训，总结“扫荡”以来的情况，布置 1943 年工作。会后，姚喆同志调回偏关。此后，大青山领导机关，由万家沟转移到井尔沟。

1943 年 11 月，塞北工委根据党中央的指示，对大青山游击根据地的党、政、军人员，采取分批轮换的方式，在山西偏关进行整风。

1944年

1944 年，我军一直处于两面作战的状态，特别是我骑兵部队调到了前方作战，大青山敌我斗争的中心，暂时转为对付国民党反动派。这时日寇的据点仅留下李气沟、井尔沟。

1944 年 6 月，国民党掀起第三次反共高潮。龟缩在河套的国民党派郭怀翰部进入绥西，派鄂友山以绥察挺进第五纵队司令兼绥西专员的名义，率步骑兵 500 余人窜入绥西一带。又派王有功以第三纵队名义率骑兵数百名进入绥西，造成绥西我党、政、军更大的困难。

1945年

1945年1月，毛主席指示：晋绥边区今后要扩大一倍，主要发展方向是雁北和绥远。自2月以后，党中央和晋绥分局不断派部队和干部加强大青山地区的武装斗争力量。从延安调来我军一个骑兵旅，晋绥的九团，二十七团整个正规步兵团。另外把大青山送往延安学习的一些蒙古族干部也派回来。这些同志先到山西偏关，与在那儿参加整风学习的大青山干部编成一支精干部队，由白成铭同志率领，随二十七团的一个营行动。这时，姚喆司令员和高克林同志相继回到大青山，迅速研究部署力量，集中主要兵力，首先与驻扎在井尔沟邱明星率领的鄔青云师冲打。鄔青云师近千人，有一个团的步兵。我主力军有康旅长率领的骑兵旅、黄二团的两个连及蔡团的步兵。部队经过战斗部署后，连夜进入阵地，天亮前一切准备就绪。太阳出山时，我军从东向西南观察井尔沟内的敌人各处情况。迎着朝霞，我军的冲锋号吹响了，冲杀声从井尔沟的东北山梁响起，骑兵、步兵由东北山上倾泻而下，一阵把敌人打到了柳沟门、阿路板、东窑子；我军冲到后窑子和西窑子一带，狡猾的敌人依仗瞭将台这座大山，用机枪向我扫射，因井尔沟的沟沟洼洼到处都是，所以敌人虽在山上，也很难打着我们。我军在沟中，要杀伤敌人也比较困难，战斗打得很激烈，相持了整整一天。

第二天，我军重新做了战斗部署，步兵留守井尔沟，骑兵凡是能打仗的，全部集中起来，选精干之骑兵打冲锋做头阵。我骑兵沿抢盘河，由南向北前进。敌人在三道河村发现我骑兵追击，想跑也来不及，仅一个小时，就结束了战斗，除鄔青云和他的亲信十几人逃跑外，余部均被歼灭。俘敌500余人，缴获电台1部，迫击炮1门，轻机枪几挺，大批步枪和弹药等战利品，再度解放了井尔沟。

接着，姚司令员和骑兵旅的康旅长，又组织了在武川八区、九区、十区三个区打顽固军的战斗。这是在李气沟、白菜坝的一次大会战。骑兵统由康旅长率领，夜袭三合义村顽固派一个团，我三团打埋伏，在李气沟一带，姚司令员亲自指挥二十七团，从得胜沟、二道沟、四道沟进攻顽固军第十团。战斗开始后，骑兵乘夜从酒馆出发，步行60多里，袭击三合义村的顽军，敌人向李气沟逃窜。天亮，我三团发起进攻，用机枪、步枪、手榴弹打李气沟一带村庄的敌人。狡猾的顽固派，晚上没有在村中睡觉，悄悄露宿在山头上。一打起来，敌人四面八方从山头上向我射击，经过激烈的战斗，三团指战员奋勇抢占几个山头，把敌人的火力压住。只剩下敌人的一个主峰，有一连兵力把守着，三团正面攻击有困难。在这紧要关头，康旅长立即命令白马连，直插敌人背后，发起猛攻，敌人慌了手脚，迅速向西山撤退。这时，我军全部占领了南北山头，完成了包围堵击敌人的任务。姚司令员指挥的二十七团，从四道沟把敌人赶到李气沟、白菜坝的深沟里。我军已三面包围了敌人。这次战斗，歼灭了鄂友山的两个团，给敌人以沉重打击。这就是 1945 年武川著名的白菜坝战斗。

1945 年 5 月，我骑兵旅在三道河与国民党军队作战消灭五十二师 500 多人，俘虏 300 余人，打死打伤 200 余人。电台全部被我军缴获。同年 6 月，二十七团驻守井尔沟，开会商议，乘胜追击，准备收复李气沟，与敌人在李气沟一战，消灭敌人两个连，打跑一个团，俘虏 300 多人，打死打伤 100 多人，乘胜追赶，再次把国民党军打到后套。

1945 年 7 月，绥察行署改组为绥蒙政府，乌兰夫任主席，杨植霖任副主席，同时，成立了绥蒙军分区，属晋绥军区领导。在此期间，我军攻克武川、陶林等八个据点，扩大解放区 4 万多平方公里。

1945 年 8 月，大青山抗日部队配合晋绥军区主力，收复丰镇、集宁、清水河、和林、凉城、兴和等地。一度攻打归绥等城镇，截断了平绥铁路绥远地段，各地建立了县、区、乡政权组织，最后取得了抗日战争的伟大胜利。

1945 年 8 月 15 日，驻武川靖安军第五大队（团长王俊峰），在什尔登口子遭到我军伏击，退离武川。16 日，我军康建民同志率骑兵旅进入武川县城，武川解放。17 日，康建民率部离城。曹文玉游击队活动于县城内外。8 月 26 日，傅作义部队刘景新团长率部从归绥进发包围武川，武川再次沦陷。

1945 年十月初五之夜，贺龙同志正规部队攻克武川县城，武川再次解放。初六，县人民政府成立，郝秀山任县长。

1946—1951

1945 年 8 月日本投降后，国民党军队从后套大举进攻我解放区，企图与我军争夺胜利果实。9—10 月部队开赴前线，大青山根据地井尔沟以西，我军只剩少数工作人员和一个连。四面敌人把我连队挤压在灯笼素一带。根据姚喆司令员的指示，将一个连装备成一个团，一部分游击队退到南山。由于第二次绥包战役，国民党军队从西撤走一部分，我军解围，县政府第一次进武川城。

1948 年 9 月，解放军围攻绥、包二市期间，武川游击队由县长范建国、县大队长曹文玉带领，对当时的武川县城发动了进攻，经过四五个小时的激战，解放了县城，伪县长万化风携残余保安队及行政人员逃出城外。

1949 年 2 月，鄂友山盘踞在武川县二份子一带。我军攻打陶卜齐、白塔之后，由卓资山出发又攻打了哈乐的国民党李维业部队和耗赖山安恩达一个团的部队。紧接着连夜包围了二份子。当时，鄂友山驻在东营子，二份子城内仅有 200 多名敌人，四个炮楼和四面围墙都设有枪眼。由于我军对敌人估计不足，我骑一师、骑二师、骑五师共三个师的兵力和敌人整整相持了三天三夜，而攻占二份子城的战斗仅仅用了十分钟，我军伤亡重大，鄂友山逃跑。

我游击队完成任务转移后，万化风又带兵返回县城。不久，万化风调离武川，由赵淑普接替了伪县长，直至 1949 年率全县伪职人员参加“九一九”起义。同年冬，绥远省人民政府派来生产工作团（团长石生荣、副团长曹文玉）帮助工作。至 1950 年 4 月 1 日，组成了武川县人民政府，曹文玉同志担任县长，曾归属萨拉齐专员公署。政府成立后，当时全县设立了五个区公所，57 个行政村和一个可镇街人民政府。当时尚有九个保，地处山区，土匪不时窜扰，村政权未能建立，延至 1951 年减租反霸中正式建成。

1951 年 7 月，中央访问团来武川县井尔沟等地慰问，沉痛悼念抗日战争和解放战争中在武川流血牺牲的烈士，并赠送了毛主席写的“发扬革命传统，争取更大光荣”的题词。

1951 年 9 月，武川县八区游击队员侯白、支前模范张兰女去北京参加全国老区代表会议，进行了国庆观礼，见到了毛主席、朱总司令等党和国家领导人，并亲切握手。

大青山抗日斗争的十大特点

成枫涛*

绥远大青山抗日革命游击根据地，是全国闻名的19个英雄模范游击根据地之一。在当年成千上万的抗日阵地中，这里是最困难、最艰苦、最残酷的一大疆场。大青山地区，战略位置在军事上非常重要，它是晋西北革命根据地的外翼，陕甘宁边区的北方门户，通向大西北的咽喉。开辟大青山抗日游击根据地，既可卡住日寇进攻陕甘宁边区的门户和进攻大西北的咽喉，又可在大青山敌后绥远地区，牵制日寇西进南下的庞大兵力。并可与晋西北根据地、晋察冀边区，互相呼应，打击歼灭敌人。开辟大青山抗日游击根据地，对于打通国际交通线，沟通与苏联、蒙古的联系，具有军事、政治的重要意义。大青山抗日游击根据地的存在与发展，可成为我军将来反攻阶段的战略反攻前进阵地。因其既是保卫陕甘宁边区的险关要隘、晋西北根据地的前哨阵地、厚和古城的天然屏障，又是西北河套、东达张家口的阻隔地带，京包铁路必经的咽喉要道，中苏蒙国际交通线的枢纽，控制大青山这片战略要塞，就可以站稳脚跟，遏制四方，掌握克敌制胜的主动权，所以它是敌我双方必争之地。对于这样一个关系整个绥远省抗日战争胜败的“雄关漫道”，党中央决定坚持死守，并将之作为取得华北抗日战争彻底胜利的一项战略任务。中央委派李井泉、姚喆司令员，白如冰、

* 成枫涛，1917年8月生，山西省垣曲县上王村人。1937年8月参加革命。1941年4月加入中国共产党。曾任晋绥分局党校队部主任兼支部书记，丰凉县长，归绥县长，绥南专员公署副专员，绥南地委委员兼丰凉步兵大队长、绥南工委委员。在开展第二次绥包战役时，任第三兵团一纵队司令部随军工作团团长。1984年12月当选为中共内蒙古自治区顾问委员会常务委员。2006年12月3日在呼和浩特逝世，享年90岁。

张达志政治委员带领大青山英雄健儿，完成这一艰巨的战略任务。

在抗日战争进入艰苦岁月的关键阶段，我奉中共中央晋绥分局之命，调到大青山敌我必争的绥中地区绥中专署，负责分管财经工作，其任务是十分艰巨的，也是很光荣的。

当时的绥中专署管辖武川、陶林、归武、归凉等四个旗县即今天的武川、卓资、四子王旗、达茂联合旗、察右中旗、察右后旗全境和凉城蛮汗山区、呼市郊区的一大部分，共有15个区政府，120余个乡公所，东西横达500多里，南北贯穿800多里，北边直至与蒙古人民共和国接壤，与苏联边界连接在一起。人口将近百万，土地6万多平方公里。

党中央决定，党在绥远敌占区的方针任务是，“要唤起和团结蒙汉各族一切力量，争取一切可能争取的阶级、阶层、友党友军，扩大和巩固抗日民族统一战线，联合抗日，共同对敌”。党对大青山地区采取的是“隐蔽精干，长期潜伏，积蓄力量，以待时机”的政策。

坚持大青山抗日游击战争，抗日民主政府任务有四：一是大胆放手地广泛发动群众，配合骑兵支队打击敌人；二是组织保卫群众农牧业生产，支援长期抗战；三是征粮、筹集战略物资，支援晋绥军区、党中央的抗战经费；四是为抗日胜利反攻创造有利条件。

根据我们的调查研究以及我在抗日战争、解放战争和在内蒙古工作40余年的实践，现在回忆大青山抗日革命游击根据地，大体有如下十大特点。

第一个特点：地大物博，土地肥沃，物资资源丰富。巍峨的大青山长1000余公里，屹立在内蒙古自治区西部高原。京包铁路沿着大青山南麓，像一条巨龙横贯其间。大青山南面，是黄河灌溉区，土地肥沃的土默川平原。大青山北面的游击根据地主要地区，有大片农区、半农半牧区，有牧区和广阔的大草原。资源丰富，草原丰美，五谷、牛、马、骆驼、羊及皮、毛、肉应有尽有。这些物资资源，恰成为进行大青山地区抗日游击战争的有利条件。特别是地下矿藏资源丰富，如石拐子矿区的煤，原达茂旗境内的白云鄂博铁矿，白云鄂博稀有金属，四子王旗白乃庙铜矿、萤石，以及遍布大青山地区的黄金。从当时和现在看来，大青山地区是个很理想的军事经济战略基地。

第二个特点：大青山地区的日寇是“满蒙政策”的组成部分，是“防共特区”之一，是反共第一线，是日寇伪“蒙疆”统治中心。这是大青山抗日游击根据地最突出的特点。日本帝国主义在所谓“惟欲征服中国，必先征服满蒙。如欲征服世界，必先征服中国”的大陆政策的战略部署下，第一步在内蒙古东部成立兴安总省，隶属伪满洲国。第二步向内蒙古西部扩展侵略势力，扶植德王成立伪“内蒙古自治政府”，打出了“复兴蒙古”“抑汉扬蒙”的旗号，利用它唆使蒙古族反对汉族，煽动汉族仇视蒙古族，以扩大蒙汉民族矛盾。因此，日寇对大青山这个战略要塞，配备武力最强，派的侵略军最多，下的本钱最大，政治统治最严，其杀害手段最为恶劣和残酷。万恶的日本强盗竟对我大青山游击活动的依托区域，采用灭绝人性的“三光”政策，终年无数次地、连续不断地“扫荡”，采取“抢光、烧光、杀光”的“三光”政策，企图使我大青山抗日游击根据地变成火烧地、无人区，使人民生命财产遭受无比惨痛的损失。逼迫人民吃糠咽菜，流离失所，穴居野住，无家可归。仅绥中地区的武川、四子王旗、中旗、卓资、归武、归凉等旗县就烧毁大小村庄 1000 余处，绥西、绥南地区估计烧毁大小村庄 1000 余处，绥东地区的丰凉、丰东、集宁、兴和等县估计烧毁村庄也有千余处，总计有 3000 余处。陶林县大滩日寇“扫荡”灰腾梁素力图村，以通八路军为名，将窑子村男女老少赶到两个窑洞内，先用机枪扫射，再用刺刀捅，后以汽油加柴油火烧，仅这一村一次惨杀无辜群众 31 人，窑内院内尸体满地，血流成河，全村老少，抱头痛哭，震天动地，惨不忍睹。陶林城内，我抗日救国会 1941 年暴露破坏，被日寇逮捕 100 余人。领导人郭象山同志英勇不屈，刑讯难忍，把自己舌头咬下半个，装了哑子，一言不发，只字不供，壮烈牺牲。平日与郭象山有过来往者，不论是不是抗日救国会员，全遭残杀。在整个大青山地区遭到日寇残杀或因支援抗日战争伤亡，计有群众 1 万余人。其代价是很高的，这是全国其他抗日根据地少有的。

日寇对大青山残酷的“扫荡”和实行“三光”政策，是不分民族一样对待的。所以伪“蒙疆政府”的“抑汉扬蒙”是欺骗宣传，在事实面前，均被蒙汉各族人民识破了。只有团结抗日，共同对敌，才能得到彻底解放。

第三个特点：党政军民都是骑兵。大青山地区是“地面辽阔，人口分散；远看是大山，近走如平川，骑马一蹦子，人走得半天”。因此，日寇以汽车、骑兵对付我们，我们必须以骑兵对付敌人。不然，我们难以立足生存。敌伪旗、县、区大乡公所人员，保甲团队均以骑兵交往，我政府没有骑兵，亦是不行的。

大青山至四子王旗、达茂旗的蒙古马，品种优良，全国闻名，是个军马基地。马的供应也好解决。所以大青山的党政军民，除党的地下工作人员彻底隐蔽外，不论军队、政府和游击队，一律都是骑兵活动，这是针对地区和敌情特点所采取的独特措施，是全国其他根据地所没有的。

第四个特点：党政军民终年过着夜晚生活，即昼伏夜出，不见太阳。大青山地区是伪蒙疆政府的中心地带，敌众我寡，敌强我弱，碉堡林立，据点众多，情报灵通，交通方便，“扫荡”频繁。环境是艰苦的，战斗是残酷的。我们经常处于高度游击环境当中，甚至整年不脱衣睡觉，马不卸鞍入圈。工作活动规律是：白天隐蔽休息，或与敌战斗，晚间行军，开会工作，几乎终年过着夜晚生活。以夜晚代替白天，以星星月亮代替太阳。这在全国各个抗日根据地的生活环境中，也是独一无二的，全世界也是少见的。当时群众议论：“大青山的白天是日本鬼子的世界；夜晚是共产党、八路军、游击队的天下。”“黑夜行军，黑夜运粮草，黑夜开会工作。”我们终年过着“三黑”生活。从延安派来的知识分子咏诵古诗：“春眠不觉晓，处处闻啼鸟。夜来风雨声，花落知多少。”有的同志认为花呀鸟呀不现实，要从实际出发，应改为：

春眠不觉晓，处处虱子咬。
伸手摸一把，不知有多少。

在场同志哈哈大笑，一致认为，这首打油诗，作得好呀！可贵之处，是反映了客观的真实情况。真是深入战斗第一线，实践出真知。我们这些人若生活在清代，选不上个“拔贡”，起码够个“秀才”吧！在前方没有衬衣穿，更谈不到讲卫生了。

第五个特点：武器供应，自力更生。绥中专署处于敌人四面八方的包围之中，是领导绥中地区武川、陶林、归武、归凉等四县，15 个区政府，与日寇争夺粮食、争夺军马、争夺皮毛等军需物资的指挥机关。当时组织了专署游击队，但没有枪支武器不能装备。又因距离晋绥遥远，得不到后方接济，因此我们的方针是：“用缴获敌人的武器来武装自己，以夺取敌人的子弹再打敌人。”这叫自力更生、发展武装、保卫自己、消灭敌人。

如 1941 年初夏，绥中专署只有一个通讯班的时候，既要开展工作，又无武装掩护，武装游击工作很难打开局面。因此，专员程必达同志和我们策划，并取得绥中地委同意。第一，军事攻击对象选在平绥铁路三道营车站日寇警察所，夺取日寇武器子弹；第二，对车站敌情的侦察工作，主要依靠内线游击队小组长边伍同志和他表弟韩福林（车站工人）；第三，车站 300 米处所驻伪自卫团、“灭共”队 140 余人，必须同时歼灭；第四，奇袭车站战斗由专员程必达统一指挥，专署科长、游击队长和指导员全力以赴，投入战斗；第五，陶林县长宋克瓒带县游击队三个班参加战斗等。战斗打响后，由我带专署通讯班在站外掩护接应，游击队长刘仲罗带一个班埋伏在自卫团与车站之间，对付伪军，一个班警戒来自旗下营的援兵。由宋克瓒、张志远、邢三、王厚才、韩福林等五个同志组织突击小组进入车站内，参加具体战斗，首先卡住警察的哨兵，缴了枪，接着直奔警察住房，韩福林闪手开门，专署副官邢三用枪紧紧逼住敌人，命令：“不准乱动，举起手来！”龟孙子吓得一动不动，呆如木鸡。这时专署游击队指导员王厚才向伪军宣布：“八路军已从四面八方层层包围了你们，我们奉命来收缴你们的枪，要想活命，就乖乖放下武器，一律宽大，若要抵抗，坚决消灭！”日本兵把步枪、子弹盒和钢盔乖乖交给了我们。

在搬运这批武器时，日本老驿长（站长）发现了我们，向我们扑来，张志远转身两枪，正中要害，老驿长一命呜呼，又缴三八步枪一支。宋克瓒和邢三等又抬出子弹一万多发和一箱子手榴弹。奇袭三道营车站成功了，总共缴获日本三八式带刺刀步枪 16 支，子弹万余发，手榴弹一箱，钢盔 15 个，完全武装了专署游击队。

此后的 1942 年冬季，绥中专员程必达同志在大青山“三岔口”指挥的突围战斗中，就是用夺取三道营车站的日本三八式步枪和日寇打了白刃战，用缴获三道营敌人的子弹再打了敌人，在战场上发挥了巨大威力，胜利地冲出敌人的包围。

“不入虎穴，焉得虎子。”不攻入日寇据点，怎能得到日寇武器？奇袭三道营车站，是绥中专员程必达同志亲自带领专署科长、县长、区长和游击队长投入战斗，以弱胜强，以少胜多，仅用 30 分钟就解决了战斗，缴获了敌人的全部武器，打了一次模范仗。日寇也不得不承认，惊叹说，共产党不怕死，共产党真厉害呀！

再如，奇袭狼窝沟，夺取敌军马的战斗。1941 年 7 月，我由绥中专署到武川县布置对敌斗争，检查财经工作。当时，武川四区三元井据点敌人非常疯狂，连续“扫荡”，对我政府威胁很大，影响了绥中地区的财粮收入。我们想整一整这个据点的敌人，但敌人武器装备好，我们装备差，相比之下，打不过，碰不动，吃不了。怎么办？我和李康县长多次策划，改变战术，对这股敌人，来硬的不行，来个软的，来了个“软中有硬的战术”。于是一致决定，“奇袭狼窝沟，夺取敌军马”。我们乘敌牧马兵睡午觉、失掉警惕之际，仅用游击队三个班，由县长李康带领游击队，出其不意，攻其不备，不费一枪一弹，未伤亡一人，一举夺取了敌军马80余匹，武装了武川县区游击队。这次战斗，“速战速决，速进速退”，仅用30分钟，解决了战斗。这叫作打得准，打得狠，打得好，整得痛，战斗效果高，打了个漂亮仗，为我绥中地区树立了模范的战斗样板。这又是夺取了敌人的军马武装了自己，骑上敌人的军马再打敌人。

第六个特点：在大青山敌占区，分两条战线与敌作战。一条是公开战线，军队、政府和有些社会群众团体，是公开战线与敌人作战；一条是党的地下工作人员，全部社会化、职业化和群众化，属于秘密战线与敌人作战。如萨县、托县县委刘唐焕同志和张万金同志，在萨、托二县化装成小货郎担、钉鞋匠，隐蔽地下斗争10年，张少庭同志化装隐蔽在武川马莲滩村揽工受苦；陶林县委高增贵同志化装成小木匠，隐蔽在呼市陶卜齐一带活动；卓资县委曾则西同志化装成收猪毛的小商，在卓资和集宁之间活动；绥中地委社会部长杨千同志化装成中医，经常到平川看病，并在平绥铁路线上活动；阎明生同志化装成小学教师，在乞斗虎大村教书多年，掩护保卫了绥中地委领导机关；归凉县五区区委书记王达仁同志隐蔽在大榆树乡公所，当管账先生；等等，都为党做出了重大贡献。但公开战线不得与地下战线发生横向关系，否则，会给党造成损失，他们必须千方百计地以合法身份进行长期的隐蔽斗争。

第七个特点：确实贯彻执行了实事求是的原则，从客观实际情况出发，决定工作方针。由于敌强我弱，客观条件不允许我们建立稳固的一面派抗日政权。如脱离客观实际，硬性搞一面派政权，必然遭受打击破坏，在当地站不住脚，这里有血的教训。因此，大青山在敌占区的政权组织形式，对敌采取公开合法的形式，保留大乡公所和保甲制度，其性质是两面派政权，其中分革命两面派政权和反革命两面派政权。革命两面派政权，基本为我掌握，完全执行我们政府法令，听从我们指挥，对敌是应付的，有时给敌人办粮食、征烟、征款、征购军马等，还得经我区政府批准。反革命两面派乡政权，敌人统治严密，基本为敌掌握，对我政府是应付的。我们政权工作是极力扩大革命两面派政权，坚决缩小反革命两面派乡政权。这是我们县区政府的任务，也是全国各个抗日根据地所没有的。

第八个特点：对抗日游击区和革命两面派乡政权的公粮负担和征收政策，采取了宜粗不宜细、实事求是的做法。

基本做法是地主富农负担百分之七十左右，中农负担百分之二十五左右，下中农负担百分之五，贫农不负担，并给予救济扶持。具体征收时，一是根据军队需要，二是根据可能，还要考虑到敌人搜刮征收因素，适当掌握。

对所收缴公粮的使用也根据实际需要采取了灵活的政策，即以四分之三供应军队、党政机关和游击队组织，以四分之一扶持农民生产、优待军烈属及社会救济。如对日寇实行“三光”政策地区的群众，采取了救济扶持，大约每年供给粮 4 万石。“取之于民，用之于民”，这是完全合理的，也是我政府的基本政策。

大青山地区，因系敌占区，公粮征收不能入库，不能集中，藏粮于户，藏粮于民，分散保管和使用。对我骑兵支队常驻地区，必须适当贮存，区乡政府作必要调剂。对政权达不到的地区，派骑兵大部队，一是吃，二是驮运。同时，还实行了游击区粮票制度，各乡村凭粮票到区政府算账，报县政府核销。

第九个特点：大胆放手，积极广泛地开展抗日民族统一战线工作。抗日民族统一战线是打败日本侵略者的力量源泉，是开辟大青山抗日游击根据地、坚持长期抗日游击战争的基本条件。绥远省大青山绥中敌占区的统一战线工作是多方面的。如：

在开明地主绅士统一战线方面

在我政府提出“有粮出粮，有钱出钱，有人出人，有力出力，团结抗日，共同对敌”的号召下，武川阿拉胡同开明地主刘钰先后为我政府捐献粮食 500 余石，战马 40 余匹。武川三区大滩乡开明地主谭成宽在骑兵支队困难时，先后支援粮食 500 余石，战马 60 余匹，为解决军需战略物资起了模范带头作用。还有百灵庙地区仁义乡大乡长张贵山，是个有名的士绅，曾出席国民党在南京召开的会议，在伪党、政、军、商界颇有影响。家里地多、畜多，还在乌兰花和归绥市办有商店，是个地主兼商的资本家。利用他的关系，我方在敌人严密控制地区开辟了吉生太、大井坡、白林地、大南坡等乡方圆一百公里的游击活动区域，促使他为抗日服务，在政策上是成功的。陶林县三道营乡小河滩开明地主张风桥乃北京政法大学毕业，是国民党人士，同情抗日，曾为我政府出粮、出款、购买军马。我们经常派他到归绥城内购买军用物资、侦察敌情等，他为抗日做了不少工作。

对敌伪乡公所两面派政权统一战线方面

对于日寇统治严密、抗拒我政府政令的大乡，我们专署的政策是："坚决打击，采取一打一拉，先打后拉，又打又拉，先捉后放，又捉又放，一般不杀，以观后效。"陶林县陶凉区东复盛乡，派粮不送，派布不买。1941 年我和陶林县政府工作人员到该区检查工作，协同区长高鸿淼立即将该乡长连擘扣捕，他讲了条件，送了粮草，交了洋布 200 余匹，讨保释放，并提拔该乡文书李林为我政府办事的副乡长，一直办得不错，后来成为模范乡。

卓资县平绥铁路线上的乐业乡，日寇爱路总乡长张守诚是监视八路军北上大青山、南下蛮汗山的情报总乡长。我带专署游击队将他扣捕。其家属住在我控制区内的老营盘沟掌子上，他要求宽大处理，以戴罪立功。我们命令他：第一，不得危害铁路沿线两旁的群众；第二，对于日寇调动行动，指定联络地点，需向我区政府及时报告，不得有误；第三，利用合法身份，在其家中保管军用物资。他答应了我们的条件，并由高鸿淼区长监督执行。我们利用敌人爱路乡情报网，又派了一些人进去，为我们搞情报工作，将之变成了我们的情报网，效果不错。1942 年日寇对我方控制区"铁壁合围"时，高鸿淼在他家隐蔽过两天，都没有暴露。在对敌伪上层人员的处理中，除罪大恶极者，采取一般不杀、以观后效的政策，既可减少对立，又可利用，为我办事，在政策上是明智的、成功的。

在敌伪军统一战线工作方面

绥远省及大青山地区日寇据点多，但伪军多日寇少。除了平绥铁路沿线火车站和重要城镇是由日寇为主驻守，对于广大乡镇，则由伪军防守，日寇派指导官。因此，严格执行党对伪军的统一战线政策，是分化瓦解敌人的有力武器。

如 1941 年春，日寇在"治安强化运动"中，派靖安警备五大队进驻武川联合区腹地“活佛滩”安营扎寨，修筑碉堡，控制四周很大的地盘，对我们造成很大的威胁。我们采取分化、瓦解、利用的策略，积极主动争取伪军中立，秘密订立互不侵犯协定。“围棋”由死变活。此处的伪军不仅没有对我们造成威胁，反而为我们政府暗送情报、购买军需奇缺物资和枪支弹药等，暗中为抗日服务。同时严守秘密，始终没有暴露，未受任何损失，是我绥中地区伪军工作的模范。

又如中共绥中地委领导机关，就在陶林（现察哈尔右翼中旗）灰腾梁脚下的米家湾、圪计尔虎、帐房沟、牛口哈达、水泉阳坡、蒙古营转山子村几条沟内活动，距日伪军敌据点拐角铺仅有 6 里路。在老虎鼻子底下，绥中地委搞共产主义运动，领导绥中地下党活动，几年来始终没有暴露，这主要是我们党在群众中扎下了根，与坚持党支部的领导，与广大党员的保卫，与蒙汉群众的掩护有关，但也与做好外部伪军工作、订立互不侵犯秘密协定有关，所以能够立足存在。

在蒙古民族统一战线工作方面

我大青山八路军李井泉司令员、姚喆参谋长、王尚荣同志，于 1938 年 10 月奇袭陶林城，攻陷了乌兰花。当时，四子王旗王爷苏达那木朝格珠尔吓得发抖，乱作一团，唯恐我军进攻王府，王爷下令收拾贵重财宝，带在身边，备好马匹，伺机逃跑，并派出密探侦察八路军对王府的政策。侦察人员报告，“八路军虽然解除了蒙古保安队和保甲团武装，但对蒙汉俘虏不打不骂，都是平等对待，还给予优待，特别强调民族政策、统战政策，蒙汉团结，共同抗日”。王府就派二喇嘛布音道尔吉代表王爷谈判，带了几个随从助手，赶到乌兰花与我军接洽谈判。八路军方面的王尚荣团长接待了二喇嘛。他提出：“释放王府保安队全部人员，归还被缴的枪支战马。如能这样，王府就保持中立，不向八路军开一枪。”王尚荣团长向他们讲明了中国共产党、八路军的抗日主张和党的民族政策、统一战线政策，指出蒙汉是一家、蒙汉要团结，枪口对外、共同对敌的道理，并答应“如能严守中立，不与八路军为敌，不欺压蒙汉人民，同意将被俘保安队人员以及枪支战马等原物，全部归还王府”。二喇嘛和全部保安队人员喜出望外，感动得落泪，和八路军指战员握手告别，再三表示感谢！二喇嘛谈判成功，王爷苏达那木朝格珠尔深受感动，并对二喇嘛大加赞赏。从此，打开了民族上层统战工作的新局面。

二喇嘛自代表四子王旗王爷同我军谈判成功后，双方建立了友好关系。后二喇嘛经常住卓资县红召庙主持召庙佛教事宜。为了保护蒙汉人民利益，成立了红召自卫队，二喇嘛自任队长，但是被国民党自卫军十二团解除了武装。姚喆参谋长得知后，给二喇嘛补充了枪支，又把自卫队重新组建起来，二喇嘛与我们的关系更加密切了。他为我军我政府买枪买马，掩护地下工作人员，养护伤病员，保护蒙汉群众，为抗日办了很多好事。

绥远省（内蒙古西部）地下党的活动，乌兰夫、吉雅泰、奎壁、贾力更、李森等同志早年投身革命，在蒙汉民众中是有深厚基础的。绥西、绥中地区的民族工作，在贾力更、奎壁、李森同志正确领导、积极推动下，蒙汉之间亲密团结、相互支持的动人事迹到处可见，我列举如下二例。

例一，1941 年上半年，我带专署游击队，在卓资县到三道营之间的平绥铁路沿线建立抗日根据地，暴露了目标，与防共一师发生战斗，我边打边退，撤到灰腾梁上，在人困马乏、又饥又渴的时候，灯笼村蒙民武嶋鵮同志闻讯，动员全家，把用牛奶加白面做成的油烙饼一包一包地送上山头，并真诚地告诉我们防共一师的具体情况，嘱咐我们不可和他们硬碰，要按毛主席的游击战术“该进则进，该退则退”的原则办，只有这样才不会吃敌人的亏，但还要提高警惕！蒙民兄弟对我的关心，使我十分感动。这种蒙汉团结的战斗友谊，是永远难忘的。武嶋鵮还对我说：“路遥知马力，日久见人心。只有蒙汉团结起来，才能打败敌人。”

例二，我们专署游击队的子弹剩余不多了，急需补充，怎么办？乌兰合叶大南沟蒙古族武香牛当了章盖（等于区长），我派专署副官邢三同志向武香牛求援。武香牛慷慨答应，立即就办。他带着白洋、大烟，转身上马加鞭，奔驰陶林城内秘密活动。第三天，他利用章盖的合法身份，趁天黑人稀，把六支步枪藏在拉草车内，用毛驴驮了子弹 2000 发，黑夜赶回，完成了艰巨的任务。“真是蒙汉团结战斗火花，灰腾梁草原遍地开，马车拉草来把步枪运，小毛驴驮回子弹来！子弹充足，兵强马壮，但等敌人上山来！”

从此，我与武嶋鵮、武香牛同志建立了蒙汉团结的战斗友谊。他们是陶林县灰腾梁上两枝蒙汉团结战斗之花。这种团结战斗之花，是用生命和鲜血浇灌而成的。

第十个特点：大青山抗日游击队灵活机动的战略战术。遵照党中央指示，贺龙将军派李井泉、姚喆支队挺进大青山敌后，建立抗日游击根据地，开展抗日游击战争。它像一把尖刀插在日寇、蒙疆统治中心。敌人视为心腹大患，坐卧不安。敌我双方展开了殊死斗争。

李井泉支队挺进大青山后，迅速展开了敌后游击战争，接连打了几个大胜仗——袭击天成村战斗、夜袭陶林城战斗、攻陷乌兰花战斗、伏击蜈蚣坝战斗、奇袭陶思浩战斗、攻占包头石拐镇战斗、攻打韩沁坝战斗、九道拐伏击日寇辎重队战斗和马场梁遭遇战等，打得日寇晕头转向，不知所措。在短短的几个月里，八路军转战千里，连续不断地取得了重大胜利，打开了大青山抗战的新局面。从此，把中国共产党抗日救国的旗帜插在了大青山上，高高飘扬。

大青山骑兵支队在军事战略方面，打开了晋西北通往大青山的走廊，建立了大青山抗日游击根据地，把晋西北和大青山连成一片，成为晋绥完整的抗日根据地；坚持死守了晋绥抗日根据地的北大门，卡住了日寇进攻陕甘宁的门户和进攻大西北的咽喉；牵制了日寇在蒙疆地区（包括大同、张家口）20 多万人的庞大兵力，阻止了日寇西进宁夏、甘肃，南下晋西北的战略进攻；扰袭了日寇蒙疆统治中心；粉碎了日寇在蒙疆的防共特区；突破了日寇的大青山防共第一线。我认为，大青山骑兵支队的战绩，是了不起的奇迹，真正完成了毛主席“战争之目的，不在于一城一地的得失，而在于消灭敌人的有生力量”的这个重大战略任务。

在军事战役方面的经验

在军事上，主要粉碎了日寇在大青山的分区围攻“扫荡”，并伺机打垮一路，以歼灭小股日寇和伪军。灵活运用了先发制敌和后发制敌的战术。骑兵一般以后发制敌为主，就是在敌人开始“扫荡”、向我们进攻时，避免和敌人决战。如敌人进攻“扫荡”绥中，我们转移到绥东；敌人“扫荡”绥东，我们又转移到绥南；敌人“扫荡”绥南，我们又重返绥中；敌人分散回据点时，在有利条件下，我们打其后尾，吃掉一路。

在军事战术方面的经验

大青山的战斗，我们从始至终坚持了以游击战为主，运动战为辅，坚决避免打阵地战，不打消耗战。其原则是：“占便宜，不吃亏，速战速决，速进速退，有利则战，无利则退，讲求军事效益，不打消耗之仗。”在平时，既要坚持斗争，又要保存实力，特别是在日寇大举“扫荡”，与我决战时，我军机动灵活大踏步地前进，大踏步地后退以保存实力。例如1942年日寇为实现北进莫斯科，调集重兵3万余人，以“分进合击”“铁壁合围”“篦梳式推进”等战术，寻找我骑兵主力和我政府领导机关进行决战，企图一网打尽的时候，我骑兵支队政委张达志同志，英明果断地带领骑兵司令部和骑兵二团突出重围，及早跳出外线，转移到蛮汗山地区，在军事上争取了主动。我绥蒙行署和绥中专署、武川、陶林县政府已为日寇层层包围，日寇自以为日本“大皇军”把小小游击队包围得水泄不通，游击队插翅也难飞，没想到就是地方政府这个小小游击队，在绥蒙行署主任苏谦益同志统一指挥下，英勇战斗，突破敌人层层包围的封锁线，巧妙地从日寇炮兵阵地突了围，转移到归凉县蛮汗山与骑兵司令部张达志政委会合。大青山党政军民在这一生死存亡的关键时刻，如果骑兵主力部队突破不出去，与敌人发生战斗，那就是决一死战，战斗打得就残酷了，其后果可想而知，那是战略上的失利。因此，这次及时突围，保存了党政军民的革命实力，这是我党我军在大青山地区军事战略上的重大胜利。

我们骑兵支队在游击战当中，紧紧掌握了战争的主动权，牵着敌人鼻子走，以调动敌人，寻机打击歼灭敌人，灵活掌握运用了“敌进我退，敌驻我扰，敌疲我打，敌退我追”的游击战术。

在利用日寇情报网方面的经验

日寇依靠情报网，是统治大青山地区的一大法宝。每个敌据点周围，都建立了情报网，每个乡和村设有情报员，要求每天一报，有的两天一报。报告八路军和县区游击队的活动情况。我们县区政府采取对策：利用敌人情报网，派进我们的情报员，给敌人送假情报，侦察获取敌人的真情报。例如，我军驻下不报，走了再报，以多报少，或以少报多，我军向东报成西，或向西报成东；只报骑兵大部队，不报政府游击队，真报成假，假报成真等，用真真假假迷惑敌人，使日寇真假难辨。因此，敌人的情报网，也就是我们的情报网，敌人的情报员，就是我们的侦察员。武川一、二联合区政府，就是这样做的。这一点利用得很巧妙、很有策略、很成功。情报网是敌我争夺的关键。掌握不了就失败，掌握好了就胜利。

在对付敌人特务方面的经验

厚和（呼和浩特市）设有日寇庞大的特务机关，日寇到处部署网点，派遣特务，刺探情报。日本的特务工作是很毒辣的，在世界上是闻名的。我们认真地采取对策，对付了日寇派遣的各种特务。敌人有特务网，我政府组建除奸网，发动群众组织起了很多除奸小组，大乡有，小乡有，村村都有，形成了除奸网。日特进来一个，就吃掉一个，针锋相对地打击了敌特、汉奸、敌探。他们能将日本特务与国民党汪精卫特务结合起来的特务网点，在陶林县草帽尔山破获。这十余人的特务组织，为我除奸小组一网打尽。事实证明，人民，只有人民群众，才是天罗地网的这一真理。

在组织秘密游击小组方面的经验

组织秘密游击小组，是开展群众性游击战争的主要形式。武川、陶林、归凉、归武县区政府比较普遍地组织了群众性秘密的游击小组。绥中专署依托根据地，就直接组织了 20 多个游击小组。专署的修枪所、被服工厂就是由群众游击小组负责保护的。

特别是 1942 年 7 月，日寇以三万重兵，“铁壁合围”，把绥蒙行署、绥中专署、武川、陶林县政府，层层包围在卓资县东河子乡的李铁丝窑子和高木窑子两个山村时。在极为艰险的形势下，群众秘密游击小组发挥了巨大作用，为我们突围出了力，立了功。如该乡后卜洞群众游击小组长宋成海同志在敌人搜村时，把我和夏阳、王柏魁、周国亮四个同志隐藏在该村的半山石洞内，还为我们联络到行署主任苏谦益同志、武川县长李康同志，并为掩护营救绥中专署机关指导员吕茂华同志挺身而出，与日寇作了坚决的斗争后，英勇就义。他是人民群众中的英雄！让大青山人民永远纪念他！

武川动委会的由来和发展[①]

刘江　温智　孙少勇

在武川开展抗日游击战争的整个过程中，民族革命战争战地总动员委员会（简称战动总会），是武川抗日游击根据地开展统一战线的主要组织形式和组成部分，武川动委会为大青山地区抗日战争的全面胜利，起到了极其重要的历史作用。

抗日战争开始后不久，国共两党合作的局面形成，红军改编成国民革命军第八路军，东渡黄河，开赴华北战场。1937 年 9 月间，周恩来等党中央几位领导同志到达山西。周副主席代表党中央同国民党地方实力派阎锡山在太和岭口前线就八路军开赴第二战区作战及成立战地动员组织的问题进行了会谈。周副主席向阎建议，在第二战区即山西、绥远、察哈尔战区，成立由八路军和阎锡山分别派出代表，并由有关各界人士参加组成的民族革命战争战地总动员委员会。阎锡山接受了这个建议，战动总会遂于 9 月 20 日在太原宣告成立。中共和八路军方面派出的代表、委员会的委员为邓小平、彭雪枫、南汉宸、程子华四位同志，阎方也派出几名代表。此外，还有三省政府的代表和各军各界人士共 20 余人，其中有著名的爱国人士李公朴和高崇民等。委员会主任一职，商定由国民党爱国将领续范亭将军担任。南汉宸和程子华为八路军方面常驻会的委员。1938 年底，邓小平同志在山西前线经常关心和过问战动总会的工作。战动总会工作了将近两年，于国民党实行第一次反共高潮的前夕，1939 年 6 月被阎锡山下令撤销。

---

① 原载于《武川文史资料》第七辑，1994 年 8 月。

1936年发生的震惊中外的西安事变，阎锡山采取了模棱两可、观望的态度，他既未公开支持张学良、杨虎城的爱国行动，也未为南京国民党政府张目。由于国内政治形势急剧变化，华北人民抗日情绪高涨，而蒋介石的部队开入山西，又使阎锡山感受到威胁。在此形势下，我党就同阎锡山由建立初步的联系，而走到逐步建立统一战线的关系。西安事变后，党中央就派出代表常驻太原，同阎锡山发生联系。七七抗战开始后，红军改编为国民革命军第八路军，再次东渡抗日。为此，周恩来副主席亲自到晋与阎锡山会谈，提议和推动成立了双方合作共同领导的战地总动员委员会。战动总会的成立是我党在新形势下正确执行党的统一战线政策的产物，是我党执行统一战线政策的重大胜利。中国共产党的几位高级干部参加到这样的统一战线机构中，是党在新形势下走向公开合法的重大步骤，是中国共产党参加各级政府的一种特殊形式。诚然，战动总会的成立，同我八路军开赴这一地区作战，有着密切的关系。统一战线、武装斗争、党的建设，三者总是互相结合在一起的。假使没有八路军做依托，这个统一战线的战地动员组织要开展工作，必然会是困难重重的。八路军在广阔的晋、察、绥战区的作战，有利于战动总会开展各种动员工作和民众运动；战动总会发动群众，建立敌后政权，同样为我军的作战活动和本身的发展壮大，创造了有利的条件。

战动总会虽然只是华北地区性的统一战线组织，但它却是典型的以国（国民党地方实力派）共合作为基础，并有各方爱国人士参加的带有政权性质的权威性的机构，它既有明确的管辖区域，又有发动群众、代行政权职能，有组建抗日武装、指挥武装部队作战的职权。按我党与阎锡山达成协议的“工作纲领”规定，战动总会名义上属阎锡山第二战区管辖，实际上战动总会的领导权是掌握在我党手中的。战动总会内的共产党员相当多，还调来很多原红军军事政治干部，来组建战动总会的游击支队。战动总会执行着的工作纲领，实质上也就是我党的抗日救国十大纲领。战动总会向敌后挺进的过程中，阎锡山方面的代表没有同去，而是南撤了，这是阎锡山企图用撤出代表的方法来拆战动总会的台。但是，一些进步的、主张坚持抗日的原国民党人士，却同我党合作得很好，愿意随战动总会一同到敌人的后方去，有些国民党老党员最后也参加了共产党。战动总会中的中共代表，有公开合法的身份，因此能够在战区各友军及各种地方势力之间进行统战工作，以利于战区内协调配合，统一对敌斗争的部署。这个机构内的党外领导同志，也可以利用战动总会这个带有政权性质机构的领导身份，开展统战工作。战动总会的续范亭主任，就担负了这样一种光荣的角色。

战动总会以其合法组织的地位，在敌人侧面和后方，除了动员群众有钱出钱、有粮出粮、有人出人，支援各战斗部队以外，还自己动员组建和指挥了二十几个游击队，人数达两万以上，配合我八路军一二〇师在敌后开展游击战争，有力地打击了日寇汉奸的军队、政权、据点和交通线，开辟了晋西北、晋绥边、大青山、察绥边等几个游击根据地，使已经沦为敌区的晋、察、绥地区的面貌发生了很大变化。广大敌占区人民看到我八路军、战动总会的工作人员和武装部队以后，增强了抗战信心，知道中国不会灭亡。

战动总会这支武装力量，经过几次改编，最后成为中国人民解放军的一支劲旅。抗战开始后，八路军所到之处，党组织也就随之建立起来。但部队流动性大，发展党组织受到一定的限制。战动总会的县、区动委会机构遍布所辖各县区。这样，随着各级动委会的建立，我党就把同级党的领导机构结合在各级动委会之内。往往县动委会的某个部长就是中共县委书记。随着战动总会工作的发展，发展党员的工作也就得以在广大地区开展起来。

1937 年 7 月，八路军一二〇师组建大青山支队后，战动总会在晋西北岢岚县城组建了第二战区民族革命战争战地总动员委员会晋察绥边区工作委员会，决定随八路军大青山支队挺进绥远敌占区，参与创建大青山抗日游击根据地，组织各级动委会，发动群众支援和参加抗日游击战争。动委会在抗日民主政权没有建立之前，它还代行行政职能。战动总会晋察绥边区工作委员会主任武新宇、组织部长武达平、宣传部长张晋勋、武装部长李维中、动员分配部长乔凤山，组建了一个六七十人的干部队，作为建立大青山游击根据地各级动委会的骨干。为了加强中国共产党对动委会工作的领导，在组建战动总会晋察绥边区工作委员会的同时，中共晋西北临时区党委组织了中共大青山特委，作为晋西北临时区党委的派出机构，指导绥远敌占区动委会的工作。

“武川是大青山根据地的中心地带。”（李井泉语）1938 年 7 月间，中共中央军委在部署开辟大青山抗日游击根据地的时候批示：“8 月挺进大青山，进入大青山后，应先以主力进入归绥、武川、陶林、集宁之间地区，另以一个营活动于平绥路南，以保证大青山与雁北的联络。”

大青山支队、总动委会，由太原成成中学师生抗日游击队改编为第二战区民族革命战地总动委会抗日游击第四支队，按照中央军委的部署，进入大青山后，首先落脚于武川地区大滩一带。夜袭陶林县城，揭开了大青山抗日游击战争的序幕。

大青山支队又攻陷了武川地区的乌兰花，在开展绥中游击战的同时，战动总会晋察绥边区工作委员会在武新宇主任的领导下，以游击第四支队的武装力量为掩护，在武川的大滩、西河子、五塔背一带开展群众工作，宣传抗日救亡，发动和组织群众支援八路军。

1938 年 9 月 21 日，武川地区大滩成立大青山抗日游击根据地第一个区动委会，亦称武川县三区动委会。接着又建立了乡、村动委会组织。当时，主要是动员筹措过冬衣物，保证大青山支队、游击第四支队和动委会人员度过寒冬，站稳脚跟。经过一个多月的游击战争和群众工作，八路军顺利地开辟了绥中游击区。

大青山支队在乌兰花战斗以后，便来到武川西南大青山深处的井尔沟，于 9 月下旬召开了支队党政干部和动委会干部会议，总结了开辟绥中的经验教训，决定由姚喆、武新宇、朱辉照、唐金龙带领大青山支队一、二营各三个连，骑兵连，四支队三、四连和动委会部分工作人员，以大滩为中心，坚持和发展绥中游击区的斗争，邹凤山带领一营三连和四支队一连及动委会部分工作人员挺进绥西，开辟绥西游击区。

绥西即归武公路以西，包括武川县、归绥县西部、萨拉齐县、固阳县全部、托县部分和包头以东地区。西进部队从井尔沟出发，直达武川、萨拉齐、固阳三县交界处的后脑包、官地一带，这里是我军在绥西开展游击战争的中心。

大青山支队夜袭陶思浩，智取石拐镇，在绥西三战三捷，打开了局面。正在绥西活动的国民党“绥远民众抗日自卫军”第八路也积极与我军接近。因此，在开展游击战争的同时，我大青山支队与动委会对自卫军进行了统一战线工作。自卫军第八路是在固阳县保安队的基础上扩建起来的，号称三个团，有 5000 余人。他们数次请求我军派政治干部到自卫军第八路的部队里做政治工作。为了与自卫军搞好统一战线，争取自卫军抗日，我军派李维中与其联系，并派刘水仔带四名动委会干部到自卫军里进行政治工作。

在绥西开展游击战争的过程中，总动委会和四支队密切配合部队，开展群众工作，动员群众，宣传抗日，支援抗日游击战争。在发动群众的基础上，开始建立各级动委会，首先成立了绥西动委会，李维中任主任，又从部队抽调部分干部，连同原动委会的20多名干部一起，在我游击区普遍建立了区、乡、村三级动委会。由于动委会的建立和群众工作的开展，部队的供给就有了保障。大批青年踊跃参加八路军，部队得到了补充。同时组织游击队，群众性的抗日斗争出现了生动活泼的局面。另外，大青山支队司令部决定组织一个平川工作队，由二营教导员姜文华任队长，王威为秘书，带领一批动委会工作队员，从大青山南麓的西白石头沟下山到达百只户村，以大青山为依托，西起陶思浩，东到察素齐的沿山地区和铁路两旁，广泛开展群众工作，宣传、动员蒙汉各族人民奋起抗日，并在动员群众的基础上，组织了动委会以及救国会等群众抗日团体。平川工作队很快与在这里坚持地下斗争的贾力更等共产党员接上了头，通过他们结识了大批蒙古族爱国青年，共同抗日。这是绥西动委会抗日工作从山区向平原发展的开端，也是打开绥西局面、全面开展绥西游击战争的重要一环。

1938年10月中旬，大青山支队一营三连及动委会部分工作人员，四支队一连回师绥南，开辟绥南游击区的斗争。同年在绥中，八路军一二〇师大青山支队姚喆参谋长果断决定撤出武川大滩、西河子一带，乘夜秘密转移到孔脑包、土城子一带。不久，我绥中部队和动委会又返回了武川大滩。

是年冬，土匪横行乡里，骚扰抗日工作。武川三区动委会的游击队在动委会副主任兼武装部长宋克瓒的率领下，于武川、陶林交界处的五塔背铁圪旦沟宿营。突然有一股五六百人的土匪窜来，当时只有百余人的三区动委会游击队，在敌我力量悬殊的情况下，机警地占领了山头制高点，封锁了村头要道。当土匪队伍骑在马背上，毫无戒备地走入游击队伏击圈时，游击队出其不意地猛烈开火，打死匪徒十几个，缴获了部分枪支马匹，解救了一批被土匪绑架的群众。因此，在绥中剿匪过程中，新建立的县、区动委会及其领导的游击队也发挥了重要作用。

1938年9月，八路军大青山支队在绥中、绥西、绥南开展游击战争，开辟游击区的过程中，动委会的工作人员分成若干小组，在大青山支队开展游击战争的地区迅速开展群众工作。武三区动委会的组成，充分体现了动委会的性质，除了总动委会派出的干部以外，还大批吸收了包括乡邻闾长、有威望的绅商富户、开明地主士绅、农民代表、知识分子、当地驻军代表、少数民族代表、喇嘛代表等各族各阶级各阶层参加，经过充分的民主协商，选举了各方面赞同的人士组成区动委会。由郭英任主任，龚仁寿、宋克瓒、樊建斌任副主任，下设组织、宣传、分配、武装、总务等部，除宋克瓒兼任分配部长外，刘钰任总务部长，其他各部由当地的三名中学生担任。武三区动委会的领导机构有广泛的代表性。樊建斌是当地有名的士绅，拥护八路军抗日。刘钰出身于开明地主家庭，本人是学生，曾在北平读书，思想进步，热心抗日，在群众中有一定影响力。在他们的影响带动下，许多开明士绅和上层人士积极赞助抗日，支持动委会的活动。所以，武三区动委会是大青山最初的模范的统一战线组织。

绥西动委会是最早成立的地区动委会组织，而且是在与国民党顽固派的激烈斗争中建立起来的。当时，国民党派往绥远敌占区的督察专员赵励师和张遐民反对我们成立动委会，宣称他们是绥远省政府的代表，是傅作义委派的，要行使政府职权，不必成立动委会，为此双方进行了两次谈判，也没有达成协议。动委会根据抗日民族统一战线中的独立自主原则，对于国民党顽固派的无理纠缠不予理睬。

绥西动委会成立以后，紧接着开始建立区、乡动委会。1938 年 12 月，武川县八区动委会在玻璃哈达村建立，选举地方开明士绅王景堂任主任，总动委干部李琦任副主任。区动委会下设武装部，部长曹文玉，分配部长郝秀山，总务处长刘永福，区动委会游击队长任德仲。在成立动委会的这天，特别邀请了国民党武川县政府代表及附近的伪义合乡、义庆乡等乡的乡长参加。国民党武川县县长、自卫军第四路副总指挥邱明星，三路总指挥李正才、副总指挥兼参谋长王有功等诸多头面人物，也破例参加了成立大会。王景堂和李琦代表动委会和他们谈判。在八区动委会的领导下，很快建立了九个乡动委会，并按照上述原则各自协商选举产生了乡动委会主任、副主任，设立了相应的办事机构，武川县八区动委会形成了一个比较健全的抗战动员领导机构，而且初步发挥了抗日民主政权的作用。

1938 年，武川游击区陆续组建各级动委会，武归县动委会下设的武二区、武三区、武四区、武归区动委会相继先后成立，八区动委会还组织了救国会、农会、妇女会等。

各级动委会成立以后，总动委会干部队的 20 名工作人员和干部，分头下到基层群众中，宣传动员他们参加各种群众组织。紧接着，动委会还从抗日积极分子中选拔精干，组成自卫队、游击队，拆铁路、毁公路，破坏敌人交通；剪电线、锯电杆，断敌联络；四处侦察敌情，为八路军游击队送情报。动委会不仅活动在根据地内，而且巧妙地把工作做到敌人驻防的集镇和乡村，使动员工作得到迅速圆满的完成。各族各界群众捐献物资和款项的行动十分踊跃，不少开明士绅、地主、富户纷纷主动向动委会捐献粮食、皮衣和马匹。武川县八区动委会成立时，潘家沟富户赵德政就把一匹全副鞍具的骑马献给动委会，表达他支持动委会工作的心情。下百灵忽洞村蒙古族人士蒙扣也把全副鞍具的骑马捐给动委会，并再三表示愿意为动委会到蒙古族聚居的召河购买马匹和衣物，到武川县城购买布匹等军需物资。小广庆隆村的蒙古族苏尼玛把自己的一匹好马和五件皮衣送给八路军。武三区动委会总务部长刘钰以身作则，带头支援部队粮马，1938—1942 年先后支援八路军粮食 500 余石，全副鞍具的马匹 30 多匹。大滩花圪台村开明地主谭成宽，除了经常为我军捐献粮草衣物外，还给八路军暗送日伪情报，掩护我军政干部。1939 年初，李井泉、姚喆率领部队活跃在大滩一带，时逢春节，粮食紧张，谭成宽一次拿出 400 多石小麦和杂粮，无偿送给我军。

武装群众是动委会组织群众性游击战争的重要环节。在动员物资的同时，各区动委会发动群众组织武装。到 1939 年底，武川地区先后成立了 12 个游击队，每队人数 20—80 人不等，共计 650 多人。枪支马匹均由民间动员而来，共计有枪 110 多支，有的游击队员逐步编入正规部队，为八路军扩充兵员。这样使群众抗日斗争发展到有组织的武装斗争阶段。

组织群众开展抗日斗争是武川地区抗日游击战争向深入发展的重要标志。动委会还发动群众，组织各种群众性的抗日救国团体，把各方面群众组织起来。在大青山游击区广泛组织了各种抗日救国团体，如农民救国会、工人救国会、妇女救国会、青年救国会、儿童救国会、蒙民救国会等。据 1939 年统计，仅农民救国会会员就有 4000 多人。会员们以自己本来的身份，分布在各个角落探测敌情、监视敌人，甚至打入伪军伪政权、伪保甲团、伪警察所以及学校等部门，进行联络和策反活动，了解敌情和掩护地下斗争。

争取伪乡政人员抗日，改造伪乡村政权为革命的两面派政权，为抗日办事出力，是区乡两级动委会的主要工作。日伪乡村政权人员复杂，阶级成分、政治态度差异大。如三区共有 14 个乡长、副乡长，其中富农 8 人，地主 3 人，中农 2 人，氓流 1 人。有 10 人在国民党统治时期的区政权中任过区警乡长。各级动委会和抗日政府，采取各种方式促使其抗日。仁义乡大乡长张贵山是有名的士绅，出席过国民党在南京召开的会议，在国民党绥远省党、政、军、商各界颇有影响，家境富裕，土地牲畜很多，在归绥和乌兰花均有商号。经动委会和抗日政府争取教育，他加入抗日统一战线，并通过他的关系，争取了驻百灵庙、大庙的伪蒙古军 27 团，开辟了吉生太、大井坡、百灵庙等乡的工作。归武县两名村闾长，被日军以私通八路军的罪名逮捕，日军对其严刑拷打，灌辣椒水和煤油，用竹签钉指缝，他们始终未向日军提供八路军的情况。各级动委会和各种救国会开展的各项工作，为大青山游击战争奠定了深厚的群众基础。

根据斗争需要，中共中央指示逐步将动委会过渡为抗日民主政权。1939 年 9 月，原总动委会改成八路军绥蒙总动委会。动委会工作的中心任务是动员、组织、武装民众，兼用政府名义实行行政领导，并开始建设政权工作，调整军民关系与帮助督促军需供给，维护统战关系。动委会工作中心的转变，是向抗日民主政权的过渡。

1940 年后，武川地区的政权建设，由动委会完全过渡到了抗日民主政权的阶段。武川动委会是我党在发动全民族全面抗战的新形势下执行统一战线政策的产物，为发展党的组织，壮大武装力量，团结抗日，起了巨大的作用，在大青山抗日斗争史上留下了光辉的一页。

坚持抗战到底的八区政府[①]

侯白* 忆述　张贵 整理

1938年秋，我八路军遵照毛主席关于“在平绥路以北沿大青山脉建立游击根据地甚关重要”的指示，北上挺进大青山，三战三捷，打破了日本强盗企图不让我军在大青山立足的迷梦，使党的政策更加深入人心。在抗日斗争的号召下，各地贫苦农民纷纷起来，放下锄头拿起枪杆，建立了战地总动员会。抗日斗争的烽火四处点燃。1940年，反顽固斗争胜利后，于8月间在武川西梁召开了具有历史意义的绥远各界抗日团结大会，具体研究部署了各级政权机构的建立健全问题。从此，我各级地方政权得到了发展和巩固，斗争形势风起云涌，蓬勃发展。

我于1941年秋，参加了武川八区政府的区游击队，区长是郝秀山同志，老乡们习惯性地把八区政府叫作“郝区政府”。邸旺同志任游击队长，游击队下设两个班，共有二十几个人，十多支大枪。区政府设在大李气沟（骆驼场李气沟的深山里），有时情况紧急了，就迁到了南山后的三道盘。当时区政府只有两间草窝铺，夏不遮雨，冬不御寒，每当日寇进山“扫荡”“清剿”时，区政府的全体同志转移到野外，常常几天吃不上饭；只好用山葱、韭菜、荄荄等野生植物充饥。冬天同志们大都冻坏了手脚，流脓流水。区政府不能住上像样的土房，是由于敌寇常来“清剿”。搜山时，总要把这两间窝棚烧毁，当时烧了又搭，搭好又烧，只好砍些桦棒、割些葫荆梢子搭个简易窝棚来居住。

---

① 原载于《武川文史资料》第一辑，1985年2月。

* 侯白：原抗日游击队队员，后为蘑菇窑乡黑沙兔村农民。

离区政府只有十余里的酒馆村，是日寇的据点，我们八区政府就在敌寇的眼皮底下，这对我们开展斗争阻力很大。在斗争中我们必须讲究灵活机动的原则，巧妙与敌寇周旋的战略战术，只能让敌人看得见却抓不着。这种艰苦而特殊的条件，锻炼和考验了每个同志，我们既是战斗员，又是工作员，我们的主要任务是为我抗日军政机关和部队向地方征集和转送草料、粮食、布匹、皮毛等给养物资，维护地方秩序，保卫地方政权和配合我军作战等。当时我八路军总部的后勤处设在了南大西沟，我们把征集的各种物资都转送和储运在那里。

在征集抗战物资时，咱根据地的人民与八路军同心同德，积极支前。应摊纳的财物总是提前和超额完成。被誉为“支援抗日的女模范张兰女”和婆婆仅用半个月就赶做好八双实纳帮底的牛鼻鼻军鞋，贫苦农民白生宝连夜往返 40 多里为八路军背石磨、运送加工用具，被我军民传为佳话。而在敌占区那些富户大姓，对摊派的各项物资，总是迟迟不予交纳，一催再催，要钱比要命还难。我们就寻机出发找上门去，向他们讲明抗日道理，提出要求。对个别死顽固分子，只好给他们点颜色看看，到时不交东西就带上人走（当时人们叫作“请财神”），拿来物资再赎人。通过这种手段，那些有钱人家也知道咱八路军并非好惹。

我们区游击队，除征集转运给养物资外，还负责联系群众，宣传革命道理，搜集情报，传送信件，镇压特务汉奸，还配合野战部队作战，转运伤员，接济军需……我们的战斗宗旨是极力避免和敌人发生武装摩擦，因为我们是地方武装，人员少力量单薄，如果常和敌人发生武装斗争，会给当地的老百姓带来更大麻烦，对当时斗争十分不利。

区长郝秀山同志是个足智多谋、风趣乐观的好领导。他有句口头禅，来激励我们坚定斗争信念：“别看咱现在蹲窝铺，日后进归化城住洋楼。”他生在大青山，长在大青山，对我们八区境内的千山万谷、沟沟汊汊了如指掌，是夜行、是摸黑，是穿沟、是爬山，跟着他保准没个错。因为我们区政府是游击性的武装政府，办公无固定地方，出入灵活机动，说走就走，出没无常。

1942 年的大年三十晚上，大伙正忙着准备过年。掌灯时分，郝区长把同志们集合起来，讲道：“同志们，今晚咱要过个‘马背年’。”我们一听，就知道又有新情况。他接着说：“我们已得到情报，酒馆的日寇要进山跟咱‘凑热闹’，咱来他个坚壁清野，拍拍黄尘走起，让日寇扑个空。”我们听了区长的指示后，便急忙转回屋里收拾了家具，隐藏了物品，带足了吃用，剩余该埋则埋，该藏则藏。屋里连根柴火棍也没给日寇留下。只有两间破茅庵，日寇烧掉我们重搭。

一切妥当后，我们便一齐翻身上马，出了山，向北一路小跑，去到了秦达牧一带，郝区长再三强调纪律，不准进村打扰老乡过年。我们便乘马在野外转悠，同志们望望四周灯光闪闪的村寨，耳边不时地传来稀疏的爆竹声，大伙都痛恨凶残的日寇在我大好河山上肆意践踏，逞凶狂，生出了强烈的民族仇、阶级恨，赶不走豺狼誓不休。

临明拢旺火时，赶到了我们经常活动的谢园子村，部队站在村外，郝区长走进甲长院门风趣地说："老伙计，你们拢旺火，接财神，今年可真的接回真神啦！"甲长知道区长之意，回答说："那好哇，乡亲们都在欢迎你们这些真神呢！快叫弟兄们回家吃饺子。"

随即郝区长传下命令：凡分住在老乡家的战士决不允许违反纪律，不准吃老乡一口饭，不准随便动用老乡的东西。吃饭用自己马背上带的米面。于是，我们等老乡们吃了"接神饭"后，才自己动手做饭，对于老百姓的财物，我们真正做到了秋毫无犯、分文未动。老乡们被我们严守纪律的行为深深感动了，有的流着眼泪说："唉，在这纷乱年代里，这个军，那个军，有谁能比上八路军！来不了叫人盼，走后叫人想。"

蘑菇窑子村是大青山北麓的边缘地区，在那交通不便的年代里，是连接前川后山的交通要道，是白区酒馆的着眼点。我的祖辈几代一直就在这里生活，我结识了不少人，乡亲们为我作掩护，供情报，通信息，为我工作提供方便。为了能更好地开展工作，扩大活动地区，1943 年春天，郝区长为我搞了一张隐匿真名的"良民证"。这样，我可以合法的身份出入各地，闯关过卡。一天，区领导给我一项任务，让我去武川可镇为得胜沟八路军司令部的三团骑兵连购买百余斤白麻绳，以便整修、添置鞍具、笼缰，我便愉快地接受了这一任务。一早便赶了头毛驴，化装成山区老乡匆忙上路，还不到晌午，我便绕道从可镇北门进街（当时敌人对从西面和南面来往的行人监视得十分严密，因为这两个方向通向我游击区），敌人检查了"良民证"后，我顺利地进了城。我便去"三义成"商号按所需买了 90 多斤白麻四股绳，为了不引起敌人的怀疑，我又买了几个耕地的犁铧和牛笼嘴，驮在麻绳上边做幌子。一切办妥后，赶驴出城。可是在出城门时，我让站岗的日本兵和警察卡住了，敌人看了看驴背上的麻绳，又看着“良民证”，细细地端详着我。伪警察忽然冲着我厉声地喝道：“你买这么多的麻绳要干啥？我看你是给八路军办事的。”

我定定神，不慌不忙地回答说：“看这位老总怎说呢。我住的村里离县城远，来一回可不容易，临走时，左邻右舍亲戚朋友这个靠，那个托，买了这些春耕急需用的绳索。”我正恳求伪警察，不知啥时候来了个人，突然在一旁插嘴说：“看你这人心眼儿多死，返回街上给老总们买上一条纸烟不就把事情办了吗？”我转头看看这个为我出主意的人，又抬眼瞧瞧警察，只见他二人挤眉弄眼，不知是在搞啥名堂。于是，我便折转回城，买了条纸烟送给了把门的警察，伪警察接过纸烟，点头放我出城。我刚走出城门转身又看，只见那个警察和那个身份不明的人正在分我那条纸烟。原来这俩是同伙，吊死鬼打鼾声——诈唬几个买路钱。

我一路快走，在太阳快落山时，便回到了得胜沟。还没等进村，就见三连的股长徐义华和区长郝秀山站在村后的一个小山上看着我，匆匆赶上前来，见我赶着满驮子的白麻绳，高兴地说：“好啊，总算搞回来了，路上顺当吧？”我笑笑说：“顺当，有点麻烦也不算大，花了几块买路钱，把一条纸烟喂了狗啦。”他们会意地安慰说：“小事，只要人安全，货买到，十条八条烟也没啥。”说完我们高兴地走回村里。

随着形势的发展和斗争的需要，1943 年郝区长奉令调任武川县县长。八区又调来了李俊卿任副区长。这是一位遇事能深思熟虑的老同志，他遇事沉着，善于判断，有勇有谋，智勇双全。我们区游击队为适应工作之需要，都改任党的地方交通员。在 1945 年农历十一月初，我军奉命战略撤退。一天，李副区长和邸队长出发到了蘑菇窑子前营村，部队正准备吃饭住夜，忽见一个骑毛驴的农民找上队部所驻的院子，送来了一封急信。李副区长和邸队长拆信一看，才知是从南乌兰不浪由郝秀山同志写来的指示信，指示八区政府全体成员连夜急速赶往乌兰不浪开会，有急事传达。

李、邸二同志阅信后，便连饭也没顾得吃，全体同志紧急集合，连夜速达指定地址乌兰不浪。善于判断的李副区长，估计可能有新情况，见我不在身边（我已在前三天去千树沟执行征集任务），临走时，便留下一封信，交与我地下联络员魏二贴同志，让他尽快转交我。三天后我才接到信，信上指示我仍在千树沟、大海流、大营盘一带活动，如情况危急，可靠近我红色据点井尔沟一带。

等散会后，他们可在这一带找我。我接信后，心里很不安，部队集合这样紧急，到底有什么新情况？是真的开会还是转移撤退，我揣想不得，只好按李副区长的指示精神办事，在指定地点活动。

一连几天，我只身孤人辗转于大青山深处，熟人见不上，消息听不到，睡卧不安，水饭不思。人啊！最苦恼的莫过于与组织失去了联系，与同志隔断了音讯。一天我在苦闷中去到了大营盘村，找上了曾为李井泉同志养伤的赵二红家。老赵把打听到的实情告诉了我："侯子（熟人都这样称我），你知道不知道，现在八路军搞了转移撤退，全部撤回苏区，准备迎接全国大解放哪！"

我听了老赵的简短介绍，又高兴又苦恼。高兴的是经过 14 年的艰苦抗战，打败了日寇，赶走了侵略者，取得了胜利。苦恼的是，部队不该单单丢下我一人，闹下个天不留地不收，让我只身单人去哪儿找呢？想到这里，我落下了悲痛的眼泪。

部队行动急速去向不明，我又返回八区政府所在地，把留下的物品都进行了转移和隐蔽，做好善后处理。一切停当后，我转回了老家蘑菇窑，把李副区长的指示信一直带在手边，作为终生的欣慰纪念。

14 年抗战胜利，三年解放战争结束，1951 年国庆节前夕，我作为绥远省老区特邀代表，光荣地去北京参加了国庆观礼，在中南海怀仁堂幸福地见到了毛主席、朱总司令等党和国家领导人，毛主席特意请我们吃了饭，看了戏。其间，还参观游览了北京城、天津市。我深深地感到党和国家对我们老区人民的关心和爱护，这种关心和爱护化作了我在社会主义革命和建设中的强大动力。

“小延安”得胜沟①

张贵* 整理

绵延千里的大青山重峦叠嶂，沟壑纵横。在那艰苦卓绝的年代里，她与巍巍井冈、高高太行一样，到处传诵着可歌可泣的动人故事，记录了革命光辉斗争的不朽丰碑，其中武川县蘑菇窑乡得胜沟村，这个小山寨，就是当年大青山抗日游击队司令部所在地。人们亲切地称她是“小延安”。

1938 年 5 月 14 日，党中央毛主席给朱德、彭德怀、贺龙、关向应、萧克等同志的电文指示：“在平绥路以北沿大青山脉建立游击根据地甚关重要，请你们迅即考虑此事。”又于 6 月 11 日电：“大青山山脉的重要性如来电所述，该地应派何种部队何人指挥及如何做法，由你们根据情况处理之，惟开始建立根据地时，敌人知其重要意义必多方破坏，故部队须选精干者，领导人须政治、军事皆能对付，且能机警耐苦，而有决心在该地创立根据地者……”

贺龙师长坚决执行党中央和毛主席这一伟大战略指示，和老一辈革命家认真地部署和创建大青山抗日根据地的工作，便选派一二〇师三五八旅政委李井泉、参谋长姚喆，七一五团团长王尚荣和全体指战员及武新宇同志领导的战地总动员委员会的晋察绥工作委员会，刘镛如同志负责所属以太原成成中学师生为主体组成的游击第四支队。在李井泉、姚喆同志的率领下，他们肩负党中央毛主席的重托和内蒙古各族人民的希望，于 1938 年 8 月由晋西北五寨出发，一路历尽千辛万苦，粉碎了敌人一次次阻截围歼，挺进大青山区。从 1939 年始，

① 原载于《武川文史资料》第一辑，1985 年 2 月。

* 张贵：原蘑菇窑乡学校教员。

我中共绥远省委、绥察行署和八路军抗日游击队司令部便驻守在得胜沟。在这个仅有五户人家二十几口人的小山寨，挖出一排排土窑洞，搭起一间间小茅庵。坐落在村西端的司令部是三间一进两开的低茅棚，村东河对岸的虎头山下是警卫连的窑洞，司令部西南那条白桦覆盖、林木参天的“钻天沟”是李井泉政委和无线电台的隐蔽处。在向阳坡上有教导队讲堂、卫生队病室、后勤部仓库、炊事班伙房，中央一块三亩多的平地被垫成了战士们上操习武的操场。操着“南腔北调”的战士们在讲堂听报告，操场练刺杀，老榆树下学文化。当时在那设备简陋、物资十分困难的艰苦条件下，抗日将士们一个个精力充沛，斗志昂扬，常常寻机出击四方，阻截敌寇，围歼残匪，消灭反动武装，像一柄锋利的钢刀直刺敌人心脏。巍巍大青山抗日烽火熊熊燃烧，斗争形势风起云涌，敌寇胆战心慌。

在自然地理环境上，得胜沟群山紧抱，流水四围，山重水复，峰回路转。横卧在村东的虎头山，每当夕阳西下、夜幕降临时，那竖着两只“大耳”，高昂的“头颅”注视着远山近水，夜以继日地守护着这个山寨，为出没在刀光剑影中的抗日将士们助威压阵！整个山野悬崖陡峭，沟深谷险。

东西两方可分别与红色据点井尔沟、“郝区”政府李气沟相通，南临土默川，北达武川县城可镇，可谓大青山心腹地带，是能防易守的理想战略要地。1941 年大年初一的凌晨，东方刚刚发白，日军全副武装从酒馆出发，向得胜沟司令部进行“扫荡”。司令部得知情报后，提前做好了战略部署，早把火力埋伏在村西口河南岸的大地石崖上，等敌人进入伏击圈，我八路军战士居高临下，所有火力同时出击，打得日军人仰马翻，狼狈不堪。敌人“扫荡”落空了，恼羞成怒，便调集了更多兵力，向司令部进犯，我指战员采取了敌进我退、灵活机动的战略战术，迅速转移，辗转于崇山峻岭。日军摸不着，抓不到，气急败坏地窜进村里，烧毁了一间间民房和八路军的茅庵草舍，灰溜溜地逃回了据点。

纯朴的根据地人民，为了保护革命力量、支援抗战斗争，历尽艰险，在所不惜。敌人一次次“围剿”“扫荡”，烧毁了房屋，抢走了牲畜，破坏了家园。他们没有眼泪，没有忧伤，谁也不计较自己的财物损失了多少，心中只有一个念头：只要人活着，就够本，积极支前，早日消灭强盗，解放大好河山。

在司令部办公桌前，安放着一盘直径不足二尺的小石磨，旁边还有块山榆树根，这便是当年姚喆司令员办公的桌凳。在得胜沟，这位足智多谋、平易近人的司令员给老区人民留下了永不磨灭的印象。他夏穿灰布军装，冬着老羊皮袄，脚蹬实纳帮子的牛鼻鼻鞋。当时他的代号是“八〇五”。老乡和战士们亲切地叫他“八掌柜”“活神仙”。他为人耿直，肝胆相照，生活俭朴，乐观开朗。在战斗中他用兵如神，指挥果断，作风顽强，英勇善战。敌人留在他左脸上的那道刀伤，是无产阶级革命战士英勇无畏的光荣标记，是一个共产党员献身革命坚贞不渝的闪光记录。司令员就在那间低矮的茅棚里，在那个泥捏的火盆前，顶着塞北的风寒，认真学习马列和毛主席文献，精心研究延安来的电文和作战方案。每逢夏日，当给养物资短缺时，他带头走上山野，采摘山梨、面果、韭菜、山葱等野生植物充饥。入夜，他又守在黄鼠油灯前看书学习，抄阅文件，书写笔记，常常熬到半夜。当敌人抢劫过后，他又亲自带领广大战士砍来山上的桦棒，重新搭起窝棚，自己挖菜窖，打干柴，烧木炭。

为了提高战士们的政治素养和文化水平，姚司令员在得胜沟又组建了教导队。党还从延安“抗大”派来了两位同志予以指导。当时的学习条件极为困难，学习用具缺少，学习场所没有，战士们围坐在村前的老榆树下，在一小块破旧黑板前，席地而坐，大腿当课桌，聚精会神地学政治、学军事、学文化，认真谛听司令员报告、教导员讲解，提高了思想认识，开拓了政治远见，加强了执行纪律的自觉性，坚定了艰苦奋斗的必胜信念。

为更好宣传党的抗战方针政策，我大青山八路军骑兵支队政治部曾编印了《八路军与青年》的学习文件，具体地论证了青年与八路军的关系及我军造就大批模范青年战士的殷切希望。这份珍贵文件，一直保存在得胜沟的山洞里，直至 1978 年才被发现取出。

在那凄风苦雨的战争岁月里，根据地的军民风雨同舟，同仇敌忾。有多少“老民兵”“老交通”“老支前”，他们舍生忘死，赤胆忠心为革命，为斗争做出了无私的贡献。老交通员张二虎为我八路军寄送情报，传递文件，他常常只身单人披星戴月，顶风冒雪，攀沿着崎岖小路，出没于人迹罕至的深谷丛林，想方设法完成投递任务。曾先后被日本兵抓捕过七次，敌人软硬兼施，在他身上用尽了一切酷刑，也未能从这条铮铮的硬汉子嘴里得到一个字。因既没拿到证据，又没得出口供，无奈只好让人担保释放。而死里逃生的张二虎，一次次地还没等伤口愈合，又继续为革命奔波于大青山里，出色地完成了党交给的各项任务，上级党组织进行了多次表扬。

被誉为“支前模范”的张兰女，那时她还是个十六七岁的农家小姑娘，她家境贫穷，少吃缺穿。八路军进山后，多次对她家帮扶照顾，使她萌发了爱憎分明的朴素的阶级感情。她精干泼辣，怀有强烈的阶级仇民族恨，常为八路军传书送信，探听消息，提供情报。结婚后，她又积极地和婆母为八路军缝军衣，做军鞋。一次，由于需要，她们婆媳俩夜以继日地仅用 15 天的时间，就赶做了八双实纳帮子的牛鼻鼻鞋。婆媳俩熬红了双眼，勒肿了手背，细针密线地缝进了对八路军的深情厚谊，为抗战斗争做出了应有的贡献。如今张兰女用过的那个针锥和羊皮手套陈列在内蒙古博物馆，记录了她闪光的思想。

贫苦农民白生宝，听说驻守在骆驼场的八路军供给处常以野菜充饥、艰苦度日，即使搞到点粮食也无加工工具，只能整煮着吃，十分心疼八路军的艰苦处境，便暗自决定把自己的一盘小石磨背去送给八路军。在一个月高夜黑的晚上，他沿着蜿蜒曲折的小路，分两次把这 300 余斤的石磨，背到了 20 多里远的八路军驻地。他拖着劳累的身子，冒着满头大汗，在鸡叫时又返回了村里，心里感到了无限的宽慰。现在，当人们到内蒙古博物馆参观“全区革命斗争文物陈列”时，谁不在那盘石磨前肃然起敬呢？

千里青山，气势磅礴。在那烽火连天的峥嵘岁月里，在那艰辛的日日夜夜，你孕育了多少英雄儿女，锤炼了多少革命志士。你记录了敌人的滔天罪行，更铭刻了革命的不朽功绩。1964 年，人民政府决定把得胜沟列为自治区重点革命文物纪念地。先后修复了司令部驻地、教导队讲堂，整修了警卫连、卫生队、炊事班、后勤部等旧址，并竖起两块石碑，铭文纪念，陈列在司令部门前那盘小石磨是当年姚喆司令员的“办公桌”，让后人缅怀革命前辈的创业艰苦，催人奋进！

40 多年过去了，青山更青，流水更长。党和政府为了改变老区落后面貌、加快老区建设，曾多次拨款，无偿投资。十一届三中全会后，得胜沟盖起了新房，架进了高压电线。如今当人们来到这个仅有四十几口人的老区山寨时，只见绿树拥新房，铁塔牵银线，牛羊满坡，果园飘香。追昔抚今，谁不从心底赞叹：虎踞龙盘今胜昔，老区旧貌换新颜啊！

会议垂青史　老区功德高
——访当年西梁会议所见者忆述①

张贵

在抗日战争年代里，千里青山战云弥漫，硝烟滚滚，无辜的善良人民惨遭异族强盗的杀戮，祖国的大好河山被敌寇的铁蹄肆意践踏。松涛呜咽，流水悲泣，峰峦怀恨！就在这民族生死存亡的关键时刻，1938年秋，八路军大青山支队挥师北上，挺进大青山区，军民团结奋力抗敌，抗日烽火遍地燃烧，斗争形势风起云涌！嚣张气焰甚狂的日寇受到了迎头痛击，抗战斗争的革命力量日益壮大。

随着大青山抗日根据地的发展，各地的党组织和抗日民主政权相继组成和建立。1940年秋，由绥西地委（当时叫特委）书记杨植霖、组织部长薛世英（后来叛变了）、宣传部长李垣、民族部长贾力更在大青山西武川八区的西梁召开了具有历史意义的绥远各族各界人士代表大会。参加会议的有共产党、国民党左派、无党派抗日民主人士和工人、农民、抗日部队、知识分子以及蒙汉回各族代表共计200余人。这次会议在农历七月初二召开，后因日寇的侵袭和干扰，会议提前结束，但会议的重要议程已完成。这次会议决定成立晋绥第二游击区行政公署驻绥察办事处，简称“绥晋行政办事处”，并推选姚喆、杨植霖同志为正副主任，制定了适合广大群众要求的“绥察施政纲领”。代表会议还决定成立绥西、绥中、绥南三个专署，由绥察行政办事处直接领导，并批准萨拉齐、固阳、武川、陶林、归武、托和清、归凉、丰集、丰凉等九个县成立县抗日政府。出席这次会议的有杨植霖、苏谦益、李维中、靳崇智、程仲一、李大光、

① 原载于《武川文史资料》第二辑，1985年7月。

杨建林、郝秀山及蔡团、朱团等党政军各界人士。在这次会议上还确定：绥中专署专员是武达平同志；绥东专署（在蛮汗山区），实际是绥南专署，绥南专署专员是程仲一（以前是相国兴同志）；杨植霖同志兼任绥西专署专员，后来分别由李维中和杨叶澎同志担任。副专员有靳崇智、王建功同志。

这次会议为绥远全省各界人民坚持抗日斗争和夺取伟大胜利，起到了决定性的作用，是抗日政权建设的战略会议，它名垂千古，刊载史册。

西梁自然村位于大青山心腹地带，当年是个仅有 7 户农家、20 多口人的小山寨，现归土左旗所辖。它南临海拔 2200 余米的大青山主峰金銮殿山，北倚俗称长尾巴梁的西峰，东与水磨沟相通，西接二四道沟深谷。群山拱卫，二峰相挟，四面皆有出路，居高临下，方便行动。地势高峻而隐蔽，山路曲折迂回，人们往来不易，凡过往旅者行人，视而易见。站在村北脑包沟梁的小岗上（当年开会时，每天只有一个班的战士在此站岗放哨）顿觉视野开阔，放眼瞭望可达数里之远。四周的山峦深谷、大沟小汊、阳坡阴背、车道人路及相邻村寨都历历在目，尽收眼底。一旦有什么意外情况，便可提前发现、及时对付，是个易防易守的理想要地。当年八路军部队常在这里安营扎寨，屯兵集饷，埋伏出击，隐蔽武装。八路军还分别在西梁及脑包沟建起了 20 多间窝棚作为行军住房。就自然地理条件而论，选定在西梁召开这次具有伟大意义的重要会议确是再好不过了。

在西梁召开这次重要会议，不仅在于有利的地理位置，更有良好的革命群众基础。西梁和附近的脑包沟、旧窝铺、茶馆、黑卜、大塔、朋速营及店上等村寨，人们通称为前梁（也称作水磨沟），这里朴实勤劳的群众与八路军患难与共，休戚相关，对抗战给予了无私的援助，付出了巨大的代价，做出了可贵的贡献。当时这一带的农民，把所有的牲畜组成了 42 架骡驮子。在战火硝烟中，不论盛夏酷暑，还是三九严寒，他们趁黑夜，抢时间，翻山越岭，跨河渡水，北上后山，南抵土默川，为八路军接送给养，驮运军饷，转移物资，历尽了艰险，饱受了劳累，却没有一点怨言。

在大会期间，这里勤朴的群众为保证大会顺利进行，满足与会人员的食宿方便，不顾成熟的庄稼，丢下繁忙的家务，有的夜以继日地赶着骡驮子驮运粮食，有的上山背送干柴，他们尽心尽力地为革命斗争早日胜利，不辞劳苦地奔波往来。如今八十高龄的张银河、年近七旬的陈氏三兄弟——陈银虎、陈二龙、陈小三就是为当年会议背柴运粮的参加者。

当时参加会议的军政干部及部队守卫人员数量多，规模大，由于西梁村子房小舍少，容不下，便分别住宿在脑包梁及旧窝铺等处。当地群众除了合家并舍为大会空出房子外，还整修了八路军搭起的窝棚和茅庵，以供开会占用。会议期间，村上的男人们上山打柴，下沟背水，外出运粮。女人们帮锅做饭，拆洗缝补，采摘野菜。军民一家亲密无隙，全村就像逢年过节一般，洋溢着欢乐的气氛。在休会期间，杨植霖、苏谦益、郝秀山等军政领导，还抽空挨门串户看望老乡，寻问疾苦，了解民情，聊叙家常……

勤劳朴实的劳动人民，对革命肝胆相照，不惜牺牲。骇人听闻的“黑石崖惨案”铭刻了老区为革命可歌可泣的光辉业绩。

黑石崖是位于朋速营和茶馆之间的两孔山间的自然石窑，为了躲避日寇的欺凌，临近村里的人们搬迁在那里。当时住在黑石崖窑内的李桂香（人们叫她“大寡妇”）母子，曾掩护和保存着大塔八路军县政府司务长李立保同志的给养账簿和几颗手榴弹。1940 年农历三月十六日，一队从毕克齐出发、进水磨沟搜山的日寇和伪警察，当走过朋速营村西时，发现黑石崖之处冒出一股炊烟，判定有人家居住，便匆匆赶去。当时年过五十的李桂香刚聘了二女儿，来做客的大女儿张板女及两个五六岁的外甥还未走。二儿子张玉娃去西梁给八路军送信，大儿子张文奎去土旗。隔壁郅富宽家也有老小四口人。日本兵和伪军警赶到后，从石窑内赶出两家老少，随即进去搜查，结果在李桂香的石窑里发现了八路军县政府的账簿和两颗手榴弹，便一口咬定这两家老小全是“胡子”。

随即，一场灭绝人性的大屠杀开始了。首先开枪打死跑出几步远的郅富宽，回头用刺刀挑死了郅的母亲宜玉女，接着捅死两个年幼的子女。转身去杀害李桂香时，这位不屈的山乡妇女，抢先甩了伪警察一个耳光，进而横眉冷对，严厉怒斥了这批杀人不眨眼的刽子手在山乡民间杀害无辜百姓的滔天罪行！

这下激怒了强盗，他们如咆哮的野兽，把李桂香双手反绑在石窑前的一棵老榆树下，说要将她另行处置，慢慢折磨至死。她面对敌人灭绝人性的杀害并没有丝毫屈服；她，一个普通的老区农妇，怀着对革命朴素的阶级感情，誓死不屈，坚如磐石，怒目圆瞪，不住地痛骂身边的强盗，她忍受了日寇酷刑，对八路军的情况未吐一个字，怒视的双目没掉一滴眼泪，嘶哑的喉咙不断地诅咒着敌寇卑鄙的罪恶行径。恼羞成怒的日本兵上前用刺刀从她额上拉下一块皮肉，遮住了她的双目，用棉花塞住了她的嘴巴，接着几个敌人轮流用刺刀刺去，刺一刀问一句，看你还骂不骂？直至李桂香倒在血泊里……

见血眼红，杀人成癖的日寇随即挑死了李桂香的大女儿张板女，继而又大发兽性，接着提起两个年仅四五岁的小外甥的双腿，活生生地摔死在窑前数丈深的石沟里，随之发出了魔鬼般的开心奸笑。就这样，不到一个小时，敌寇便把两户八口人全都杀绝，临走时，还将两孔石窑塞满干柴，点着了大火，妄图烧毁。

火舌烤灼了狭小的石窑，浓烟熏黑了嶙峋的石崖。如今，窑洞安在，老树犹劲。残留的火烤烟熏的痕迹，印记了日本强盗的历史罪恶，铭刻了老区人民忠于革命的碧血丹心！当人们走过这黑石崖时，谁能忘记中华民族史上的斑斑血泪，谁不缅怀倒在血泪中坚强的李桂香和无辜的父老乡亲！

毛主席在1951年国庆佳节接见老区人民代表时，曾经讲过，没有老区的人民就不存在革命，不存在革命就没有今天的胜利。我们在回顾革命的历史时，深深感受到这句话的深刻内涵。

如今我们来到西梁时，只见八户农家坐落在南北走向的一条向阳沟畔（脑包沟现已无人居住）。四周山清水秀，绿树丛丛。家家青砖瓦舍，电灯明亮；户户院内肥羊满圈，骡马咴咴；有的窗前还竖起了电视天线，用白桦木做成的围墙内，鸡鸣鸭叫；当村的小学校里书声琅琅，街头上的高音喇叭乐曲悠悠；小小的山寨充满了无限生机。

登上村外的山岗，只见从水磨沟新修的盘山公路就要通进村里，这里不久便可结束出门骑毛驴、运送靠骡驮的落后条件。放眼四野，山梁上沟谷底，水草丰满，牛羊成群……当年为革命建功出力的老区，在党和政府的关怀下，在深入改革的时代里将会越变越美。

附：采访的主要对象

张月有：原前梁村委会党支部书记。

张银河：原西梁村村民。

陈小三：退休干部（原土左旗毕克齐公社主任）。

陈银虎、陈二虎系陈氏兄弟，一直住在茶馆子。

张换成：系被日寇残杀的李桂香的侄子，家住朋速营（彭述营）。

追寻回来的岁月[①]

刘耀冰

近几年来，由于工作的关系，我先后访问了杨植霖、郝秀山、黄厚、包盛标、梁劲秀、曹文玉、张少庭、邓舜南、许义华、白怀志、薛春等曾在大青山抗战过的老同志。在他们那里追寻回了大青山抗战的珍贵资料，寻找回了不少可歌可泣的烽火岁月的历史镜头。

大青山抗日根据地的文艺活动

在抗日战争时期，党在延安为大青山地区培养了许多蒙古族干部。这些干部来到大青山后，不仅带来党的重要指示，也带来了大量优秀歌曲和其他一些文艺节目。如当时广泛流传的《放下你的鞭子》《唱给伪军听》《来自十月的风暴》等都传入了大青山抗日根据地。加上根据地军民自己创作的民歌《盘龙卧虎根据地》《井尔沟就是咱们要走的路》等，对于武装人民、教育人民、鼓舞士气起到很大作用，有力地促进了大青山抗日工作的开展。

那时活跃在大青山地区的姚喆部队中有一支业余的文艺宣传队，晋绥军区有一个“战斗剧社”，后来又有“七月剧社”。战士们经常随身背着武器、行李、乐器、道具，白天行军几十里，晚上就演出，自己搭台、卸台。团长亲自带着编创人员去收集部队和地方的新人新事，随时编创，即刻上演。演出就是战斗。

① 原载于《武川文史资料》第四辑，1987 年 8 月。

有时演出或军民联欢活动因为敌人的袭击而中断，演员们就带着脸上的油彩和敌人战斗起来，有的就这样献出了生命。有一次演员们画着脸谱，穿着戏衣边打边撤退到山里。在那个艰苦的岁月里，乐器、弓弦、化妆品奇缺，非常珍贵。化装都是胭脂红擦脸、浓墨描眉、大红大黑。饰老头的就用糨糊把棉花或羊毛粘在嘴巴上，常常在演出时掉了“胡子”，但军民们仍看得兴致勃勃。那时演员们的演技也并不怎么高明，但因紧密地配合了形势，产生了巨大的社会效果。那时许多乐器是自制的，如用汽油桶做个大“低音胡”，用罐头盒做个“二胡”，还有人居然手工雕刻成一把桦木小提琴。如果能从敌人那里缴获一两件质量较好的乐器，那简直是如获珍宝。

在大青山抗日根据地，爬山调和打玩艺儿（二人台前身）是当地军民喜闻乐见的艺术形式。每到一处宿营，只要能住上一两天，干部就带头进行文化娱乐活动。部队的革命乐观主义情绪常给地方村民很大影响。地方上的艺人们也常常带艺入伍，组成文艺小组或文艺班。如曹文玉同志所在的“蒙汉支队”，在乌兰不浪村扎营时，就有一个以王福全、曹金锁、来金等为首的“玩艺儿”班集体入伍。那时党组织还把一些民歌手派入敌伪军内部，用演唱家乡小调的形式分化瓦解敌人。可是也有一些投机变节分子在革命紧要关头，出现游离和彷徨，演唱一些低级下流小调和黄色音乐腐蚀军民。敌人也加强了对进步的、爱国的文艺工作者的迫害，推行奴化教育，扼杀民族文化，那时的文艺活动充满着激烈斗争。

延安文艺座谈会之后，党从延安鲁迅艺术学院派理为民（原名熊务民，又名高鲁）、叶林、家雨等来大青山开展文艺工作，和大青山专业、业余的文艺工作者一道总结经验，把文艺工作推向一个新的高潮。战斗剧社、七月剧社先后演出了秧歌剧《兄妹开荒》和歌剧《白毛女》，同时还演出了大量大青山地区自编的小戏和歌舞。此外，京剧《林冲雪夜上梁山》《打渔杀家》，玩艺儿《五哥放羊》《压糕面》《走西口》等也在此期间先后演出。革命的文艺工作和根据地的其他工作一样，有很大进展。那时的联欢会上，指挥员和战士打成一片，吹拉弹唱，各显其能。最受欢迎的是指挥员郝秀山和曹文玉同志表演的《走西口》和《打樱桃》。曹文玉同志风趣地说：“我的妹妹（指饰旦角的郝秀山同志）比我个子大，两只大脚，穿着刚过膝盖的彩裤，在台上扭来扭去，把干部战士逗得捧腹大笑。”贺龙司令员还亲自点名要看郝秀山同志和曹文玉同志的《走西口》。

曹文玉同志不仅演，还经常编一些配合当时形势的爬山调来鼓舞士气。

当 14 年的艰苦抗战胜局已定的时候，大青山到处流行着冼星海的《黄河大合唱》，麦新的《大刀进行曲》《歌唱二小放牛郎》《没有共产党就没有新中国》等歌曲。在豪迈的歌曲声中，迎接着抗日战争胜利的到来。

警备六团在武川前后

警备六团原是陕北一支红军部队，由红三团改为红独立师。国共合作，红军改为八路军，将独立师改为工兵营，几个月后改为警备六团，主要活动范围在晋西北。

1945 年，警备六团完成平鲁、清水河对敌斗争任务，收复平、清两县六个据点后，部队回到偏关的水泉堡集结，准备北上大青山。农历七月，由水泉堡出发，经五天行军，到达平绥路以南的和林格尔，白天休息，准备夜间通过铁路。走到离铁路 20 余里处，向导迷失方向。当时韩创业同志是作战参谋，他白天上山观察了地形及前进路线，时间正是七月十五左右，月亮照得如白天一般。在无向导的情况下，六团利用夜间通过铁路，到达武川一带。

到武川后，正是日寇“八一五”宣布无条件投降之际，当时全国各地，国共两党都在争夺大城市，一面以军事进行打击，一面开展政治攻势，做争取工作。六团刚在武川站脚，就接到了攻打归绥（呼和浩特）的命令。部队打进城后与敌人展开巷战，开始敌人犹豫不定，不向我军还击，我军以为敌人有投降的可能，便向敌人喊话。敌人既不还击，又不回话，过了一小时后开始向我军开炮，这时已判明敌人投降无望，便展开巷战。战斗进行中因敌众我寡，不能歼敌，部队便在大雨中撤出战斗，归绥后来被傅作义部队占领。

与此同时，六团派一个连的兵力到达毕克齐车站，抓住一个民团团长，并让他交出所属部队和全部武器。这个团长提出放他回去做工作，保证投降。当时代理毕克齐临时区长李诚（连指导员）同意放回，结果一去不返，受降工作失败。

在毕克齐以东的另一个车站，有位村长说他可以做工作，让车站敌人向我军投降。我连部提出，两小时之内不投降，部队就开始攻击。可是村长去了据点天快亮了还没有回来，连部估计情况有变，就迅速撤退，走出村外不到一里路，天已大亮，敌人动用火力向我追击，这次争取工作又失败了。

1945 年，六团北上大青山是分两批走的，第一批由副团长李应发同志率领，3 月先前到达，在大青山与傅作义部队打了几仗后，由于敌人兵力陆续增加，敌众我寡不能展开活动，就在武川白石头沟隐蔽了 40 多天。这段时间部队生活非常艰苦，驻在石崖大树底下，喝的是山水，吃的是炒面，等待着主力部队。第二批是 7 月到达武川，两批会合后不久，上级命令六团再分成两批，主力部队由副团长李应发同志带领到平绥路南的土默川、凉城一带活动，另三个连由政委曾长久同志带领留守武川。8 月，傅作义部队将平绥路西段占领，并有一个师开到武川附近，这时六团三个连正驻扎在武川县城，仅有 200 多人的部队，对付敌人一个师的兵力是不行的。上级指示六团三个连迅速撤到百灵庙与苏军会师，由武川到百灵庙整整走了七天七夜，路线不熟，沿路荒无人烟，吃住都很困难。又经请示向商都转移，这时，敌人的一个师已向我军逼近，先头部队到达武川城下已经是下午 4 时左右。当时贺吉祥同志是绥西军分区司令员，他对情况的判断是，敌人由归绥到武川，步行一天 70 多里，如果向我军进攻，兵力部署，火力配合，地形察看，进入战斗需要几个小时，况且天色已黑，估计敌人不会进攻。所以决定部队一面集结，一面派出部队占领阵地，防止敌人进攻，并找好向导准备夜间转移。

部队转移时采取声东击西战术，迷惑敌人，出武川西门，北转向东前进。第二天天亮，发现敌人骑兵尾追，部队边打边走，经三天三夜到达商都与苏军会师。

井尔沟的一次保卫战

1945 年快要开镰收割的时候，敌人聚集了两三千人，闯入我根据地武川县井尔沟，妄图抢劫丰收的果实。我骑兵团获得这一情报后，连夜直奔井尔沟，全面包围了敌人。井尔沟地势十分险要，三面大山环抱，中间狭窄低洼，像个簸箕，出进只有西山口一条路。敌人进了井尔沟，既是陷入了我根据地群众的监视之下，又陷入了这个簸箕的死胡同。我军充分利用地形优势，以小部队占领了山头，而以主力占据了西山口，切断敌人的退路。敌人最害怕的骑兵二团四连——“白马连”，就在西山口摆开了决战的架势。西山口离敌人主力只有半里多。战斗打响之前，黄厚团长和往常一样，又来到了前沿阵地，察看地形地物，观察敌人火力，鼓励战士英勇杀敌。他面色红润，目光炯炯，爱憎分明，和蔼可亲，敌人闻风丧胆，群众见了无不喜欢。他身背一支“小八音子”，手提一支大连枪，用洪亮的声音下达了“打！狠狠打！”的命令。敌人以疯狂的火力向西山口发起反扑，却被我南北两座山上的火力压得抬不起头来。一夜之间，枪声、炮声，接连不断，整个井尔沟浓烟滚滚，忽明忽暗。

第二天清晨，敌人妄想突围，可又胆小，竖起假人试探我方有无神枪手，并声称他们有什么“挡一手”“不放空”等射手，对我军进行威胁。为了粉碎敌人的阴谋，在士气上压倒敌人，黄团长从“白马连”挑出两个好射手，同时瞄准射击。只听得“砰砰”两声，假人跌倒了。原来，那假人是把衣帽挂在一根木棍上，旁边有一个人蹲下扶着棍子。所以瞄准时不瞄假人，而是瞄扶棍子的真人。真人蹲得很低，看不清，不易打，只好同时从左右两边打，真人一倒，假人自然也就倒了。假人被打掉后，敌人威风扫地，半晌不敢轻举妄动。我军便抓住这个机会整修工事，准备继续战斗。

井尔沟的群众由于被敌人封锁，无法与我军取得联系，也送不出东西，周围十来里又没有村庄，战士们吃不到饭，喝不到水。经过一夜激战之后，真是又饿又渴又疲劳，上午还能吃一点炒面，到了下午天气炎热，干得连炒面也咽不下去了。就在这时，井尔沟的几个老乡翻过高山，从山背后绕道送来两筐山药、一担水。黄团长亲自给大家分，每人二三颗山药、小半缸水。分到最后，轮到给他自己的时候，山药分光了，水也没了。战士们围上来，这个让团长吃山药，那个要团长喝口水。可是，他不吃也不喝，只是和战士们互相推让着。看着团长渴得发白的嘴唇，战士们不约而同地说：“团长不吃不喝，我们也不吃不喝。”无奈之下，他接过缸子喝了一口水，又把缸子递到战士手里，笑着转身走向了前沿阵地。

经过两夜一天，敌人大部被歼灭，战斗胜利结束了，烟消云散，井尔沟又回到了人民手中。

得胜沟干部学校

1941 年春，大青山骑兵支队司令员姚喆同志从延安汇报工作回来，根据党中央关于加强全党军政训练的指示精神和大青山根据地环境恶劣、干部损失大、新干部斗争经验缺乏的实际，与其他领导同志研究决定，建立干部教导大队，对根据地部队和地方的基层干部进行训练。姚喆同志对此十分重视，亲自兼任教导大队大队长。上级还从延安抗大派来两名教员。教导大队设在绥西武川县的得胜沟，那里四面环山，层峦叠嶂。沟里原有几户人家，由于敌人多次进攻，乡亲们都搬进了深山，房屋已被敌人烧毁。学员们在姚喆同志的带领下，搬石头，砍树枝，很快盖起十几间房子，大青山根据地唯一的干部“学校”就这样建立起来了。

教导队每期一百几十人，共编为三个排、10 个班。教学内容是紧密结合当时形势和斗争需要安排的。学习内容，政治方面有：国内外时事、党的方针政策、党史、毛泽东同志的《新民主主义论》《论持久战》等著作；军事方面有骑兵战术技术，班、排、连进攻和防御战术等，并结合实战进行演习，另外还设有文化课。

学员们的生活紧张而又艰苦，至于学习条件就更谈不上了，但大家的情绪却非常高。没有课堂，就在大树下挂一块黑板讲课，没有桌子板凳，就坐在地上，大腿就是“写字台”，纸和笔缺乏，只能用粉笔在黑板上写个题目，有的两个人换着用一支笔，字也得尽量写得小一些，而且纸的两面都要写满，以节约纸张。谁要是先分配了工作，临走时给同学留下一支破自来水笔，就是最珍贵的纪念品。所有学习用具都是一位上了年纪的副官——白怀志同志换上便衣，从敌占区归绥城通过关系买出，又用骆驼经过层层封锁运来的。有时骆驼已进了井尔沟，眼看到了家门口，又被进山“扫荡”的日军抢走了。如遇到敌人大举进攻，学员们要转移时，得把所有东西，包括黑板、笔记本、蜡纸、油灯、水桶等全部带走，反“扫荡”结束再带回来。教导大队领导把这一行动作为评价各班在反“扫荡”中表现好坏的条件之一，因为不这样严格要求，就无法再坚持学习。由于敌人的经济封锁，学员们的粮食经常断绝，有时只得熬莜面糊糊喝或拿车串串、谷谷秧、山葱、山韭菜、荨麻、苦苣、面果果、荄荄等野菜充饥。吃菜几乎没有油，只放点盐调调味。不少同志因缺乏营养，得了夜盲症，就这样还得经常进行军事演习、夜间紧急集合和爬山等。

1942 年春节，日军进攻得胜沟，烧毁了所有房屋，这时正值严冬，滴水成冰，教导大队还能不能办下去？姚喆同志动员大家说：“我们的困难是暂时的，用不了几年，我们一定会赶走日军，住进归绥城里去。”大家很受鼓舞，更加坚定了战胜困难的信心。全体同志齐心协力，冒着严寒，在山沟的绝壁上挖了一排排窑洞，这样就再不怕敌人烧了。敌人来“扫荡”，我们瞅机会打他一下，或转个圈回来照样住。但窑洞很小，炕上只能睡六七个人，地上还要挤着睡两个人。夜间，炕上的同志换哨时，不小心还得踩着地上睡觉的同志，一夜被弄醒几次。晚上，大家凑在昏暗的小油灯下复习课程，讨论问题，或畅谈抗战前途和革命理想，有的同志还低声哼起《游击队之歌》和《大刀进行曲》等歌曲，窑洞中不时传出爽朗的笑声。

从1941年春到1942年10月，教导大队共训练了三四批基层干部，共六七百人。这些同志陆续补充到根据地党政军各方面，带领群众坚持抗日斗争，发挥了非常重要的作用。1942年10月，敌人对绥西地区发动了空前规模的大“扫荡”，教导大队被迫停课，在崇山峻岭中与敌人周旋，不少同志在反“扫荡”战斗中英勇牺牲。从延安抗大来的两名教员也不幸牺牲了，教导大队随之缩编，分散活动。

大青山地下军服厂

1940年，大青山抗日战争进入了相持阶段，那是非常艰苦的年月。当时，抗日革命力量不断发展，我军也日益壮大。但是，我军服装的更换却成了问题，虽然已经到了夏天，可是许多战士却换不上单衣。敌人的严密封锁，再加上布匹来源困难，给我军行军作战带来不少困难。固守在大青山指挥战斗的姚喆司令员十分关心部队的后勤供应，他知道这一情况后，指示活动在旗下营一带的梁劲秀等同志迅速搞一个军服厂。

旗下营周围是山，而且这里还是敌人的一个据点，在镇里搞军服厂是容易被敌人发现的。经过分析研究，梁劲秀同志决定在离旗下营只有十几里路的西梁村建地下军服厂。西梁村坐落在山洼里，村外又环绕着一条大河，外人很少来往，十分偏僻，而且村子四周又长满了茂密的树木，十分有利于我军活动。

西梁村住有一户叫孟满良的人家，他在村里比较有钱，思想上主张抗日，倾向革命，很愿意为八路军办事。他有一处四合头院子，院子后面还有几间做油坊的破烂土窑，院子里只有一条小路通往油坊土窑，土窑墙壁还有一个通往外边的小洞，用土坯砌着，平时很不引人注意。

经过慎重考虑，并征得孟满良同意后，我们的军服厂就设在孟满良的院内。

地方解决了，但最困难的还是布的来源问题。那时，敌人封锁很严，而且他们也知道我八路军到处在搞军用品。军服厂的同志白天化装成老百姓，晚上穿上八路军服装，到镇里和镇周围的地主和商号家，给他们讲明我军的政策，动员他们捐钱捐布，同时还到驻旗下营的敌人灭共队队长高双德和维持会会长智维帮家要他们帮助解决布匹的来源。这些人虽然名义上为敌人干事，但暗地里也在帮助我们。同时，军服厂的同志又发动群众，通过各种渠道，解决布匹来源问题。当时，有个姓于的小买卖人住在碾子沟，这个人喜欢交朋友，善于交际，我们搞布匹的同志就和他交上了朋友。他有一个朋友，和归绥伪蒙军一个管理处的处长是乡亲，通过这个人给我军服厂买了大量的布。

布的问题解决了，但裁缝很少，根据地的战士们急等着换衣，再则军服厂拖的时间太长容易暴露给敌人。军服厂仅有四台缝纫机，七八个裁缝，人手不够。当时，旗下营街上有个叫赵永的裁缝，经过我方做工作，很愿意为八路军做军衣。他把自己的两台缝纫机搬到西梁村，并且又动员了三四个裁缝去那里做。他怕引起敌人怀疑，白天在街上揽着做民服，晚上又跑十几里路到西梁村做军服。在那白色恐怖的年月里，我们在敌人的眼皮子底下搞军服厂，是冒着很大风险的。白天，军服厂的同志轮流站在山上放哨，发现有陌生人来就赶紧通知军服厂停止做衣，以免传出声音，发生意外。有一次，当大部分军衣快做好的时候，村里来了个要饭的，装得一本正经。军服厂的同志仔细盘问，发觉他是敌人的探子，这件事的出现引起了大家的警惕。后来不久，敌人包围了孟满良家，而我们的军服厂已转移到印子沟了。

1940 年 3 月到 8 月，军服厂一共做了 500 多套军服，1000 条子弹袋和绑腿，为我军继续坚守大青山取得抗战胜利做出了贡献。

第二辑

红旗漫卷大青山

红旗漫卷大青山
——抗日战争回忆片段①

郝秀山* 忆述　张永星 整理

我就是大青山的人，在瞭望宏伟的大青山时，回忆的河流总是将我带回到那抗日战争的烽火年代。于是，我的战友和同志们就出现在我的眼前，使我久久怀念。

红旗漫卷青山岭，
刀丛战火见真勇。
抗战业绩留千古，
热血凝结蒙汉情。

在那烽火遍地、刀光剑影的年代，多少赤胆忠心的八路军干部、战士，多少风华正茂的优秀青年，为抗日救国献出了自己宝贵的生命；多少勤劳朴实的蒙汉族人民群众，为了解放养育过自己的土地，跟着共产党、毛主席出生入死，抛洒热血，用他们的牺牲换来了人民的自由和幸福、祖国的繁荣昌盛。

青山处处埋忠骨，
绿水声声悼英雄。

---

① 选自《武川文史资料》第一辑，1985 年 2 月；原载于乌盟文联《走向胜利》第三辑。

* 郝秀山（1919.9—2020.2）：原中共内蒙古自治区顾问委员会主任，内蒙古自治区人大常委会原党组副书记、常务副主任。

松柏挺直花更艳，

阔步征程念故人。

回忆当年，使我们更加珍惜现在。前人的光辉业绩，需要后人发扬光大，在党中央正确路线指引下，在新的历史时期，做出新的更大的贡献。

雁南飞秋霜遍地
烽烟卷百姓叹息

卢沟桥事变的炮声震撼了中原大地，日寇的铁蹄踏破了长城，青山南北燃起了连天战火。这时的日寇在占领北平、天津以后沿平绥铁路大举向绥、包一带进犯，国民党军队弃城失地，狼狈溃窜。华北和内蒙古广大地区陷入一片混乱。

日寇的汽车，伪军的马队，举着膏药旗，像洪水猛兽般扑来，绥远、包头、固阳、武川、乌兰花、百灵庙、陶林、卓资山、毕克齐、萨拉齐等，很快沦入敌手，蒙汉各族人民陷入了水深火热之中。

天低云沉，青山凝迷雾，黑河呜咽，惊鸿更悲秋。多少国恨与家仇，随着风雨注心头。

日寇向西推进，国民党的大部队撤到后套，零散的地方部队落草为匪，钻到山里的小村背舍，祸害百姓。

当时绥远地区素称“三多”——吸食鸦片的人多，参加会道门的人多，土匪多。什么杨猴小、荀子臣、干豌豆、夏军川等都是大股土匪，他们东来西往窜来窜去，“官土匪”就在大青山里转来转去，老百姓想躲都躲不过，害得人们叫苦连天，难以应付。老乡说：“出门碰上荀子臣，挖了坑倒栽葱（活埋人）。”老百姓说，“好吃的他们吃，好穿的他们穿，好房子他们住，好东西他们拿，闺女媳妇他们玩。他们并不关心国家的存亡和老百姓的死活，他们不叫你好好活着。出门碰上鄂友山（国民党的师长），二尺麻绳摽子扳”。这群害人虫，有三句话说不投机就把你勒死了。有钱人都逃到城里去了，穷人往哪里逃呢？上天无路，入地无门，蒙汉族劳动人民，含泪望烽烟，仇恨满胸间。庄稼人不能收割，牧羊人不能放牧，白天钻沟遛洼，黑夜不敢点灯。莽莽青山垂首叹息，默川无声黑河哭泣，后山地区更是“两行秋雁，一枕清霜”的凄凉景象。

我当时年纪很小，因为家境贫寒，给一家姓潘的老财种地。我看到国民党军队和土匪经常不断地来潘家要钱要粮，潘家不安，受苦人也不安，掌柜出物，长工汉出力，白天劳累一天，夜里折腾半夜。地主的儿子和媳妇都躲到城里去了，家里只有老地主支撑门户。我们三个长工，还有两个牛羊倌，除了种地、放牧，还要侍候这些常来常往的官兵、土匪和伪军。

秋天过去了，转眼就是数九寒天，冰雪在地，土匪、伪军一来，老半夜遛马。那时候的冬天分外寒冷，哈气成霜，滴水成冰，单衣薄裳的穷长工，遛上半夜马冻得鼻青脸肿，长长的一个冬天，手脚都冻得流了黄水，可是谁都没钱买一件皮衣裳穿。

阴历腊月，有钱的人都要置办年货，更换新衣。我们没钱置买别的，我跟小羊倌四虎子商量，我俩每人从可镇买回一顶黑猫皮帽子、两堆大炮。

除夕晚上，大伙都欢聚在一起熬年放炮，劳动一年了都想过个安生年。大年三十晚上，我跟四虎子把新帽子也戴上了，心想，土匪也懂得过个大年吧，大年时节不会来刁难人吧。我俩一晚上听老王曲讲故事，有时出去放炮，觉得大年过得还不赖。不料，大年初一，我们连饭也没吃，一大早就来了十几个土匪，说是十八团的，谁能闹清楚？龙虎难辨，说要我们送一车草、一石料。要草要料我们不怕，怕的是头上这顶帽子。土匪突然进了院子，戴在头上的帽子摘不下来。土匪朝我们头上一瞟，我们就吓得心跳，生怕帽子被抢走。

人常说：“天也转，地也转，麻绳绳老朝细处断。”土匪们吃了一顿，折腾了半天，临走时真的把我俩的帽子给抢走了。

土匪走了，四虎子坐在雪地上大哭起来，哭得非常伤心，大年时节实在不好受。哭有什么用？我和老王曲走过去一边劝解，一边拉他说：“四虎子，快起来，这年头有什么法子。到处是日寇、伪军、官土匪，你能防住哪一家？兵荒马乱，人鬼难分，保住命就不赖啦。”经我们一劝解，四虎子不哭了，但是，他带着哭腔说道：“辛辛苦苦受了一年，用几个血汗钱买了顶帽子还叫土匪抢走，连个大年都不让过。”

他气得又一把抓住我的手说：“为什么要受这欺负？咱们也去当兵吧。”

老王曲一听他说要当兵，赶快劝解说：“虎子，不要胡思乱想。人常说，好铁不打钉，好人不当兵（老百姓对当时那些当兵的看法），忍着吧，跟上那些人刮野鬼好不了。”

四虎子被劝得不哭了，他说：“你的帽子也被抢走了，咱俩都是‘苦命人’。”

过去，有钱人更怕土匪请“财神”，潘老财愁得天天起来烧香叩头，乞求神灵保佑。他也想走，可是丢不下财产，不走吧又惊又吓，日夜不得安宁。吃不下饭，睡不好觉，整天愁云满面地在院子里转。

春节过罢，已经是1938年的2月了，迟到的春天总不进青山里来。冰雪不化，冻土不开，撕裂房皮的寒风天天在山沟里嚎啸，睡到半夜把人冻醒了，穷人的春荒越来越难熬。

虽然春寒料峭，风似刮刀一样刺人，可是节令毕竟不饶人了，种地的时候到了，老百姓更发愁了。一年之计在于春，春天种不上，秋天再好也打不下粮。日伪军骑兵，国民党马队，粮食、饲草都叫他们抢去喂马了，老百姓愁得土地无籽种，牲畜没草料，东奔西跑地想办法。有许多人卖了牲畜买籽种，牲畜没有喂的就去铲草根。人们虽然饿着肚子，但是总得想方设法地种庄稼，人还得活下去呀。

这年春天，日寇开始强化保甲制，建立警察署，汉奸、兵痞、地痞流氓和那些横行霸道的恶霸地主又当上保甲长了，敲诈勒索，人们就更是发愁了。老百姓垂头丧气地说：“真是村子穷、户子空，吞糠咽菜也不安生。”

人们好容易把春荒度过了，可是青黄不接的夏天也不好过。天长夜短，老百姓头顶的太阳像火炉一样地烤着，换不过夏衣的穷山汉，穿着爬满虱子的烂皮袄淌着汗，又吃不饱饭，大人娃娃脸瘦得蜡黄，一个夏天就在地里拣干山药，刨蓿麻，挖苦菜、沙蓬子、灰菜子，吃得娃娃们头胀、脚肿，确实可怜。广大蒙汉族人民日夜盼着真正抗日的军队早日来到大青山，早日赶走日本人，过几天太平的日子。谁是救老百姓的真主，当时在农村谁也说不清楚，因此，田头、灯下，大家说着悄悄话，都说黄河上几天几夜过神兵，老百姓都说有盼头啦。

八路军挺进大青山
蜈蚣坝大败日本兵

横戈烽烟里，飞越长城北。
决心驱顽敌，阴山血写诗。

伪寇烧杀，土匪掳掠，蒙汉各族人民挣扎在水深火热之中。党中央、毛主席关心着内蒙古各族人民的痛苦。从 1938 年 4 月，毛主席就和晋西北的贺师长研究调查大青山的情况。并指出平绥路以北包括丰镇、集宁、天镇、阳高之北部及兴和、尚义、商都、康保、陶林、武川诸县至东边的张北县这一广大地区，能否创建游击根据地等。并说据绥远来人谈，该地一带都是山地，民间枪支颇多，铁道在山沟中运行，铁道南部凉城一带亦是山地，枪支亦多，游击队可跨铁道发展并往来穿插铁道，都不成问题等语。

前后三个月时间，党中央、毛主席关于建立大青山游击根据地事宜做过多次具体指示，最后决定一二〇师派劲旅挺进大青山。

大青山脉地理位置非常重要，多少个世纪以来都是兵家必争之地。大青山位于平绥集宁至包头段以北，东西横贯 800 多里，海拔 2000 米左右，北面是蒙古族居民居住的广阔草原，山南是肥沃的土默平原。南临黄河，东南是山岭横列的蛮汗山区，是晋西北的门户，绥远、包头的屏障。在大青山脉开辟游击根据地，对于晋西北地区抗日斗争有着极其重要的战略意义。

日寇西进之前，绥远地区由傅作义的部队镇守，这是国民党的正规军。曾经在红格尔图、百灵庙抗过日，打败过日伪军，曾一时得到过全国人民的赞扬和拥护。七七事变后，日寇利用德王、李守信这两个走狗，很快向西推进到绥远和包头。当日本侵略者气焰嚣张，进占绥远城时，除马占山部队在白塔、大黑河一线与日寇打了一下，其他国民党杂牌军望风而逃，各级政府土崩瓦解，散兵流寇乘机作恶，“恐日病”四处蔓延，转眼间各教会都挂上了日伪的旗号，以黑石为首的一个旅团、三个师的伪军塞满了大小村镇。黑石旅团驻扎在绥远，他们管辖的三个联队和东北调来的骑兵联队，拉开阵线驻守在铁路沿线的绥远、包头等地和山北的武川、固阳、百灵庙以及四子王旗、陶林县。蒙古军里日寇还派了指导官、顾问驻守指导。

敌防共第一师——何庚武师驻扎在绥南地区，防共二师——韩五师驻扎在绥西的毕克齐等地，防共三师——李守信师驻守于百灵庙地区。还有伪蒙古军第七师、六师、九师等骑兵分别驻守在武川、固阳一带。兵力号称几万，百姓虚实不知，由于兵灾人祸，天昏地暗，人民群众束手无策，彷徨无主，各奔逃生。

1938 年秋天，根据党中央的指示，一二〇师贺龙师长决定：由三五八旅的七一五团、旅部骑兵连及战地总动委会领导的四支队等 2000 余人组成大青山支队，在李井泉政委、姚喆参谋长、彭德大主任的率领下，以李支队之名挺进大青山。老百姓日夜盼望救命的人来到了。

7 月下旬，先头部队冲出杀虎口，跨越古长城，进入凉城县境。在进入蛮汗山之前，袭击了天城驻守的日伪据点，缴获了一批武器，搞清了敌人的一些其他情况。

为了不引起敌人注目，部队在雁北地区就分散前进了，在蛮汗山的太平寨会合后，决定一营留在蛮汗山，二营、三营和支队部、四支队从蛮汗山出发，越过平绥路封锁线进入绥中地区。

塞外的 8 月，已经是大雁南飞、秋霜满地的节令了。夜幕笼罩着空旷的山野，鬼火般明灭的日军据点林立在青山南麓的平绥铁路沿线。李支队从蛮汗山跨过铁路，由卓资山和三道营之间插入大青山东麓，而后部队到了大滩镇。那里没有日伪据点，老百姓很早就听说过红军（八路军），但是，谁也没有亲眼见过。过去国民党搞反动宣传，老百姓有些半信半疑，部队初到时有些人躲起来观望。

八路军的传统是走到哪里就和群众打成一片，纪律严明，秋毫无犯，说话和气，买卖公平，不调戏妇女，不打骂群众，很快就得到了群众的信任。跑出去观望的老乡陆续回到村里，主动给八路军提供情况，指点路线，弄吃弄喝，传递情报。但是，他们看到过那么多国民党军队都逃之夭夭，对于八路军能否打得过日寇抱有怀疑态度。

通过调查了解，得知陶林县城驻守着日寇的一个分队、伪军三个中队，有五六百人。8 月上旬李支队亲自指挥攻打县城。战斗打响后，八路军战士勇猛顽强，虽然敌人工事坚固，但大部分伪军被歼灭。

陶林战斗结束后，部队很快向西进发，跨过银贡山，穿越北架山，突击了乌兰花。乌兰花当时属武川县管辖，现在是四子王旗政府所在地。那里当时驻有日式装备的一个伪军加强连，并有消息说有日寇的汽车队。攻打乌兰花的目的是扩大抗日救国的影响，支援广大爱国的蒙汉各族青年和群众，同时为了向内蒙古各族人民宣告，共产党、毛主席领导的八路军是真心抗日的军队，是蒙汉各族人民的大救星，并为进入大青山腹地打开通道。

8 月上旬夜晚，李支队从北门、东山包围了乌兰花。因日军汽车当晚已到了王府，没有多少战斗力的伪蒙古军不堪一击，有的闻声逃脱，有的当了俘虏。

战斗结束后，李井泉政委带领支队大部分人马向南进发，准备进入大青山里的井尔沟一带，王尚荣团长留在乌兰花处理善后工作。他按照我党我军的统一战线和对待俘虏的政策，首先向伪军政人员训话，同时召开群众大会，向这里的蒙汉各族群众宣传，毛主席、共产党领导的八路军是抗日救国军队。老百姓和各界人士都表示拥护。当天，四子王旗王府派代表来谈判，因为俘虏的大部分是蒙古军袍子队，队长叫黄文精。他们要求释放保安队，并表示今后严守中立，不向八路军打一枪。为了贯彻党的民族政策，搞好统一战线，争取他们同情抗日，王团长把枪马俘虏全部交还释放，并说了“后会有期”等双关语，王府的代表和袍子队都通汉语，所以都连连点头：“是，是……”

八路军在镇里既没住老乡的房子，又没拿群众的一针一线，洒扫街道，问寒问暖，同时把伪军抢走老百姓的马匹发还了原主，蒙汉族群众深受感动。他们亲眼看到了八路军的严明纪律、抗日的决心、宽宏大量的胸怀，这里的各族各界人士消除了原来的偏见，八路军的威信像一面旗帜在老百姓的心头高高地飘起。许多人说八路军能打善战，是抗日救国的好军队。

国民党的各路军和土匪听说八路军挺进了大青山，都惊慌失措地聚集到武川县的榆树店一带打探消息。他们出来要草要料也都非常谨慎，再不敢随便胡作非为了。日军虽然蛮横一时，不可一世，可是听到八路军打进了陶林、乌兰花，所有的据点都加了岗哨，孤城僻镇都紧闭了城门，伪军更是闻风丧胆，不敢随意横行。

从蛮汗山到进入大青山，八路军走到哪里，就把宣传工作做到哪里。书写标语，宣讲政策。战争年代的宣传鼓动，威力很大，许多热血青年议论纷纷想参加八路军。

我当时正是一个十八九岁的热血青年，各地的传闻，使我从心眼儿里信任、羡慕八路军。我一边干活，一边思谋，怎么去找八路军呢？我时刻想着参加毛主席派来的抗日队伍。

农历的八月初十，快到中秋节了。这天下午，我还在太阳坡给地主潘家耕地，顺沟来了两个陌生的人，我一看他们穿着灰色衣服，就想到可能是八路军。因为有人见到了八路军，常常谈到一些衣着情况。

他们像普通的行路人，笑眯眯地朝我走来了，我耕到地头停下了牛犋，看着他们。那位自报姓王的同志，体格健壮，浓眉如剑，两眼大而有神，油津津的脸上带着三分笑意。另一位比他瘦小文静，一副稚气的孩子脸。他们说话非常和蔼，一见面就叫我小弟弟，这样的称呼我是第一次听到，因此有些不自然。因为从我记事时候起，甚至在上辈人的传说中，从来没有见过不打人不骂人的军队，更何况是称兄道弟。

“小弟弟，你耕的是谁家的地?”王同志问我。

我说:“耕的是潘掌柜的地……”

“噢，那你是扛活的人了?”

“扛活”二字我有些不理解，我赶紧解释说:“不是，我是种地的长工。”

王同志笑着说:“也好，总之你是给地主扛活种地的了。”我点头同意。

他们搞清我的身份后，就在地头上坐下来，问了日伪军的活动情况和老百姓的生活情况及社会情况，凡我知道的都做了详细的介绍。王同志听了后说:“看来你有文化?”

我说:“识几个字。”后来，我问什么，他们都详细地回答，特别是抗日的道理，我听得入了迷。他们看透了我的心事，问我愿意不愿意参加八路军抗日。

我确实说很想参加八路军，一来受尽了官兵土匪的欺压，二来不愿也不甘心当亡国奴，但是我还不知人家有什么条件，找什么保人。王同志看出了我的心思，他对我说:“八路军是人民的军队，谁愿意当兵我们都要，抗日救国需要我们哪。”我当时就说要参加抗日。王同志很高兴地握着我的手说:“小同志，我们欢迎你。”我也有些激动了，我也紧紧地握着他的手说:“我还可以找些青年人一同去当八路军。”

临别的时候，王同志告诉我如何去找他们，并让我多叫几个地方青年去，往哪儿走。这次决定了参加抗日，这是我在人生道路上的一次闪光的大飞跃。

青年人要当八路军，有些老年人思想不通，他们年岁大，思想保守，加上他们对于八路军不十分了解。几十年忍辱过来了，不愿意让孩子们去“冒险”。

青年人毕竟是青年人，他们血气方刚，不愿意再受欺凌，认准了道路就要走，尽管亲朋们劝说，老人们思想不通，我还约好了任月常、潘三娃等几个青年，于 1938 年农历八月十六日，一同去到灯笼素参加了八路军。

我们到了灯笼素，受到了部队同志们的热情接待。当时有个王主任，还有一个王指导员，两位同志跟我们谈了话，得知我们几个人还有文化，他们很高兴，王指导员说:“你们不一定去当兵了，我们非常需要做群众工作的，你们先学习几天，然后再分配工作。”

去了不久，有位李副官给发了银灰色的布，让我们做衣服穿。长那么大还没有穿过一套新衣服呢。这次换上了新衣服，又听首长给讲了许多国内外大事和抗日的道理，心里真是高兴极啦，我们几个人坐在一起说：“咱们这一生就算没有白活。找到了人民自己的军队，真正开始了新的人生，走上了革命的道路。”

工作稍有熟悉，我去井尔沟西窑子看望杨大队长（指杨植霖同志），他们刚打完毕克齐，我想跟他要一支手枪。杨大队长很热情，他跟我说，手枪已经分配完了，以后有了再给你吧。当时就给了我一把腰刀和皮带，而后，杨大队长把我分派在骑兵班，给了我一匹马，一支马枪，命我带领全班人马，到后山活动，催要些军粮，同时动员青年人，积极参加八路军抗日救国。

我回到家乡一带，乡亲们说你走对了路子。这次，我又动员出了邸全全、苏根小、张平小、皮金玉、郝花小、于香、王政科等七八个青年人，参加了八区的游击队。

我军正在向西挺进当中，因为统一战线之故，国民党所谓“抗日自卫军”司令部，在庙沟召开大会欢迎八路军挺进。

会场上，八路军整整齐齐，抱着枪坐下来一动不动。国民党自卫军穿得五颜六色，坐得七斜八歪，老百姓一看就说：“八路军要成事呀！”

“你看人家的队伍，有纪律，整整齐齐，多威风呀！这才是真正的抗日正规军。你看那些‘刺猬军’（老乡讽刺自卫军）像个啥样子？这成些什么队伍。”

“不怕不识货，就怕货比货。”

“是的，八路军得民心、顺民意，将后必然成大事。你看这些活土匪一样的东西，还能成了个气候？”老百姓是最现实的，他们从一个会场上看出了八路军的抗日真诚，他们认准了八路军，决心拥护八路军。

在欢迎会上，国民党自卫军司令致了欢迎词。八路军代表讲话，一开始就讲了民族统一战线政策和抗日的前途，而后又讲了我们共同的敌人是日本帝国主义，表示我们愿意同一切抗日的军队合作。并强调了一切抗日的军队必须爱护群众，依靠群众，不准打骂群众，不准调戏妇女。动员群众参加抗日，保护群众的利益，在抗日的基础上求得团结……

八路军挺进大青山，打破了日寇的美梦。他们搞不清情况，每日派飞机侦察。这一天敌机侦察到我们集合在庙沟开会，立刻掷炸弹。国民党自卫军乱作一团，吓得朝山沟里逃跑了。我们八路军秩序井然，不骚不乱，按照调动令朝着预定的路线前进了。

不久，大部队就到达了固阳高台梁一带。从此，东起陶林的灰腾梁，西至固阳的高台梁，逐渐形成了绥西、绥中、绥东和绥南四个纵横近千里的抗日游击区，大青山南北的游击战争就这样打开了新局面。

游击战争开始后，蜈蚣坝一仗吓破了敌胆。

当年 10 月，我军的七一五团二营驻扎在武川县的井尔沟。二营的营长姓唐叫唐金龙，又是老红军，老百姓亲切地称他“唐二营”。

有这么一天，唐金龙同志得到消息，知道日寇的四辆汽车拉着日本兵从厚和（呼和浩特）出发，向着武川一带活动。唐营长召集干部会议，商议作战方案。

这一仗是挺进大青山后第一次伏击日军，能否打胜关系到八路军的声誉。国民党自卫军看着我们，日本人又鄙视我们，因此这一仗必须打好，不能有半点犹豫。

几十天的长途行军，干部战士的确有点疲劳了，但是他们听到有仗要打，立刻精神抖擞，雀跃起来。他们肩负着抗日的重托，把长途跋涉的疲劳一甩脑后，连夜投入了紧张的战斗准备。

国民党抗日自卫军第十团二连要求配合我们打伏击，唐营长考虑到统一战线关系，同意他们去看看八路军打仗的威风。

唐营长心中有底，打仗主要是依靠自己，依靠老百姓。

唐金龙同志很能打仗，他有十几年的战斗经验。为了打好这一仗，他亲自出马侦察情况，观察地形，仔细地分析了各种情况和意外，根据毛主席“集中可能多的兵力，采取秘密和神速的行动，出其不意地袭击敌人，很快解决战斗”的原则要求，周到合理地制订了在蜈蚣坝后关公庙处伏击敌人的方案。

唐营长指定两个连，在关公庙处担任伏击任务；另外两个连在蜈蚣坝顶、公路两侧掩护，堵截敌人的增援部队，任务明确后，连夜出发，命令所有部队在拂晓前赶到阵地，埋伏妥当。

10 月的塞外，寒夜漫长，冰霜刺骨，身穿单衣薄衫的战士伏在冰冷的石头上，凉得肠滚肚叫，肌腹难忍。但是，他们一考虑到抗日的大局，亡国之恨，立刻感到热血沸腾，浑身是劲。他们用体温暖着“蜈蚣”的脊梁，他们的心跟着祖国的脉搏一起跳动……

在太阳出山的时候，日寇的四辆汽车在弯弯曲曲的盘山公路上爬行，由于坡陡，汽车爬得很费劲，马达震得山谷隆隆作响。

汽车爬山上了蜈蚣坝进入视线，在盘山公路上，拉开距离，慢腾腾地开着，车上装满了戴铁帽子的日本兵。

汽车往上爬着，唐二营全体伏在蜈蚣坝上等着。唐金龙同志操起望远镜瞭望，突然发现在四辆汽车的后面，又有七八辆汽车出现，唐营长警惕起来，他想：我们这个“口袋”一次能装得下吗？如果装不下，必然会撑破，“怎么办？”经过思考，当机立断：“装一半，速战速决！”

汽车爬上山顶之后，向下开时加快了速度。战士们有些忍耐不住了，但是，没有命令不能盲动。汽车唰唰地往下开着，战士们机警地盯着。当汽车进入伏击圈后，唐营长一声令下，伏兵四起，枪声、炸弹声和喊杀声交织成一片，100多颗手榴弹，五六挺机关枪一齐鸣响，刹那间烟尘蔽日，火光冲天，几辆汽车被炸弹打着燃起了熊熊大火，车上的日本兵有的滚跳下来，有的随着汽车的爆炸变成了肉泥。

日军平时气焰嚣张，不可一世，可是，这个时候被我军打得晕头转向，有的还没弄清是咋回事就丧了命，有的跳下车来乱钻乱撞，有的跳下车来正要顽抗，我军在冲锋号声中冲下山来，包围了日军，没用20分钟，四辆汽车全部被炸毁了。一百几十个日本兵被歼灭了。缴获了歪把子机枪若干挺，掷弹筒、三八式步枪等100多件武器。日寇的后续部队听到前面爆炸后，加大油门往上开，走到我军布下的“口袋阵”内，一阵猛打，前面的一辆汽车被炸坏了，像死猪一样挡住了进路。后面的日军干着急开不过来，一面是陡壁，一面是沟谷，我军猛打一阵之后迅速地撤出了阵地，等到日寇排除了障碍、爬上山顶时，我军已安全转移，无影无踪了。吃了败仗的日军，垂头叹气，收拾了尸体，灰溜溜地返回了厚和（呼和浩特）。

我军挺进大青山以来，一连打了几次胜仗，八路军的威名一下传遍了青山南北。

这正是：

伏弩齐飞万点星，
蜈蜈背上缚苍龙。
败将谈虎齐变色，
巍巍青山列英雄。

蜈蜈坝一仗，威名震四方，伪军不敢贸然行动，日军的据点里增加了岗哨，八路军成了他们重视的对象。

蜈蜈坝伏击时，国民党所谓的抗日自卫军一见日军的汽车突然增加了七八辆，拔起腿就跑了。

蜈蜈坝伏击之后，又打了毕克齐镇。毕克齐紧靠青山脚下，又是绥远包头交通干线上的一个据点。毕克齐驻扎着日伪的警察署和车站守卫的一个分队。为了开辟根据地，扩大抗日救国的影响，我军的一部分主力在杨大队长游击队的配合下，用了突然袭击的战术，没有费多大力气就打下了毕克齐镇，捣毁了伪警察署，俘虏了警察署署长和一批伪军警人员。

战斗结束后，杨大队长在毕克齐镇召开了蒙汉族群众座谈会，开明绅士也应邀参加了会议。在会上宣传了共产党的抗日三大主张和抗日民族统一战线政策，号召蒙汉族群众和各阶层人士，包括给日本人办事，但又愿意为抗日救国出力的伪军政人员，统一在抗日救国的旗帜下，为打倒日本帝国主义和一切汉奸卖国贼做出贡献。这样，争取了各阶层人士，得到了群众的拥护。

八路军挺进大青山以后，一连打了几个胜仗，用自己的实际行动支持和教育了广大人民群众，教训了国民党军队，打击了日伪军警的嚣张气焰，使革命人民增强了抗日的信心，看到了共产党、毛主席领导抗日的光明前途。为我党我军在开辟大青山抗日游击根据地、进行全面的抗日游击战争奠定了可靠的基础。

军与民情似鱼水
蒙汉之间亲如手足

八路军上了大青山，老百姓真是高兴极了，因为大青山历史上都没有见过这样好的军队。最初见到了八路军，老百姓还有些怀疑，因为国民党过去把红军宣传得不好，有的人思想上也中了些毒，比如说红军飞檐走壁，长发赤眉，共产党杀人如割草，等等。老乡们见到八路军以后说，百听不如一见，毛主席、共产党领导的八路军就是好，是真正抗日的人民军队。

八路军挺进大青山后，一连打了几次胜仗，日寇、伪军都有些胆战心惊，国民党的军队也不敢随便抢劫老百姓了。

日寇、伪军、土匪、国民党自卫军无论走到哪里，都是一个不安宁的天下。白天鸡飞，夜间狗叫，闺女媳妇吓得钻沟遛洼。可是，八路军来了村村户户安然无恙，鸡不乱飞，狗不狂叫，闺女媳妇不再逃跑。队伍进村时，总是排着队，唱着歌，男女老少都出来欢迎。进了村不是哪里有好房往哪里住，而是跟老百姓商量，住他们的凉房、闲房，家里住不下就在外面住。就像大庙酒馆，八路军在那里住得很多，一道沟里都住满了军队。村子小，队伍多，许多人都住在外面的场院上。秋霜满地，已经是中秋之后了，后山地区夜间非常寒冷，老百姓看着心疼，古稀之人也未见过这样仁义的军队。

刚听到八路军来了，老百姓就有些愁了，这是笑话，也是误会。当时，傅作义在太原打仗以后，经过河曲撤退到了后套。他一走，绥远的一部分军队也跑了，通过包头进了河套地区。大部队走了，大青山只留下些县区的保安队，这部分区保安队和县保安队由于存灏、郭怀翰、王有功收留编了个三路、四路和总司令部。于存灏过去是绥远省法院的院长，武川县十区人。郭怀翰是念书人，在武川十区有家。王有功是归绥县的。归绥县的王有功成立了个三路，郭怀翰成立了个四路，于存灏是总司令。1938 年秋天，他们改成了“绥远民众抗日自卫军”，于存灏还是总司令。王有功指挥三路，郭怀翰指挥四路，叫总指挥。除了他们还有几路在东边。我八路军未来前他们就在大青山南北活动。两路军多是骑兵，有五六百人，乌合之众，走到哪里吃到哪里，糟蹋得群众实在够呛，老百姓叫他们“官土匪”。三路是前山人多，四路是后山人多，三路到四路的地方大肆抢劫，四路到三路的地方抢劫曾经发生过矛盾，如邢守忠的队伍和三路张亮的队伍发生了冲突，把老百姓欺负得白天晚上不得安生。三路、四路老百姓就顶不住了，突然又来了个“八路”，老百姓有些发愁。可是一见了，八路军说话和气，办事公道，不打不骂，还和老乡称兄道弟。过去所有的军队都是欺负妇女的，可是八路军见了妇女，老的称婶子、大娘，年轻的称呼姐妹。饭自已做，水自已挑，面自已磨，柴自已背，老百姓看了有些惊奇，由于一时不理解，又把八路军当成“不识人间烟火”的神兵。因为我们行军背着锅，自己带着粮，即便跟老乡要粮食还照市价计算，合理付款。老乡住家里，军队住场上，临走还给打扫干净院子担满水缸，这是军队史上没有过的稀罕事，所以老百姓一时不太理解。那时的老百姓虽然觉悟不高，不太懂历史，也不太懂政策，但是懂得对比，他们把八路军跟国民党的所谓抗日自卫军三路、四路比，跟来来往往的杂牌军比，跟日伪军比，一比是天上地下，八路军是天上第一军。加上八路军打仗勇敢、神速，以少胜多，把日寇的汽车、马队都打败了，到处都传扬八路军的事迹。

广大的老百姓认识到八路军是自己的军队，军民的关系逐步密切了，由不理解到理解，由怀疑到相信，由躲着走，看一看，到跟上来，坐一坐。由于感情上起了变化，每当八路军唱起“军队和老百姓，我们是一家人”时，他们就感到格外亲切。过去讲八路军是子弟兵，是老百姓的队伍、穷人的队伍、抗日的队伍时，老百姓无动于衷，有的人开会也不敢来参加。可是到后来一听说八路军的民运干部开会，都想听，抢着去。过去我们的军队干部找老百姓谈心都不敢直说，总保留态度，非常谨慎，可是后来越处越熟悉，军队和老百姓之间不保留任何东西了，有啥说啥，知道啥讲啥。这样一来八路军在群众中扎下了根，了解到了好多情况。不但了解到了日寇伪军的情况（包括据点、兵力、活动特点等），而且还了解到了许多社会情况。这对八路军站稳脚跟、开辟游击根据地、进行抗日救国打下了很好的基础。

秋天很快就过去了，大青山里的寒风吹落了树叶，吹枯了草木，山山岭岭由绿变红，由红又变白了，所有的松枝树木都挂满了白雪，驻扎在青山腹地二、四道沟的八路军伤病员因为冬衣没有及时运来，大多数冻伤了手脚。

队伍大部分西进了，有的东撤了，留在这里的有伤病员和动员群众抗日救国的地方工作干部。我们的同志居于深山，可是情报从四面八方送来，老百姓成了我们灵通的耳目。

当然也有少数人不喜欢八路军，甚至还反对八路军。因为我们依靠穷人，鼓励青年积极参加抗日救国，有些地主老财就不高兴。大庙酒馆就有那么一个，他反对我，偷偷给敌人通风报信。后来，老百姓揭发他，地方政府就镇压了他。绝大多数群众，包括一些有钱人是有爱国心的，他们都愿意抗日，八路军也团结他们。这样一来，党的政策深入民心，人民群众衷心拥护共产党、八路军，拥护抗日民族统一战线，形成了一个群众性的抗日民众大团结的好局面。

那时候后山地区时兴结拜交朋友，为了工作之便，队里做地方工作的青年们跟地方青年结了拜，成了磕头弟兄，老年人成了这些人的干爹干娘，军民关系越来越亲密了。老百姓积极主动地给八路军送粮食、送皮衣、送情报、送马匹。当时毛主席号召所有的爱国者，实行“有力出力，有钱出钱，有枪出枪，有知识出知识”，许多爱国的蒙汉族群众积极行动起来支援抗战。武川八区的小广庆隆村有一位蒙古族老大娘叫苏尼玛。她们家育一匹好骑马，有几件皮衣，她听了宣传，毫不犹豫地用马驮着五件半新半旧的皮衣送给八路军。她是打心眼儿里愿意支援的，她说：“我活了 50 多岁，国民党、东洋军、自卫军……多见了，可是从来没有见过这样好的八路军，你们是真心实意打日本鬼子的，你们是为着咱们蒙汉老百姓的，我们拥护毛主席领导的八路军的抗日主张，你们需要的东西，只要咱们有的都可以支援，蒙汉一个理，天下一个理，谁为我们打日本鬼子办好事我们就跟着谁走，狼来了哪有牧人的安宁，快收下吧。”老人家诚恳的态度、生动的语言实在是感人啊，牧民能把仅有的一匹好骑马和五件皮衣自愿主动地送给八路军真不容易啊！没有党的统一战线政策和民族政策的正确，没有八路军真心抗日的优良作风，是不可能这样感动群众的。

1938 年的春节前，我以区动委会的名义带领各族各界代表，驮着皮衣、鞋袜、药品和纸烟等慰问品去二道沟慰问伤病员。严冬的青山白雪皑皑，寒风凛冽，我们迎着串沟的冷风，踏着没膝的深雪往里走着，越是冰冷寒彻，人们越想着单衣薄衫的伤病员的艰苦生活。农民代表侯白突然看到，一位副指导员跟一个战士在三九天凛冽的寒风中穿着单薄衣上山打柴，自己忍着寒冷给伤员取暖，他鼻子酸溜溜的，含着眼泪，握着指导员的手说：“你们真艰苦呀，数九寒天穿一身单薄的衣服还上山打柴，这还能吃架住，我家有床旧被子，快拿来做件棉衣裳穿吧。”

在伤病员的住址，代表们看到了许多动人的情景。这里有伤员，有病员，有的人是打毕克齐等地负伤的，寒冬腊月衣服穿得单薄，许多人冻坏了手脚和耳朵，没有医药，在那恶劣的环境中全拿骨头顶，按一般情况讲，总是一个个垂头丧气、日夜呻吟的情景，不想，还是一个欢乐的世界。虽然环境艰苦，条件极差，可是伤病员们有说有笑，情绪很好，还在学习。可是他们的伤势并不是很轻的，有的因无药医治，伤口不断地流脓溢血，发炎红肿，人们看着也心疼，可他们一声不哼，咬着牙跟伤痛与病魔作斗争。蒙古族老大娘尤博尔抱住一个冻坏脚的17岁的小战士用手抚摸着哭起来：“多可怜的孩子，多坚强的孩子呀！”说着就把自己穿的皮衣大襟剪下一块来，当时就给小同志缝了一双皮袜子套在脚上，在场的其他人都感动得流出了眼泪。军民之情、蒙汉之情，真是千金难买、万银难换，语言难以表达，文字难以形容。伤病员们眼泪汪汪地望着尤博尔老人，望着雪中送炭的各族各界代表，暗暗地下着决心：一定要尽快养好伤，上前线多杀日寇，为蒙汉族人民的解放事业贡献自己的一切。

从这以后，各乡各村的老乡，经常自动地驮着白面、莜面、荞面和猪肉、羊肉、粉条、皮衣、毡靴、帽子、药品、蜡烛、香烟等到八路军驻地去慰问，使远离家乡的战士，在青山腹地欢度了第一个最有意义的春节。

国民党的自卫军，因为我们对老百姓好，他们也不像以前那样打骂百姓了，驻扎的地方也离我们远了。由于八路军发扬了红军时期的优良传统，跟群众的关系越来越密切，八路军保护群众，群众拥护八路军，慢慢成了生死之交。八路军的同志到了老乡家就像回了自己家一样，有的人病了就住在老乡家治病养伤，有的到了老乡家把衣服一换，就变成了他们家的人了。大家紧咬着日军和少数汉奸、特务，实际上农村是八路军的天地。

军民关系、蒙汉关系都是非常融洽的。八路军挺进大青山就注意了蒙汉关系问题。无论走到哪里，就把党的民族政策宣传到哪里，那时候就提出蒙汉各族人民团结抗日的号召，我们的游击队里，也有少数蒙古族战士，后来绥西地区又成立了蒙古游击队。绥西地委和专员公署成立了蒙政部，奎壁同志任蒙政部的部长。在我们武归县也设立了蒙政科，奇俊山同志担任科长。我们当时就提出尊重少数民族的风俗习惯，保护庙宇，爱护少数民族，对喇嘛僧侣不干涉的政策。

井尔沟有一处召庙，我们不准区政府游击队的人进庙里随便乱瞅乱动，在蒙古老乡或喇嘛指定的房子里住下，原样不改，整洁不乱，彼此的关系处得相当好。我们那里有个小广庆隆和红卜尔，都是住有蒙古老乡的小村庄，我们经常到那里去了解武川的情况，这里的蒙古族兄弟经常到武川给我们买电池、衣服、布匹等军用物资，同时给我们探听情况、传递消息。我们的侦察员也曾穿上蒙古服装，骑上马跟蒙古族老乡一块儿进城搞侦察。我们的游击队里，政府部门、情报员和地下工作者都有蒙古族同志，蒙汉民族和其他各民族之间，都为抗日救国紧密地团结在一起，那时我们并不分蒙呀汉呀，都在兄弟般地并肩战斗。

大青山党的组织，根据绥远地区抗日战争的特点和需要，当时十分注意培养少数民族干部的问题。绥西地区党组织就送去一大批蒙古族青年干部到延安民族学院学习培养，参加了当地区县工作，现在在内蒙古工作的一批蒙古族老干部当中，如李文精、李景山、朝洛蒙、奇俊山、李永年、锐军、陈炳宇、布赫、云曙芬、云曙碧、李纯义、云一立等，一批骨干力量就是绥西党组织送到延安培养的干部。

蒙汉团结，各族各界的团结，是我们的事业胜利的保证。大青山游击根据地，从 1938 年 9 月开辟，到日寇投降，我们始终没离开大青山。日寇投降了，国民党又来了，我们还在，从无到有，深深地扎下了根，即便是暂时离开，也像青山岭上的大树，寒流中落叶了，春风一吹又绿了，高高地挺直在大青山上，扎根于泥土之中。

从我的亲身经历也能够证明这一点。我是 1938 年中秋节后的一天参加八路军的，到 1943 年底五年半，一直没离开绥西（1943 年底回晋西北参加整风学习）。到 1945 年 7 月我又回到了大青山。日寇投降后，国民党摘桃跑下峨眉山抢夺胜利果实，蒋介石命令傅作义的部队东进，占领绥远、包头等京包重镇。这时候，我又在武川县参加了绥包战役。我们武川县征集军粮支援前线，从秋天围攻到冬天，根据全国战局的需要，我们自动撤到了集宁之后，在冀热辽地区和锡林郭勒草原上剿除国民党的土匪，在绥远解放的前夕又返回来了。

回顾几十年的战斗历程，我深深感到，军民团结、蒙汉各族人民的团结是胜利的保证。日寇多次“围剿”，用尽了“铁壁合围”“三光政策”的伎俩和手段都没打垮我们，国民党用重兵攻打，也没有奈何我们，归根结底就是两条——党的英明领导，军民和民族间的鱼水关系。

党的领导，军民团结，蒙汉团结，各族各界的团结，过去战争年代需要，现在四化建设中需要，将来仍然需要。这是一个革命胜利的法宝，在民族矛盾上升时期，抗日救国的激烈斗争中，它起了相当重要的作用。但是，在民族矛盾转化为国内阶级矛盾相当对立的时期，国共两党开展决一胜负的斗争中，它同样起到了重要的作用。从我个人的亲身经历和体验中，我觉得这个“革命胜利的法宝”，我们要共同珍重。战争中需要团结，四化中更需要团结，这一点是我们兴旺发达的基础。尤其是我们这个拥有50多个民族的国家，本身就是个民族大家庭，没有共产党的领导核心，没有一个和睦团结的气氛，这个大家庭是不会兴旺发达的，这个家庭的各种成员也不会幸福愉快的。

有些坏人挖空心思搞破坏民族团结的勾当，他们是仇恨社会主义、仇恨四化建设的敌人。他们就是凭搞挑拨、搞破坏过日子的，从历史上的反动王公贵族和地主老财，到后来的日寇汉奸、国民党右派，都是搞破坏民族团结的，我们要吸取历史教训，谨防坏人的破坏活动，紧密地团结一致，共同建设我们伟大祖国和富饶美丽的内蒙古。

在中国共产党的领导下，内蒙古蒙汉族人民，在那抗日年代的艰苦岁月里，凝成的这种友谊，像大青山脉一样将世世代代同内蒙古这块土地永存！

动委会相继成立
地方工作全面开展

大军完成了挺进任务，到达高台梁、中滩和河套东边之后，动员各族各界参加抗战，实行有力出力、有钱出钱、有枪出枪、有知识出知识成了一个时期的中心任务。

当时地方上国民党有政权，我们没有，当时讲抗日民族统一战线，我们成立战地动员委员会。武新宇同志是总会的主任。挺进大青山时，动员委员会总会首先派了代表——李维中同志，人们称他李部长，上了大青山，他首先着手组织绥西地区的战地动员委员会。

绥西地区动委会成立后，紧接着在区乡成立动委会。我们八区的战地动委会是在1938年12月正式成立的。成立的这天，我们为了做好统战工作，特地邀请了国民党武川县政府的代表参加，同时还邀请了伪义合乡、义庆乡的乡长参加。我们八区动委会主任选择了一个地方上的开明人士，这人叫王景堂，武川县五家村人，他思想很进步，决心抗日，杨植霖同志培养介绍入党，他愿意挑这副重担。副主任是李琦同志，他也是从晋西北总动委会随军来的。

动委会设立了武装部、分配部和总务处，还有一个游击队，我当时是分配部长，专管粮食分配、衣服转运和物资调拨。总务处长叫刘永福，他是个小学教员，也是大乡里面的会计，是我们把他请出来的。1939年春节后，曹文玉同志来了任武装部长；任德仲同志任游击队长。

开会这天，国民党武川县县长、第四路副总指挥邱明星来了，三路的总指挥李正才和副总指挥兼参谋长王有功也来了。这是很破例的。我们原以为一个区动委会成立不会有那么多头面人物来的，不料他们来得还不少。这些人都穿着狐皮领大氅，戴着狐皮帽，跟随着七八名带盒子枪的护兵，狐假虎威，同时还来了些乡长绅士。他们是一邀即来，来者有意。一来是抛头露面，在我们面前显显威风；二来是想看看八路军的动委会究竟要搞些什么名堂。

来者当中，多数是些大烟鬼，特别是王有功，鸦片抽得肤色都变了，牙都成了黄马牙，一缺大烟就张口流泪，浑身瘫软，像抽了筋一样。

县长、总指挥来了，我们当然要迎接、款待，这是个统一战线的问题。同时这是第一次有准备的集会和第一次进行谈判，因此，我们表示热烈欢迎。王、李两位主任出面接待了他们。大家寒暄之后坐下，就摆开阵势给他们抽大烟，我们以大烟、纸烟来招待。抽完大烟就是“大会餐”，猪肉烩粉条，蒸馒头大碗菜，还有些烧酒喝，抗日年代也就不错了。他们来的那些护兵、副官人员高兴就喝酒就划拳，有两个人老喝，喝多了酒躺在院里，王有功骂道：“给老子丢脸！老子回去收拾你们。”

开罢饭，抽罢烟，我们的王主任、李主任同他们进行了谈判。第一，讲统一战线，讲团结抗日，相互关照，互通情报，等等。第二，讲划分部队征集粮草的地区。我们八区的范围是前山和后边的平川。骑兵部队都在平川的义丰乡、义合乡、义美乡征收粮食、皮衣等。义合乡、义庆乡是八路军以及自卫军经常活动的地方，不要另给摊派，商品都在自己的划分范围内征收，不准越界。第三，保护百姓，不准随便跟老百姓要东西，不准打骂老百姓，要互相监督、互通情况。他们表面上都同意了，双方达成了协议，遵守实施。

我们的区动委会是在武川县的玻璃哈达成立的。成立后就在玻璃哈达驻下，从那里开始开辟地方工作。为了保护机关的安全，成立了特务队。特务队的战士都是地方上招的新兵，后来改为县游击队。

动委会是共产党领导下的统战组织，在当时它起着政权的作用，但又不是一级政府机构。为了广泛地动员群众，联系群众，我们在乡里也成立了乡动委会。开始是丰美乡、永成乡、太平乡、广庆乡，后来又是井尔沟、武合乡等，一共成立了九个乡动委会。没有政权机构，设立这么一套组织非常必要，组织本身就是一部分抗日力量。因为乡动委会也是有正副主任、助理员等。动委会一成立，很快就又成立了情报网、农会、妇女会等组织。我们的抗日力量就从动委会开始逐渐增加了，正规部队也在壮大，而武工队像雨后的蘑菇到处冒出来，从武川、陶林到萨拉齐、固阳，沿大青山脉，这个游击队，那个游击队，区游击队，县游击队，风起云涌。我们的广泛的群众工作一下子就铺开了。

八路军挺进大青山之后，离后方远了，所有地方军粮、军衣，装备部队，补充兵源，筹备马匹，特别是冬季的皮衣、棉鞋等都需要动员群众，就地解决，没有地方政权的情况下，这些任务的完成就落到动委会的肩上了，这就是动委会成立的必要性和迫切性。动委会一成立，马上派干部下乡进行宣传动员工作。当时提出的是“有钱出钱，有枪出枪，有人出人，一切为了抗日”的动员口号。那个时候我们对于有钱人也是争取团结抗日的，他们认识到我们是一支动员他们支援抗日救国的人民军队。

在我们的宣传动员下，不少的开明人士和爱国群众，纷纷向区动委会献战马送皮衣，如潘家沟赵德政当时就向区动委会献了全鞍马一匹。赵德政家庭富裕，为了表达他支持八路军抗日，亲自把一匹全鞍马送到区动委会，交给李琦副主任，并说：“我甘心情愿支援真正抗日救国的八路军，以后我还会出力的，李主任你有困难就说吧。”

下百灵忽洞蒙古族开明人士蒙扣，他把自己骑的好马亲自送到区动委会，并一再表示愿意帮助动委会从召河买马及皮衣，也可以进武川县城买布匹等。蒙扣后来为我们从召河买过不少全鞍马装备了部队。小广庆隆村苏尼玛老太太献马等事就更多了，不论蒙古族还是汉族、有钱人还是贫穷户，听了各级动委会的宣传动员都纷纷表示，愿意为抗日救国出力，帮助八路军。他们说：“我们坚决拥护决心抗日的好军队。那些打骂老百姓，抢老百姓东西，强奸妇女的都不是真正抗日的军队，是土匪，我们不信任他们，不拥护他们。”

支援粮食、布匹、皮衣，送子参军的情况日盛一日，一度形成了热潮。这是深入宣传党的统一战线政策的成果，也是八路军在大青山扎根的基础工作。

为了动员男女老少积极投入抗日救国运动，我们在组织动委会、农会的同时又组织了基层的妇女会。在后山地区，组织动员妇女参加工作可不是一件容易的事情，封建思想的束缚，家庭和社会地位的限制，使妇女不敢抛头露面，特别是这个领头人最不好选拔，多数妇女羞羞答答地不给干，除了那些“骒马上不了阵”的讽刺打击，本身的自卑感也很严重，她们说：“我们这些女人能干个啥？快叫男人出来干吧。”妇女会怎么能叫男人们干呢？无论如何得动员妇女出来干呀。于是，我们到经常来往的根据地，不厌其烦地动员宣传。前野马兔村蒙古族老大娘尤博尔感动地说：“我活了60多岁了，第一次听说组织妇女会，讲男女平等，这还是毛主席说的，叫我们听了心里多高兴呀。我们大家应当组织起来，不再受欺负，我们为抗日的八路军做军鞋、做衣服，缝缝补补也能尽我们的心，我们都为抗日救国做点事，尽点力多好！娃娃们干吧，抗日救国人人有份。”许多青年妇女，她们心里对党的政策是充满了感情的，但是，青年人的开化，参与社会活动需要老年人的支持，我们既动员青年人，又动员老年人，所以妇女会也就逐渐地组织起来了。妇女是一个很大的力量，她们的觉悟和实际行动，有力地支援了抗日救国运动。她们不仅做军鞋、缝皮衣，而且还送情报、磨面等，什么都能干。她们所起的作用，有时是男人们起不了的。

那时候后山的老百姓对共产党八路军不太了解，能够动员起群众、把群众争取到我们这边来是不容易的，军队和工作人员做了大量的宣传工作，加上自己的实际行动，才取得了这样的成绩，扎下了根。

敌人当时是什么情况呢？日寇1937年9、10月份占领了绥远地区，1938年到1939年基本上是个稳定阶段，有时进山“扫荡”也不太多。这一时期敌人是搞地方政权建设，到处成立警察署和县乡政权。县级是伪县政府，县有警察大队，区级就是警察署，警察署有署长、警察和警长，有一个排的编制。武川八区是炭窑警察署；七区是乌兰不浪警察署；十区是哈拉合少警察署。警察署下边又是大乡，我们八区就有六个大乡。第一是义庆乡，地点在大庙酒馆，是由原来的永成乡、广庆乡、丰美乡合并成的；第二是义合乡，地点在庆达木，是由原来的太平乡、武福乡、庆有乡合并成的；第三是井尔沟、前乌兰不浪合成个武合乡。三个乡大都是在我们游击根据地范围内。此外还有义美乡、义丰乡等是在敌占区里。大乡有乡长、副乡长、书记（记账先生）、乡兵（敌人称村警）。

我们那时就以区动委会的名义跟伪大乡公所接触。在我们组织起乡动委会的地方，就以乡动委会推动工作，不准伪大乡公所干涉我们的事。没有组织起动委会的地方，我们区动委会就指使伪大乡公所给我们办事。从那时候开始，我们在乡村里就搞成了“两面政权”。一个乡里两个乡长，一个给敌人办事，一个给我们办事，村警也是如此，四个村警，有两个给我们办事，一个给日本人办事，也有给国民党办事的，实际在我们那里也是"三面政权"。每个大乡还管辖三四个保公所，是保甲制。每个保公所又有一个保长、副保长，还有保警和会计。这些人有的是我们指定的。有的是他们大乡委任的。他们委派的人大多是地主老财、地痞流氓，我们指定的是开明人士和进步群众。我们抓着他们，让他们给我们办事，也给日本人办事，不然要收拾他们，他们都有财产家口，很害怕我们。有的乡里我们插进了人，有的当书记（会计），有的搞情报。这种政权形式是当时斗争的一个特殊产物。

动员委员会的功绩在于组织发动了广大群众，在群众中进行广泛的宣传动员，唤起广大群众的抗日决心，拥护共产党八路军的政策，为共产党八路军在大青山开辟抗日游击根据地打下良好的基础。为后来建设政权、扩大武装力量创造了条件，培养了基层干部，为发展党的组织也做了准备。战地动委会从绥西来看，就是为我们建设政权、巩固根据地创造了群众基础。党的领导、军队、政权组织，只有深深地扎根于群众之中，才能战胜敌人取得胜利。

王有功阴谋败露
反顽固一举成功

日寇大举进犯、民族矛盾上升为主要矛盾，促成了著名的西安事变和第二次国共合作。为了抗日救国，我党提出了团结一致、共同抗日的主张。在这个主要目标之下，与各界结成了抗日统一战线。

我们当时把国民党军队看作朋友，从各方面与他们友好，有了困难尽量给予支持，特别是傅作义部队在太原与日军作战损失严重的时候，我们晋西北的党组织发动群众，从各个方面支援他们，帮助他们发展队伍，补充兵员。八路军挺进大青山之后，对国民党自卫军的王有功、郭怀翰、李政才等人的三路、四路都很客气，争取团结他们抗日。当然对他们那种恶习不改、欺害百姓、奸淫妇女不满，在保护群众利益方面有矛盾。

在国难当头、民不聊生的时刻，他们不以大局为重，不以抗日为重，经常跟我们闹些小摩擦，表面上打着抗日的旗号，暗地里干那些反抗日的勾当，从各个方面限制八路军，排斥、敌视八路军。1939 年的冬天，气候非常寒冷，特别是白雪覆盖的大青山里，哈气成霜，滴水成冰。驻在万家沟的我军，由于穿得单薄、饥饿和寒冷，有的同志得了伤寒病，处于困难的时刻。国民党反动派不让群众给我军送军粮，而且还间接扣留我方物资。特别是王有功、鄂友山这些官土匪，多数是地痞、流氓、恶棍组成的乌合之众，他们的心目中根本就没有祖国和人民。鄂友山是三路的参谋长，他本身就是一个奸淫掳掠、无所不为的鄂毛驴。王有功、鄂友山这伙官土匪，经常是身背盒子枪，手拿大烟枪，让人遛走马，顺炕一躺，搂着小媳妇，抱着大姑娘，吃喝玩乐完，走时还刁抢。还厚颜无耻地说："老子抗不了日，还抗不了你们。""打吃饺子、骂吃肉，不打不骂啃骨头。"

大青山区本来就复杂，蒙汉杂居，由于国民党实行大汉族主义，民族隔阂很深，这伙官土匪在蒙古族间造谣说："八路军是先灭蒙古族，后打日本。"武汉失守后，国民党反动派在全国范围内发动了一次反共高潮。鄂友山气焰嚣张地给其部下训示："反共第一。"紧接着他的部下邢守忠的人在毛兔沟暗杀了我司务长，在大沟抢我通讯员的枪支，在后山杀害我工作人员。老百姓恨透了他们，指战员实在忍无可忍了。但是，我军还是以抗日为重，对"自卫军"再三再四地提出忠告。可是，他们不但不听，反而变本加厉，与日寇暗中勾结，妄图里应外合，一举歼灭我军。

当时王有功的第三路军驻扎在万家沟的红崖上，我军司令部驻地是大沟村，两处相距只有 10 里地。王有功表面上喊抗日，实际上早与日寇勾结，暗中投降敌人。1939 年 9 月 19 日，他给日本驻归绥的特务机关宫崎、大圆顾问写信说："人类之惨，无过于战争，文明被摧残，何胜炮火。……兹汪先生（指汪精卫）现能脱身与近卫内阁同主和平……功（指王有功）愿代表所部同归，共促和平之实现，所有功率之部队抗战行为即日起停止……无虚……恳求守密。"

9 月 21 日王有功给林顾问的信中说："顷奉 9 月 8 日大函敬悉亲切，反复捧读，欣喜非常。……兹汪先生倡导和平，又值欧战爆发，愿率众归队（投降）报效新政府之下。……即投降归绥，即永远不变更，至死方休。……事实成功，不经数月，全军皆可同心归正，大青山游击部队必可清除，地方秩序更形巩固。"

王有功投敌心切，又加"身在八路军防区，偶一不慎，必有生命之危"，因此又多次派周某人潜入归绥，通过汉奸王欣然的关系，与宫崎、大圆、片仓等密商投降之事。同时密谋与日寇里应外合，妄图消灭万家沟我司令部。

王有功虽然写信差派“尚在秘密动作期间”，可是，他的信件军机早被我军缴获。我军侦获上述情报后，立即报告一二〇师首长。1940 年 2 月 10 日贺龙师长电示姚司令员（大意）：“为巩固我们在大青山的根据地，应对反共投敌的自卫军全部解决。”

王有功、鄂友山在春节期间还邀请我军同他们欢度，并说厚和、察素齐、毕克齐的敌人没有活动，以此来麻痹我们。正好在临近春节时，我军又获得最机密情报：自卫军头目鄂友山、王有功等人奉国民党命令，已与日本特别机关首长片仓密约讲和，定于春节后袭击我大青山根据地。根据这一情报，我军断然采取措施，决定在 1940 年正月初五统一行动，集中力量歼灭绥西王有功的自卫军。

敌人虽已计划夹击围歼我军，但是王有功因为没有接到日本司令部的命令，不敢轻举妄动。王有功因为有秘密行动，他怕阴谋暴露，还没敢在下属部队和士兵中布置，士兵不知其预谋。王有功因为等待命令，邀了自卫军头目苗国华、李政才和一些团首脑欢度春节。正月初四，青山腹地还是灯红酒绿，爆竹声声。我绥西部队指战员集中起来研究部署在拂晓前的突袭任务。彭德大主任做了战斗动员，在暮霭笼罩的静夜里，部队进入阵地，拂晓前包围了红崖。由三营担负解决王有功司令部和三路军的主攻任务，地方部队紧密配合。

东方拂晓，信号一发出，战斗打响了。这时候，敌人有的还在甜蜜的睡梦中，有的还在麻将桌上打牌，有的还和女人作乐，一批团长、参谋和营连干部就这样当了俘虏。王有功指挥部里聚集着的许多军官和太太们，正在通宵达旦地玩乐，在我军的突然袭击下慌了手脚，有的被打死了，有的当了俘虏，有的在混乱中逃跑了。王有功就是在混乱中逃掉的。

鄂友山不跟王有功住在一起，“鄂毛驴”好色，正跟一个女人睡觉。最初听到枪响，不以为然，后来听到枪声密了，他才急着爬起来穿上衣服往外走。在抵抗中，脖子上挨了一枪，中弹倒在血泊中。我们的战士过去踢了他一脚，他装死不动，这个战士一离开，他滚下去逃跑了。

我们消灭了龙镇子[①]一个团和司令部，二德子和另外一个团跑了。这次从王有功司令部缴获盒子枪 20 多支，机枪、步枪、冲锋枪好几百支，还有许多弹药、财物。打死打伤、俘虏敌军 400 多人，前后只用了一个多小时的时间。

这次战斗结束后，我军又及时重申了抗日民族统一战线政策和立场，揭露了王有功投降卖国并勾结日寇妄图消灭我军司令部的罪恶行径。同时指出，凡是真心抗日的部队，我们都愿意与其团结合作。

然而，顽固派的立场不可能改变，残留在大青山的国民党顽军不仅不听我们的忠告，反而纷纷集结，与日寇加紧勾结，公开与我为敌，破坏抗日民族统一战线。为了抗日救国的大业，我们努力争取挽救他们，可是他们不听劝阻，违背民意，坚决与我们为敌到底。在争取无效、忍无可忍的情况下，我军骑兵二团和三团迅速集中于武川县八区一带，乘胜追歼顽军。

这次自卫军又收罗起 1000 多名土匪残兵，野心勃勃地想着夺回他们失去的“天堂”。但是，他们毕竟不是打仗的能手，尽是欺压良民的匪徒。与我们一接触，没经拼杀就溃散而逃了。

有的向后套奔散，有的躲进深山，落草为匪了。

我军追击顽军到了武川的聚宝庄一带，突然遭到日寇一个中队和 250 多个骑兵、警察组成的队伍的狙击，敌人向我军猛烈开火，我军指战员当即给予来犯之敌以有力的回击。日寇和伪军见势不妙，迅速地抢占了一座孤山负隅顽抗，轻机枪打起一片黄尘，掷弹筒正落在军中马前。伪警察比较狡猾，激战中分两路向我军侧后边运动，企图从后袭击我军。我军二团由黄厚团长指挥，看到伪警察部队在运动中，下令迅速地将敌人从三面包围起来，冲锋号一响，突然枪声大作，喊声如雷，打得敌人晕头转向、人马相撞。仅用了 20 分钟的时间就把绝大部分全副武装的伪军警俘虏了。当即缴获了全鞍马、步枪一大批，机枪五挺。剩下的日寇独守一座孤山，我三团一个连担任主攻，因为地形不利，强攻战中连长杨得友同志中弹牺牲。连长一倒，全体指战员怒火满腔，冲杀更加勇猛，没用多久，将几十个日寇打得只剩下 13 个人，抱着五挺机枪，以自己人的死尸作掩体继续顽抗。眼看天要黑，我军正准备再次猛攻全歼仅剩的 13 个日寇

① 龙镇子：也有的写成龙振子或龙正子。

时，突然看到日寇的十几辆汽车赶来增援，并在很远的地方就用钢炮轰击。

当时我军考虑，部队战斗了整整一天，已经十分疲劳，如果继续战斗下去将会有很大损失，于是部队命令从战斗中逐渐撤出。谁承想在撤退中，二团负责政治工作的刘水仔同志不幸中弹，因伤势过重，不久就牺牲了。

战斗结束以后，我们和三团的工作人员以及一部分群众，连夜清理了战场，把牺牲的战友遗体运到一个小山脚下掩埋好，我们怀着悲痛的心情告别了战友，并发誓为战友们报仇，继续去完成烈士的遗愿。

在这次继续追歼的战斗中，我大青山支队政治部主任彭德大同志，在固阳的高台梁一带不幸牺牲了。这是我军的一个重大损失，使我党失去了一个优秀的共产党员，祖国失去了一个优秀的儿子，大青山支队失去了一个优秀的指挥员，大家非常悲痛，大家悼念他，向他学习。

烈士的牺牲换取了斗争的胜利，在这次几个地区的歼击战中，总共消灭了国民党匪顽军 1000 多人，日伪军 500 多人，并把大青山里的土匪一扫而光，斗争取得了重大的胜利。

1940 年，大青山里非常平静，土匪没有了，国民党也没有了，杨子珍县长带领王怀珠、田恩民的游击队员在野马兔消灭了最后一股土匪“一耳王”。我们活动的范围内一片太平，大家就是对付日伪军，好预防了。老百姓非常高兴，这时候的青山腹地，冰雪消，大雁横青天，军民乐，抗日又生产，战火硝烟卷过后，春草染绿大青山。

建政权生产自救
反“扫荡”岁月艰难

谁承想：战火烽烟遍地时，还有和平安宁日；刹那间刀痕血泪渍征衣，“三光”惨绝神鬼奇。反顽固胜利之后，紧接着建立各级政权组织，巩固乡村阵地，发展地方武装力量，全面开展对敌斗争。一开始，大青山党的领导机关叫绥察区党委，后来就是绥蒙区党委，下设绥西、绥中、绥南三个地区党委。同时成立了绥察行政公署，下辖三个专员公署。武装力量主要是骑兵支队的三个团。这样就形成了大青山革命根据地党政军三方面的完整的抗日斗争体系。当时区委书记是白如冰同志，组织部长白成铭，社会部长王聚德，武装部长于占彪。

大青山骑兵支队司令员是姚喆，副司令员陈刚，政治部主任张达志（后来是副司令员、副政委）。

绥西地委，当时叫特委，书记是杨植霖，组织部长薛世英（此人后来叛变了），宣传部长李垣，蒙民部长贾力更。在大青山小西梁召开了各民族各界人士代表会议，正式成立了绥察行政公署。杨植霖、苏谦益、李维中、靳崇智、程仲一、李大光、杨建林等同志都出席了会议。我也参加了这次会议。

在这次会议上，杨植霖同志被选为行政公署主任，苏谦益同志为副主任，并且下设了三个专署：绥中专署专员是武达平同志；绥南专署专员是程仲一同志（以前是相国兴同志）；绥西专署（包括萨县、归绥、固阳、武川西部）第一专员是杨植霖同志兼任，后来分别由李维中、杨叶澎同志担任。副专员有靳崇智、王建功同志。

绥西专署以下设立了武固、武归、萨县三个县，武固县的县长是任克定（以后牺牲了），武归县县长是杨建林，后来是王威同志，萨县县长是田恩民，后来是王经雨同志担任。县以下就是区政府乡政府了。我当时是武归县八区区长，任德仲同志当了游击队长，后来任副区长，不久就牺牲了。邸旺是游击队副队长。这就是当时的三个区干部。杨建林同志是县长，他给我们谈的话，给了我一支手枪，一颗大印——武川县第八区政府，还给了我们四五条步枪，让我们成立区游击队，八区成立时在灯笼素村，实际是在打游击。

区政府一成立，马上就搞了政权的组建工作。以原来动委会为基础，很快恢复了永成乡、丰美乡、太平乡、武福乡、广庆乡、井尔沟、武合乡等。乡长、会计都是我们选拔的贫雇农，乡里当时叫村兵（实质是民兵），一下子连成了一个整体。小乡一成立，立即召开了干部会议，研究布置了我们的主要任务：巩固这块地方，组织发展生产，坚持长期抗战，发展情报网点，等等。大乡我们采取了由政府下令，要各乡从乡长、乡副、村警里指定一些人经区政府批准专为我们办事，经过考察培养逐步成为我们的基层干部和情报人员。这样就把几个大乡给控制了，如义合乡、义庆乡等。这样我们就成了一个比较完整的行政系统，工作很快打开了局面，搞得轰轰烈烈。

大青山的区县游击队、武工队和蒙古游击队等像雨后春笋般地出现在大青山南北，不断打击着日伪政权、伪保甲团和地方土豪恶霸，镇压汉奸特务。杨大队长在很早以前就镇压了黑沙兔大恶霸地主张红，后来杨县长又镇压了老来沟恶霸地主姚二，各区乡也镇压了一些汉奸特务，敌人的嚣张气焰受到打击，老百姓十分拥护八路军共产党的政策。随着政权的建设，组织山里的群众开展了生产自救工作，一部分人种庄稼，一部分人搞副业——组织伐木、编制箩筐等，穷人没有籽种、畜力，区乡政府出面跟地主老财借籽种、畜力，组织发展生产，建设抗日根据地。

在生产自救、组织支前工作中，我们特别注意妇女这支抗日力量。过去妇女很少出门和下地劳动。经我们一组织，都起来做军鞋、缝军衣，给部队和机关磨面、送情报，以住娘家、走亲家之名，探听消息，侦察敌情。广大劳动妇女不断地提高阶级觉悟，由于我们讲男女平等、婚姻自由，到区政府告婚姻状和其他状的人也多了，让我们看到了妇女解放的面貌。在我们八区，流传最广的一案是黄小女告状。

黄小女要离婚，经区政府调解不服，亲自跑到山里找“杨大人”（这是黄小女对杨县长的称呼）告状。

黄小女是个什么人？她的哥哥原先是我们动委会的干部，后来回家当了我们的乡长（就是义庆乡的乡长）。大乡是日伪政权，她的哥哥黄三娃就是我们派去当乡长的。黄小女家穷，十六七岁时她妈就把她许配给卯尔兔一家姓郝的，男人比她大 15 岁，人家要娶她，黄小女不干，她就告状。这个女孩子很聪明、漂亮，思想也很解放。她告到区政府时，我就想调解，指示民政助理员接待她，给她做工作，意思是不要退婚了，还是结婚过下去吧。可她一下就生气了，骑上毛驴跑到小西梁县政府找杨县长、李专员去了，把我也给告了，说区长不给民做主，帽子扣得很大的。

她这一告给告准了，杨县长、李专员给她判决退婚了，这一下黄小女告状在八区就传开了，打莲花落的也编了黄小女告状的莲花落曲子，大意是：杨县长呀，您听我把话来讲，我黄小女，有冤来告状。区政府，不给民做主啊，气得我骑上毛驴，来找杨县长……我年纪尚小家境贫，由父母包办许配了人，就等于推我入火坑……啊呀呀，杨大人，请您快给我判退婚……

虽然是一个小女告状，但是它说明根据地里，广大劳动妇女思想觉悟有了很大提高，拥护共产党的婚姻自由的政策。

在大青山里，一是发动群众解放妇女，二是注意培养少数民族干部。如选送了一大批进步青年到延安去学习。在绥西地委设了蒙政部，奎壁同志任部长。

武归县设了蒙政科，奇峻山同志任科长，还有贾力更、孔飞等蒙古族领导干部在绥西地区做了很多抗日救国工作和民族工作。李小才同志还在绥西地区建立了蒙古游击队。土默特的许多青年参加了这一支抗日救国游击队，队伍很快壮大起来，他们出没于平川、绥远到包头和广大土默川平原，破坏铁路，炸毁桥梁，除奸抓特，传递情报，深入宣传抗日救国的道理，争取伪政人员等。由于党的民族政策的正确，伪防共二师师长韩五也受到了启发，后来为我军运送枪支弹药和军用物资，为抗日救国做了不少有益的工作。韩五这个有民族气节的蒙古族人，毅然决然放弃了防共反共政策，举起抗日救国的进步旗帜。他的队伍后来虽然被日寇打散，他本人遇难，但他抗日的功绩不能忘记。

我军力量不断发展壮大，游击根据地的日益巩固与发展，不断地打击日伪据点，敌人感到威胁太大，于是从华北各地调集了大批兵力对大青山进行残酷的“扫荡”，妄图从大青山区把八路军赶走。他们在政治上加强伪政权、强化保甲制，不断清查户口、登记居民、照相立卡、发放良民证等，严格控制我军和政府工作人员的活动；在军事上，对我军活动地区实行“抢光、烧光、杀光”的“三光”政策，进行多次残酷“扫荡”，仅 1939 年深秋到 1941 年底，两年的时间里，就将井尔沟、蘑菇窑子、李气沟、万家沟、黑牛沟等 100 多个大小村庄烧了个光，在井尔沟、西水头村、黑城沟、李气沟、小坝子等几个村子就屠杀了 200 多名蒙汉族良民百姓。

1940 年的 7 月间，正是收割洋烟的时候。日军的一个连队突然进山“扫荡”了。敌人是从井尔沟进去，穿过灯笼素，二、四道沟，然后从李气沟出来，在李气沟杀了三个人，因为其余的人都隐蔽了。我们发现日军进山后，很快就通知了老百姓，让他们不要待在家里。那几天正下着大雨，李气沟的老乡听了区政府的话都跑出去上山了，有三个老头懒，不愿走，结果日军进去都用刺刀挑了。黑城沟、西水头村的老乡我们也通知了，要他们放哨，日军可能要路过他们那里。

我们当时军队不多，武器也不好，无法抵挡，只好隐蔽在附近的山上。雨下得很大，一天没吃没喝，但是我们警惕性很高，谁也没有下山。可是有些老乡嫌雨淋，又嫌冻，躲避了半天，看见没动静就跑回去要做饭吃，谁想饭刚做好，有的还没做好，日军闯进了村子，结果，跑回去的 28 人全被抓住给杀死了。黑城沟杀人以后，日军又到了西水头村，这两个村子相距有四里。西水头的老乡全部回去了。全村 40 多人，全部被杀掉了，杀得连一个小娃娃都没剩下，真惨。这些畜生，他们不是用机枪扫射，给个痛快，而是全用刺刀挑的；一刀一刀往死挑，全村老小 40 多口，就这样被杀死了。日本帝国主义真是犯下了不可饶恕的滔天罪行。这是我们永远不能忘记的深仇大恨。

就是这么一上午，一道沟十来里地就杀了 70 多人，日军还路过黄土石拐子，路上碰上了两个骑驴走路人，也给杀了，井尔沟还杀了四五十人，我们管辖的这么个范围内一次就杀了这么多人。山沟里原来也没有多少人。黑城沟、井尔沟虽然没有杀绝，剩下的人也不多了。人被杀了，房子被烧了，泪眼望青山，怒火胸中燃。

焦烟满沟乌云滚，十里长沟无人踪。
苍天无情还洒泪，青山能否埋冤魂？

敌人走后，我们立即下山，把仇恨变成了力量，组织活下来的人和游击队员收拾遗体，当时的惨状真是痛不忍看，到处是遗体，到处是鲜血。

收尸之后，我们把活下来的群众又重新组织起来，在山沟里打窑洞，盖土房，搭架子。人们都分散在山沟里。除了山里的老乡和地方政府工作人员，一般人是找不到的。

我们的区政府本身就是打游击的，有少数人为了与各乡及区政府的工作人员、上级领导机关联系，也到了深山大李气沟，自己动手盖了两间房子，这就是八区政府。

日军这一次“大扫荡”我们都没有经验，事先也不知道。敌人进山后才知道，老百姓思想麻痹，听说日军杀人，但是没见过。区政府给他们讲，他们半信半疑，这次吃了大亏，得到了教训。从此后，我们认真研究掌握敌人的情况，一发现敌人有行动，甚至有迹象，我们就通知老乡注意。群众有了防备，以后再没有发生这种惨案。

我们的区政府搬进大李气沟，只有自己回去住，开会在那里，专署、县里来人进去住，一般人都进不去。我们在外面设了许多情报网点，敌人的动向，骑兵或步兵都会及时知道的。外边有不熟悉的人，也不让他进去，有什么事就在山外指定的地点接洽了。一般人都不知道区政府在什么地方，我们在那里一直住了两年多。现在那里的一块石头上还刻有“郝区政府”四个大字。我们住在那里，吃完饭就在石头上刻。本来想刻许多东西，没有工具刻不动，就刻了“郝区政府”。起因是这样的，第一次我们在那里盖的房子叫日军烧了，战士就在靠前面一点的石头上刻起来，边刻边说：“房子你可以烧掉！这块石头和区政府你烧不掉！”这是一种民族气节，也是一种坚如磐石的信念、一种不可动摇和不可摧毁的精神。这句话虽然很简单，但是寓意很深刻，不是几个文字和一个名字的问题，而是表达了抗日战士不可摧毁和动摇的决心。这是告诉日本侵略者：我们就在这儿，你烧不了，炸不烂，也搬不走！这是我们的土地，我们就在这块土地上。这是 1941 年刻的，到现在已经 40 多年了，我们不但没有走，石头和“郝区政府”几个字还在，只是那些侵略我们的敌人被扫进了历史的垃圾堆。虽然有人还用一块刺上“文部省教科书”字样的遮羞布盖着它，几个臭苍蝇围着它嗡嗡叫，岂不知是枉费心机？历史是不会倒退的，真正的中国人民和日本人民是不会承认的。

1941 年秋天，召河的日寇带着伪蒙古军（队长叫齐勒布）在黄狐沟将我父亲、母亲和姐夫张得世、我区情报员王二娃及农民潘二娃抓走，在回召河途中的晚上，我父亲和潘二娃逃跑了，他们把我母亲和姐夫、王二娃抓到召河圈起，一直关了三年多监狱。日寇将要投降时才放出来，实际也是召河有些有良心的蒙古族老乡给保出来的。情报员王二娃同志被杀害，我的姐夫张得世因坐牢成疾，半身残疾，不久离开了人世。我母亲、姐夫，还有我的战友王二娃都是在日本帝国主义的残害下先后死去的，每当我想起他们，心里就会难过，日本侵略者杀害中国人民的仇恨是永远忘不了的。

从 1941 年到 1943 年底，斗争非常艰苦，敌人轮番进行“扫荡”，一次比一次加码。1942 年秋天，日寇黑石联队，伪蒙古军骑兵第九师、第八师、第六师和靖安军四、五、六三个骑兵大队，号称万余人的兵力，分别由归绥、包头、固阳、百灵庙、武川的六合营出发，从四面八方包围我们，向我党我军经常居住的井尔沟、得胜沟、万家沟一带进行残酷“扫荡”。

进山以后，日寇的连队和一个中队驻扎在我军活动的中心——大庙酒馆。伪蒙古军的两个团分别驻扎在井尔沟的五道洼和我司令部原驻地得胜沟。他们因多次“扫荡”扑空，这次是稳扎稳打，步步为营，篦梳式地“铁壁合围”，向前推进。

我们该怎么办？逃走吗？不能，不能轻易地丢下百姓，更不能将我们的根据地轻易交给敌人。但是，存在需要策略，生存需要斗争。毛主席关于根据地斗争的指示照亮了我们的心胸：“除正面防御部队外，我军将大量地转入敌后，比较分散地配置，依托一切敌人未占区域，配合民众武装，向敌人占领地作广泛的猛烈的游击战争。”我骑兵团遵照毛主席的教导，经过周密部署很快巧妙地撤到敌人的包围圈外，穿插在敌人背后和它的空隙地区进行迂回周旋。有时又开到平川，开到敌人据点和城镇周围活动，威胁敌人的老巢。

骑兵撤到外围，步兵在青山腹地、敌人的心脏地带活动。白天在深山小村背舍或老村分散隐蔽，晚上到敌人驻处骚扰，打击特务、汉奸的嚣张气焰。在敌人大军进山、严实包围当中，我绥西专员公署、武归县政府和二区、八区政府仍在大青山里活动，与根据地的群众同甘苦共命运，领导群众，坚持与敌人斗争。姚司令员把部队和整个反“扫荡”行动部署好以后，为了减小目标，机动灵活，由驻地得胜沟带了一个步兵班从乌素图沿边山一带，向武归县哈拉沁以东山区活动。战士们亲切地称他姚班长。那时他已经 40 多岁了，但是这位身经百战的老红军精力旺盛，行动轻健，一天爬山五六十里，从不叫苦嫌累，每到驻地就跟战士谈心，询问群众了解情况，谈笑风生地给大家讲战争形势，讲抗日的前途，鼓励大家说：“我们有毛主席、党中央的英明领导，有亿万万爱国同胞，我们一定能战胜日本帝国主义。”

在黄花铺一带，我们的游击队和骑兵三团与姚司令员会合了，姚司令员率领我们继续向绥中地区前进。同年 11 月份，姚司令员给我们开会，让骑兵三团和我们游击队返回绥西，了解情况，骚扰敌人，支持群众与敌人开展斗争。我骑兵三团在老红军邓副团长的带领下，200 多人一直插到敌人驻地井尔沟地区。白天在深山或小村庄里隐蔽，夜间下山到我八区范围活动，我们每天驻地都与敌人据点相距十来里。由于根据地群众心向我们，大家一心严密封锁消息，我们在敌人周围活动了一个多月，他们还搞不清我们的情况，抓不住我们的活动规律。敌人有点惊奇了，觉得八路军神出鬼没，太厉害了。我们回去不是光隐蔽不干事。隐蔽是手段，是为了保存自己，坚持抗日，打击敌人是目的。我们侦察好情况，利用有利的条件夜间袭击分散小股敌人，镇压汉奸特务。并责令三个伪大乡在 20 天内全部解决战士的皮大衣、毡疙瘩，我们的队伍有吃的，又不受冻，老百姓支持我们，我们有灵敏的耳目，所以处处占主动。敌人在山里，人没有吃的，马没有草料，因为村庄给烧了，老百姓逃走了，哪里来的草料？虽从山外往里运送，由于道路崎岖，大雪封山，经常供不应求，伪军哪里吃得了那种苦呢？因此，情绪低落，萎靡不振，厌战情绪与日俱增。相反地，我们回去后，迅速地解决发放寒衣问题，并且又新开辟了游击区域，摸清了敌人的活动规律，展开了新的斗争局面。这是在敌人眼皮底下活动，真不容易啊！

敌人被我们打扰得不得安神，又集中了一部分伪蒙古军骑兵跟踪追击我们。为了迅速摆脱敌人，我们决定再次向绥东转移。我们正在随三团转移时，突然接到命令，让我带两个战士离开大部队，进山与绥西专员公署地委机关联系，并且设法给隐蔽在骆驼场一带的伤病员及后勤修械人员运送粮食。这个任务是很艰巨的，在敌人封锁严密、汉奸特务遍地的环境下进行这样的工作是很危险的。但是，组织既已决定，把这个艰巨的任务交给了我，我又是当地人，人地熟悉，一定要很好地完成任务。

接受任务后，我星夜冒雪赶回山里，在山区政府驻地附近找到了老百姓，了解了山里的情况，又逐步找了几个小乡的乡长，一块儿商议了给山里的伤员运送粮食、物资的办法，在绝对保密的原则下，分头去做准备。过了几天以后，趁一个雪后非常寒冷的夜晚，集中了粮食、油肉和皮衣，由杨柳沟、李气沟几个可靠的群众送进了骆驼场，并与田科长取得了联系，得知云曙碧同志带一通讯员寻找领导机关，我十分担心她的安全。在半个月以后，绥西地委机关杨叶澎专员由大沟一带回到杨柳沟与我们见面。我们高兴地看到了我们的杨专员，看到了当时大青山区唯一的女干部云曙碧同志。她是一个坚强、勇敢而又青春秀丽的蒙古族姑娘，在日军的“大扫荡”中，她始终没有离开大青山，这很不容易啊！在那种艰苦环境中坚持着斗争，其精神是令人钦佩的。我看到她时，她穿着一件羊皮小皮袄，脸冻得青紫泛红，据说她感冒刚好，可是精神饱满，不畏艰险地跟着地委机关爬山越岭，像一个小伙子一样。我们和领导机关的同志们见面后，亲热得有说不完的心里话，战争年代的同志感情是很难用文字形容的。

当时，杨叶澎专员指示我们做好情报工作，经常、及时地跟地委取得联系，设法给山里的伤员解决粮食问题，组织群众，继续向敌人开展各种形式的斗争。当时大庙酒馆的敌人据点里有个姓白的日本特务。这个坏蛋到处敲诈勒索，欺害百姓，群众恨透了他。为了打击敌人的嚣张气焰，进一步发动群众，经过周密细致的侦察，我们搞清了白特务的活动情况。在冬末春初一个寒冷的夜晚，我们派王政科等三个同志潜入日军据点，深更半夜，他们机警地摸到了白特务的住处。进去时这家伙正跟一个女人躺着抽大烟。我们的人一进去，这家伙傻了眼，没等他起来反抗，就结果了他和那个坏女人的狗命。结果了那两个坏蛋，还将我区政府事先写好的布告张贴在屋墙上，最后安全地撤出了敌据点。

这一行动，震撼了敌人，鼓舞了群众，老百姓到处传诵深入虎穴的八路军战士，伪警察特务惶惶不安，有的再也不敢随意出来活动，有的给我们送话，表示不危害百姓，不跟八路军为敌，孤守在大庙酒馆的日军以后什么也了解不到。

1943 年春节时候，我们骑兵三团又回到了武川县的七、八区一带，我和游击队又跟三团一块儿进行活动。我们由邓副团长率领着，经常出没在敌占区的纵深地区。在这期间，我们先后与伪蒙古军第九师的两个团打了三仗，在东达乌素一次就打死伪蒙古军 25 人，同时还打死了一个伪连长。这次战斗，我区游击队的王政科、郝花小同志光荣牺牲了。

经过两个多月的骚扰，我们迫使日伪军全部撤回原地，只留下大庙酒馆一个据点。这个据点里的日伪军经常紧闭着大门，岗哨林立，不敢轻易出来活动。我们的活动更加频繁，敌人更加孤立了。根据地的春天和自然界的春天，一块儿回到了大青山区。

大青山里的蒙汉各族人民，在抗日战争中付出了很大的代价，做出了伟大的贡献。我们永远不能忘记他们，要努力帮助他们搞好山区建设，使他们同享社会主义的幸福。

回偏关整风学习
返青山重挫顽敌

从一种硝烟弥漫的环境，到晴朗无云的天地；从一种激烈紧张的生活，转到平静安逸的学习生活，除了不大习惯，就是新鲜有趣，这些丰富多彩的战斗岁月，使人永远难忘，有时久久怀念。

我们正在青山腹地进行游击战争，而且已经六个年头了，突然接到命令，调我们绥西地区党、政、军干部回晋西北的偏关县，绥蒙区党委（当时叫塞北区党委）驻地，进行学习整风。这是1943年的11月底。根据上级指示，在绥西留一个骑兵连、两个步兵连和少数地方干部继续坚持工作，我们骑兵二团、三团和绝大多数党、政、军干部，均由张达志副司令员、白主任（地委书记）率领回偏关参加整风学习。

隆冬时节，我们冒着12月的严寒，含着热泪告别了战友和乡亲，披风戴雪，离开了大青山区。

回头望，巍巍青山顶天立。
向前看，浩浩默川灯火稀。
多少城堡变废墟，到处飘摆膏药旗。

我们大队人马星夜南下，经过了蛮汗山，闯过了杀虎口，通过了敌人一道又一道的封锁线，进入了山西平鲁县境。我军进到右玉西山时，巧遇平鲁县的200多名日伪警察，护送着好几大车军用物资在我们前面经过。我军发现后，迅速地撤到一条公路旁的小山丘下隐蔽起来，等到敌人的大车进入我们的伏击圈时，一团的柴干参谋长一声令下，伏兵四起，打了敌人个蒙头转向，措手不及，只用了半个小时，除一部分敌人从来路跑掉外，剩下的几十个警察全部被俘虏了，缴获了几大车军用物资。车上装满了日本军用毛毯、香烟、大衣和其他用品。战斗结束后，我们很快将缴获的物资分散带走，当天晚上在宿营地，上级首长决定发给我们每个人一条黄色军用毛毯和一些日用品。干部、战士们非常高兴，表示要回到后方学好本领，重返青山消灭日寇。

踏上偏关的土地，虽然严冬时节，可是天气非常暖和。一路上，到处是军民一起劳动、一起学习、一起唱歌的动人景象。红旗飘扬，军号嘀嗒，村落稠密，炊烟缭绕，处处感到新鲜快乐。我们的战士兴高采烈地唱着："解放区的天是明朗的天，解放区的人民好喜欢……"此时此地唱起这些歌子，感到十分亲切，感到我解放区的天非常明朗，解放区的人民非常喜欢，一想到硝烟弥漫、哭喊连天的敌占区来，我们抗日救国的决心就更加坚定了，恨不得立刻冲向反"扫荡"的战场，把日军赶出中国。

偏关县城虽然不大，街道整洁，铺面繁华。穿着银灰色服装的战士从街上整齐地排着队走过，乡村的男女老少欢天喜地地进城买货，准备过年的东西。

生活的气息，地方的风土人情，吸引着后山来的干部战士。

学习报到以后，我们大青山来的这些人划分成两个部分，一部分参加整风学习，另一部分参加练兵。我们这批干部都在整风二大队学习，大队长是我们的杨专员，支部书记是三团的红军干部包盛标同志。刚编时我是副班长，学员多是区县、营团以上的干部。

从此，我们过上了有时有点的吃饭、休息和学习生活。刚进学习班，什么都感到新鲜。住地很舒适，学习很满意，我们有了铺盖，打游击和衣睡习惯了，开始脱了衣服睡不着。有时一闭眼睛，就走入了梦乡，每次梦见的都是战火硝烟，各式各样的笑话很多。

学习文件，开展批评与自我批评，个人检查总结自己的思想与工作，大家帮助认识提高，整风是团结、紧张、严肃、活泼的。虽然人们的觉悟水平不同，战争年代的处境不同，多数同志互不了解，开始一段，有一些偏激的地方，我有些想不通，这些同志在前方枪林弹雨，回来就成了什么特务叛徒，等等。心里不满意，也表示反对那种打骂人的做法，特别是三团团长就亲自打了我们的县长，我就骂了那位团长，并推了他一把；后来我的副班长也被免了。我开会不发言，自己整天看发下来的文件，思想上有些沉闷，搞不清是怎么回事。当时这是别人那样搞，影响了同志们的情绪。总的来看，整风学习还是起到了积极作用，绝大多数同志都提高了思想觉悟，学到了工作方法，懂得了党的政策和策略的重要性，领导者的思想方法和工作作风都有了很大改变，学到了各地的许多宝贵经验。

由于紧张，时间过得很快，三个月的整风学习很快就过去了。为了适应形势的需要，1944 年春天，我们二大队从偏关开往马寨进行大生产运动。这个好的传统和作风是从延安学来的，我们这么多军队回到解放区，不搞生产自救，不去自己动手，怎么会丰衣足食？大家理解党的困难、百姓的困难，知道党中央的苦衷，知道抗战的需要，所以干起活来非常认真，能吃苦，不怕苦，经常一想起敌占区人民的苦难，就干劲倍增地克服困难干起来，力争完成自己每天开荒四分的任务。一个共产党员，一个革命者，无论遇到什么困难，只要他多想党和人民的事业，少想自己的私利，多体谅党的困难，思想就会搞通，干劲就会有，困难再大也能克服。这是一个共产党员、革命战士应有的品德。

经过一段整风学习，劳动锻炼，我们的思想、身体都比过去强了许多，可以说焕然一新了。

1944 年秋天，从河套地区返回到大青山区的鄔青云师和海福龙、鄂友山等国民党军队，趁我军大部队回后方整风学习的机会，无理侵占了我大青山游击根据地。我骑兵二团、三团奉命北上，重返青山，消灭鄔青云师等土匪，巩固根据地。

经过整风学习后的我骑兵二团在重返青山后，于 1945 年的春天从井尔沟追击到三道河子一带，一举歼灭了鄔青云师师部及其他大部的 300 余人，缴获了电台等一批武器弹药。穷追其残部 40 余里，彻底打垮了敌人。这一仗大大地震撼了海福龙和鄂友山，使敌人提心吊胆，反动派气焰有所收敛。

1945 年的春节，我们是在解放区与群众一起欢度的，这是日寇侵华以来最愉快的一次。支部组织我们排演了秧歌剧，还演了传统二人台《走西口》等。韩明、杨玉成扮成漂亮的农村姑娘，穿着大红袄，头上罩着白羊肚子手巾，打扮得很花哨，根据地老乡误认为他们是八路军的女干部。邢健扮了个胖姑娘，曹文玉扮了个丑角，出场后，逗得大家捧腹大笑，拍手喝彩。我们有一位王区长叫王俊，跟他爱人杨桂芳也演了节目。大家高兴得掌声不断，笑声不绝，战火中的春节过得如此热闹，表现了我们的革命乐观主义精神。大家在兴头上，欢迎一位姓张的女同志唱了一段《小寡妇上坟》。这位女同志的爱人在战争中光荣地献身了，这位受大家尊敬的烈士家属在大家的欢迎下演唱了。她唱道："城墙墙不高三丈丈六，日本鬼子害下俺个活寡妇；血债要用血来还，俺小寡妇永远跟着共产党走……"大家听得又含泪又欣慰，都被这位烈士妻子的革命精神所感动。这种精神真是可贵啊！自己的爱人为革命牺牲了，她又忍着悲痛，含着眼泪为革命做宣传，这哪里是歌，一字一句都是血泪的控诉，同时也是鞭策，她的唱激发了广大指战员抗战到底的决心。这种宣传简直是一种特殊的"命令"，有力的战地鼓动词。

1945 年是抗日战争胜利在望的一年。根据毛主席的指示，为了发展大青山的大好形势，绥蒙区党委把绥西的一部分干部和延安回来的一批蒙古族青年干部编成干部队，随我军二十七团的一个步兵营，由白成铭同志率领，于 7 月份回到了大青山区。

我们到了井尔沟，见到了姚司令员。司令部当时正研究和部署打顽固军的作战方案。这次方案是姚司令员统一指挥，同时他还要亲自指挥二十七团从得胜沟，二、四道沟进攻国民党的顽固军第十团，康建民旅长率领骑兵旅，由我当骑兵旅的向导，任务是夜袭甲路、三合义村的顽固军一个团，并完成对李气沟国民党第十团的堵击。

7 月 25 日晚，我军按预定的时间出发了。我随骑兵旅从大庙酒馆直插三合义村。拂晓时分，三团二连的战斗正式打响了。机关枪一叫，步枪、手榴弹一齐开了火。狡猾的敌人就是怕我们夜袭，军队都睡在山头上了，一打起来，他们就从各个山头向我军射击。我军指挥员一看不妙，立即下令抢占山头。

抢占与反抢占，夺取与反夺取，战斗打得非常激烈，两头的枪声响成一片，手榴弹不断地在人群中轰轰炸响，经过一阵激战，我军用强攻占领了几个山头，一阵猛打压下了敌人的火力。敌人的骑兵在我军重火力的压制下，赶紧撤出包围圈，向西山败退。还有一个山的主峰被敌人一个连死守着。康旅长问我，从东边山峰可否攻正面主峰山顶？我说从背面上可以攻，那边一攻敌人必退。康旅长随即下令，命我军白马连乘马挥刀，从东侧过去，在敌人背后突然发起猛攻。敌人一看慌了手脚，改死守为向西山撤退。我军几个回合就占领了全部南山，完成了对李气沟敌人的包围和堵截。这个时候，姚司令员指挥着二十七团，从四道沟把敌人像赶黄羊群一样赶到了大李气沟的深山峡谷，用炮火轰击。敌人像蚂蚁乱成一团，到处乱撞，无奈之下，400 多个敌人有 300 多人缴械投降了，敌团长见势不妙，早已从杨柳沟西野马兔逃跑了，几个敌连长被击毙。我骑兵旅乘胜追击，将敌人全部击溃，幸存者也远逃他乡去了。

战斗结束后，在哈拉合少村康旅长给了一支新手枪，给了一些步枪、手榴弹、弹药，让我留在地方，组织地方游击队，重新开展工作，组织群众建设政权。

我从哈拉合少离开大部队，回到了大庙酒馆一带，在那里我又组织游击队。当时姚司令员又回到了以前的司令部驻地得胜沟，老百姓非常高兴。这一时期，国民党土匪被赶跑了，日军也龟缩在据点里不敢出来，大青山区又出现了比较安宁的局面，老百姓高高兴兴地迎接秋收，我们忙忙碌碌，准备迎接抗日战争的彻底胜利！这时候，大青山里正是松青、柏翠，花果满山，虫鸟长鸣，流水潺潺……一幅幅壮丽的屏障，一座座蜃楼似的山峰，“南天门”的红叶树好像刚染过，它像久经战火的人民战士，霜越打，它越红，显示着它的一片赤诚。

同欢庆日寇投降
燃战火蒋贼作恶

“日本鬼子投降了……”中国的大地上，顿然锣鼓喧天、欢声一片！此时此刻还有什么能比这件事更让人们欢欣鼓舞呢？寒夜漫长，八个春秋，饥寒交迫，刀从剑树，换来了这样的欢声，这样的胜利是党领导人民，在血与火的斗争中夺取的，是用中华儿女的头颅和鲜血换来的。所以，人们是那样的高兴，特别是深受其害的山区人民，死里逃生，哪有不含泪喜庆的呢？可是他们哪里晓得，战争并没有完全过去，苦难还不到尽头，日寇走了，国民党反动派来了，反正不让你有安宁的日子。

日寇将要投降的时候，毛主席就指出，蒋介石要下山摘桃子，在城市和乡村要抢我八路军和抗日人民用鲜血换来的胜利果实。果不其然，日寇在“八一五”宣告投降，蒋介石就下了峨眉山，在全国的各大城市开始跟我们抢夺胜利果实。

为了配合蒋介石的行动，抗战时期在大后套的国民党军队立刻东进，迅速抢占了绥远城和包头市，沿着京包铁路迅速向东推进。当时，我军已占领了萨拉齐、察素齐、毕克齐和武川县城，斗争形势急转直下。

国民党反动派依仗他们兵多器优，强占了已被我军赶走日寇、解放了的萨拉齐、察素齐，继而又强占毕克齐，遭到我军的反击。敌人派出一个军的兵力，从包头出发沿铁路线与我军作战。我军三团汪贤才副团长带领一个连在毕克齐跟敌人打了整整一天，打得敌人一个步兵师寸步难行，死伤300多人。我三团一个连迅速完成堵截后，就胜利地撤出毕克齐，他们随主力东撤到商都县待命。敌军乘我主力撤出的机会，很快又占领了白塔、旗下营、卓资山、集宁县。

我主力撤出后，在武川八区还有三团的后勤人员和伤病员，有县委的同志和八区、十区的政府工作人员和游击队，一共100多人，处于重敌的包围之中。到底该怎么办呢？王弼臣同志跟我们商议突围出去，不然要吃亏。前山已经是兵多如毛了，东西都有敌人，没有办法只好向北去，突围出去，到召河一带靠近苏蒙红军。

为了保险起见，老王同志让我先去联系，因为我们不甚了解苏蒙军，先去联系很必要。我是当地人，熟悉地理情况，我带一个班长，避开敌人的视线，用一天一夜的时间就到了召河附近的布连河。那里有我们一个叫锐军的同志，是蒙古族干部，我们两人很熟识，找到他之后，他替我们找了一个苏蒙军的连长，说明情况后，他们表示愿意帮助，派一个班先将我接到召河，然后送到百灵庙苏蒙军司令部。经过同苏蒙军交涉，他们同意我们这100多人到召河一带活动，并且还答应给予一定的帮助。

谁想我军到召河的第三天，苏蒙军就奉命撤走了。我们为了适应形势的需要，将步兵全部装备成骑兵。在装备过程中，召河的蒙古老乡把自己骑的好马、好鞍子献给了八路军，那时的军民关系、蒙汉关系相当好，确实像一家人一样。召河的蒙古族群众是有功劳的，不要忘记他们出的力。

我骑兵三团当时有三个连，我们装备起来以后编为第四连。不久，地委书记白成铭同志从商都来了，他说有大的行动，让部队西进，到包头一带聚集，他把四连带走了，把王弼臣和我、邸旺及几个游击队员留下，让我们返回大青山区继续坚持工作，并与大部队取得联系。

斗争的形势在急剧变化，东撤的主力又开始西进了。这时，杨植霖主席派人通知我们，让我和王弼臣、曹文玉同志立即去毕克齐，说是有重要任务分配。我们接到通知马上就走，可是由于情况紧急，杨植霖主席提前离开了毕克齐。杨植霖主席走时将组织决定情况交代给了当时绥西的专员靳崇智同志，让他找我们谈话。

靳崇智同志见到我们后，马上告诉我们，说组织决定任命我为武川县县长，王弼臣为县委书记，曹文玉同志为县大队队长。让我们立即赶到武川恢复秩序，开展工作，马上要打绥包战役，做好支前工作，等等。

大激战的前夜，一分钟也不能迟误，我们接受了任务，星夜返回井尔沟做准备。第二天一早起身，当日赶到武川县城。我就这样，走马上任，当上了武川县第一任县长。

紧接着绥包战役就开始了。这次贺老总来了，他从东进兵，打下集宁、卓资山、旗下营之后，立即进兵土默川。步骑十万，阵势空前，平原枪声，喊杀连天。从白塔开始，一路推进，很快就占领了毕克齐、察素齐、萨拉齐，然后到包头周围。十万大军，一鼓作气，把国民党顽固军统统赶进绥远城和包头市，将他们团团围住。

从秋末围到寒冬，整整40多天，处于兵临城下的国民党军队由于粮食供应断绝，普遍厌战，士气低落。人民群众反对内战，要求和平的呼声越来越强烈，蒋介石因为还没有做好内战的准备，同意和谈，我军根据当时的斗争形势与和谈的需要，又加天气逐渐寒冷，部队尚未装备好冬衣，于 1945 年 12 月开始撤到绥东，双方以旗下营为界。

随着我方的战略撤退，绥西革命根据地的党政军人员全部东撤了。绥蒙区党委、绥蒙政府、绥蒙军区都驻扎在集宁县，我军于 1946 年 1 月分别进入了防守区，敌我双方处于暂时和谈的对峙阶段。从此，抗日战争胜利结束，解放战争又全面开始了。

和谈破裂，9 月份蒋介石调兵遣将，攻打集宁，激战后我军撤离了。我奉命将集宁县三个区的干部和游击队带上，随同县大队邓舜兰同志撤到商都县城。后来上级命令我带着 100 多名游击队员，到了张北县工会领军衣，在张北县打了一仗，衣服也丢了，返回途中走到康保县时，碰上黄波、刘毅两位同志带着一部分干部游击队找我，会合后张达志司令员命令我们编成绥蒙大队，我任大队长，黄波、刘毅任指导员，任务是保存力量，到草地贝子庙去找乌兰夫同志。在贝子庙会见乌兰夫同志后，把我们队编成为十六师三团，任务是剿匪扩军。我任团长，黄波任政委，刘毅任副政委，李自勉任副团长，我们奉命去径棚县，在冀、热、辽军区领导下，开始在径棚一带剿匪，一直到 1948 年。1948 年乌兰夫同志把这一部分部队调到乌兰浩特改编为警卫团。我在内蒙古军政部任组织科长，后又回到了绥远。

几十年风雨交加，大青山依然如故。这巍巍青山唤起了多少中华儿女的觉醒，这巍巍青山培育了多少赤胆忠心的英雄儿男，它是我们不屈的中华民族形象，它是我们革命者成长的摇篮。

我们的胜利是来之不易的，为了巩固这个大青山蛮汗山革命根据地，不知道付出了多么大的代价。从 1938 年开始到 1945 年抗日战争结束，光是大青山蛮汗山就牺牲了 1000 多人。地委一级的有绥西地委书记、区党委社会部长王聚德、三五八旅政治部主任彭德大同志、绥南地委书记崔严同志、专员陈仲一同志，部队团以上干部还有几个。县长、区长、游击队长就更多了。一开始有八大区长，现在就留下我和范建国了，我是七、八区，他是一、二联区。高鸿淼、吕立江、赵顺等最早的区长都死了，你看死了多少人。

从大的方面是这些，从小的方面看也说明这个问题，我的家乡前窑子当时是一个不足十户的小村子，抗战时出来 12 个同志，现在只有三个活着的了。我带出来的张平小死了，苏化清、于香死了，王正科、郝花小、皮金玉、王二娃，还有任德仲同志也死了，八区游击队有 30 多人编入二团，大部分牺牲了。我从武川出来时带了 200 多人，编入部队后大部分牺牲了，我们这些人是在枪林弹雨中幸存的。比如 1943 年 3 月，刚过春节，我带着 40 多个游击队员和邓团一块儿活动，在东达乌素被伪蒙古军袭击了一次。天还没有亮，伪蒙古军就把我们包围了，一直打到天亮。我们边打边撤退。密集的子弹打过来，我左边的郝花小、右边的王政科都给打死了，两颗子弹还打在我的皮袄里，我侥幸没有死。这是一次遇险。另一次是我当团长时，那是 1947 年的 6 月，内蒙古军区来命令说锡林浩特的贝子庙危险，让我团迅速营救贝子庙。走到大王庙碰上了 1000 多个国民党军队的兵。敌人一个旅，我是一个团，包括天山支队，我们 300 多人，接火以后敌人仗着人多压过来，我们分两侧迂回，打得敌我混在一起。我们有马刀，敌人没有，几百把大刀像砍瓜削菜，杀得一片血海。有的砍掉了头，有的砍了半个脸，有的削去了耳朵，人身马毛，几乎用血染红了。一直从早晨 8 点钟杀到下午 2 点钟，砍死砍伤近百个敌人，我们也牺牲了一些。

战斗结束后，我们去大王庙吃饭，当我脱下皮袄一抖，就落下两颗子弹，像第一次一样，皮袄打穿了，人还是没有伤。有人开玩笑说："阎罗殿失火，烧了你的生死簿了。"这倒不是，是死里逃生，战场上幸存下来的，我没死，可是在我身边不知道倒下了多少人啊。战争年代，每个人所处的情况环境不同，我和范建国、曹文玉、蔡子萍这几个地方干部多数时间是在敌后打游击，因为我们这些人一参加革命就在当地工作，也在马上，一直打到 1949 年丰镇、集宁的战役结束，绥远和平解放了，我们也结束了战斗生涯。

回顾往昔，使我们更加珍惜今天。我们同代人，有许许多多在血泊中倒下了，用他们的遗体铺设了解放胜利的道路，而我们今天活着的人们，怎么能停在半路上，阻碍后人前进呢？怎么能用消极灰暗的云雾阻断后人的视线呢？我们应该继续成为"铺路石"，铺设一条通向共产主义的宽阔大道，给后人做出榜样，一代一代铺设下去，一直铺设到共产主义大厦的门前。

打通要冲[①]

黄厚 忆述　火华 整理

在连绵起伏的大青山南麓，有个不寻常的村子，这就是坝口子。在一大片平民百姓的土房之中，有几处高房大院特别显眼，那是警察署长、村长和警察大队的住所。岗楼上插着日本侵略者的膏药旗，墙壁上歪歪扭扭地写着“中日友善”的标语，警察的皮靴声和训骂声随时可闻。在这样一个不大的村庄里，竟然驻防上百人的警察大队，可见这个地方的重要。坝口子是从归绥到武川，从绥西到绥东的交通要冲。敌人在这里安放据点，切断了八路军下山的道路，给我们带来了极大的困难。为了打通这个要塞，组织上把这个任务交给了武归县大队长曹文玉同志。

曹文玉是个精明强干的小伙子，二十几岁的年纪，长得结结实实。他在上小学的时候，就接受了当时在土默特小学任教的乌兰夫、奎壁同志的革命思想影响，积极参加进步活动。参军以后，打仗很有魄力，在群众中威信很高。他高兴地接受了任务，我们大家也很放心。

曹文玉化装成老百姓，秘密地来到了坝口子。他一会儿在这里干干活，一会儿到那里聊聊天，两眼不时地观察着周围的人。一天，他发现了两个行踪可疑的人，就和同伴把这两个家伙逮捕了。经过审问，原来是警察署的密探。曹文玉向这两个密探讲了形势和政策，给了他们一个戴罪立功的机会。这两个家伙听说不杀他们的头，跪在地上一个劲儿地磕头：“八路军老爷，只要让我们活命，您让我们干什么，我们就干什么。”

---

① 选自《武川文史资料》第四辑，1987 年 8 月；原载于《实践》1981 年刊。

“让你们回去继续当密探。”

“不，不，我们再也不敢干了。”

“一定要干！要给我们干！”

“是，是……”

“听着，你们必须把得到的情况如实地报告给我们；如果有假，下次抓住，立即枪毙！”

“是，是，绝不敢撒谎！”

曹文玉从密探的口供中得知，警察署署长姓李，兼任警察大队队长，副大队长尧茂，原来是八路军武归县三区区长。叛变投敌后，杀害了不少革命干部和群众，民愤极大。村长王月德，是个反共死硬分子。曹文玉把情况了解清楚之后，把密探放了回去。这两个家伙一再感谢不杀之恩，表示要立功赎罪，痛改前非。

从此以后，凡是曹文玉交给的任务，这两个密探都一一完成了。曹文玉也常给他们一些报酬，这两个人更加高兴地为八路军搞起侦察工作来了。

一天早晨，密探报告说，尧茂要在今天上午去元山子村，这真是天赐良机。曹文玉决心除掉这个罪大恶极的叛徒。

6、7 月份的天气，蓝天如洗，烈日如火。曹文玉率领着游击队员在敌人要经过的路上放了十几条绳子，然后用土轻轻盖上，绳子的两头伸向高粱地里，由游击队员拉着。为了防止万一，还在高粱地里埋伏了一个中队。高粱地里潮湿、闷热，使人透不过气，可是游击队员却一动不动，警惕地注视着路上行人。

大约到了 10 点钟，一列自行车队响着急促的铃声飞驰而过。为首的是一个瘦子，曹文玉一眼就认出，他就是叛徒尧茂。此时尧茂十分得意，一边走还一边和他的小舅子聊天。曹文玉示意大家先把他放过去，从最后一个开始抓。说话间，敌人最后一辆车子接近了绳子，只听“哎哟”一声，绳子从地上腾空飞起，正好兜住敌人的脖子。那家伙“哎哟”一声，便从车上摔了下来。这时，从高粱地“噌噌”地蹿出两个人来，一眨眼间，就把这个家伙捆起来了。就在这个时候，路上十几条绳子都腾空而起，把敌人都兜下了车。尧茂这个家伙非常机敏，他刚摔倒在地，就掏出手枪，“砰砰叭叭”地乱打起来。他的枪一响，几个没有被捆住的敌人也胡乱放起枪来，我们只好还击。这个双手沾满人民鲜血的可耻叛徒和他的小舅子，以及那几个顽抗到底的敌人，被当场击毙了。剩下的七个被活捉，两个负了重伤。

曹文玉雇了几个老乡，用门板把两个受重伤的伪警察送回坝口子，并给警察署长捎去一封信。信中说明今天奇袭的目的是为了处决叛徒，不是要打伪军弟兄，希望李署长看清形势，不要忘记自己是个中国人，要站到抗日的一面来。曹文玉把几个俘虏带进山里，给他们讲解抗日救国的道理和八路军对待俘虏的政策后，又将他们放回坝口子。这些人对八路军非常有好感，成了我们的义务宣传员。

经过曹文玉的一番工作，李署长非常震惊，又特别受感动。他是个知识分子，过去在东北讲武堂受过训，曾经是张学良将军的部下，亲眼见过日本侵略者在他的家乡烧杀抢掠，联想到自己跑到大青山来镇压抗日的军民，反复思考着八路军的来信，很受感动。从此以后，他对八路军的看法有了很大转变，并对心腹说："看来八路军很讲民族大义，将来能取得成功的不是别人，正是他们。"

对于村长王月德，我们也从多方面进行说服教育工作，但他非常顽固。他在回信中说："你们八路军有的是墨水纸张，愿意写多少封信就写多少封，反正我一粒粮食也不给。如果你们有胆子敢到坝口子来，要什么就有什么。"王月德自恃有警察大队做靠山，气焰十分嚣张，态度极其蛮横。曹文玉看了这封信，非常气愤，决心教训一下这个死硬派。

那是一个漆黑的夜晚，伸手不见五指，北风又刮个不停。曹文玉带着巴图、李富和和另外两个战士，悄悄地摸进了坝口子村。王月德家离警察署只有五十几米远，岗楼上的哨兵为了壮胆，不时地把枪栓拉得"嘎啦嘎啦"直响，嘴里还高声地叫喊："喂，口令？""不说我就开枪了。"

巴图和李富和听到喊声停下了脚步，以为是被敌人发现了。曹文玉很有经验，悄悄地告诉他俩："别理他，快走，这是敌人惯用的诈术，其实他们什么也没发现。"说话间，他们摸到了王月德家的大门口。曹文玉让李富和和两个战士守在门口，他和巴图径直朝里走去。

院子里的东房正亮着灯，从屋里传来隆隆的拉磨声。曹文玉怕有人把消息声张出去，便把磨坊门从外面插住，然后来到正房。

他一脚跨进门，大声问道："谁是王月德？把良民证交出来！"

曹文玉要良民证，是防止把人抓错。谁知王月德从炕上坐了起来，十分傲慢地回答：

“你是什么人，敢要我的良民证！”

“我是八路军的游击队长曹文玉！”

王月德认定八路军不敢进坝口子，却没有想到八路军竟如此神奇地出现在自己的面前。他万般无奈，扑通一声，双膝跪在地上，乖乖地把良民证交了出来。听说八路军来了，村长的老婆孩子都跪下求情，曹文玉说：“我们的人已经把整个村子包围了，你们不要哭，不要叫，更不能出去，小心伤了你们。”然后，随手拿出一封信说：“记住，明天一早就把这封信交给李署长，不能现在交，谁敢现在交，我就把王月德枪毙。”

之后，曹文玉便把王月德押进山里去了。

第二天，李署长见到了这封信。信中讲了八路军抓王月德的理由，并把王月德给八路军的复信附在后面。信中还希望李署长选择爱国的道路，以实际行动支援八路军的抗日斗争。

李署长看完信后，不敢怠慢，一面给手下的心腹布置任务，尽快对八路军做出友好表示，一面把警察拉到猴山，“砰砰叭叭”地放一阵空枪了事。事后，他向上司汇报说，八路军有四五百人，把村长捉走了，警察大队奋力追赶，但寡不敌众，没能救下村长。

王月德上山后，我们耐心地给他做思想工作，让他参加我们的学习，连县长王威讲课，也让他去听。他渐渐地开窍了。他说，以前他一直认为八路军是和国民党、日本人争权夺利，是为了当大总统，现在他才明白共产党和八路军是为天下老百姓谋利益的。

王月德每天和八路军游击队员生活在一起，他对我们的一举一动都感到新鲜。他从来没有见过这样好的队伍，没有见到首长是那样的可敬可亲。我们的姚司令员、杨植霖同志、县长、团长、队长同战士们一起吃野菜，一起喝高粱糊糊，生活虽异常艰苦，但一个个都那样坚定、乐观，对胜利充满着信心。王月德确实觉悟了，等我们送他下山时，他提出要参加八路军，为抗日斗争出力。曹文玉对他讲，抗日工作是多方面的，你回村后，宣传共产党的政策，动员平川各村都来支援我们，同样是贡献。就这样，王月德受训两个月，怀着依依不舍之情离开了八路军驻地。

交通要道打通了，坝口子再也不是卡我们的关口了，它同周围十几个村子都成了八路军的根据地。王月德和李署长密切配合，常把马匹、粮食和枪支弹药送到部队。遇到上司命令他们进山“讨伐”时，他就秘密派人送信，让我们高抬贵手，让开一条路，以便回去好交差。李署长带着警察进山，不过是放上一顿空枪，交个差了事。

现在，战火的硝烟早已散去，但是，每当我们驱车经过坝口子的时候，总是情不自禁地想起往日的情景，想起当年抗日游击队的许多佳话。

青山风雪夜①

黄厚 忆述　**刘耀冰　林海鸥** 整理

八路军总部领导同志曾经说：

全国的抗日根据地中，最艰苦的是大青山……

——整理者

1942年冬，接连下了几天几夜的大雪。大青山犹如浩瀚的雪海，到处是银白色的。那山头似一顶顶白色的帐篷，松柏像一个个身穿白色盔甲的武士。河道和山道全被冰雪淹没了，山里的飞禽走兽全部销声匿迹了。

冰雪封山，给大青山抗日根据地的军民带来很大的困难和威胁。日寇乘机纠集了两万多人马，加上伪蒙军的两三万人马，共四五万，也实行了封山，妄图置八路军于死地。八路军从1938年挺进大青山区，在这里已经度过了好几个冬天。可是，像这样恶劣的天气、严重的情况还是头一次。当时，八路军主力部队已经转移到外线，只有姚喆司令员带领骑兵二团在绥西和敌人周旋，坚持在冰天雪地之中。我当时是骑兵二团的团长，正和姚喆同志战斗在一起。司令员那种待战士亲如手足、对待困难的乐观主义精神，使我感触很深。

司令员办事很果断，他立刻决定转移到武川县井尔沟石虎子沟去，那里群峰环抱，灌木丛生，人迹罕至。就在那年的夏天，我们在沟里搭了些茅庵，打了些马草，以备万不得已时就到茅庵里隐蔽一下。没想到，同年的冬天，这个秘密的地方就被利用上了。

① 原载于《武川文史资料》第七辑，1994年8月。

司令员在每次行军前，都要亲自到各个班里检查战士的准备工作，这次仍不例外。我跟他来到了二连，战士们正在一面整理鞍具，一面天南海北地谈笑着。见到我们来了，一个战士领头喊了起来：“欢迎司令员来讲个故事！”

“欢迎！”战士们都一起喊着，鼓起了掌。

司令员高兴地摆了摆手：“行啊！可是现在不行了，一会儿就要出发了。今天，我先欠你们一个。怎么样？同志们，你们准备得怎么样了？”

“全好啦，保证以一当十！”二连长张玉清严肃而又坚决地行了个军礼。

“对，我们保证以一当十！”战士们都下了保证。

司令员幽默地摇了摇头：“咱们来算一笔账，现在二团是几百人，可敌人是几万人马，剩下的谁来当啊？”

“那就以一当百！”战士们又一起回答。

司令员笑了：“这还差不多！”

大伙儿也都笑了起来。

这时，有一个战士哼起了爬山调：

大青山高，蛮汗山低，
藏龙卧虎的根据地。
洋号吹得嘟嘟响，
八路军驻在山顶顶上。

司令员微笑地走到他的身边，看见这位战士的鞋子露出了脚后跟，便十分怜惜地说道：“这么大的小伙子了，还管不好自己，鞋破了也不补一补，脚冻坏了怎么办？”

那战士腼腆地低下了头，轻轻地回答道：“我没有针线。”

司令员疼爱地命令他：“那就把鞋子脱下吧！”他从自己的兜里掏出了一个针线包，要给战士补鞋。

那战士赶忙从司令员手里接过针线包，脸一红，说了声：“我会补！”撒腿跑开了。

不一会儿，开饭了。大伙儿围成圈，炊事员摆出了山药蛋，煮野菜。见到这些饭菜，我心里一阵阵难受。山外的粮食送不上来，连这一颗颗冻山药蛋也快吃完了。战士们吃不上饭，连马的草料也没了……想到看到眼前的一切，我的心里真不是滋味。可是，再看看眼前的战士们，他们还和平常一样，又说又笑，谦让着分给自己的那一份。有几个战士把我们仅存的一点儿炒面送到司令员的面前说道："司令员，来参加我们的大会餐吧！"

司令员推回战士用手捧过来的炒面，蹲了下来，顺手拿起一颗冻得硬邦邦的山药蛋，放到嘴里嚼着，笑眯眯地说："大伙儿试试看，把山药蛋和炒面放在一起煮着吃，那滋味跟饼子的味儿一样，可香呢！"说得有的战士立刻流出了口水。大伙儿都乐了，吃得更香了。

天渐渐地黑了下来。老乡们常说：大青山的天气，一天十八变。真是一点儿不假，刚刚天空还是蓝莹莹的，一会儿工夫，刮来一阵狂风，紧接着棉桃大的雪花遮天盖地地飘了下来。整个大青山立时变得混混沌沌，对面三尺看不清人。而恰在这种天气下，队伍开拔了。

姚司令员骑马走在队伍最前面，深雪埋到马肚子上，马儿就像陷进了泥塘，迈一步要费很大的气力。但是，英雄的战士有着英雄的马，它们似乎理解主人的心情，高昂着头，竖起耳朵，毫不畏惧，在战士威严的吆喝声中勇敢跋涉，硬是在茫茫雪峰上踏出了一条路。走了一段路，那狂风更猛了，好像要把天鼓破，把山荡平。司令员想要传令，后面的人根本听不到，他只得经常掉转马头，勒紧缰绳，用马的长长嘶鸣来联络后面的部队。在这样的风雪夜里，倘若一不小心，就有连马带人滚下山崖的危险。战士们只得把身子紧贴在马鞍上，双手紧紧地抱住马颈，顶着狂风暴雪，艰难地前进着。

午夜过后，风渐渐地小了，可气温却不断地下降。那雪片变成了又尖又硬的雪粒，打在战士的脸上，生疼。战士们把皮帽的耳朵放下来，又把大衣领子竖起来遮住脸，只露出两只眼睛。

经过一夜与风雪搏斗，天明了，我们到达了石虎子沟，战士们一个个变成了白人。平日，生龙活虎的战士们上下马如同鱼跃，可现在，腿和脚早就冻得麻木了。想从马上下来，就像翻越一座大山般吃力。

部队驻进了茅庵，司令员让大家快吃些炒面垫垫肚，可战士们吃了一两把就不吃了。大家都清楚，艰难的日子还在后面呢！为了坚持到胜利的那一天，同志们自觉自愿地控制着自己，决不给首长出一点儿难题。我心里十分感动：有这样自觉自愿的战士，没有攻不破的堡垒，打不败的敌人！

又是一个风雪夜，侦察员郝福海同志回来了。他报告说，绥西边到处是敌人，石虎子沟周围的乌兰不浪、得胜沟、水磨沟、坝口子，都驻扎着日本军。部队决定再休息一夜，做好准备，想方设法打击敌人，消灭一部分敌人。

战士们在每个茅庵里都生起了火，又找了些石头烧热了放在被窝里，准备好好睡一觉。

警卫员也在我们的茅庵里升起了一堆火。火光红彤彤的，可再怎么也抵挡不住从石缝间灌进来的风雪。司令员搬了块石头枕在自己的头下，自言自语道："管它冷不冷，这觉总得睡呀！"

我躺在被窝里，觉得全身哆嗦，肌肉在不停地收缩。不知过了有多久，迷迷糊糊之中听到了轻轻的脚步声。睁眼一看，火堆的火不知什么时候灭了。司令员轻手轻脚走了出去。这样冷的雪夜，他出去干什么呢？我怕他一个人发生意外，就跟了出去。一看，原来司令员两手正用力地拨开地上厚厚的积雪，在他的身边放着几根干树枝。我心里一阵激动，赶忙走过来说道："司令员，你说一声不就行了吗，怎么还亲自出来捡？"

"谁捡不一样？"司令员没有停下来，仍旧蹲在雪地上，两手不住地拨着，拨着。

我一面跟着拨雪、捡柴，一面想着司令员最近的情形：他整天和战士们一块儿吃住，讲故事给大家听，处处吃苦在先，无微不至地关怀着每一个普通战士。他这种同甘共苦的作风，把整个部队团结得像一个人一样。这样的军队，必定攻无不克，战无不胜！想到这些，我身上也不那么冷了，手虽冻红了，但木柴却捡了一大堆。

火又燃起来了。司令员忽然又拄着一根棍子走出去。不一会儿，他提来一个洋铁桶。这是在夏天的时候，我们随便扔在沟里的，没想到司令员还记得它。他在火堆旁放了三块石头，把洋铁桶放在上面，又给桶里加了几块雪。不一会儿，雪化了，水从洋铁桶有窟窿的地方流了出来。我们又赶紧在烧化的土地上抓起黄泥，把窟窿堵上。司令员又把他自己的米袋拿过来，倒出小米，放进桶里。小米粥很快就熬好了。他立刻要我全部送给战士们喝。我知道，这米是老乡们听说司令员身体不好，专门送给他的。平时他舍不得吃，硬留下一碗。说话的中间，他又向桶里倒了半碗。

这时，战士们大都没有睡着，正围着火堆讲故事呢！我把煮好的粥桶放在火堆旁，叫二连长分给同志们喝，暖暖身子。二连长激动地对大家说："同志们，这是司令员为咱们熬的小米粥，他平日舍不得吃……"

小米粥热气腾腾，散发诱人的香味，可战士们谁也没有去动一下。

有人低下了头，有人把脸转到了一边，司令员这种深厚的革命情意像深深的海水，激荡着每个战士的心。大家的眼圈红了，眼角潮湿了。

司令员走了过来，亲切、和蔼地拍着每个人的肩膀，劝慰着，命令着，大家这才把粥喝了。不一会儿，战士们又把司令员围住了，围在燃烧的火堆旁，只是没有人说话。司令员大概早已猜透了战士们的心，他打破了沉默，乐呵呵地说道："我欠了你们的账，夜里睡不着。来，咱们往中间靠一靠。"

战士们一听，司令员又要讲故事了，立刻活跃了起来，赶忙往一起靠。这时，战士龙三成换哨回来，听说司令员要讲故事，连身上的雪也顾不上拍，便依偎在司令员的身旁，聚精会神地听了起来。

茅庵里的火越烧越旺，把司令员和战士们的脸映得红彤彤的。积雪融化了，滴滴答答落在火堆上，像噼噼啪啪的枪炮声。

天渐渐亮了，天空放晴了，一道曙光射进了茅庵。打击敌人的战斗就要在这一天打响，战士们个个摩拳擦掌……

挤掉日伪据点的片段回忆[①]

黄厚　曹文玉 忆述　王凯军 整理

1937 年日寇侵占绥远后，为了全面控制大青山和蛮汗山地区，组织靖安军、警察队等，在我们主要的立脚点、必经之道，安上了据点，钉下了钉子。这些据点从军事上看，兵力少，可是战略位置非常重要，它不仅使我们的活动区域大大缩小，而且对我党政军造成了很大的威胁，利害甚关重要。

大青山骑兵支队、动员委员会的领导同志及时地把这个情况报告了晋绥分局贺老总。贺龙同志认为这个情况很重要，指出：这些据点安在了我们要塞地区，危害性最大；不仅缩小了根据地，而且严重影响了我军的行动。并指示：大青山骑兵支队司令员李井泉、参谋长姚喆、动员会主任武新宇，你们要尽快研究，有计划、有步骤、有组织抽出少数精干部队，派有经验的干部指挥。光靠军队是不行的，必须与当地县区政府工作人员、游击队、武工队和游击小组密切配合，必须发动广大各族人民群众，能吃掉它的坚决吃掉，吃不掉的，一定把它尽快挤出。这些据点是我们的咽喉，就是花些代价，也要把它坚决拔掉。李井泉、姚喆、武新宇同志接到指示后，决定由黄厚同志带领一个加强排，配合二区政府曹文玉的游击队，拔掉绥西井尔沟五道凹、乌兰不浪敌伪据点。邓舜兰同志带领两个排，配合八区政府郝秀山的游击队，拔掉大庙酒馆敌伪据点。

任务落实后，黄厚同志很快组织起了加强排（排长王树生）。出发前，动委会主任武新宇一再吩咐他到井尔沟后，一定要找到曹文玉同志的游击队，共同研究挤掉敌人的办法。

---

① 原载于《武川文史资料》第五辑，1988 年 8 月。

1940 年 4 月的一天晚上，加强排由西梁村出发。当行进至井尔沟三道沟时，正巧碰上了曹文玉同志的游击队。队伍会合后没有停留，又连夜转移到了后窑子村。部队安排就绪，曹文玉马上派人通知盘道梁的武工队队长王芝堂、东窑子村情报员张润喜、三道沟游击小组组长安四娃等人前来开会。

人员到齐后，黄厚传达了上级指示和当前的任务。大家共同分析了敌情。当时，五道凹村驻扎着靖安军第二大队第七中队，步兵骑兵共 100 余人，乌兰不浪也驻有 100 多名靖安军。这两个据点相比，虽然兵力部署和武器装备大同小异，但在地理位置上，五道凹据点更加重要。它安在了我根据地的中心地带——井尔沟，直接妨碍着我军的活动，危害性极大。因此，我们决定先拔掉五道凹据点，然后对付乌兰不浪据点。另外，与敌人相比，我们有充分的优越条件：第一，我们县区游击队员、武工队员都是本地人，地形熟，道路清，而敌人却模棱两可；第二，我们的军队是久经作战精选出来的，打仗非常勇猛，并有着很好的群众基础，再加上游击队和武工队的配合，所以我们有信心打好这一仗。通过分析研究，我们制定出三条具体的作战措施：（1）断绝、封锁主要交通要道。（2）昼夜不停地扰乱敌人。（3）孤立敌人，把敌人围困在据点里，困死饿死。

战斗部署一下达，大家立即行动了起来。曹文玉同志带领游击队插到通向乌兰不浪的一条深沟里，在南北两座大石崖和茂密的森林掩护下，先把两据点间的电话线全部切断，电杆拔掉。接着在沟里的主要地形和狭窄地带，垒起石墙，并把五个手榴弹捆在一起埋在里面，又组织神枪手隐蔽在沟口两侧的大石崖上和森林里，封锁死两个沟口，使敌人进得来，出不去。

王树生排长带领一个班的战士和安四娃的游击小组，严密封锁井尔沟通向武川、大小碱滩的大沟。把电话线绞断，电杆全部拔掉，并把主要道路挖断。在道路狭窄和转弯处，将捆好的手榴弹埋放在最佳位置上，拴上绳子隐蔽好，敌人来得多就拉，来得少就打麻雀战，使敌人粮草进不来，通信联系不上。与此同时，曹文玉所带的游击队分成了三个战斗小组，加强排同井尔沟王芝堂的武工队也组织了三个组，白天在大沟里活动，封锁沟口，与敌人展开麻雀战，控制伪军的活动；晚上分别潜伏在据点周围，从四面八方积极主动地扰乱敌人，每天，总有五六具敌尸留在这两条沟里。一次，一个班的靖安军出来抢修电话线，刚刚进入沟口，正离曹文玉的游击队 200 米左右，曹文玉一声令下，三枪就打死了三个伪兵。伪军遭到伏击，转身便逃，在一片枪声中，又有一个伪兵倒下，其余四个逃回了据点。还有一次，武川县警察中队派人从大小碱滩方向进沟里抢修电线，正进沟时，安四娃游击小组用两面截击打麻雀战的方法，打死伪军三人，打伤二人，其余伪兵逃回县城。

敌人不知我军虚实，不敢轻易出动，便派少量人马出来捉拿老百姓了解情况。一天，有五个伪兵骑马到阿路板和东窑子村打抓百姓，王芝堂的武工队在南山上打麻雀战，打死二人，打伤一人，其余伪军逃回据点。又有伪军三人骑马到水泉沟捉拿群众，被我武工队打死一人，打伤一人。伪军遭到几次打击后，白天也不敢出来了，龟缩在据点里，只等着增援部队前来营救。驻守在乌兰不浪据点的伪军闻讯后，出动了五六十人前来增援五道凹据点。曹文玉带领游击队、武工队，集中火力，猛打猛冲，迎头截击，杀伤伪军十余人，其余逃回乌兰不浪据点。

我们白天与敌人展开麻雀战，晚上便派少量部队配合游击队、武工队摸到敌据点附近七八百米处，骚扰敌人。以后又接近到三四百米处，打冷枪，放冷炮（掷弹筒）。伪军在据点里不敢出来，乱成一团，只是胡乱地开着枪为自己壮胆。就这样，我们打打停停，停停打打，连续打了三四个晚上，困得敌人吃不上饭，喝不上水，睡不成觉，坐立不安。

就在敌据点岌岌可危之时，武川县警察队和特工队纠集了乌兰不浪据点的靖安军共 260 余人，前来营救五道凹的伪军。他们怕遭到我们的伏击，不敢从沟里走，而是绕道前行。敌人到达水泉沟东山，便在山梁上架起了轻机枪，先向井尔沟乱打了十几分钟的枪，后又派出 100 多人马下山去接据点里的伪军。此时，我们的部队、游击队、武工队和各个游击小组都做好了战斗准备，每个山头都有三四十人。当据点里的敌人一出村口，我们就进行了猛烈的射击，集中火力，杀伤敌人。从据点冲出来的伪军，有 30 多名步兵死命地往东山上爬，有 40 多名骑兵拉着马向东山上跑。敌人在东山会合后，马上撤离了战场。等我们的几十名骑兵追到东山时，敌人已经逃跑了。

战斗结束后，我们一面派出警戒，一面组织政府工作人员、游击队和广大人民群众打扫战场。伪军只留下一些被服、马匹、坏枪、饮具及其他物品。之后，我们动员群众把据点周围的土围墙推平、战壕填平、敌伪马栅拆掉，号召群众回来重建家园，组织群众积极再生产，并把缴获的物品全部发放给了群众。

五道凹敌据点被拔掉以后，紧接着我们对乌兰不浪据点采取了行动。加强排抽出两个班的战士，由王树生排长带领，配合武工队在大小碱滩以南一线活动，宣传抗日道理，组织、武装群众积极参加抗战。曹文玉带领几十名游击队员，在乌兰不浪周围活动，积极打击敌人，捕捉敌侦察员和特工队员。并切断了乌兰不浪据点通向武川的电话线，拔掉电杆。敌伪军派出便衣人员抢修电话线，被我游击队打死几人后，再也不敢出来了。我们白天发动群众积极抗战，与敌人打麻雀战，晚上主动积极地扰乱敌人，使敌人整日提心吊胆，不敢出来活动。乌兰不浪据点的靖安军接受了五道凹据点的教训，看见大势已去，保命要紧，便于一天拂晓前悄悄突围，逃回了武川县城。

与此同时，邓舜兰同志带领两个排与郝秀山带领的游击队密切配合，对大庙酒馆据点也采取了行动。他们昼夜不停地扰乱周围伪军，连续不断地打击伪军，使伪军内部动摇，不打自退。经过五六天的时间，敌伪军弃城逃跑。

经过 12 个昼夜连续不断的作战，我们先后挤掉了五道凹、乌兰不浪、大庙酒馆三个致命性的据点，扩大了绥西根据地两个乡的活动区域。

1941 年 5 月间，绥南骑兵一团拔掉了财神梁马尾图据点，俘敌 70 余人，打死打伤 10 余人，缴获轻机枪 2 挺，步、马枪 50 余支，手枪 5 支，子弹 6000 余发，战马 36 匹，其余敌伪军逃到了丰镇。

1942 年 6 月间，我四支队与李察玉、高凤来、张世昌同志的归武游击队密切配合，挤掉了绥中大石槽敌伪据点，接着又挤出韭菜沟沙梁村蒙古军据点。7 月间，绥东骑兵二团配合成枫涛率领的专区游击队，高凤来率领的陶北区游击队挤掉陶林县苏力图伪警察队据点，以后又挤出杨弯子伪警察队据点。

经过两年多时间，我骑兵支队配合县区政府游击队、武工队、游击小组，先后挤掉了敌据点 8 个，为我军在大青山地区和蛮汗山地区站稳脚跟，扫除了一切障碍。

我的回忆[①]

曹文玉 忆述　王凯军 整理

家世

在我童年时，只记得我家的院子很大，房子也挺多，都很宽敞。有骆驼，有铺子，还有很多的人，他们都很尊重我父亲，都叫他曹掌柜。我长大后，听父亲说，他并不是我的生父，母亲也不是我的生母，他是我的四叔，我的亲生父亲叫曹三三，我从前的家庭很穷，很悲惨，他把一切都告诉了我。1952年我在中共中央华北局工作时，回老家看望了一次，在当地部门的热情帮助下，查看了我家的家谱，至此，我才完全知道了自己的身世。

我的老家在山西阳曲县曹家湾，隶属太原郊区，离城约10里，自古以来是个重灾区。祖父叫曹延年，是个手工业者，以钉盘、碗谋生。父辈共弟兄五人，老大叫曹来成，老二叫曹永功，老三叫曹三三，老四叫曹补子，老五出世后，由于家庭贫寒无法养活，把他给了归绥市小西街我的一个老姨姨。我的生身父亲正是曹三三。

光绪年间，朝纲混乱，朝政腐败，百姓在清政府的奴役下，痛苦不堪，衣不遮体，食不果腹，生命财产毫无保障。山西地区更是农田荒芜，民不聊生，再加上连年自然灾害的侵袭，百姓吃不饱，穿不暖，逃荒的人天天都有。听父亲讲，祖父很辛苦，他为了养活全家老小七八口人，靠自己的手艺，早出晚归，

① 原载于《武川文史资料》第四辑，1987年8月。

走村串户，四处奔波；为能多挣几个钱，有时一连几天在外，省吃俭用，用他那低微的收入来维持着生活，但还是吃了上顿没下顿。光绪二十四年（1898年），祖父看到此地难以生存，听逃荒回来的人说后山绥远地区好些，便带着全家老小沿途乞讨，饿了吃点干粮，渴了喝口凉水，困了露宿村头或房檐下，经过半个多月，最后落脚在武川。那时，口外并不比口里强，人烟稀少，大片土地野草丛生，无人开发。看到这里有肥沃的土地，祖父带着全家在离县城30多里的南乌兰不浪前柜村落居，一边揽活挣钱，一边带领全家垦荒置地，勉强维持着生活。但遇到灾年，还是揭不开锅盖。光绪二十六年（1900年），后山地区是特大灾年，粮草未收，饿死的人天天都有。我的二叔就是在这一年饿死在后山，留下仅有的一个儿子，东奔西跑，后来也死在甘肃酒泉。

听父亲说，我的生父曹三三是个老实的庄户人。自来到后山后，从不闲着，春耕秋收忙时，帮助祖父耕田种地收割庄禾。待农活忙下去后，便去武川县城的买卖字号中做零活儿、打短工，挣点零钱供养全家。由于他做工很卖力，从不投机取巧，任劳任怨，被万德昌的掌柜留当车夫，经常往返武川与归绥城内送粮拉货。至此，家里的生活也逐渐好了起来。

民国8年（1919年），我出生在前柜子村，家里人见是个男孩，如获珍宝，疼爱至极。父亲更是高兴，早上很早出去上工，拼死拼活地赶活儿，晚上早早地回家守在我的身边哄我、逗我，有时还从城里给我买一些简单的玩具。可好景不长，在我一岁多的时候，不幸降落在我们的头上。民国9年（1920年），父亲在往归绥送货途中，路经蜈蚣坝时，惊车肇事，车翻人亡。这使全家人受到了一次严重的打击，尤其对我的母亲打击更大，她哭得死去活来，痛不欲生，一连几天，饭不进一口，觉不睡一时，整天抱着我忧虑重重；再加上不懂事的我吃不上奶，整天哭闹，折磨得她面黄肌瘦，身体渐渐不支，几次产生了轻生的念头。亲戚邻里看到她那个样子，既担心又同情，经常开导她，安慰她，并常送些米面接济我们娘儿俩。在亲戚们的帮助下，为了我，母亲勉强打起精神，娘儿俩相依为命，过着煎熬的日子。光靠亲戚邻里的救济也不是长远之计，为了我们娘儿俩都能活下去，母亲决定改嫁。

母亲改嫁后，我被过继给四叔曹补子。以上这些事情都是听他说的。

养父曹补子是个憨实、厚道的庄户人。14岁跟着祖父来到后山，一边帮助祖父料理家务，耕种农田，一边往返归绥和武川城内做工，后在归绥城一家字号里拉了骆驼，奔波于张家口、甘肃和新疆一带。由于他性格倔强，不愿落在别人的后面，虽然年小，但装货、卸垛都是一人承担，从不请旁人帮助。自己拉的几峰骆驼都喂得膘肥体壮，掌柜交给的差事从不耽误，件件都使掌柜满意，赢得了掌柜的欢心，把他留了下来。随着岁月流逝，养父长成了大小伙子，他面目英俊，体格健壮，有着十足的男子汉气魄，手脚也更加勤快。掌柜看在眼里喜在心上。不久，掌柜把自己唯一的女儿许配与他，并亲自主持，陪了十几峰骆驼作为嫁妆，为他们举行了婚礼。从此，养父有了些资本，又在归绥城西顺城街开了个字号——世盛堂，除了搞驮运外，还经营粮食、皮毛、布匹、杂货等。后来，又在前、后柜村买下了一些土地，成了一个十足的务商兼农的坐堂掌柜。

我来到四叔家时，他已经是个小小的富翁。由于四叔妻室不生育，二叔唯一的儿子又死于甘肃，所以他们弟兄三人只有我一个男孩儿。按照过去的迷信传统，我便成了三门中唯一接香火之人。因此，我一来，便马上得到了他们的宠爱，各方面都对我照顾得不赖。养父、养母更视我为掌上明珠，非常疼爱我，一有时间就守在我的身边。我生活在这样的家里，感到很幸福。

养父一辈子不识字，深知苦处。他为把我培养成人，在我七岁那年，叫我念了私塾。刚念时，幼小无知，不知道念书的重要性，只记得整天识字、背《诗经》。教书的先生手里经常拿着一根棍子，谁背不好，就要受罚挨打，我受不了这份洋罪，有时不去上课。养父便设法哄我上学。后来，我看到有的孩子念书，他们的大人交学费并不是都给先生钱，有给米的，有给面的，还有的给衣物、洋烟等。我当时不太懂事，回去问养父，才知道，他们并不是不想让孩子念书，只因家穷，交不起学费。听了养父的话，慢慢地我才领悟到念书的重要性。有时，看到别的孩子中途退学时那种依依不舍的样子，我的心里说不出是一种什么滋味。

由于家庭条件比较好，我整整念了五年私塾。此时，归绥城又成立了几所官立学堂，人们都叫洋学堂。有一天，养父对我说："现在又时兴洋学堂，你去上洋学堂哇！"就此，我告别了伴我度过五年之久的私塾，迈进了"南高"（土默特小学）的校门。初来乍到，给我的印象是，这所学校与从前的私塾大不相同，老师很多，学生也很多，教室也很大，大部分学生都是有钱人家的子弟，穿着都很讲究，上下课也很有规律，院墙两旁还长着高大的垂柳。就是在这里，我初次接触认识了乌兰夫、奎壁同志，并在他们的引导下，逐步走向了革命道路。

“南高”期间

1933年，我来到俗称“南高”的土默特旗高级小学读书。吃饭住宿都由学校统一分配管理。当时云泽（乌兰夫）老师是学校的庶务主任。不久，奎壁老师调来任教，担任了我们卫生课的老师。

云泽和奎壁老师对学生十分关心体贴，他们经常用自己的钱买一些东西送给学生。记得有一天晚上，我们正趴在炕上背课文、写作业，奎老师抱着一摞棉褥子轻轻地走进来，他给每一个体弱的学生铺上一条，又悄悄走了。后来听人们说，他给学生的这些褥子是用他自己的工资买的。有一次吃午饭，轮到我去食堂打饭。雾气中，云泽和奎壁老师一边和大师傅称量着莜面窝窝，一边对他说：“我们可不能克扣孩子们这点吃的，他们年龄小，正是长身体的时候，要让他们吃饱。”他们还经常到饭桌前，问我们吃得怎么样，能不能吃饱。

记得奎老师给我们上第一节课时，身穿蓝布大褂，上面还缀着几块补丁，脚穿牛鼻子鞋。他登上讲台，笑着说：“同学们，从今天起，我给你们讲卫生课。”转身在黑板上写“奎壁”二字，接着说：“这就是我的名字——奎壁。以后，我们就在一块儿共同学习、生活。”他走下讲台，一个个问着我们的名字，而后就开始讲课。他的课讲得深入浅出，易记好懂，又妙趣横生。

他的课讲得好，为人也和蔼可亲。所以，没多长时间，我们就和他混熟了。一有空儿，他就和学生们在一起。我们经常把他拉到柳树下，围着他让他讲故事，什么花果山、九宫山[①]、井冈山……有一次正讲着井冈山的故事，突然，他停住了，比比画画地又讲起了猴爬杆来。说完，和我们一哄而起，爬杆、上树、打闹、嬉笑。原来是两个查学的人来了。那时，国民党政府惧怕革命思想的传播，对学校严格控制，经常派一些不三不四的人到各学校，以查学为名，行特务之实。我听见那两个查学的人嘀咕道：“整天跟一群娃娃在一块儿猴爬杆，哪

---

①九宫山，民间传说李自成在此地被清军追击失踪。

会是共产党。”

一天，他讲完了一段课，满脸笑容地说：“提几个问题，大家来回答，好不好！”教室里立刻活跃起来。他指着桌子问：“这是什么？”我们一齐答道：“桌子。”“谁做的？”“木匠。”他又指着教室问：“这是谁盖的？”“泥匠，瓦匠。”“身上穿的衣服呢？”“纺织娘织布。”“裁缝缝的。”“妈妈做的。”接着他又问：“我们烧的煤是从哪里来的？”“挖煤哥掏来的。”“怎么到这里来的？”不少同学答道：“火车拉来的。”“那么铁路是谁修的？铁轨是谁造的？”教室里一下哑了，没有人吱声。我们不明白他问这些干什么。他有些激动，提高声音说：“这挖煤的，修路的，造轨的，还有织布的，盖房的，都是工人，是创造世界的工人阶级……”就在我们听得入迷时，不知从什么地方传来了摇铃声，打断了他的话。他朝窗外瞥了一眼，换了个口气说道：“同学们，我们要讲卫生，要注意身体，有病早治，无病预防。……”这时，只见窗外来了两个查学的人，贴在窗前正偷听呢。原来，奎老师来到这里以后，结交了腿上有病的打铃老头，只要查学的人一到，便以铃声报信。

有一天放学，突然奎老师当着那么多同学的面说我调皮捣乱，不守纪律，叫我留下。我一向是个规矩的学生，心里有些不服。等教室里就剩下我俩时，他拍着我的肩头又夸我学习用功，字也写得好。随后又问我的年龄大小和家庭情况，我都一一地告诉了他。接着，他又问我能不能听懂他的课，我马上说：“洗头洗脸洗衬衣，不喝生水剪指甲……”他摆摆手止住我的话，问我：“别的课也能记住吗？”我想了一会儿，背诵起他的话来：“工人、农民用双手和血汗创造了世界一切文明，却身负三座大山，过着牛马不如的生活。”等等。他打断了我的话，缓缓地说：“文玉，你要好好学习，将来要为工人、农民说话，为他们办事，去争取一个人人有事做、个个有饭吃，没有压迫和剥削的社会。”这时，他挺严肃地盯着我，说以后要让我办些事情。我一听就痛快地答应了。他还一再嘱咐我，这些事不要和任何人讲，连自己的爸爸妈妈也不能告诉。我感到了他话里的分量，心里不免有点紧张。

一天晚上，他把我领到学校隔壁的文庙大成殿，指着地上的一包东西说：“把它藏起来。”说完，他用手一指天花板，让我把天花板取下，在里面的墙上挖一个洞。说着，递给我一把烂菜刀，跳上香案，靠着墙壁蹲下身子说：“叫你咋干就咋干。快！蹬着上我的肩膀。”当时，我有些踌躇，学生怎敢站在老师肩上。他有所察觉，扭过脸说："小小年纪，跟谁学的？快，利索点，要抓紧时间。"我犹豫了一下，马上站在他的肩上，挥动着烂菜刀干了起来。我根据他的吩咐，先取下天花板，在里面的墙上掏了个洞，把那包东西稳妥地放在里面。然后，又用泥将洞口抹住，安上天花板，做得没留一丝痕迹。做完后，他为我拍打了身上的泥土，并且严肃地告诉我："这件事除了你我知道，谁都不许告诉。万一让坏人抓住，就是打死也不能讲出来。"我连连点头。后来他又拉起我的手走出大成殿，来到一棵树下，在紧靠树根底下，掏了一个能放传单的洞。

第二天的傍晚，他又找到我，从昨天在树下挖的洞中取出一卷卷传单，低声地说："文玉，今晚你把这些传单散发出去，要专门往人多的地方撒，比如大南街、大西街、戏园子、饭馆里……有问题吗？"我干脆地说："没有。"他又问："往国民党警察局撒，敢吗？"我犹豫了，不是不敢，可怎么进去呢？他看出了我的难处，拉了拉我，随即他从地上拾起一块泥巴，用传单包上，然后做了个投掷的动作。我一下明白了，伸手接过传单，他帮我把传单放好，又安顿了一番。我马上行动了起来。

我来到了一个十字路口，看到这里的人挺多，就悄悄地从怀里取出一卷传单，一扬手，传单四处飞散下来，人们纷纷抢着看。接着，我又窜到了几家饭馆，等走出"同乐园""艳美园"时，怀里就只剩下一卷传单了。还有国民党警察局没有撒。我迅速走过独木桥，远远就看见了阴森森的国民党警察局，只见门前昏暗的灯光下，两个背枪的警察来回走动着。我绕过警察来到西墙边，看看四周无人，弯腰捡起块石头，用传单包住，一甩臂，传单就落进了戒备森严的国民党警察局的院子里。

这时，夜已很深了。我怀着初战告捷的心情，急急地赶回学校，可奎老师还没有入睡，他一直等着我。

1935 年，我毕业离开"南高"，上了大青山。在山中我又见到了奎壁老师。那时，他刚从延安回来。他拍着我的肩头说："长高了，在'南高'我就看你是个好苗苗。"此刻，我才知道，在"南高"，他是以教书为掩护，秘密开展地下工作的中共地下党员。

出任乡长

1935年，我从土默特旗高级小学毕业回到家里。和父母亲分别二年，自然是一番亲热。在家的一些日子里，由于整天没多少事干，心里很是憋闷，父亲因此就常叫我帮他处理一些事务。

7月间，父亲在新疆联系下一批货。当时家里人手不够用，父亲又走不开，他老人家就把这事托付给了我。他对我说："这批货很重要。我准备让吴八喜舅舅和你一块儿去。现在你也不小了，该出去闯荡闯荡，开开眼界了。"并一再叮嘱我在外要多听舅舅的话，不要胡来，等等。说实在的，我从小就喜欢走动，从不愿闲着。这次让我出外办事，当然很高兴了。我和八喜舅舅等7月中旬骆驼喂起来后，打点好行装启程上路了。可临走时，父亲还是不放心地又嘱咐了半天。

这次出远门，的确大开了我的眼界。沿路不断有逃荒乞讨的人群和拦路抢劫、无所不为的土匪。更气人的是过关卡、进出城门都得给警察和当兵的一些钱，这样，他们才不太为难你，放你通行。如不给钱的话，他们就借口说你违反了这，违反了那，你就得在这里待上几天，甚至十几天，说情也没用。有时，就要把货物扣留没收。有一次，在回来的路上，经过一个关卡，当时是国民党政府设立的税卡，按驮货物种类的规定，我们如数交了税金，可他们却还是不肯放行。我看不惯他们这种行为，就和他们嚷了起来。双方差点打起来。他们借口说我们驮的货有禁物，把货全扣压了下来。第二天，八喜舅舅把我说了一顿，又给了几个当兵的一些钱，苦苦求情，我们才通过了税卡。

10月份，我们回到了家。此时的后山已感到了寒意，河沟里已结下了薄薄的一层冰。就在我不在家的这段日子里，没想到父亲已为我定下了一门亲，又在武川南乌兰不浪为我买下了一些地。我不愿意这么早就结婚，可在父亲的强迫下没办法。我答应了这门亲事，在武川后柜村安了家。新婚不久，由于闲着没事做，实在是坐不住了，就来到"南高"找到奎老师，恳求他给我找个差事。

见到了奎老师，师生寒暄之后，我就提出了我的要求。当时，国民党中央和日本帝国主义刚刚签订了《何梅协定》和《塘沽协定》，断送了河北和察哈尔两省的主权。日寇正加强兵力大规模地向华北五省进犯。奎老师想了想说："现在不是我们考虑自己饭碗的时候。你先回去，在你那片地方多交些朋友，多接触民众，将来我会给你找些事做的。”

第二天，我返回了家乡。回村后，我照着奎老师说的，经常和一些穷苦百姓在一起聊天，借此和他们交朋友。过了些日子，奎壁老师派了个木匠来找我，让我进归绥城，说有事商量。接到信后，我没敢耽误，立即进了城，我向他汇报了这些日子的情况，他说：“你做得不错，现在我给你找个差事。让你回去当五合乡的乡长。”我一听便傻了眼，我怎么能当乡长呢？当时，我岁数太小，怕别人信不过我。奎壁同志看出了我的担忧，他一边鼓励我，一边坐到桌前，拿起笔给武川乡村建设委员会的总干事梁振花写了一封信，把我的情况做了一番介绍，要我把原五合乡的乡长张二瑞换下来（张二瑞因贪污被贬职），请他发委任状。然后他把信交给我，说：“以后你可别像有些人那样当乡长。要记住，一不能向群众要钱，二不能向群众征粮，三不能向群众拨兵，要当个为民做主的好乡长。”

回到家后，我托人把信带到了县里。过了不久，一个20多岁的小伙子骑着马来到乌兰不浪村找到我，问候之时，我才知道他就是梁振花（蔚县人，当时在武川做地下工作，直接与奎壁同志联系）。他很健谈，语气直爽，所以，初次见面就给我留下了很深的印象。当说到五合乡乡长一事时，我腼腆地说：“我这么年轻，恐怕干不了。”他却很坚决地说：“那不行，委任状我已经拿来了，你非当不可。”我看再没有商量的余地了，便答应了下来。随即他又告诉了我当乡长注意的事项和一些工作方法。

就这样，我走马上任当上了五合乡的乡长。工作中，我按照奎壁同志和梁干事说的去办。不摊款，不纳粮，不抓丁，同时和乡里的百姓交朋友、拜把子，关系甚好。每次遇到县里来人，总有人给我通风报信，我便躲到山上。来人找不见我，有事也办不成，又不愿在乡下久住，只好悻悻而回。

在我当乡长将近三个月的一天里，家里突然来了五个人，手里拿着奎壁同志的信。信上说，这些人是做生意的，要去百灵庙一带行商，让我给开张路条，帮助解决交通工具和途中干粮问题。我见是奎老师介绍来的人，当即写了路条：此行五人，去百灵庙经商，沿途予以放行。又找来几个亲戚朋友，做了几十斤白面烙饼和馒头。干完这些事后，我跑到东土城红卜儿的抢盘河一个更敦老太太家里，以乡长的身份，从她那儿雇用了五峰骆驼。第二天一早，我送他们五人出了村。直到解放以后，我遇见了其中的熊世昌同志，才知道他们当时是去百灵庙执行任务的。

受“国民兵第一期”训练

这件事过去四五天后，我又接到奎壁同志的信，要我马上进城。我不知发生了什么事，连夜赶到了归绥城。一见面，他就说：“你的工作完成得很好，赶紧把乡长辞了。”一句话把我闹了个莫名其妙。看见我惊奇的样子，他告诉我说：日本帝国主义策动亲日派汉奸们在华北搞什么“五省自治运动”，德王也同日本人勾结在一起，组织“内蒙自治军政府”，还指挥伪军向绥北和察北进犯，现在的局势十分危险。接着他又说：“你回去先把乡长辞了，以后我给你找份比这更重要的差事。”我当乡长整整三个月了，乡公所里有乡兵、记账先生和伙夫。三个月来我一个饷钱也没给他们发过，哪能就这样欠着债辞职。我向奎壁同志说明了这个情况。他听后，从身上取出10块大洋说：“把这带上，若不够，你再卖些地，我们可不能欠账。”

回到乡里，我卖了40亩地，加上奎壁同志给我的10块大洋，总算结了账。把乡兵、记账先生和伙夫打发走后，我也回了家。当时，五合乡地区还流传着这样一句话：曹文玉当乡长愣不焉焉，卖了40亩地也没落下个好人情。我对这些话也没放在心上，心里只盼望着奎壁同志再给我新的事做。

1936年，日本帝国主义侵占了东北三省后，继而又向全国各地进犯。全国各地抗日的呼声越来越高。绥远地区，傅作义将军成立了“国民兵训练队”，目的是短期培训一批从各地抓来的壮丁，作为备战军，使其招之能来、来之能战，为抗战做好充分的准备。

就在我辞掉乡长不久，梁振花又来通知我，叫我去“国民兵第一期”训练队接受训练。我一听是叫我当壮丁，心里带气回绝了他。也许我的话有点太生硬了，只见他低着头坐在那儿，好半天没说一句话，有些尴尬。于是，我缓和了一下说：“况且，我是独生子，不应该让我去。”梁干事抬起头看着我良久，才说：“这些我都知道。这次让你去训练，是奎老师的意思，主要是想让你学点军事知识，为将来打基础。”我听到是奎老师叫我去的，心里虽是怏怏不乐，但也痛快地答应了。同我一起走的还有本村的三个小伙子。

国民兵第一期训练设在归绥市小教场，学制四个月。司令员叫李大超，东北人，原是张学良推荐给傅作义的“三太保”之一，此人长着一片好嘴，能言会语。他刚来时是少校，很快便晋升为中校、上校。干了一段时间不干了，由民政厅厅长袁庆臻兼任。

刚去时，我被编到“国民兵第一期”第六大队第十七中队，大队长叫傅金贵，河北人；中队长叫魏思泰。大队是营的编制，中队是连的编制。第一期培训的壮丁共 3000 多人，每人都发给一身训练服。时隔二三个星期，傅作义亲自到场给全体国民兵做了一次精神讲话，鼓舞大家好好训练。训练的科目有整队、出操、射击、隐蔽、进攻、防守、俯卧等。

在此期间，我没见过父亲一面，就连这一阶段的训练也瞒着他，但又整天担心他老人家听不到我的音讯着急，所以，时隔一月半载写一封信回去，让他老人家放心。

出任乡大队长

四个月的训练不知不觉地过去了。训练完，我去探望了奎老师，并把这次训练的情况告诉了他，奎老师听后，说：“你已经掌握了不少军事知识，这次回去当个乡大队长干干，我已经给你联系好了。”接着，他一再强调，在就任期间，对青年人边训练、边团结，树立自己的威信，等等。从奎老师那儿出来，我看望了父母亲后，就返回了五合乡。

回家的第三天，上面派人送来了任命书。上面写着：任命曹文玉为五合乡乡大队长。署名为县保安队大队部。我接到了任命书，一连几天没去报到。事隔四五天后，县保安队史姓副队长（其名不详）特来找我，催我上任，就此，我向他请教了工作的开展方法和一些规定。

当时，武川十大区共有两个保安大队和一个县直属小队，各区都有一个保安队，各乡也设有乡大队。为了统一领导，县政府又成立了保安分处，县长畅维兴兼任处长。

五合乡乡大队，属县保安队所管，共 30 多人。我是大队长，副大队长叫朱四娃（官名朱存礼）和孙良忠，队员都是五合乡经过国民兵第一期训练过的学员。上任期间，我按奎老师和史副队长的吩咐，每个礼拜六，集中队伍操练一次，借此和他们交朋友、拜把子，关系甚好。不久，国民兵第二期的学员回来后，我又把他们吸收到乡大队。同时，又发展了一批青年，乡大队由起初的 30 多人增到 60 多人，逐渐壮大了起来。虽然队员增多了，但人多枪少。当时，县政府只卖给每个乡四五支步枪，而且都是些旧枪，有的已不能用了。我去了县里几趟，千方百计想多要些枪支，但只要了 6 支步枪。其中，有 1 支不能打了，3 支连珠步枪都有点滑机，还有 2 支阎锡山造的六五步枪，勉强可以使用。

转眼又是一年过去了。1937 年春季的一天，梁干事、白银魁（武川县乡村建设委员会副总干事）和县保安队的史副队长一同来到五合乡，传达了上面的指示。梁和史暗中又给我透露了奎老师的意思，让我把国民兵一至四期的学员尽快召集起来，说有新的任务。他们走后，我即着手开展了这项工作，先后在义合乡、义美乡以及六区的四合义、霍筒子、下营盘等地，召集起受过训练的国民兵学员几十人。集训一个阶段后，上面又传来了梁的指示，让我把队伍暂时遣散，等待新的命令。

1937 年 7 月 7 日，卢沟桥事变发生后，日本侵略者有计划地向平津等地以大兵力进攻，继而又很快向绥远地区推进。1937 年 9 月间，绥东大部分旗县沦陷，陶林县城失守，武川危在旦夕。

消息传到武川，全县一片混乱。县长畅维兴不管民众死活，只顾自己逃命。9 月下旬，畅率县政府一部分职员，载着装满武器弹药和粮物等四辆大车，由县直属保安小队做保卫，弃城撤向后套。在路经七区老来毛村时，被郭怀翰所带的保安队拦截，他只身乘马率一卫兵逃脱。

郭怀翰是武川十区哈拉门独后湾村人，曾担任过武川县城防团团长，在后山地区很有威望。郭怀翰拦截了所有武器弹药、货物及一些现款后，又召集了全县十大区保安队的队员。此时，他的人员和物资相当可观。秋末，郭与武川县游击县政府县长邱明星共同组建了“绥远民众抗日自卫军”第四路军，郭出任少将总指挥，邱任少将副总指挥。他们打起了抗日救国的旗帜，广泛招贤纳士，扩充武装。

有一天，郭怀翰和邱明星带着十几个警卫来五合乡找我，随同来的还有县党部的张凤翔和张凤华，这两个人我很早就认识。他们一进家便很客气，问长问短，很是亲热。寒暄之后，郭怀翰说明了这次来的目的。他说：“我们这次来是专门叫你同我们一起抗日的。你受过国民兵的训练，在南山地区的威信也很高，又是乡大队长，听说带兵打仗也有一套。我们眼前正缺像你这样的人呢！”邱明星也在一旁帮腔说：“这后生，总指挥亲自来叫你，你就跟我们一起干吧！来到部队后，给你个警卫连的连长当。”说实话，当时除了奎老师我谁也不太信任，所以就装出退缩的样子对他们说：“实不隐瞒，我混了个乡大队长，这也是箍住没办法。其实，我一没文化，二没军事知识，更谈不到带兵打仗。看来这个连长是当不成了。你们还是另请别人吧，比我强的人多得是。”我边说，边望了张凤翔、张凤华一眼，见他俩低头不语，心里猜测是他们二位推荐我的。郭怀翰和邱明星见我不愿和他们走，也没再强求，就怏怏离去。

自从“南高”毕业以来，有几件事对我影响很大，对我后来参加革命起到了推动的作用。

1936 年春，驻守在百灵庙的“蒙政会”保安队的爱国官兵举事，脱离了以德王为首的“伪内蒙自治军政府”，坚决反对日本帝国主义的侵华战争。同年 11 月，又爆发了“绥东战役”，绥远军奋起反击日寇，收复了百灵庙。七七事变后，全国各地抗日志士浴血奋战。抗日的烽火已遍及全国，国难当头，匹夫有责，每一个中国人都在为抗战出力献策。

一天，我来到南坡村的一个朋友家里，谈起日军侵略罪行。正谈的当中，村长闯进屋里，神色慌张地对我说：“不好了。从你们村来了一支队伍，说是找你哪！你赶快走吧！”我刚一出院门，就与来人相遇了。他个子挺大，却不算魁梧，两眼炯炯有神。问清我的姓名后，他把我拉到了一边，低声地说：“归绥城里有人认识你，是他叫我来找你。”我一听就知道是奎壁老师派来的人，忙把他让进屋里。此人正是杨植霖同志，他从什报气、察素齐、毕克齐等地收集了 100 多人，拉起了一支抗日队伍。当时，我俩谈得很投机。我提出要参加他的队伍，他摇头回绝了我的请求，随后提出要我留下做一些工作：（1）联合一些靠得住、信得过的人，拉起一支队伍。（2）摸清十大区土匪活动的规律。（3）利用合法身份掌握武川城里伪军的情况。他说：“这三件事办好了，其作用要比当兵的还要大。以后我派人和你联系。”

杨植霖同志走后，我就开始照着他的吩咐去做，经常和队员们及一些长工等穷苦百姓，利用说笑之时，引导他们留意十大区和土匪的活动，借送草料进县城的机会，了解日伪军的情况，等等，定期不定期地和杨植霖同志联系，汇报情况。与此同时，我带着五六个队员，夺了两个往西跑的国民军散兵油子的枪，后在前坝底、吾速兔一带又搞了五六支枪，武装了自己。

参加革命

1938年秋季的一天，杨植霖同志派人通知我，说八路军到了乌兰花，要我去那里找他，有事要办。我赶到乌兰花，在村子里四处寻找杨植霖同志。虽说没找到他，我却开了眼界，第一次见到八路军这样好的队伍。

那时节，大青山地区的天气已经很凉了，老百姓多数都披上了皮衣。可八路军的战士们还穿着单衣、单鞋，有的战士还穿着草鞋。他们对群众和蔼可亲，一开口就称呼“大娘”“大爷”……他们为老百姓打扫街道，清理牲口圈，担水，劈柴，亲如一家。

这支队伍是刚刚攻打完陶林的一部分。收复乌兰花时，俘虏了不少四子王旗王府的旗兵。老乡们对这些王府旗兵早已恨透了，都要求严惩他们，八路军指战员就耐心地说服老乡，讲这些旗兵中有好多人是受苦的，是被抓来当兵的，只要他们掉转枪口去打日本人，我们就应该表示欢迎，等等。而后他们把俘虏集中到一块儿，向俘虏宣传抗日统一战线及民族政策。此时，四子王旗王府派二喇嘛前来洽谈，要求释放他们的人，并保证今后严守中立。我军为了维护党的民族政策、团结抗日，将俘虏全部释放，并连枪带马一并清点退还了王府。放他们走时，还请他们好好地吃喝了一顿。

就在我转悠着打听杨植霖同志的时候，让两个战士拦住了。他们问我是干什么的，我说是老百姓，来找人的。我没有告诉他们我找谁，他俩怀疑我是汉奸，我再三解释，可他们都是南方人，我的话，听不太明白。这两个战士就把我带到了营部。一位干部，大概是营长，一边上下打量着我，一边问叨了我几句。当得知我的家乡是南山的时候，他笑了，让我给带路去井尔沟。

我带着先头的一个连刚出乌兰花镇，迎面竟遇上了杨植霖同志。他骑着马，头上戴着一顶烂山羊皮帽子，一看见我就大声地问道：“找你好几天了，你怎么才来？”我站住，也高声地告诉了他我在这里发生的情况。杨植霖同志哈哈一笑，转身对那位连长说：“他是自己人，是我叫他来给我们带路的。”连长会意地点了点头。正说着，营长骑着一头骡子赶来了，问明了情况后，命令部队继续前进。

战士们大部分是南方人，初来北方，不适水土，又加上连日行军打仗，有很多人染上了伤寒病。当部队走到红召滩时，因病员增加，停了下来。中午时分，后续部队和攻打陶林的另一部分队伍也赶到了。会合后，部队做了调整，把一些伤病员留了下来，由任建斌同志负责照料，大部队向井尔沟继续前进。

这支部队一来到井尔沟，就严格执行“三大纪律、八项注意”，向群众宣传共产党的政策、抗日的主张，很快就得到了当地群众的拥护。

为了在大青山站稳脚跟，更有力地消灭日寇，由李井泉、姚喆同志率领的八路军大青山支队着手创建了大青山抗日游击根据地。为更广泛地联系群众，扩大革命的影响，八路军组建了武归县八区动员委员会，王景堂任主任，李琦任副主任，任德仲任游击队队长，郝秀山任分配部长，我任武装部长。从此，我正式参加了革命。

虽说是进了革命队伍，可有些道理还是很不理解。因此，我常去找唐金龙营长和杨植霖同志请教。唐金龙同志是二营的营长，经过长征锻炼的老红军，腿有点毛病，由于他对群众格外亲切，所以大家都叫他唐二营。后来，在唐二营和杨植霖的支持下，我又发动了十来个青年，弄来了几支旧枪，成立了一个小小的游击队，配合部队做些力所能及的工作。

西安事变促成了国共两党第二次合作。八路军挺进大青山后，马上派人与驻守在大青山中的国民党民众抗日自卫军四路和三路取得了联系，接着在庙沟榆树店举行了抗日联欢大会，双方为密切协作、共同抗日都作了明确的表示，在后来的一个时期内，对国共两党的团结起了一定的作用。

蜈蚣坝战斗

1938 年秋冬，八路军大青山支队在李井泉和姚喆同志的率领下，在井尔沟建立了抗日游击根据地，在井尔沟柳沟门组建了井尔沟分区动员委员会。负责人张焕狮，武装员曹文玉，分配员张玉堂，村闾长王芝堂。不久支队研究决定，由唐金龙率其二营在蜈蚣坝对日寇搞一次伏击。

记得有一天晚上，副指导员杨继春同志叫上我，又到村子里找了个名叫胡继拴的青年农民，对我俩说：“咱们出去转转。”我见他换成了老百姓的衣裳，估计不是出去游玩。我们从后窑子出发，上了土城梁，来到头盘，沿着蜈蚣坝慢行。杨继春同志一边走，一边观察着地形，还不停地向我俩询问着这里的情况。到了老爷庙前，又特意查看了沟底下的公路、桥梁等，而后进庙里喝了碗茶才返回来。原来，他是去侦察地形、选择伏击地点的。

事过两三天的一个黄昏，我刚吃完饭，有个战士跑来对我说："唐营长请你去一趟。"我来到营部，见屋里有几个八路军干部，杨大队长也在场，看样子刚开完会，大家都很兴奋。唐金龙同志拍了一下我的肩膀，笑着对我说："小曹，请你当向导怎么样?"杨大队长也走过来说："这个向导的任务可是挺重要啊!"我干脆利索地说："行，只要是打日本鬼子咱就干。"接着，他俩向我交代了具体任务，并把我的那些游击队员也分配到各连去带路。我领了任务，立即回去做了安排。

半夜时分，部队在召滩儿集合后，唐营长认真检查了战士们的战前准备工作，随后，部队分成两路，一路走白道子梁，一路从闷葫芦沟南下，以急行军的速度，向聚金山方向前进。在聚金山村，两路人马会合在一块儿，唐营长简短地做了战前动员，鼓舞了战士的斗志，随即下令跑步进入阵地，迅速隐蔽。号令一下，部队又分成两路，从马家店、土城梁下来直入阵地。当时营部的部署是：蜈蚣坝以北的后甸子村的两个连，警戒武川的敌人南下增援；土城梁的一个连，掩护部队战后北撤，牌楼馆后留预备队和杨植霖同志的游击大队，以及蜈蚣坝顶的老爷庙戏台后，埋伏着直接作战的两个连。同时，又派出一支部队潜入到戏台下边的公路上，迅速将连接归绥和武川的公路桥拆毁，又十分巧妙地进行了伪装。一切布置妥当后，便按计划的第二步进行。杨植霖同志领一班战士，由我带路，直向蜈蚣坝伪警察分所奔去，诱惑归绥的日寇前来送死。

这个警察分所的所长叫朱承荣，小队长叫张二后生。他们仗着日本人的淫威，常常以稽查为名，敲诈百姓，残害群众，当地群众早就恨之入骨，都盼望八路军来收拾这伙日军。

我们悄悄地包围了警察分所，没遇到任何麻烦，就把朱承荣和张二后生堵在了屋里。朱承荣吓得浑身哆嗦，一句话也说不出来。张二后生像是见过一些世面的，在那里支吾着，杨植霖同志用手枪一指桌上的手摇电话机，命令说："马上给黑石联队（黑石旅团）打电话，就说这里发现了几十个八路军，要赶快派部队增援。"他俩疑惑地看着我们，不知其意。在我们的一再命令下，朱承荣才壮着胆子战战兢兢地走到电话机边，接通了归绥，按我们的意思，向日寇报告了“情报”。接着，我们剪断了电话线，又把警察分所的全部人员关进一间店房里看押起来，就返回了前沿阵地，向唐金龙同志汇报了情况。

天刚放亮时，从前面的盘山公路上传来了汽车的马达声。不一会儿，出现了四辆汽车，上面满是荷枪实弹的日本兵。当第一辆汽车刚开到老爷庙下面的桥梁上时，就一头栽到了桥下。唐营长一声令下，各种轻重武器一齐开火，一下子便把日军打蒙了。刹那间，100 多个日本兵死的死，伤的伤，躺倒了一大片。趁日军还没有喘过气来，唐营长下令乘胜出击。随着嘹亮的冲锋号声，战士们个个挺着刺刀，抡着大刀，冲向日军，一阵猛刺猛砍，把拒不投降的日军送回了老家。

这次战斗，我只打了几枪就结束了。在打扫战场时，我从日军的尸体下抽出两支“三八”步枪，枪托上虽被子弹打得坑坑洼洼，但都比我那支好用。我还想搞些战利品，突然传来了立即撤离战场的命令。原来，当日军的头一辆汽车栽到桥下时，后面车上的日军当即发出了求援的信号。敌人知信后，便从归绥派来了增援部队。前面是几辆坦克开道，后面是连成一线的几十辆汽车。日军来势凶猛，一上来就用重火力封锁了土城梁，我军撤退受阻。我是当地人，这一带地形比较熟悉。唐营长命令一部分战士阻击日军，其余部队由我带路从油梁峰、和尚峰安全地撤了出来。

在老爷庙前担任掩护的一个班，因撤退慢了些，躲进了庙里。庙里的住持金禅和尚为掩护这一班的同志，宁死不屈，最后被日军用刺刀活活捅死在庙门前。在牌楼馆担任掩护的甄主任和一部分战士，与日军进行了激烈的战斗，因寡不敌众，全部壮烈牺牲，血染青山。

这一仗，歼敌 130 余人，击毙日军指挥官一人，击毁汽车四辆，缴获歪把子机枪、掷弹筒等各种武器百余件，以及大量的弹药、罐头、饼干等。我因为较好地完成了向导任务，受到了表彰，并且由陈璋、杨建林两位同志介绍加入了中国共产党。

蜈蚣坝伏击战，给日寇以沉重的打击。在之后的一段时期内，日寇不敢再走这条路，而是绕道 60 多里，从二道洼另开了一条通往武川的路，并且派 300 多名日伪军日夜护路。这样，不仅牵制了敌人，同时也减轻了日寇对井尔沟根据地的威胁。

战斗在青纱帐

1939年，大青山根据地有了发展，武川十大区也逐步健全起来。郝秀山同志为八区区长，边山区区长原是张喜顺，后由奇俊山同志接任。以后，我也调到边山区，任游击队长。

我们的任务是向群众宣传抗日救国的道理，发动群众组织群众参加抗日活动，为抗日武装筹粮筹款，做军衣军鞋，还要设法进城购买医药品、布匹、鞍具等。那时，我们的活动范围很大，整个山前、土默川都有踪影，经常凭借青纱帐（高粱地）和熟悉的地形与日寇周旋，开展工作。那青纱帐的日子是很苦的。白天，毒辣辣的太阳晒着；晚上，成群的蚊虫咬着；遇上雨天，就成了落汤鸡。吃的、喝的全靠附近乡亲们偷偷地送。要是有个情况，几天也吃不上东西，只好挖些野菜充饥。有时候，我们的行动被敌人发现，日寇先用机枪扫射，后又放水淹，我们品尝过被湿土泡的滋味。也有时候与日伪军遭遇。

记得在郭旦尔坝的一片树林里，我和杨华的队伍与伪蒙古军遭遇，被围在密林里，双方打得很激烈，伪军围攻了几次，都被我们打了出去。战斗处在胶着的状态时，日军也赶来了。他们兵合一处，先用轻重武器猛扫一阵子后，又组织了几次进攻，但在我们的奋力还击下，日军还是没有得逞，惨无人道的日军便对我们施放了毒瓦斯。一刹那的工夫，树林里烟雾弥漫，许多战士双眼流泪，喘不过气来。那时我们也知道些简单的防毒办法，用毛巾蘸上水捂住嘴和鼻子；可当时身边没有水。人们什么也顾不得了，就在毛巾上尿上尿临时防毒，但这也不是长久的办法。紧急中，我猛地想起树林边就是一片西瓜地，于是命令战士们撤进瓜地，用西瓜防毒，这才大大地减轻了毒瓦斯的侵害，部队也没遭到大的损失。毒气慢慢散尽，我们随之取下扣在脸上和鼻子上的西瓜，一个个脸上都沾满了红红的西瓜瓤，猛一看像流着血。

仗打到天黑，日寇才停止了进攻。杨华凑到我身边，共同研究突围方案。当时，我们所在的这片树林，北面是大青山，其他三面是平川。我和杨华同志悄悄绕到树林边，向各个方向观察了一遍，可四周黑洞洞的，不知日寇的虚实。我俩商议后，命令一个班的战士向东西南北各方向各打了一排子枪。结果证明，南面的日伪军火力较强，东西方向较弱，而北面的日伪军竟毫无反应。经验告诉我们，南面的日伪军是虚张声势，还好对付，而北面的日伪军，按老乡的话讲，咬人的狗不叫，怕是不好应付。

于是，我和杨华同志分析了敌情后，重新组织了人员和火力，便从正南方向开始突围。尖刀排由杨华同志带领，趁夜黑摸到了日伪军埋伏的阵地前，猛甩了一顿手榴弹，炸开了一道血胡同，接着，战士们端着刺刀在日伪军一片混乱之时冲了出去，突破了日伪军的包围。队伍到了平川一集合，发现竟多了六七个伪军。原来，他们晕头转向，被我们裹挟了出来。我们缴了他们的武器，其中有一挺轻机枪，然后把他们遣散了。

事后听人们说，当时，日寇错误地判断我们不敢往平川上撤，定要从北面突围上大青山，所以，在北面集中了优势兵力，企图一举消灭我们。

严惩李二庆

我们的游击队人员少，枪支缺，为了消灭敌人，保存自己，经常避开日寇的重兵，主动出击日伪军的小股部队，展开一些锄奸灭匪、严惩叛徒的战斗。

那时候，兵州亥有个伪军教导队，专门集训伪军反动骨干分子。这伙人中有个叫李二庆的，原是我们的区长，后来叛变投敌，当上了伪军小队长，手下有 20 多人。这家伙仗着日军的势力，气焰嚣张，经常率领他的小队出来骚扰村庄，抢劫百姓，无恶不作。因为他熟悉我们的活动规律，还经常袭击和阻截我们，成了我们的死对头。为了严惩叛徒，为民除害，打击伪军的反动气焰，我们决定消灭李二庆这个小队。县政府把这个任务交给了我。

通过关系，我们把人派进了兵州亥，并结识了伪军教导队的一个伙夫，他听说要打李二庆，十分高兴，为我们提供了李二庆的许多情况，还约好，李二庆一有行动，马上通知我们。没过几天，我们便得到了李二庆要去偷袭墙干的准确情报。于是，我带着两个班的战士在通往墙干的胡拉嘎齐设下了埋伏。

我原来想，等伪军一齐进入射程之内，众人一同开火，全歼伪军，所以预先是按这种打法部署的火力。可李二庆鬼得很，他把那 20 多人的队伍化整为零，分散前进，三个一群，五个一伙，拉开了一定距离。看到这种情况，战士们都望着我，等待着命令。有个班长边摇头边风趣地说："这仗不对头，打了前头，跑了后头；打了后头，跑了前头；打了中间跑了两头，真是顾了这头顾不了那头。”迫于这种情况，重新部署火力已经来不及了。射人先射马，擒贼先擒主，我当即下令，等李二庆进入埋伏圈就打。

说话间，伪军的先头已进入伏击圈，战士们目光炯炯地寻找着李二庆。先头部队过去了，接着又出现了七八个人影，李二庆走在中间。我们许多人都见过李二庆，即便在夜里，也能从他的举止上认出他来。所以，他一出现，便有几支枪口同时瞄上了他。等这伙伪军走到我们伏击中心时，在我的一声令下，战士们一同开火，李二庆当场被击毙。先头和后头的伪军听见枪响，知道中了埋伏，吓得四处逃散。

这次战斗，打死打伤七八个伪军，缴获了七八支步枪和一些子弹。回来的路上，战士们很高兴，背着战利品，七嘴八舌地又说起了“头”字顺口溜：“跑了两头，没逃了头，李二庆吃了弹头，日军吃了苦头……”

三位大娘

1940年，绥察行政公署建立的同时，抗日武归县政府又成立二区政府。县政府任命我为二区区长，马建功为二区游击队队长。二区是一个大区，紧临日伪重镇——可镇，北达召河，南到坝口子，东至归武公路，西抵井尔沟，是日寇活动的一个重要区域。因此，开展这里的工作是很艰难的。但是，由于我们的队员大部分家都在这个区，人知地熟，虽然困难重重，却没有难倒我们，在县政府的领导下，宣传发动群众抗日，动员群众参军，为部队筹粮、筹款和收集情报等，各项工作很快就有了进展。

1940年秋天，原在我八路军中任连长的胡定良叛变投敌。他凭着对我军各方面的了解，当上了日伪的反共大队长，疯狂地破坏绥西根据地，一些党政机关被偷袭，一些工作人员和基本群众遭杀害，我军的工作受到了很大的阻碍。为了保存斗争骨干，绥西地委决定把一些同志转移到井尔沟一带。有一天，于占彪同志找到我，要我随他一同去接送干部。当时，我的屁股上长了个大疮，肿得比拳头还大，稍微动一下便疼得满身是汗。因此我说：“我走不了，定会给你们添麻烦的。”于占彪同志却笑着说：“你们这儿有句话，土地爷逮耗子——知根打底。这一路的情况你熟悉，非去不可呀！”既然是工作需要，我就不好再说什么，便咬着牙，忍着疼随他上路了。

我们从红军背出发，在霍寨沟打尖，吃罢饭刚要起身，我屁股上的疮擦破了头，站不直，又坐不下，疼得实在要命。于占彪同志见状很后悔，准备派人送我回山中休养。为了不连累大家的行军，我决定先找个村子住下，养好伤后就回山里。于占彪同志同意了我的意见后，把我安置到小瓦窑圪沁村。

小瓦窑圪沁村住有四户八家蒙古族同胞。云爱根、云狗嫌、云存瑞、云四毛是四户的长者。我在云爱根家里养病。女主人是毕克齐蒙古族，叫何凌香。云大娘有两个儿子，长子云来印，媳妇云改生；次子云长印。我住下后，云大娘按“印”字排下来，给我起名文印，对外称我们是弟兄三个。刚去时，云大娘给我换了身老百姓的衣裳。

几天过去了，疮口还不见好转，并且越来越恶化。村子里没有大夫，出村去请又怕招来日伪军，这可愁坏了云大娘一家人。这一天，云大娘一家走出走进，很忙乱。通过观察和探听，我才知道，云大娘不忍心看着我整天受罪，她想用土法子给我疗疮，又怕我吃不消。于是，我说：“大娘，你就快动手吧！只要能治好疮，再疼我也能挺得住。”在我一再强求下，大娘才开始为我疗疮。这是真正的土法子，云大娘把火罐拔在脓疮口上，硬是把红色的脓水吸了出去，疼得我头上的汗水直往下淌，难怪大娘怕我吃不消呢。

打这以后，云大娘一家人更加精心照料和体贴起我来。每顿饭都有鸡蛋，隔三岔五地有野味。那年月，老百姓的日子很苦。云大娘一大户二三十口人，日子就更难了；为了我，大娘把家里好吃好喝的都留给我，有时还让云大爷和两个儿子进山打猎，弄几只沙鸡、野兔什么的，给我调剂饭食，补养身体。我真有些难为情，曾一再恳求她不要这样做，云大娘每次都笑着点点头答应了。可到吃饭时，碗里仍然不是鸡蛋便是野味食品。

在云大娘一家人的精心照料下，我的疮口很快愈合了，身板也更加结实，便想着归队去。就在这时，我又突然患了重感冒，紧接着又转成了伤寒症。我知道这是传染病，要求云大娘把我移到西厢房里，她先是不同意，后来架不住我再三央求，才答应了。

我虽说搬进了小西房，本意是想与他们隔离开，谁知不但没做到，反而又增添了不少麻烦。你进来，我出去，一家人轮番地守在我身边。到了夜间更是忙坏了他们。小瓦窑圪沁村驻扎着日军，铁道上的装甲车时常开来开去，到了夜里，一见灯火，便用炮打。因此，天黑后，谁家也不敢点灯。可我这个病号晚上又离不开灯，云大娘就叫长印用麻袋把门窗堵得严严实实，她坐在我身边整夜地照顾我。云大爷和来印大哥还得不断地出门瞭望，害怕敌人悄悄地偷袭。

我这一病就是三个多月。在这 100 多个日日夜夜里，云大娘一家人为我操碎了心。每日里，云大娘一勺一勺地喂饭、喂药，遇上我一连几天昏迷时，还要慢慢地撬开我的嘴，把药汁、米汤一点一点地往里送。我神志不清时，大小便常常失禁，把身子和被褥弄得一塌糊涂，云大娘却不放在心上，一把屎一把尿地替我擦身子、洗被褥。

有一次，我从昏迷中清醒过来，见云大娘眼窝深陷，脸上淌着汗水，不由得鼻子一酸，泪水流了出来。云大娘见了，忙用毛巾替我擦干泪，还劝道："文印，不能流泪呀，要不会落下眼病的。"我听见声音那么远，那么轻，怀疑自己的耳朵又出了毛病，着急地问她。大娘示意我不要说话，平静地说："没事儿，大娘怕你受风，用棉花塞上了。"我一听，鼻子又酸了。

当时，日伪军常来乡村里"清乡""扫荡"，一到这时，大娘就叫来印和长印兄弟俩把我背到山上，藏在八道沟的一个大石洞里。临走时，还要在我身边放上一把镰刀、一条绳子，专门割下一捆柴草放在身前，把我装扮成一个割草人的样子。山沟里狼多，大娘还让他俩在附近守护着我，等日伪军走了，再把我背回家。

记得有一回，20 多个日本兵朝村子闯来，长印背起我就上了附近的山。他把我安顿在一片酸枣林中，盖好被子，便找了个地方躲了起来。日军在村里捉鸡撵猪的声音，我都听得真真切切。待村里渐渐地平静下来时，耳边传来了"窸窣"的声响，我想准是长印接我来了，忙扭头望去。这一看，不禁大吃一惊，原来是两只大灰狼窜了过来。它们停在我跟前，张着血盆大嘴，眼里闪着凶残的恶光看着我。我久病无力，哪有防卫的力气呢？只好等着送死。就在这危险的时刻，长印赶来了，打跑了狼，救了我的命。

我的身体渐渐地恢复起来了，可云大娘一家人却一个接一个地病倒了，又惹得村里的一些人害了伤寒。但是，云大娘一家人和村里的乡亲们却没有一个嫌弃我怪罪我的，就连一声怨言也听不见，他们只是默默地忍受着疾病的折磨，这是多么纯朴、可敬的人民啊！

说到云大娘，我又想起了奎素村王富贵的母亲来。

那是秋末冬初的一天，我和两个同志由武归县到归武县联系工作。一路匆匆，走得口干舌燥。路过奎素村时，便进了王富贵家找水喝。王大娘要去烧水，我哪能等得及呢，端起水舀子便喝了一肚子冷水。谁知工夫不大，肚子就疼起来了，连步也迈不开。我就先让那两个同志去扁担石沟找任建斌同志，自己在这歇一会儿就赶去。这一歇可就歇出麻烦了。

当时，叛徒胡定良正驻在离奎素五里路的保尔合少村。这天，他手下的一伙人跑到奎素捞外快。眼看伪军就要进村了，王大娘情急生智，拉住我就往她儿媳妇房里去。刚进院，我看见家门上挂着红布条，那是月房，按当地的风俗，生人进去是忌讳的。我迟疑着不肯进去，王大娘瞪了我一眼，把脸一沉说："都什么时候了，还讲究这些。"说着，拉着我就进了月房，又让我把衣裳脱掉。

我蒙了，猜不透她要干啥，可看她那神情十分严肃，无奈红着脸脱下衣裳交给了她。王大娘动作麻利地端起锅，把衣裳一团，塞进了炕洞，又把锅盖好。接着顺手拿起一块抹布，在我脸上抹了几把，把我打扮成一副脏相，一边推我上炕，一边从儿媳妇身边拉过一床破被子扔给我说："快躺下，就说得了伤寒病。"我顾不上害羞了，也明白了老人家的心思，顺从地盖好了被子，装起病来。这工夫，王大娘还不住手，她先把尿盆子放到门口，又在地上泼了些泔水，接着往灶火里添柴，因为炕洞被堵住了，屋子里马上烟雾弥漫，再加上酸臭的泔水味，叫人喘不过气来。

不大一会儿，伪军进来了，先在外间翻箱倒柜地折腾了一气，接着就推开了月房的门。

王大娘站在门口，用手一指门上的红布条说："老总，行行好吧，别把坐月子的吓着。"

一个伪军用枪一指炕上问："那是谁？"

王大娘知道他是指着我问，却打岔道："儿媳妇啊！"

"老子问的是那一个。"

王大娘不慌不忙地说："儿子。唉，儿子害伤寒，媳妇坐月子，真够我老太婆忙活的了！"

伪军们信以为真，又听说是伤寒病，瞪了王大娘一眼，没有再问，忙转身退了出去。

伪军走了，我红着脸，背过身子穿好衣裳，来到王大娘面前，一句感激的话也说不出来，恭恭敬敬地向她老人家敬了个军礼。

说到这里，我还要特别感谢塔娜大娘，是她老人家巧妙地保护了党的机密文件，从而保护了党的许许多多优秀儿女的生命安全。

那是1942年的一天，我护送区党委组织部的一位负责同志从井尔沟到南平川布置工作。在路过霍寨村时，先在塔娜大娘家落脚。这位负责同志工作抓得很紧，一进村就找来村长、小学教员等人谈话，直到深夜才把最后一位县政府的参议员送出家门。我们刚刚睡下，流动哨兵气喘吁吁地来报告说，有200多名日伪军向这里来了。日伪军数倍于我，不能接触。更重要的是，我们担负着护送首长的任务。所以，我下令向头道沟转移。部队按照夜间行动的规定，摸黑穿起衣服出了村。我在塔娜大娘门前停住脚，但见她把羊赶出来，在院子里来回踩踏，巧妙地用羊蹄印盖住了我们的足迹，也就放心地追赶队伍去了。

部队撤到了头道沟，战士们就地露宿，我又派出哨兵监视山下日伪军的动静。这时，我发现那位负责同志神色不对，焦急不安地踱着步，有时呆呆地望着山下发怔。

我忙问他出了什么事，他先是摇摇头，随之叹了口气说："唉，我那公文包不见了。"

我十分惊讶，接着又问了句不该问的话："那里面装着什么？"

他心情沉重地告诉我，公文包里装着绥蒙区党委掌握的党组织情况和党员名单，要是落到日伪军手里，后果是不堪设想的。我也替他着急，忙问他大约丢在哪里。

他想了想说："黑灯瞎火的，怕是掉在家里了。"

我轻轻地吐了口气，安慰他说："要是掉在那儿就丢不了，塔娜大娘会给收起的。"

我这样讲当然有根据，这塔娜大娘是我们的堡垒户，她那座农家小院是我们的物资转运站，南平川各族群众送上山的粮食、棉衣、马匹、马具、军鞋等经常在这里集中，然后转送上山。大娘待八路军胜似儿女，每逢我们来，她就叫儿子到村外把埋在野地里的粮食挖出来，让儿媳妇做给我们吃。还为我们缝缝补补，小油灯常常点到天亮。可我转念又一想，万一塔娜大娘保管不妥，被日伪军搜了去，那可就坏了大事啦。想到这儿，我同那位首长商量后，决定立即下山去寻找公文包。此时，天已蒙蒙亮了。

我脱下了军装，换上了对襟蓝袄，头上扎了块白毛巾，肩上挎着粪筐，手里提着粪叉，打扮成拾粪人，在晨雾的掩护下，悄悄地绕过日伪军，回到了塔娜大娘家里。

大娘见到了我，惊奇地问：“老虎，你没走？”

这老虎，是大娘对我的昵称。我对大娘说明了情况，她听了后说：“是那个包包吧，我藏了。”我的心踏实了，接过大娘递来的水碗，咕嘟咕嘟地喝起来。

听大娘讲，昨天夜里，她把羊赶回圈里，一进屋就看见炕上有个公文包，知道是我们忙乱时丢下的。她本想打发儿子追上送给我们，一是日伪军已进了村子，二是怕把日伪军引了去，所以她把公文包先藏到小西院外稠密的麻子地里，等日伪军在屋里搜查过后，又趁天黑取回公文包，埋进了山药窖底下，并用山药盖好，这才放心地等我们来取。

塔娜大娘见我放下了水碗，便叫大儿子爬到墙上瞭望，叫二儿子下窖取出了公文包。我刚接过公文包，大娘的儿子从墙上跳了下来，急切地说：“快走，敌人又来了。”大娘果断地说：“快跳墙，外面就是麻子地。”这一回，我连句谢谢的话也没来得及说。大娘和她的儿子把我扶上了墙头，我回头看了她老人家一眼，跳下墙急匆匆地走了。

当这个重要的公文包又捧在那位负责同志的胸前时，公文包竟被大滴大滴的泪水打湿了。

他心情激动地说：“多么好的大娘，我们用什么报答她呀！”看着他那样子，我心里也不好受。

为了感谢塔娜大娘为革命保护文件，同志们常来探望她老人家，帮她做些力所能及的事情。直到30年后，一些肩负重任的老战士，还带着各地的土特产专程前来看望塔娜老大娘。

伪乡长回头

1941年，日本帝国主义对大青山抗日根据地实行了规模浩大的总体战，即军事、政治、经济、思想等全面的进攻。当年夏天，日寇在大青山周围修建公路几十条，据点百余处，还建筑了明碉暗堡、渠沟围墙，大规模地进行并乡合村，实行了经济封锁，企图断绝通向大青山的交通，困死和饿死八路军。就在这时，白成铭同志把我叫去，当面交给我一项任务——打通坝口子。

坝口子属二区管辖，位于南平川和后山的中间，是归绥到武川、绥西到绥中的交通要道，我军从归绥城西各村筹集的粮秣物资，都要从这里运进山中。这样重要的地方，日寇自然不会放过，他们在这里安据点，设警察署，驻防着百十号人马，妄图卡断我军的交通要道。

白成铭同志很严肃地讲了这一任务的重要性，接着他对我说："谈谈怎么个打法吧。"我认真地想了一会儿，然后对他说："这硬打看来不行，我们还没有力量把这个警察署吃掉，或者有力量把它吃掉了，日寇还会重建，还可能增加兵力，这样会使我们的活动更加困难。最好的办法是拉，争取警察署内部或其他一些敌伪人员，使他们暗中支持我们的抗日斗争。"白成铭同志听了我的想法后，非常满意地同意了我的作战方案。

坝口子乡是个大乡，从归绥城西的乌素图，到西菜园以南的各个村落都属它管辖。伪乡长叫王月德，很受日本人的信任，我决定在他身上打主意。

那时候，我们在县政府王威县长的直接领导下，采取了先礼后兵、文武结合的办法。开始，武归县县长王威同志代表县政府给王月德和警察署署长（姓李）多次写过信，警告他们不要丧失了中国人的良心，助纣为虐、替日本人卖命是不会有好下场的。还奉劝他们要为自己留条后路，协助我抗日政府做些抗日工作，等等。我也给王月德写过信，规劝他要爱国抗日，赶快回头。不料这个王月德仗着日本人为他撑腰，竟不听我们的劝告，反而给我们捎来话，说什么你们不嫌费纸墨，就尽管写吧，要想叫我为你们办事，那是做梦娶媳妇——想得美。看这架势，文拉是不行了。我请示了王威县长后，决定去抓王月德。

莫看王月德嘴头上挺硬，其实是个色厉内荏的人。自接到我们的信后，他不敢轻易回家，常常在警察署过夜，靠百十号警察给他壮胆。所以，到警察署抓他，那可不是一件容易的事，就连进去搞个侦察也困难重重。

在二区沙湾子村有个叫红小子的农民，人们都叫他红头儿，经常去坝口子，此人对抗日的事情挺热心。他鸦片烟瘾很大，只要能吸上烟，让他办什么事情，他都会想法办到。我们获悉此人后，利用他这一点，给了他些烟土，让他去坝口子摸清王月德的行动规律。红头儿接受任务后，便去坝口子找到他的一个磕头弟兄王拴良（王拴良后来成了我们的交通员，从坝口子乡搞到的物资，多数由他转送上山），托他打听清楚王月德的行动。没过几天，红头儿从王拴良那里得到消息说，王月德每隔五六天，总要回家住一晚上。我让红头儿再具体摸清王月德回家的准确日期，又从二区游击队里挑选了两名精干的队员，一个叫李富和，另一个是季巴图，随我一同去抓王月德。我们三人从乌兰不浪村出发，来到距坝口子七八里路的毫赖沟，住在老乡看杏挖下的一个破窑洞里，等候红头儿的情报。

太阳落山了。掌灯时，红头儿来了。他气咻咻地说："曹区长，王月德回家了。上了炕就点着了烟灯，现在正躺在炕上吸烟哪。"我拍了拍他的肩头，说："没你的事了，你回去吧。"转身又对李富和和季巴图同志说："王月德的家离警察署很近，万万不能惊动那里的警察，咱们的行动要快要轻。"

这一天夜晚，天黑黢黢的，伸手不见五指，还刮着大风。我们轻手轻脚地摸进了村，刚走到警察署附近，突然岗楼上站岗的警察大声喝道："站住，什么人？口令？"走在前面的李富和停住脚悄声说："呀，叫龟孙子发现了，咋办？"我们迅速地掏出枪，观察着伪警察的动静。停了一会儿，见岗楼上的警察没有什么异样，知道这是瞎咋呼，就迅速地通过了警察署，摸进了王月德的院子。

东房里正有几个长工一边磨面，一边哼着山西梆子。我上前把门从外面插上，低声说："不许出来，小心要命。"又把富和留下看守大门，就和季巴图直奔大正房。推门进去一看，王月德果然蜷着身子躺在炕上抽大烟，他老婆在地上正忙活着饭菜。

王月德见我们提着枪进来，吃惊地问道："干什么的？"

我抢上一步说："警察局的，良民证拿出来！"

我没见过王月德，要良民证是想证实一下眼前的人是不是他。王月德不大情愿地掏出良民证，递给我说："既是局里的，你们怎么不知道我王月德，你们是不是……"我看了一眼良民证，正是要抓的王月德，便打断了他的话，厉声地说道："我就是给你写过信的曹文玉，你不是说让我来吗？我来了。"

王月德一听，吓得瘫在那里，干张着嘴，说不出话来。他老婆"扑通"一声跪下，求饶道："曹队长，手下留情，可别打死他呀！有事慢慢地说，我给你们炒鸡蛋、热酒。"

我没理她，只对王月德说："请你跟我们走一趟吧！"

这工夫，季巴图已经把王月德捆起来了，拉着他就往外走。他老婆见状，大声地哭叫起来。我把手枪往她面前一横，说："不许哭，只要他拥护抗日，我们绝对不会加害他。"接着，我拿出事先写好的一封信，交给她说："天亮之后，把信交给警察署李署长；要是天亮前送去，我就先打死王月德。”说罢，我们押着王月德安全地离开坝口子村。回到西梁后，把他关在一个山洞里。

王月德老婆为了保住她男人的性命，遵照我们的指示，天亮后就将信交给了李署长。信中我写道：你不要忘了自己是中国人，甘心当亡国奴，绝没有好下场。别看现在的日寇张牙舞爪，但最后的胜利必定是我们的。信中还奉劝他，要给自己留条后路，对日本人能哄就哄，能瞒就瞒；遇到我方人员，枪口要朝天，不然的话，我们就像惩罚尧茂那样对待你（这尧茂原是我一区的干部，后叛变投靠了坝口子警察署，被我游击队队长胡进财同志镇压）。

李署长看毕信后，集合了几十名伪警察跑到猴山上，空放了一阵子枪。回去后，向日军谎报说，昨晚上来了200多名八路军，把王乡长抓走了，因寡不敌众，他们未能救回来……这件事发生以后，这个警察署的警察就很少出来“游击”了，即使奉命进山“讨伐”“清剿”，事先也给我们透个信，进山后只是放空枪交账了事。

我们抓王月德，主要目的是启发教育他，使他为抗日民主政府工作，以便从坝口子打开缺口。我们先后在井尔沟、东地和大塔等地对他做工作。还让他和我们的同志一块儿吃，一块儿住，一块儿参加政治学习。我们的一言一行都对他产生了影响，他的思想认识很快就有了提高。在我们耐心的开导和教育下，他表示愿意为抗日出力。

一个多月以后，县政府决定放王月德回家。当我把这个决定通知王月德后，他怎么也不肯走，一再要求留下抗日。我们对他说明了放他回去的目的，他听了后，又担心我们不相信他，提出先让他弟弟王海德上山作为人质，如果他耍花样，就先打死他的弟弟。我看出了他的心思，对他说：“我们相信你。你要是像从前那样，我们还可以抓回你来，留你兄弟有什么用？还记得诸葛亮七擒孟获的故事吧。且不说你不是孟获，你若真的是，也不愁捉不住你。”他见我们态度诚恳，深受感动，再三表示：回去后，一定为抗日出力。

王月德回到坝口子之后，继续留任乡长。为了感谢我们对他的宽大之恩，他除了暗中替我们宣传，表面上支应敌人外，还主动给我们送粮食、布匹、鞋袜等物资。他认识一个军医叫阎三毛，通过阎，他还给我们弄出不少药品，像当时很难买到的磺胺等药，也送来了不少，为我大青山抗日游击根据地做出了一定的贡献。

为了防止意外，我们决定不让王月德直接往山里送物资，跟他约定了三个地方接头联系，一是土洞子，二是半山儿，三是碌碡湾。他若是有情报或要送东西，就在约好的地方插上一根木棍，上边夹一张纸条，写清所送物资的名称和数量或情况。我们便派人在约定的时间取，然后转运山里。

伪乡长回了头，警察署睁一只眼闭一只眼，我们出山进山，运送粮秣，在坝口子乡基本上能够畅行无阻，不会遇到大的麻烦了，从而使我们以后的工作取得了很大的进展，绥西和绥中、绥东之间的交通也减少了一些障碍。打通坝口子这件事，充分证实了，不管日寇多么猖狂，环境多么恶劣，只要正确执行党的方针政策，我们的工作都能较顺利地展开。

地下情报线

大青山的抗日斗争错综复杂，单靠武斗是解决不了问题的，要想全面获胜，必须要有准确的情报。情报工作犹如人的耳目和感应神经，失去它，人就会变成瞎子、聋子，成为丧失知觉的躯体。

1938 年后秋，八路军挺进大青山建立了根据地，也打了几场漂亮仗，但由于人生地疏，政治情况复杂，情报工作又是空白，困难接踵而至，特别是在日伪盘踞的可镇一带，我方更是两眼摸黑，不但敌方情况不了解，反而敌人在各地收罗社会渣滓，暗探四布，我们一有行动敌人就知道了，派出去的工作人员一靠近可镇，就被敌人抓捕。为了巩固和壮大大青山抗日根据地，准确无误地消灭敌人，1939 年，县委和县政府负责人杨建林同志和白成铭同志向我布置了开展内线工作的任务。

杨建林和白成铭同志明确地指出：内线工作，就是打入敌人内部，以合法身份作掩护，刺探敌人情报，瓦解敌人，发展地下工作者，为我军搞紧缺军需物资。他们还特别强调，这是一项非常重要而又艰巨的任务，关系到大青山根据地能否巩固和发展。这项工作要十分机警和细致，要花大力气尽快搞好。我很慎重地接受了任务，根据他们的指示，马上着手展开了工作。

在武川二区的五合乡大地沟村有个农民叫张禄（张二虎），1939 年，他由我党地下工作人员朱其华同志介绍入党，并领导工作，经常到武川可镇了解敌伪情况。1940 年，朱其华同志不幸被捕牺牲，后由张少庭同志领导张禄同志的工作。为了尽快建立起地下情报线，组织上又把张禄同志介绍给了我。

我接受任务后，便到大地沟村找到了张二虎，两人共同研究了工作的开展方法和措施，并制订了迅速发展一批地下交通员的计划。按计划，我俩又去找了张存根和王芝堂同志。张存根同志是五合乡小永安昌人，是张二虎的叔伯兄弟；王芝堂同志是五合乡井尔沟村人，与张存根同志是亲家。这两人有着强烈的爱国主义情怀，对日军和伪军早已恨之入骨。我慎重地和他俩谈了此事。他俩听了以后，非常高兴，很乐意地接受了任务。从此，我们的地下情报线逐步发展，并做了力所能及的工作。他们三人常利用公民的合法身份，找借口进城，在与熟人或其他人闲谈中，探听各方面的情报，为我大青山根据地的巩固和发展，做出了一定的贡献。

通过一段时间的工作，虽然我们搞到了不少情报，但有些重要机密情报还是探听不到。我反复考虑后认为，要使我们的队伍在大青山站稳脚跟，不再受敌人的突然袭击，必须有准确无误的情报，要在敌人内部安插上我们的耳目，使其稍有行动，我们就能察觉。于是，我着手展开了调查摸底工作。经过调查发现，离城二三里地的万兴元村有个给日本指挥官做饭的杨厨子老汉，身前有两个儿子，大的叫杨凤魁，是武川县警察局的警察，看守城门；二儿子叫杨凤岐，是武川电话局长途台的组长。这正是我们理想的发展对象。我又着手开始了发展他们三人成为我方情报员的工作。

有一天晚上，我派人去万兴元把杨厨子和他大儿子杨凤魁叫去。杨凤魁是个血气方刚的小伙子，早就恨透了日军的所作所为，一听说要他为抗日办事，很是高兴，痛快地答应了。杨厨子是个胆小怕事之人，听了我的话，低着头说："我是大清国旗人，我不干这些事情。"我对他说："大清国人也是中国人，我们都是炎黄子孙，难道就能眼巴巴地看着日军在我国土上任意践踏，残害百姓吗？"我见他慢慢地抬起了头，思想有了转变，于是趁热打铁，又向他宣传了党的抗日政策和一些革命道理。他听了以后，牙一咬，痛快地答应了为我们办事，并答应说服其二儿子为我们工作。接着我又向他交代了具体工作任务。临走时，天色已经很晚了。

通过一系列周密的工作，我们建立起了一个强大的情报网络。杨厨子经常利用日本指导官吃饭和宴客的机会，探听一些军事情报和内部消息。他看上去兢兢业业，又守本分，所以日本指导官并不怀疑，说话也不回避。杨凤岐则掌握着长途电话台，归绥、百灵庙、乌兰花、旗下营等地与武川日寇之间的通话，他都能够听到，因此，他父子俩是军事情报的重要来源之地。另外，当时在武川政界和社会上有一定影响的武川县教育科科长张凤华也为我们做了一定的工作，提供了不少的情报。

斗争的形势要求情报工作纪律严明，每个人只能与指定的那个人单线联系，严守秘密，就连家里人也不全知晓，许多区、县领导也不知详情。一般情况下，杨厨子借买菜和探望儿子之际，把他和杨凤岐探听到的情报送给负责管理城门的杨凤魁，由杨凤魁传给张存根、张禄、王芝堂，然后送县政府杨建林同志之手，杨建林再转白成铭同志。有时情况紧急，张禄便连夜骑马直接送到县政府。

这条情报线坚持了整六年，传出了大量的情报，为大青山抗日根据地解决了大批紧缺物资，如枪支弹药、军用地图、电台零件和电池、办公用品、药品、服装、粮食，等等。1941 年，白成铭、杨建林同志调走，将这条情报线转交给靳崇智副专员和王威县长领导。1943 年，我回偏关参加整风学习，这条线的直接领导权由靳崇智同志兼管，一直坚持到日军投降。由于这条线能及时和准确地发出情报，所以从 1940 年到 1943 年日寇多次袭击我县政府，都未得逞，有时我们将计将计，利用各种办法消灭敌人。

那是 1941 年冬，县政府在猫儿兔沟召开会议，当会议开到最后一天临近结束时，天阴着，还下着雪，忽然哨兵带着一个浑身是雪的人闯进会场。我一看，原来是张禄同志，他跑得满头大汗，气喘吁吁。张禄同志严重口吃，一着急，更是半天说不上话来，我看他着急的样子，忙说：“老张，慢慢说，不行你就唱吧。口吃的人唱起来一般不结巴。”

张禄定了定神，果真三分说七分唱，道：“不好啦——日军要出发——快点儿哇——”

大家也顾不上笑，忙问有多少人，他接着说：“六七百——”原来，日寇通过暗探打听，知道了我县政府的所在地，并了解了情况。他们经过部署，联络了驻扎在陆合营的伪蒙古军，还有靖安军等，组织了“清剿”队伍，并与自卫军三路暗中勾结，阴谋袭击我县政府，妄图消灭红色抗日政权。当时，三路自卫军驻在大瓦窑圪沁，他们和武川的日寇连夜出发，向我县政府原驻地摸来。日寇满以为他们布置严密、情报准确、行动迅速，消灭我县政府是万无一失的。不料我方内线工作人员提前搞到了这一情报，派张禄同志迅速送来。我们根据日寇的进击路线和计划，巧妙布下疑阵，撤到了王墓梁红军背，又去了土左旗境内。结果，日寇把前来配合作战的国民党自卫军三路张亮率领的二十七团误认为八路军，向其开了火。张亮也认为是八路军向他射击，顿时，枪声、炮声、手榴弹声响成一片，打得极其猛烈。激战中，张亮看见大势已去，便率领一个班的人马跳出包围圈，逃往后套，幸免一死。其余的人马，全部被日本人和伪蒙古军消灭于盘道柳沟门一带。

还有一次，那是1942年，为了保证大青山根据地给养供应，县政府在蚣蜈坝设立了税卡。当时，打税是有针对性的，凡是贫苦劳动人民经商或从事其他经济活动，一律不打税。对日寇汉奸的商品，一经查获，即予没收。对一般商人，特别是那些巨商大贾，即严格按比例打税。

这天，我率部在税卡扣住100峰驮着粮食的骆驼。起初，驼队还想蒙混，经过严格盘查，才搞清楚是蒙疆合作社的驼队。蒙疆合作社是日寇帮凶蒙古军办的合作社。我们当即把100峰骆驼全扣了下来。不料刚扣下，敌人就得到了消息，立即抽调兵力，准备夺回驼队。很快，杨凤岐通过电话知道了这一情况，立即通过情报线报告给我。我决定让一个连占有利地形埋伏下来，给敌人来个迎头痛击，自己带人押着驼队向井尔沟西窑子转移。前来追粮的敌人有驻武川的一部分日伪军，还有从陆合营调来的蒙古军。他们刚刚迈进我军伏击圈，忽然间，枪声大作，战士们凭借十分有利的地形，猛地甩出一排手榴弹。敌人被这突如其来的打击弄得晕头转向，有的还没有来得及开枪，就被击毙了。紧接着，战士们对敌人进行了猛烈的射击。敌人弄清中了埋伏后，通过组织，多次向我阵地扑来。终因我军英勇抗击和地形十分有利，敌人未能得势，每次反扑都留下几具死尸溃退下去。而我押着驼队早已安全转移到了西窑子。敌人见夺取粮食无望，只好垂头丧气地抬着伤兵，灰溜溜地返了回去。

在敌人的魔爪下，从事地下工作的同志处境极其危险。但他们赤胆忠心，视死如归。共产党员张禄就是一个出色的地下工作者。他刺探并送出的大小情报难以计数，并做了大量离间敌人、惩处叛徒、夺取枪支等工作。他曾经多次被捕，但没有被敌人的严刑拷打所屈服，严格地保守了党的机密。

那时，地下交通员的工作采取了分片包干的办法，张禄同志包的是武川可镇一带，他经常打入敌人内部，假装与其结拜探听情报。

有一次，经上级批准，他与自卫军的白志同、李补红、苏富长结拜，了解了不少对八路军有用的情报。以后，在与此三人结交中，发现那个白志同是个杀人不眨眼的家伙，经常暗杀我方人员，刁抢我八路军交通员的枪支。张禄同志汇报了这一情况后，我立即决定，以派白到川底工作为名（国共合作时期），由两个八路军战士陪同白志同，走在霍寨沟一带，将这个十恶不赦的家伙枪决了。

1942年，是地下党活动最艰苦的一年。有一次，张禄同志为八路军送东西回来，被汉奸特务王占山、张正祥等猜疑，把他捆起来拖在马后，让马拉着跑，逼他交代给八路军办过哪些事。张禄同志一口咬定没干过，后来被马拖了个半死。由于拿不到证据，这两个汉奸才把他放了。那时，日军推行“三光”政策，迫使村里的人逃的逃、藏的藏。张禄同志想到自己是个交通员，必须坚持工作，不能轻易走开。结果没几天，第二次被捕。汉奸特务朱成云、王疤子起了疑心，胡说看见张禄一个人蹲在磨坊里为八路军磨面。张禄同志知道他们无真凭实据，一口咬定，那是没有的事。这些狼心狗肺的家伙就用煤油辣椒水往他嘴里灌，待把肚子灌得鼓起来后，又在肚子上踩，呛人的煤油辣椒水一股一股从嘴里往外冒。张禄同志被折磨得死去活来，但始终守口如瓶，只字未吐。敌人一计不成又生一计，让他跪在地上，头顶上放块大石头，没多久，他就支持不住了，眼前发黑，一头栽倒在地。更为残忍的是，敌人在他的鼻孔里塞入小米，揪住头发，仰起脑袋，用水把小米从鼻子里冲进去，呛得他气都喘不过来，头痛得仿佛要炸裂一般，一个喷嚏打出来，小米便成了白弹弹。当时，他只有一个信念，命可丢，党的机密不可泄。敌人伎俩用尽，张禄同志始终不屈服。后来，倾向于共产党的甲长、张禄的结拜兄弟姚三娃，送了敌人许多东西，才把他保出来。

在搞好情报工作的同时，我们还为大青山根据地筹备了大量的军需物资。当时，可镇南面一带的马匹、粮食基本被我方掌握，可镇北面的情况大不一样，基本上被日寇控制。为了打开可镇北面的工作局面，通过研究决定，任命张存根同志为可镇南和北的乡长，与日寇在经济上打一个争夺战。

大兴昌有个伪乡长叫何占先，是一个两面派的乡长，日本人他也不得罪，我们他也害怕。为了让张存根便于工作，我把何占先叫了出来，和他谈了当时的形势，并对他说明了张存根的任务及工作。我说：“现在任命你为大乡的乡长，张存根为小乡长，你们俩要经常联系。至于粮食、衣物等，你怎么征怎么要我们不管，但你是两面派乡长，将来要给自己留条出路。”从此，在张存根的督促下，何占先亲自动手征粮要物，把医药、粮食等物资送往南山，不仅可镇以南的村子都被利用，而且还发展到可镇以北的上下秃亥、土城子、桃力盖、碳窑等地。何占先毕竟是个两面派的乡长，为了使双方都不得罪，日本人跟他要100斤粮食，他征200斤，剩余的100斤送给我们。或把几个村子靠南山近，又比较可靠，责令给南山送；哪几个村子不可靠，给日本人送。就这样，他为我们解决了不少的军需物资。张存根虽为小乡长，但只有我和几个人知道。由于他经常骑着一头毛驴去找何占先，这就引起了乡亲们对他的不满，暗地里冷言冷语。他听到此言后，心里感到非常冤枉，几次跟我提出要辞掉乡长，我开导他说：“这些算得了什么，你不要怕，以后乡亲们会明白的。你就先挂上何占先的一个村兵名义工作着，实际你是我们自己真正的乡长。”从此，张存根同志就当起了“村兵”，一次次出色地完成了“乡长”的任务。

1942年秋季，我抗日二区政府为了适应战斗的需要，准备成立马队。在大兴昌村住着为日本人卖命的伪闾长贺成元，他管辖的范围很大，大兴昌、万兴元、永安昌、韩沁坝等村，都属他管。为了弄到马，我多次写信给他，请他在抗日工作上给予我们物力、财力接济。这家伙不但不接济，反而复信骂八路军，“只要我活着，就别想从我这里弄走一粒粮、一钱烟……”我看了复信后，非常气愤。于是我把二区游击队长马建功叫来，对他说：“你把贺成元给我捉起来。”马建功说：“那家伙成天不在家，不好捉呀。”我说：“不好捉想办法也要捉来。你带上两个排，一个排阻击从街上出来的敌人，一个排进去捉他，但先派可靠的人侦察好再行动。”马建功痛快地接受了任务，派出手下得力干将李富和进行侦察。

贺成元这家伙果然狡猾，每次复信后，知道我们要整他，成天不在家，神出鬼没地没个准地方。但马行千里，总有失蹄的时候。有一天傍晚，李富和匆匆忙忙地到小三合义村找到马建功，汇报了贺成元的情况，说：“贺成元今晚回到了大兴昌，据小永安昌的白蛋子说，他现在去了他情妇家，可能今晚不走。”马建功当即带领游击队员连夜赶到大兴昌村，把贺成元堵在屋内，生擒活拿。同时，又将张家（张凤鸣）、邱家（邱明星弟）的马牵到手。此时，驻守在县城里的日伪军发现了这一行动，但夜黑人静，怕遭到埋伏，不敢出来，只是在城头上胡乱地放枪。在这一片混乱之时，我们的队伍押着贺成元已上了南山。经县政府批准，在井尔沟严惩了这个日伪的忠实走狗，为我们开展工作扫除了一切障碍。同时，对那些顽固不化、死心塌地为日本人卖命的人也是一个很好的警告。

为民除害

战火纷飞的年月，大青山地区除八路军抗日武装外，同时存在着几种敌伪武装势力，有自卫军、靖安军、伪蒙古军和日军，以及泛滥一时的多股土匪。在这样混乱不堪的环境下，土匪活动更为猖獗，坑害得百姓有苦无处诉，有难无处逃。

1941年，我和县委书记杨建林同志在毕克齐的水磨沟、陶卜齐、上下十里坡活动。这个地方土匪更是猖獗，打家劫舍，无所不为。其中有个叫阎生财的家伙，原是保甲团团长，后拉出一排人马上山当了土匪。他自封头领，常在绥西一带扰乱治安，坑害百姓，弄得民心惶惶，鸡犬不宁。国民党曾派兵抓住了他，只因某些人吃了他的贿赂，不敢严惩。可民心不可违，又怕不好向民众交代，便割掉了他的一只耳朵了事。从此，老百姓给他起了个绰号“一耳王”。

为消除百姓的痛苦，打击土匪的嚣张气焰，我们决定从一耳王下手。

1941年春季，我和杨建林同志在察素齐一带寻找一耳王的时候，曾捉到一个外号叫铜匠三子的土匪。这个人以前是个铜匠，后来扔掉了手艺，不知从哪里弄了支“独角牛”手枪，单枪匹马进行刁人，心眼儿非常歹毒。察素齐的老乡为了糊口度日，辛勤劳累地种下几两洋烟，到后山换点粮；可这家伙哪管这些，经常拦路抢劫，当地的老乡对他早已恨之入骨，只是敢怒不敢言。我和杨建林同志商量后决定，先捉铜匠三子，再寻一耳王。但捉他也得想个办法，如果公开地捉他，很难捉到。我反复考虑，想出了一个冒险的办法，对杨建林同志说：“让我打扮成老乡换粮的样子，肯定会成功的。”杨建林同志说：“这样做太危险了。”我再三对他解释，杨建林同志同意了我的建议。于是，我换上了老乡的服装，把枪藏在衣服内，出去又找了几个农民，装成去武川换粮的样子，一同上了路。

一路上，我小心谨慎，仔细观察着路两旁的动静。当我们几个人刚走到察素齐到武川途中的孤石儿时，突然从路边跳出一个人，手上拿着枪，大声喊道：“谁也不准动，把手举起来。”边说边向我们走过来。就在举手的同时，我迅速从腰间拔出手枪朝他打去，“啪”一枪就打中了他的胳膊，他手里的“独角牛”也飞出了老远。我走过去，从地上捡起了枪，一言不发盯着他。他捂着受伤的胳膊望着我，突然跪在地上乞求说：“我是浑源人，是个铜匠，请不要杀我，饶我一条命哇！我再也不刁人啦。”我问他：“你总共刁了多少东西？放在哪里？”他忙答：“200多两洋烟。我在小黑河养活着一个女人，都给了她啦。”我看他那狼狈不堪的样子，又好气又好恨，严厉地训斥了他的所作所为，他一再发誓，再不拦路抢劫，愿意悔过自新，重新做人。最后，念他立了保证，又没有伤害过人，当场把他放了。

这件事过后不久，还是在孤石儿，我们第一次捉到了一耳王。有一天，据消息，一耳王在这里活动。我还是打扮成去武川换粮的模样，只身一人，赶着毛驴，匆忙上路。走到孤石儿时，突然从路旁跳出三个人来，有两个拿着长枪站在路旁不动，另一个手里拿着短枪走上前，对我说：“把手举起来。”我趁他不提防时，迅速掏枪来了个先发制人，对准他就是两枪，一枪打中胳膊，一枪打在腿上。那两个家伙看到这情况，扔下枪掉头跑了。

我得了一支三八盒子和两支长枪后，对瘫在地上的一耳王说：“你小子以后再不要当土匪了。这次是轻的，以后就对你不客气了。你是个老土匪，过去打过八路军，看你一个耳朵了，这次就先饶了你。”

他边磕头边说：“我再也不敢了，过去我当保甲团团长，打过八路军，那也是日本人逼得无奈，请八路军老爷留我一条命哇。”

接着，我询问出他刁抢下的一些烟土下落，并押着他去黑牛沟小黑滩把大烟取上，随即放了他。不料这家伙到察素齐治好伤后，四处拉人买枪纠集了20多人，继续干起了迫害百姓的勾当。我多次写信劝阻无效，群众强烈要求我们铲除他，为民除害，这个任务由县委交给了我去完成。

一耳王从春季捉放后，变得更加狡猾。为了准确无误地全歼这股土匪，我预先派出了侦察兵对他们进行了严密的监视。

那是秋季的一天早晨，侦察兵报告说，一耳王领着二十几个土匪进了乌兰板申西沟。我们随即咬住不放，尾随进了西沟。

这乌兰板申西沟共有七八个小村，每个村只有十几户人家，都是土窑。沟里有一座小山，峭壁丛生，只有山前、山后一条小路可通向山顶。一般人都因为道路曲折不愿上去，是个秘密的隐蔽之地。

我和杨建林同志带领着县大队的50多人跟进西沟，转眼便不见了他们的踪影。这里的老乡受尽了他们的欺压，心有余悸，都害怕他，不敢说出他的地址。全体队员抱着失望的神情，沿着西沟往回返。当走到小山前时，忽然看见山顶上有一个人四处瞭望，我一看便知，一耳王就在这座山上。这是他派出的哨兵。我把队伍做了安排，四处隐蔽，并和杨建林同志边观察边研究对策。地形对我们十分不利，在我们对面，只有一条小路上山，山路顶端就是那个哨兵，一旦行动，就会被发现。在这山后，也有一条路上山，可绕路上山，一方面怕暴露行踪，另一方面还有二三十里路，路途太远。我们只好等待着时机。

前半晌，我和杨书记说："看来现在上山很困难，一旦被发现，他们居高临下，我们一定要吃亏，等黄昏时候再上山比较好。"杨建林同志说："怕黄昏时，他又逃之夭夭了。"正在我俩谈话之时，山上的哨兵忽然消失了。我随即向杨建林同志请示："哨兵不见了，趁这机会我们冲上去，一旦被发现，他才20多人，没多大火力。不然他又要逃走了。"杨建林同志稍思片刻，同意了我的建议。

我立即下达命令，战士们子弹上膛，迅速向山顶冲去。不到半个小时，我们就已到达山顶。我命令队伍停止前进，仔细观察着山上的地形和一耳王的行踪。山顶上竟连一个人影也没看见，只有几间破旧的土窑洞。显然，一耳王已从山后的那条路走了。我先派出警戒，随后对几间土窑进行了搜查。在一间土窑内有两个姑娘，看样子只有十八九岁。经询问，才知道，这两个姑娘是川底人，昨天晚上，一耳王一伙去川底抢劫，看见两个姑娘，顿起淫心，命令手下将人抢劫至此。听她们说，这些家伙并没有发现我们。临走时，把她们俩监禁在这间土窑内，晚上还要回来过夜。我立即和杨建林同志安排了战斗部署：凡是上山的人，只许进，不准出。随后，又把两个姑娘送到另一家休息，同时检查了各个岗哨的警戒情况，天色已过中午，队员们随便吃了一点干粮，和衣抱枪休息了一会儿，养足精力，准备作战。

黄昏时分，我和杨建林同志对部队做了战前动员讲话，并向各班分配了战斗任务，分片包围了土窑洞，全体战士严阵以待，分头做好了准备。我当时埋伏在那两个姑娘住的土窑中。

深夜二更时分，一耳王领着他的队伍回来了。只见一个个拖泥打胯，倒挂着枪，枪管上挂着鸡、鸭，还有的土匪背着面，拿着肉，一派二流子的样子，向我所在的窑洞走了过来。看样子，这些家伙刚刁抢完不久，有些疲乏，刚到窑前，就扔掉手里的东西，躺倒在地四肢伸展，酣然大睡。一耳王却径直向两个姑娘原来的土窑走来。

他刚一开门，我上前一把抓住他的衣领，用枪顶住他的腰说："不要动，动就打死你。"随即下了他的枪。这个家伙还不知道是怎么回事，就已经做了我的手下俘虏。与此同时，全体战士从各个隐蔽之地跃了出来，干净利索地缴了土匪的武器，没用一枪一弹就结束了战斗。

这次战斗全俘土匪，缴获28支长枪、三支匣子枪和一些弹药及抢来的物资。战斗结束后，我们把土匪全部关押在一间窑洞里，一一进行了审查。审问中，一耳王很顽固，他知道自己民愤极大，死到临头了，一字不吐。我和杨建林同志研究决定，就地处决了一耳王。其余土匪看了以后，胆战心惊。

我们对他们讲了共产党的抗日道理和俘虏政策，严厉地训斥了他们的不法行径。这些人听了以后，都一致表示，一定痛改前非，再也不坑害百姓。接着，我们按照党的俘虏政策，对他们实行了宽大处理，每个人发给了盘缠路费，全部释放。最后，又把那两个被抢来的姑娘让老乡送回了家。从此，这一带土匪活动也稍有安息。

父亲之死

提起我的家庭也真够惨的。我从小失去了生父，参加革命以后，又失去了养父，一个人一生中最痛苦的就莫过于与亲人诀别了。

那是1941年锄地的时候，我担任县游击大队长，驻在水磨沟的大塔村。一天，两个游击队员押着一个人来到这里，说来人是找我的。见面一看，原来是我的一个远房舅舅，家住郊区元山子村，名叫刘桂林。我把舅舅迎到屋里，问长问短。他告诉我说："你父亲叫日本人捉起来了，你回去他们就答应放人。我这次来，就是叫你回去，你可不能见死不救呀！"

听到这事，我的心情十分沉重，脑子里也很乱，急忙迫切地问道："现在，他老人家怎么样了？"

舅舅看着我着急的样子，接着说："你父亲这次被捉，都是因为你参加了八路军。日本人答应，只要你不和他们为敌，他们绝不会伤害你父亲。他现在被关押在日本宪兵队，这是日本人让我给你捎的口信。"

这不是在招降我吗？听到这里，我的头脑清醒了许多。既然是这样，日本人暂时还不可能对我父亲怎么样，可舅舅这种行为叫我很气愤。当即，我命令游击队员把我舅舅捆了起来，送请杨植霖和杨建林同志处理，并给他俩写了一封信。大意是：我父亲被日本人捉起，日寇派我舅舅刘桂林前来招降我，他实则是汉奸的行为，我把他送请上级处理，并说明我的意见：第一，我坚决不回去。我要打日军，抗日到底。第二，这个人（刘桂林）应该作为汉奸，请上级处理。……写完信后，我派了一个班的队员押送。临走时，我吩咐队员们：如果他要是逃跑，你们可以开枪，但不要打死。

当时，“县政府”和专署都驻扎在西梁脑包沟。杨植霖同志为专员，杨建林同志为县长兼县委书记。他俩看完信后，对刘桂林进行了审问，并派人通知我迅速前往。我接到通知后，马上来到脑包沟。一进门，杨专员和杨书记就对我说：“我们已经进行了核实，他并不是汉奸，只不过想救出你父亲，被日本人利用了。”他们为了让我彻底相信舅舅不是汉奸，还讲了一些浅显的道理，并且赞扬了我坚决抗日的爱国精神。接着，他俩交换了一下意见，回过头来说：“我们决定放他回去，你有什么意见？”

既然舅舅不是汉奸，所以我对这个决定很高兴。杨专员和杨书记吩咐警卫给我们安排了伙食，借此让我同舅舅谈谈心。吃饭当中，我才知道了父亲被捉的详细经过。

我参加革命以来，发动群众，带领着游击队经常活动于前川、后山一带，除奸肃特，在大青山地区稍有名声，这样就引起了日寇的注意。为了使我不和他们为敌，他们专门派人探听我的情况。当了解到我的父亲住在归绥市西顺城街时，便派宪兵将我父亲捉起，作为人质，后又派我舅舅刘桂林前来捎信，目的是想招降我。

我听了这些后，又是痛苦，又是气愤。我从小就失去了生身父母，是养父一家把我抚养成人，供我念书，教我做人，到头来，因为我，他老人家受到了牵连和折磨，使我从内心里感到很对不起他。日军的这种做法，更加深了我对他们的仇恨，坚定了我彻底革命的信心。

吃完饭，在与舅舅分手时，我慎重地对舅舅说：“以后，不管日本人怎样对你，你可千万不能再为他们办事了。”并且又叮嘱了他几句，舅舅听完后，默默地转身走了。

日军的阴谋没有得逞，便对我父亲严刑拷打，不给饭吃，父亲经常处于昏迷状态。就在舅舅回去后不久，父亲已经被日本宪兵折磨得奄奄一息了。

我想尽办法，也无济于事。最后亲戚们派人和我商议后，把院子卖了，又卖了十几峰骆驼，用这些钱打通了关节，总算把奄奄一息的父亲赎了出来。由于日本人的拷打，父亲内伤严重，出来后不久，他就离开了人世。

父亲的去世，对我来说是一次沉痛的打击。当我听到这个不幸的消息时，眼泪不由得流了出来，和父亲在一起生活的欢乐情景又一幕幕地出现在眼前。此时，我心里只想着要多杀几个日本强盗，为父亲报仇。

和奎壁同志在大青山的日子里

那是 1942 年 6 月，我们随奎壁同志在大青山上转战，坚持开展抗日斗争。

那一天，天气格外热，我们汗流浃背、步履艰难地在山顶上攀登。奎壁同志走在我们中间，他当时患着鼻衄病，在艰苦的日子里，到哪里寻医求药根治呢？因此病发时，只能用破布、泥巴堵住鼻孔，就算外治了。此刻，他本来就苍白的脸上，又挂满了滚动的汗珠。而他的目光，却是明朗的，步子是坚定的。

走着走着，他的病又犯了，只见殷红的鲜血从鼻孔里流出来。同志们呼的一下围过去，急得手足无措，一时间竟不知道怎么办好。我撩起自己的衣襟就要撕，却被奎壁同志看见了，他抓住我的手，摇摇头，接着蹲下身去，从脚边拔了一把青草，用手搓了搓，揉成草团团，塞进鼻孔里。看见这情景，我鼻子一酸，滚下几颗泪珠来。这时他站起身，扯住我的衣襟说：“文玉，要珍惜呀！”

那一阵子，大青山的斗争正处在极端险恶的困难时期，我们身上的衣服，原来都是棉衣，在桦树林、酸枣林里钻来钻去，棉衣被划破了，棉花露出来了，这些棉花，有的用来擦战友的鲜血和脓疤，有的则像蒲公英的花絮一样飘飞走了，还有的随着气温的回升被淘汰了。当然，随季节的更替，这褴褛的衣衫还要挡风御寒啊！我当然知道要珍惜它，可我也不能眼睁睁地看着他流鼻血呀！我关切地说：“奎老师，你的病……”他止住我的话，勉强地笑了笑说：“不要紧的，这不就好了吗？”

他从大家的脸上，看出我们的担心和焦急，于是又问我：“你见过什么样的胡子啊？”他还朝我递了个眼色，是要我回答他。

我不忍心再看他那苍白的脸和被草团撑大的鼻子，低下头说：“好像有黑胡子、白胡子、花白胡子……”

他笑呵呵地说：“嗯，你们都没见过绿胡子吧？”

我们不由得抬起头，只见他用手捋着鼻孔下耷拉着的几根草须，风趣地点头呢。可那草须上，还分明挂着血珠呀！

傍晚，我们来到小西梁敖包沟木炭窑子，这里是敌后，地势较平坦，一条小溪从脚下流过，周围是挺拔的白桦树。在这里，我们开了一天的第一顿饭。那时，有一条不成文的规定，每顿饭都得由领导掌勺。他轻一下，慢起勺，把稠一些的饭尽量分配给伤病员、战士、一般干部，最后才是自己的。能剩下还好，如果不够了，他的这一顿饭就“转移”到下一顿。这一次，奎壁同志拿着铁勺，尽量避开野菜，专给我们舀莜面糊糊，留给他自己的却是半碗野菜，饥肠辘辘了一天，莫说是莜面糊糊，就是草根野菜，我们也会狼吞虎咽地吃下去。可那阵儿，我们一个个捧着碗走到他面前，都争着抢换他的饭碗，不管我们怎么讲怎么说，他执意不换，反而用命令强迫我们吃下去。

就在这里，奎壁同志病倒了。我们要抬着他走，他却怕拖累大家，决意留下来。我们只好服从命令，大家一起动手，用桦木杆、茅草为他搭了个能挡风避雨的窝棚，让他住下。我们还想留人照顾，他说什么也不依。于是，我去找来我们的基本群众高万来，请他和奎壁做伴，照顾他。

谁知，这一病竟转成了伤寒，长达四个多月。这期间，我根据上级领导指示，将一些粮食、药品等定期送到这里来。每次见面，奎壁同志都十分高兴，还逗笑地称我是“供给部长”，接着就向我打听最近消息。

时令一过处暑，虽还有“秋老虎”之说，但在山沟里的一早一晚，也添了几分凉意。这一天，我领着几个同志又来到了木炭窑子，奎壁同志从窝棚里迎出来，热情地拉住我的手，问长问短，随后又问道：“战争这么紧，你们怎么都来了？”

我说：“奎老师，天气凉了，不能再让你住窝棚了。”

他眼睛一亮，高兴地说：“怎么组织上批准我的报告，同意我归队啦？”

我笑着摇摇头说：“不是的，组织决定让你再休养一段时间。我们奉命来给你盖一间大一点的茅屋，垒一条火炕……”党组织无微不至的关怀，使他白皙的脸上微微泛红，他激动地说：“谢谢党组织，谢谢同志们。”

我从怀里掏出一个纸包递给他说："奎老师，这是一斤红糖……"

"从哪儿弄来的？"他打断我的话，神色严峻地问。这斤红糖，是经抗日政府同意买的，我派人到毕克齐，费了很多周折，最后以产妇用糖为名才买到手。那时候，正是日本帝国主义纠集三万之徒，疯狂地对大青山地区进行空前规模的大"扫荡"的时候，党和人民都非常困难，有时为了一盒火柴，都要付出重大的代价，何况一斤红糖啊！

所以，奎璧同志一反感激的心情，以严肃认真的态度，听我讲述了红糖的来历，他的眼圈红了，说道："文玉，我给你当过老师吧？"

我点点头，他又说："听老师一句话，把这红糖转交给党组织和政府，就说我打心眼儿里感谢党和人民，请组织上把给我的这包糖，用到最需要的地方上去。明白吗？"

一包红糖，推过来让过去，他总算收下了，不过是有条件的，他说："咱们下不为例，另外，买糖所用的钱，我归队时亲自去还。"他是这样说的，也是这样做的，病愈一归队后，他亲自找到杨建林同志，询问了买糖的事，又如数交了款。

天高气爽，阳光灿烂，我又一次来到奎璧同志身边。这一次，我给他晒了被褥，洗了衣服。他躺在毛茸茸的草地上晒着太阳。

我把茅屋周围的卫生清理完后，回到他身边，拿过一件衣服，给他捉起虱子来。他忽然掉过脸问："哎，今天好像是中秋节吧？"我迟疑了，一旁的高万来抢着说："是中秋节。"他责怪自己道："看我，险些忘了。万来，回家看看去吧，与家人团圆团圆。"高万来有些犹豫，我说："去吧，这里有我照顾。""家里有好吃的，我带些来。"高万来说完走了。

高万来不怕脏不怕累，也不怕伤寒病传染，精心地照顾着奎璧同志。奎璧同志也常常讲些革命道理，讲革命成功后，劳动人民定会当家做主人，那时候的日子，就好活了。在这深山里，他俩结下了深厚的情谊，一直到全国解放，相互间还有往来。后来，高万来同志去世了，奎璧同志十分悲痛，为了表示对高万来同志的怀念，特意买了花圈和幛子送去。

高万来回家过节了，山里只剩下我们俩。他问："蹲山沟，吃野菜，过节了也不能回家，你不觉得苦吗？"我用指甲盖挤死一个鼓溜溜的虱子说："连虱子都喝战士的血，怎么不苦呢！"

“是啊！”他沉默了许久后又说，“这些，要比给地主老财、牧主老爷当牛做马好得多了。”我略略想了一下，便用一句古语笑答：“先天下之忧而忧，后天下之乐而乐。”

他很满意，高声地说：“讲得好！咱们革命战士，就是吃苦在前、享受在后嘛！”

这以后，奎壁同志病好回到了他的岗位上，我们又分手了。

坚持敌后斗争

1942年，是大青山斗争最残酷的一年。日本帝国主义集结了三万余日伪军，铺天盖地地向大青山根据地压来。我主力部队和县以上党政机关，便开始了有计划地向晋西北转移。避开敌人锋芒，到外线休整，以利再战。

一天，白成铭同志和杨叶澎同志把我和李俊青二人找去，对我们说：“我军主力和一些党政机关已突破敌人的包围，回到了偏关。现在大青山一带还有我们的几支武装，其中就有姚司令员带着的教导大队在坚持敌后斗争。另外，还想组建一支。我们的意见是委托你们两位负责，你们有什么意见？”

我心里一沉，这担子非同小可，可一想到姚喆同志还在我们身边战斗，不由得有了一种力量和勇气，痛痛快快地应承了。李俊青同志也很干脆，他说：“行啦，让我俩同姚司令员一块儿打日军吧。”

于是白成铭同志宣布了任务。他说：“那就定了，曹文玉同志任武工队大队长兼政委，李俊青同志任大队副兼副政委。你们的任务，不只是打击敌人的有生力量，还要向群众宣传，树立起坚定的信心，中国人一定能打走日本侵略者，重建家园，安居乐业。”不知为什么，我当时听了白成铭同志的话，鼻子酸酸的，险些掉下泪来。

斗争是残酷的，日寇对大青山实行了野蛮的“三光”政策，并把大青山的十八道半沟都挖成了两米深、两米宽的壕沟。逢沟口便驻兵把守，有山头就设岗立哨。山中的茅屋土房都被烧毁了，老百姓有的被杀害了，有的被赶到平川上，还有的被抓到大同去挖煤。日寇断了我们的道路，断了我们同群众的联系，还不断地进山“围剿”。他们把根据地分成区、片包围起来，以密集的队形搜索、压缩、合击，即所谓的“篦梳战”。我们靠熟悉地形地物，有利就打，无利就转，机动灵活地与日寇周旋。日寇来得多了，我们化整为零，迅速地消失了。等日寇住下来，我们东边打几枪，西面甩几颗手榴弹，人影一晃又不见了。如果日寇来得少，我们变零为整，收拾他几个，常常搞得日寇心神不安。

为了躲避日寇搜山，我们一天要换几处地方，穿梭般地来往移动。多少个日日夜夜，我们转山头、蹲桦林，风吹日晒，人人脸上晒得像沙泥卷，一层层地直掉皮。我们睡在山崖，吃在林中，还时时没饭吃，靠野菜充饥。因此，许多同志得了夜盲症，到了夜间，互相间拉着根木棍行走，深一脚、浅一脚，动不动便踩空摔倒了，从山坡上滑下去，磕碰得头破血流。脚上的鞋露了脚，便绑上块麻袋片，硬是坚持着。

记得有一回，我们已断炊多日，正准备用野菜填填饥肠时，哨兵跑来报告说："有人上山来了。"我命令部队就地隐蔽起来，在暗中监视着上山之人。

这是一位老大爷，他在我们架火的地方停住了，看了看地上那堆苦苣、沙葱、野蒜后，低声地朝树林里唤道："同志们，出来吧——"我们一个个走出树林。他迎上来，见我们个个面黄肌瘦，心疼地说："同志们，让你们受苦了，我家还有点红高粱，拿来吃吧。"

当这位老大爷背来半口袋高粱，双手交给我们时，许多同志都哭了，我也抱着口袋泣不成声。是这位老大爷，在最困难的时候帮了我们一把。直到今天，我还记得他——霍寨村的云顺顺老大爷。又是这位云大爷，把我们还在大青山的消息悄悄地向群众传开了。因此，边山区的许多乡亲冒着生命危险上山来，打听我们的消息，送粮食给我们，帮助我们克服困难，坚持斗争。

由于恶劣的环境，频繁而残酷的斗争，我们的部队不断减员。一些同志因受伤或害伤寒病离队休养，一些同志则光荣地牺牲了。到 1942 年冬，和重返大青山的部队会合时，我们只剩下六七个战友了。能记得的有王开华、李富和、郭富全（后改名郭生福）、李二明（后改名李树堂）等同志，李二明是个战将，打起仗特别勇猛。

进入 1943 年，苏联红军在斯大林格勒会战中，歼灭德军几十万，这次会战成为苏德战争和反法西斯战争的转折点。中国的抗日战争也已经从相持阶段逐步地向局部乃至全面的反攻阶段发展，大青山抗日根据地随之出现了新的斗争形势。这以后，我奉命回到偏关，参加整风学习和大生产运动。

为革命送信，长子牺牲

1943 年，抗日的烽火越烧越旺。抗日健儿在党中央、毛主席的领导下，前赴后继，浴血奋战，粉碎了日寇的一次次“围剿”，在全国各个战场上取得了辉煌的胜利。大青山根据地也同全国形势一样，逐步地由被动局面转向了巩固发展、主动出击的局面。我绥西三团在地方游击队的密切配合下，经常夜袭敌据点，歼灭小股敌人，锄奸惩特，搅得日寇坐立不安，惶惶不可终日，龟缩在据点里，不敢轻举妄动。

这一年，我同县区的一些干部正在偏关参加整风学习。回来后，听三团的战士们和一些老乡说，我的儿子为了给部队送信，牺牲于敌人的乱枪之下。

那是 1943 年冬天，大青山地区只有绥西三团和少数地方武装坚持斗争，大部分地方干部去了偏关。一天，三团的一个连在武川以东地区执行完任务后，从大豆铺、霍雷报、永安昌等村向南山转移，住在了猫儿兔沟，准备在这里稍事整顿吃口饭，即往井尔沟。

我的大儿子叫曹板毛，是一个活泼可爱的孩子，由于我平时接触的人不同，经常同部队在一起，又时常向群众宣传抗日道理，在他幼小的心灵里深深地埋下了革命的火种。板毛还特别爱听故事，一有空，他就跑到部队所在地，跟在战士们屁股后面，缠着他们讲打日军捉汉奸的故事。由此，部队指战员都很熟悉他。他还经常给部队放哨站岗，送信传话，所以战士们都特别喜欢他，常常逗他玩，还有的战士和他交了朋友。

这一天，板毛听说猫儿兔沟来了八路军，高兴地一路小跑追到这里，又和战士们混在一起，听他们讲着打日军的故事。正当他听得津津有味的时候，一个战士把他叫到连部，说是有事叫他帮助，板毛一听叫他做事，高兴得不知如何是好，三蹦两跳地来到连部。只见连长从衣兜里拿出纸笔，伏在炕沿上，在纸上“唰唰”写了几行字，然后折起来，对他说：“板毛，你把这纸条送给井尔沟的王芝堂伯伯就行了。”板毛没等连长把话说完，毫不含糊地抓起纸条就走，连长一把把他拉住，一再叮嘱他路上要多加小心，边说边帮助板毛把信藏好。

板毛接受任务后，骑着一头骡子，就急匆匆地上了路。可谁也料想不到，此时猫儿兔沟已被敌人包围了。

原来，三团的这个连在向南山转移的途中，被敌探发现。这个家伙为了请功领赏，当即报告了武川警察所长李百灵，李向主子汇报后，即率领部下百十多人，一路尾随跟到了猫儿兔沟。没一袋烟的工夫，已将猫儿兔沟沟口封锁了，包围圈一寸寸地缩小。

我儿子板毛骑着骡子出了沟口，上了马路大约200米时，忽然看见对面的山梁上站满了荷枪实弹的敌军警察，离得是那么近。情急之下，板毛忙掉转骡头，急向沟里奔去。敌军警察看见他们已被发现，便下令开枪射击。密集的子弹带着呼啸声从板毛的身边飞过。板毛哪里顾得上隐蔽，只是抽打着骡子奋力奔跑。在离沟口约一百米时，忽然，一串罪恶的子弹射在了他的身上，他壮烈牺牲。

激烈的枪声，惊动了在沟里的部队。战士们迅速地进入了阵地，一阵猛烈的扫射，将进入沟口的敌人打了出去。敌军警察不甘心失败，又集中兵力，一次又一次地向沟里冲锋，我军英勇奋战，将敌人一次次地打退。敌警察所所长李百灵看到硬攻不行，便命其部占领了沟口的一座小山梁，封锁沟口，准备和我军打消耗战。由于地形对敌有利，再加上敌多我少，不能和敌人打持久战。要想转败为胜，必须首先占领沟口的山顶。于是，我军调整了兵力，趁敌人扬扬得意之时，出其不意，向扼守在山梁上的敌军警察发起了冲锋。敌军警察怎么也没想到，在这四面包围的困境中，我军竟敢从正面冲锋，一时竟慌乱无章。

在此慌乱之时，我军一阵猛冲猛打，刹那间便占领了要地，将敌人赶下了山梁，突破了包围。继而我军乘胜追击。李百灵看见再打下去，连他自己的性命也难保全，便率其残兵败将扔下了十几具尸体，仓皇地逃回了老窝——可镇。

战斗结束后，部队指战员和乡亲们眼里含着愤怒的泪水，脱帽肃静，沉痛悼念着为革命送信而光荣牺牲的小英雄。

为了纪念我的儿子，新中国成立后内蒙古民政厅追认曹板毛为革命烈士，并颁发了烈士证，每月还发给40元的烈属费。儿子的牺牲，又在我的心头上给以沉痛的打击。为了革命，我失去了父亲，现在又失去了儿子，这是多么遗憾的一生啊！

偏关整风

1942 年冬，地上已铺满了厚厚的一层积雪。我和郝秀山等四位同志冒着刺骨严寒，奉命来到偏关参加整风学习。

偏关整风是继延安整风后开展的一次普遍的马克思主义的思想教育运动。整风的内容是反对主观主义以整顿学风，反对宗派主义以整顿党风，反对党八股以整顿文风，克服党内存在的各种非无产阶级思想，提高全党的马克思列宁主义水平，从而更有力地领导全国人民坚持抗战并夺取最后的胜利。整风的方针是惩前毖后、治病救人，既要弄清思想，又要团结同志。

1943 年春，中共塞北区工委和塞北军分区在偏关开展了整风运动。偏关整风共分三个大队。塞北区工委、塞北行署、塞北军分区直属机关干部 90 余人，编为第一大队，大青山和雁北地区的干部编为第二大队，军分区教导队和一些部队干部编为第三大队。我当时被编入第二大队。这次整风是分三个阶段进行的。

第一阶段主要是学习整风文件。首先，我们根据党中央和晋绥分局的指示，一起学习了中央指定的整风文件。如毛泽东的《整顿党的作风》《改造我们的学习》《反对党八股》等文章，克服了教条主义的学习方法，学会了“从实际出发”“实事求是”和理论联系实际的学习方法。大家的学习积极性非常高，收到了很好的效果，为坚持大青山抗日游击战争和争取抗战的胜利打下了思想基础。

第二阶段主要是以整风队伍为主要形式，把整风与审干结合起来，由党内发展到党外，但在整风审干过程中错误地进行了所谓“抢救失足者”运动和“反特”斗争。开始，我们学习了康生“抢救失足者”报告，由于他的报告的影响和他的直接干扰，严重伤害了相当一部分革命同志。我们这些人一个个都成了审干对象，许多同志被围攻、被怀疑、被审查，甚至用疲劳战、车轮战和逼供信等办法逼你坦白交代，把百分之九十的同志都认为是“叛徒”“特务”，不是派进来的，便是阶级异己分子，搞得人人自危。许多人行动被限制，大家心情十分紧张沉重。

我当时也被打成“特务”，天天用车轮战的方法让我坦白。他们借我的家庭原来比较富裕，说我是派进来的“特务”。整整搞了我一个多月，饭也吃不饱，觉也不能睡，整得我精疲力竭，无力支持。后来逼得我没办法，我就胡乱地编了一段。我曾经看过一本《绿牡丹》的书，上面的人物我还记忆犹新。于是，我把这些人物都说成是我的同伙。我在材料中写道：我过去拉骆驼去过新疆，我是个“特务”，去新疆和我的老同学联络。我的同伙还有鲍金花、鲍自安，联络人还有个女的叫花柏莲……就这样有头无尾地写了出来。他们看了我的材料后，说我坦白得不错，马上给我改善了伙食，以便让我继续好好交代。第二天，我又连泼天鹏、泼天雕也写了进去。因我交代得好，伙食也从三个菜换成了四个菜。知识分子听了以后，在一旁笑了，这个曹文玉可真有主意，这些同伙还不是《绿牡丹》的人物？第三次还让我把遗漏的补充一下，我参考《绿牡丹》又胡写了一些。

就这样闹了一年多，绥远专员李维中同志，还有奎壁、武达平同志从延安上来了，听说我是“特务”，都十分惊奇。于是，他们急忙看了我的交代材料。李维中、武达平同志都是大学生，三人还没有看完一页，都笑了，“这个曹文玉，真有鬼点子，写了本《绿牡丹》”。至此，我才算解脱了审查的绳索。

第三阶段的中心内容是消除“抢救运动”中所造成的不良后果。1944 年，塞北区工委发现了“抢救运动”所带来的一些严重后果，及时纠正错误，对坦白运动中提出来的问题一一进行了甄别，给受冤屈的同志予以平反，重作结论。与此同时，塞北区工委组织整风队的干部大搞春耕生产、开荒种地等大生产运动。许多同志把自己的思想包袱抛在脑后，为克服根据地严重的经济困难，减轻群众负担，参加了生产劳动，当年秋季获得了大丰收。

1945 年夏季，偏关整风及大生产运动基本结束。参加整风的同志陆续回到了敌后抗战的第一线。但由于受“左”的思想的干扰和影响，绥远和雁北地区的许多干部在政治上受到了打击，思想上背上了包袱，影响了革命队伍内部的团结，从而在一定程度上影响了抗日游击战争的深入开展。这是一次多么值得深刻总结的经验教训啊！

什尔登阻击战

1945 年，偏关整风及大生产运动全部结束。上级根据学员们的要求，结合当时实际情况，把少部分同志分配到了南方一带工作，大部分同志则回到了原地区继续斗争。7 月，绥东、绥西、绥中等地区的大部分地方干部及陕西民族学院的六七十名蒙古族干部，奉命随同北上大青山的我军二十七团从偏关出发，随行随留，都回到了自己的老根据地。我也随着二十七团回到了分别两年之久的大青山抗日根据地。

二十七团是从延安调上来的一个步兵团，打仗非常猛。这次来到了大青山，首先沿二道沟、四道沟、水磨沟和瓦岗寨山围追国民党顽固军，在李气沟聚歼了顽军翟根心的一个团，在萨拉齐境内歼灭了鄂友三手下的一团人马，沿途又打击了龙镇子、二德子两股势力较大的国民党三路自卫军，并将其逐出了境内；随后攻下了毕克齐。“八一五”日寇投降后，该团除少部分留守毕克齐外，其余全部奉命围攻归绥，并担任主力。1946 年，这个团又参加了集宁大会战。在这次大战中，二十七团全体指战员顽强作战，英勇拼杀，致使团长受伤、政委挂花，最后，全体战士壮烈殉国。

我回到了大青山，首先找到了抗日武归县政府，当时，王经雨同志担任县长。我向王县长汇报传达了带回来的精神，又根据省委组织部长代理书记白成铭的指示，我继续留任二区区长，并结合当前的形势及斗争方式，召集民兵，组织队伍，很快就展开了工作。

8 月 15 日，我带着召集下的民兵来到了什尔登村，向群众做抗日宣传工作。忽然，从西窑子村方向传来了急速的马蹄声。不一会儿，只见两个人骑着马一路黄尘地跑进村子。原来是王县长和赵富有同志。我们马上迎了上去。

王县长没等下马，就气喘吁吁地说：“日本人投降了，电报刚来，请你们赶快组织宣传。”

听到这振奋人心的消息，在场的人一个个既兴奋又激动，大家连蹦带跳地吆喝了起来：“日本人投降了，日本人投降了……”

不一会儿，村里的老乡纷纷走出了家门，三五成群地朝我们奔来，很快，我们周围就聚满了欢乐的群众。当我再次宣告这一特大喜讯时，人们欢呼了，有的拿着铁簸箕和洗脸盆，有的提着铁桶和烂铁锅边敲边喊，尽情地欢庆。人们奔走相告，笑逐颜开，还有许多人激动地流下了眼泪，当时的场面实在令人振奋。

此时，驻守在可镇的日寇已经撤离了县城，驻陆合营的伪蒙古军也从哈乐方向去了归绥，武川境内只有靖安军的两个骑兵团及可镇内的部分“讨伐队”

和警察。五团团长王俊峰率其部驻防在县城内，六团团长张凤娄率部正由哈拉合少据点出发，向可镇行进。

就在靖安军六团撤往可镇的途中，转战在大青山中的我军康健民旅骑兵三团获悉了情报，一路跟踪。傍晚时分，靖安军六团到达可镇，与王俊峰团会合；我军骑兵三团驻扎在可镇附近的三合玉、永安昌等村一带。当天后半夜，骑兵三团全体指战员在团长王先才的率领下，埋伏在什尔登的一个小山梁上，等待着南逃之敌。当时我和王县长正在什尔登，知道了我军要在这里打阻击，在征得部队首长的同意后，我率领着从井尔沟、乌兰不浪、前后坝沟、大小永安昌、韩庆坝、大小石槽子等村召集来的300多名民兵，也参加了这次阻击战。

第二天清晨，靖安军五团和六团在团长王俊峰和张凤娄的带领下，奉命撤往归绥。他们收留了县城里的讨伐队和部分警察，带着家属，赶着车，拉着物资，从可镇出发了。走在前面的是讨伐队和警察，紧接着是六团，王俊峰的五团断后。急于赶路的伪军，队形涣散，毫无一点战斗准备。待他们的先头部队刚刚进入我军的埋伏圈时，我军的各种轻重武器一齐开火，敌军的先头部队倒下了几个，队伍大乱。当他们知道遇到了我军的阻击后，没有下马与我军作战，而是扔掉了携带的家属和车辆，边打边骑马拼命向前猛跑。由于敌军全部系骑兵，行动快，不一会儿，两个骑兵团的人马就从我军的阵地前冲了过去，沿五道沟、坝口子村等地撤向了归绥，伤亡不大。

战斗打响后，我率领着召集来的民兵，把各种武器都用上了，但大部分民兵还是两手空空，他们便用石头作武器，向敌军抛去。不到半个小时，战斗就结束了。

这次阻击战共截获了100多辆车，100多名伪军家属，缴获了大批弹药及2000多块军毯和一些日本人的军服、靴子等物资。

清理完战场后，部队领导及地方干部共同研究了进驻县城的问题。接着，对部队及地方武装进行了整顿，明确了进驻县城后要严格执行“三大纪律、八项注意”，发扬我军的优良传统和作风，维护人民群众的根本利益等纪律和政策。随后，部队指战员和民兵抬着战利品，押着敌军家属，整队向可镇挺进，武川解放了。

开仓放粮

1945 年 8 月 15 日，日本宣告无条件投降，全国解放了，武川人民也得到了自由。

我率领着自己的队伍随同康健民旅骑兵三团浩浩荡荡地第一次开进武川。街里的居民看到部队战士们井然有序，说话和气，无不欢欣鼓舞。有给战士们端水的，有往战士口袋里塞鸡蛋的，甚是亲切。

进驻县城的第二天，我军康健民旅骑兵三团奉命执行任务，离开了县城。我们重新组建了人民政府，地址设在原日伪政府的旧址。王经雨同志任武归县县长，我任市长，我也不知道这是个什么官，但当时就是这样任命的。

人民政府成立了，我们着手组织人员对旧政府各口进行了检查，重新安排了伪政府工作人员，释放了被关押在监狱里的穷苦百姓。经过一系列的整顿，顺利地展开了工作，广大群众对我们的政府都拍手称赞。

没过几天，我们接到了白成铭和杨植霖同志代表组织写来的信，要我们很快地给群众开仓放粮，把笨重的东西迅速转移出去。

当时，挨县政府的一溜子店铺都是粮店，共有九个粮仓，以前都被日本人控制。县城南门口还有个南戏台，上面也垒得满满的粮食。当抗战进入最后阶段时，日军进山“扫荡”每次都遭沉重打击，此时已处于被动局势。所以，他们到处抢劫粮草，龟缩在县城里等待时机，不敢轻举妄动。九个粮仓和南戏台都存满了粮，共 6000 多万斤。

我和王县长接到指示后，当天就组织民兵进行放粮。每个粮仓派了两个民兵维持秩序。我代表县政府写了一张布告，大意是：武川人民，日军投降了，往日他们骑在人民头上作威作福的日子已一去不复返了。过去他们抢来的粮食，现在人民政府开仓放粮，无代价地归还人民。望广大群众相互转告，前来拉粮。

布告张贴出去后，很快，有拉毛驴、拉骡子的，还有拉骆驼的、赶车的农民纷纷前来拉粮。头两天，凡是来拉粮的凭介绍或证人做证，才能拉粮。第三天，上面又来了指示，要我们星夜放粮，不具名字，越快越好。我和王县长商量后决定，撤去看仓的民兵，让老乡们自己动手，想拉多少拉多少。这一下可真热闹了，人们有拿簸箕撮的，有拿斗撮的，有拿锹和盆撮的，还有的嫌锹把长不利索，干脆把锹锯成几截。女人、孩子也出动了。女人们装口袋，男人们往里倒。因撮粮拥挤，还有打架的、拉架的，有把口袋搞错的，简直乱成了一锅粥。城里城外到处都是人，背粮的，赶车的，拉牲口的，循环往复，川流不息，比过四月二十八还红火热闹。这次大放粮共七天七夜。

老乡们这几年让日本人折腾得够苦了。这一次政府开仓放粮，大快民心。有的老乡为了多装一些粮食，把拉上的粮食在半路上做了手脚，返回再拉。我知道的就有好几个。离县城十几里地的韩沁坝有个民兵队长叫王财，只身一人拉着四个毛驴，驮了十几袋小麦出城不到半里就埋了，返回又驮。还有个看仓的民兵，家住王家窑子，叫三梆郎，他拉着 11 头毛驴驮了四五天，半路把粮食都倒在小家甸的亲戚家里。蛇盘兔村有个张银和，用四五头毛驴也驮了四五天，半路上把粮食卸下后，老婆和孩子们用小车往家推，他返回县城再驮。可见，老乡们让那种吃不饱、穿不暖的日子吓怕了。

我看着放粮的场面，心里既是甜又是苦。是啊！过去我们打下的粮食反而吃不上，却被伪蒙古军敲诈、日军抢劫。今天，人民政府当家做主，以后你们再不用过那种吃了上顿没下顿的穷日子了。沙湾子村的张鼠毛，40 多岁，受尽了日伪军的盘剥，过着牛马不如的生活。这次，他拉着五六头毛驴驮上粮后，迟迟不走，激动得连话也说不出来，呆呆地望着天空，突然跪下朝着太阳磕了一个头，颤抖地说:“我感谢毛主席，感谢共产党，是你们救了我一家人的命啊……”

我看到这一情景，心潮起伏，眼睛湿润润的。前坝沟、后坝沟、霍筒子、大豆铺、霍雷报的农民说:“我们饿得快要死了，这下可有救了。还是咱们抗日政府好，人民政府好。在日本人管制下，自己打下的粮食，拿钱也买不到。”位于沙湾子村和三合玉村之间有个二道盘，住着十几户人家，都是浑源人，为了得以生存，这些人大部分是从口里担上积存的一点粗粮来到后山，有的甚至用自己的女儿换下几亩地和几条牛，精心耕种，糊口度日。这次放粮使他们从心里感谢人民政府。他们边拉粮边说:“毛主席和共产党真是我们的救命能（恩）人啊!”这种场面屡见不鲜，说也说不完……

与此同时，还放了六七万斤盐。盐当时受日本人的控制很严，县城里的居民吃盐还需控制，分配供应，可以想见，农民吃盐更是困难。我当时亲自组织放盐。堆放盐的房子足有四五间大，窗子都用土坯垒着，地上铺满了席子，席子上堆满了白花花的咸盐。老乡们成年累月吃不上盐，一听说放盐，争先恐后地前来抢盐，把门和窗子都从里推倒了。有的用手巾包，衣兜装，帽子兜，有的还脱下衣衫和裤子，扎住袖口和裤腿口用来装盐。不到一天的工夫，四五间的盐房已空空如也，只留下几块破烂的席子和一些垒窗子的烂土坯。

放粮放盐之后，我们又把日伪时期遗留下的枪支、弹药分发给民兵。有五六十支，种类有“老猫式”“水连珠”“三八式”“老套筒”等，都是长枪。这些枪在日本人眼里已变成废铁，可到了我们民兵手里却如获珍宝。有的人自参加民兵以来，还没有摸一下枪，当他们拿到枪时，高兴得不知如何是好，左擦擦、右擦擦，一会儿扛在肩上，一会儿端在手里，一会儿跪下瞄准，一会儿做刺杀动作，一天到晚爱不释手，真想痛痛快快再和日军干上他几场。

第二次留下

驻守在归绥的伪蒙古军，仗着工事坚固，武器精良，拒不投降，负隅顽抗。

就在我们进入武川的同时，围攻归绥的战斗打响了。在猛烈的炮火攻击下，我军很快突破了敌人的外围，攻进了归绥，双方展开了激烈的巷战。正逢我军胜利在握之时，国民党军队，背信弃义，调遣了大批兵力从背后向我军袭击。我军在受到前后夹击的情况下，不得不放弃攻城，撤出城市。不久，归绥市被国民党军队占领。

我军撤离归绥后，为了避免和敌人重兵正面交锋，战略上采取了转移——东撤。

我们进入武川县城二十多天，正值我军放弃攻城，准备东撤之际，一天，白成铭同志（当时为绥远组织部长代理书记）来到武川，和我谈了当前的形势，并把上级东撤的意图做了说明，他说：“这次东撤是为了更有力地进攻。”他边说边把胳膊收回，又有力地推了出去。接着他看了看我，语气深沉地说：“我军东撤以后，国民党军队很快就会过来，县城里是不能再待了。组织上决定，大部分人员随部队东撤，留少部分干部继续开展敌后斗争。”

听到这里，我心里不由得有一种预感，肯定又要我留下。果不出所料，白成铭同志放慢了速度，声音压得很低，说：“你在前山、后山、土默川一带有基础，工作又有经验，组织上决定，让你留下来，把萨拉齐、归绥、武归等地的民兵组织起来，继续开展敌后斗争。”他没有征求我的意见，又说：“这次留下你，任务很繁重，比 1942 年的困难更多。1942 年坚持斗争，给你留下了光荣的一页，整风时你又被评为好同志，我相信你在这次考验中，也会留下光荣的一页。”说到这，他才问我：“你还有什么意见?”

此时此刻，我内心斗争很激烈。1942 年的艰苦情景，一幕幕地从我脑海中掠过。我默默地想了很久，带有情绪地说：“既然是组织决定，我没有意见。”

随后，他向我布置了今后的任务，并将留下的人员一一做了交代。

这次留下 60 多个步兵，还有马建功（二区游击队队长）带的三个分队有六七十名骑兵。130 多人组成了武工队，我为武工队政委兼队长。

为了给敌人留下一座虚城，在离开县城时，我们对全县的工作做了检查，能带走的东西全都带走，不能带走的就地掩埋。处理完这些事，我们研究决定，步兵和骑兵分开活动。我带步兵在南面，马建功带骑兵在北面。

有一天，情况有所变化。步、骑两部分人马会合在一起。我传达了上级指示，分配了任务。我带步兵去段家窑子执行任务，马建功带骑兵去召河执行任务。我们在武川的泉子沟（薛台凹）分手。临别时，我一再叮嘱马建功，要他在路上多加小心，不要在途中过夜。有事要和分队长李富和、郭志明同志商量。并把所走的路线图画好给他带上。由于马建功工作失误，不听李、郭的劝阻，在去往召河途中，路经黑脑包村住了下来。黎明时分，遭到了国民党邢守中团的袭击，机枪班及一个分队部分人员被俘。其余两个分队在分队长李富和和郭志明同志的带领下，冲出了包围，幸免于难。但这对我们地方部队来说，损失是多大呀！

国民党军队占据县城之后，仿照日寇的做法，在各地建立据点，修筑碉堡，安插兵力，妄图歼灭我武工队等一些地方部队，以消除他们的后患之忧。

在这恶劣的形势下，我们根据毛主席的游击战术，与国民党军队展开了斗争。有时化整为零，分散活动；有时集中兵力，乘其不备，出其不意地打击敌人的小股兵力和一些地方反动武装。灭土匪，惩汉奸，截获物资，搅得敌人坐立不安。整整一个秋冬，战士们忍着饥、受着饿、挨着冻，冒着生命危险，顽强地战斗着，生活着。饿了吃把炒面，渴了喝口山泉水。白天，钻山沟，穿梢林，与敌人周旋在段家窑子等十几个村子周围。夜晚，摸岗哨，搞物资，穿插于敌人据点之间。有好几次，我们刚离开这个村子敌人就追来了，等他们又追到那个村子时，我们又绕到别的村子，等他们追到别的村子，我们又绕到原来的村子。

说到这儿，我要特别感谢那些为革命舍生忘死的乡亲。1942年，我率武工队在段家窑子一带十几个村子坚持地下斗争，遇到过好多险情，但有群众这样的坚强后盾，我们才多次脱险。在这最艰苦、最困难的时期，乡亲们冒着风险，不顾个人的安危，搞情报、探消息、送粮食、缝衣袜、做军鞋、藏文件、作掩护，伴我们度过了多少个日日夜夜，流了多少汗水，付出了多大代价啊！今天，他们的形象时时出现在我的眼前，感激的泪水常常涌出我的眼眶。是啊，没有群众，哪有今天的我，又哪有我们的今天呢！

残酷的敌后斗争，给战士们留下一副副面容憔悴的脸庞。我带着60多个步兵在这艰苦环境的战斗中，有的战士动摇了，放下枪，脱离了队伍；有的战士宁死不屈，始终战斗着、生活着、坚持着。到最后，牺牲的牺牲，伤的伤，回家的回家，只剩下十六七人坚持了下来。在与回归大青山的部队会合时，我们这些幸运儿，一个个含着幸福的泪水，望着与我们同生死、共命运的大青山，心里有说不出的辛酸。

进兴县党校

1946年，号称十万大军的贺龙部队浩浩荡荡地开了过来，绥包战役打响了。整个绥包沿线从白塔至旗下营、包头的沿山村庄都驻满了我们的部队，贺龙首长驻在平川里，亲自坐镇指挥。

当时，就整个绥西地区来说，武川县是部队物资供给的主要来源之地。因此，上级分配给武川的主要任务是负责解决部队的粮食供给问题。为了使指战员在行军打仗时不饿肚子，我们在县政府的领导下，首先集中了所有的地方民兵，动员起了几百名群众，又雇用了1000多峰骆驼，为部队收粮、运粮，随后又把大青山区的各家磨坊能利用的全利用了起来。但是，由于部队人多，每天要消费上万斤粮食，所以，尽管乌素图、康店、坝口子等村周围的79家磨坊、三条杆的磨昼夜不停地加工磨面，还是供不应求。尤其是入冬以来，战士们更是艰苦，不但吃不饱，就连棉衣、军鞋也相当缺乏，再加上咸盐供应不足，使战士们体力虚弱，严重地影响了部队的战斗力。由此，我军又开始了转移，撤往卓资山，贺龙部队的一旅担任保卫工作。我也随军一起去了卓资山，一同去的还有田恩明、范建国、张少庭等同志。

为了发挥地方干部的作用，上级在卓资山成立了中心县委，原地委书记杨叶澎任中心县委书记，田恩明、范建国、张少庭等同志和我都为县委委员，以前的职务同时免去。就在中心县委成立四五天后，国民党安春山部队从陶林直向卓资山扑来，我军继而又撤向集宁，在这里展开了闻名全国的集宁大会战。

我们地方干部没有撤向集宁，而是从卓资山直接进驻朔县，中心县委同时也迁到了朔县。在这里，我又搞了情报工作，担任了绥远省委城市工作部中心县委城工部部长，受省委和县委两级领导。城工部的主要任务是搞好情报，瓦解敌人。我们在县委的直接领导下，先后对国民党的部队、军官学校、伪蒙古军及一些杂牌队伍进行了宣传和瓦解，做了大量的工作，收到了良好的效果。收编了伪蒙古军连长王斌义带的一个连和团长李跃清，还有以前为匪的云得胜等人。之后，县委又组建了蒙汉支队，我为政委兼支队长。下分四个大队，每队 100 多人，经常活动在左云、右玉、托县、清水河境内。我以前的工作由白琪、刘跃忠、韩燕茹等同志接管。

1947 年，组织上决定让我进晋绥分局党校学习，我把队伍交给了新来的一个骑兵旅后，即去晋绥党校报到。

晋绥分局党校设在山西省兴县北坡，贺龙首长为校长。我去报到时，第一期还没有结束，组织上又派我先去保得县搞土改运动，并组织了土改工作团，杜新远为团长，我为副团长。由于上面“左”倾思想严重，我看到了第一次土改运动的惨景。

我不愿再在土改工作团待下去，待党校第一期刚刚结束，我便离开了工作团，前往党校报到，进入了第二期学习。

党校第二期开学后，什么文件还没学习，首先开展了“三查”运动。“三查”即是查思想，看你是贫下中农思想还是剥削阶级思想；查立场，看你是革命立场还是反革命立场；查阶级成分，看你是贫农出身还是地主出身。虽然“三查”运动的指导思想是正确的，但由于“左”倾路线的影响，这次运动偏离了航向，有不少久经革命考验的老同志受了冤屈。特别是知识分子，他们过去的家庭都较富裕，这样就成了“三查”的主要对象。当时李维中、郑天祥、韩燕茹等同志是这次运动被审查的典型人物。

我们那个队 100 多人中，共确定了 24 个被洗刷的对象，我也在其中。每天，都要有人被“查”。今天民兵来校拉走一批县长，明天拉走一批县委书记，“查”完后又送回党校，有的人一去便无影无踪，再无音讯。那阵子闹得人心惶惶，空气相当紧张。

我也被拉走了几次，查来查去，什么问题也没个头绪，什么证据也找不出来，却要开除我的党籍。正在此时，姚喆司令员、白成铭和张达志同志来到了党校，看到这紧张的气氛，即先向党校的生活队长马亚夫同志了解情况。当听说 24 个被洗刷对象中有我时，他们中一人气得拍着桌子嚷道：“这纯粹是胡闹！怎么曹文玉也成了被洗刷的对象？前几年，哪儿困难就叫小曹去哪儿，哪个地方垮了台、叛了变，又叫他去哪个地方开展工作……”接着又问起为什么要开除我的党籍，马亚夫同志愤愤不平地说：“就因为他过去有些土地，说他是地主。”“什么地主，井尔沟和乌兰不浪离得那么近，谁不了解谁。他一参加革命，地都给了人，牛羊也杀了给八路军吃了。地没了，牲口也没了，这还算什么地主？即使是地主，他也没剥削过人。”

他们说完，又向马亚夫同志问清了其余 23 个被洗刷的对象，随后又说：“这一个个都是跟随革命多少年的老干部，怎么一下子都成了被洗刷对象？”于是，他们立刻向贺龙、李井泉同志汇报了情况，并提出了一些意见和看法，至此，我们总算脱离了被审查的行列。之后，上级又重新对每个人作了评定，“三查”运动就此结束了。

释放壮丁

1947 年夏天，组织上临时把我从党校抽出来，调我到随军工作团工作。当时，我在康健民旅黄厚二团。

有一天，我们驻在离西河子 100 多里的蒙古寺村刘钰的家里，刚刚布置了警戒，忽然有个老乡骑着马急匆匆地闯进了村子。他马上便向黄团长报告说：“我们那里来了一个连的国民党队伍，抓了不少壮丁，现正押着去西河子镇，你们赶快去救一救吧！”这个老乡定了定神，长长地喘了两口气，接着才稍微平静地把他听到和见到的情况详细地说了一遍。黄团长听了以后，立即向康旅长做了请示。康旅长当即命令黄二团前去完成截获任务。我当时正在团部，所以也跟着一起去了。此时，国民党队伍已经押着壮丁到达西河子。

黄二团是个骑兵团。命令一下达，我们便马上出发。开始走时，我们一路小跑，走出二三十里后，黄团长命令战士们下马紧滚肚，随即上马急速飞奔，一口气赶到了西河子。

因为我们都是骑兵，急行军时带起了很大的尘土，所以还没有接近西河子，就被敌人的哨兵发觉。待我们刚接近村口，敌人就已做好了埋伏，一阵乱枪向我们射来。黄团长一边命令部队停止前进，一边根据地形迅速地制订了作战计划：一连、二连、三连从正、左、右三面冲击，特务连和团部穿后路。任务下达后，各连迅速前往指定地点。战斗打响了，黄团长一声令下，一连从正面冲锋，二连、三连左右夹击，特务连和团部从背后一打，很快就冲破了敌人的防御。敌连都是些老兵油子，眼看死到临头，还拼命挣扎。尽管他们全力抵抗，但在我军的猛烈攻击下，敌连死的死，伤的伤，不到一袋烟的工夫，截获战就胜利地结束了。这次战斗，全俘敌连，缴获了2000多套衣服及大批枪支弹药。生擒敌营长一名，团政工主任一名。

战斗结束后，我们一边给敌伤兵包扎伤口，一边对俘虏进行了审讯。

原来，国民党为了达到消灭我军的目的，大肆抓丁，补充兵源。这支队伍是国民党一〇一师补充团的一个连，此次出行就是奉命带着2000多套衣服，由一个营长和一个团政工主任带队，在武川的哈乐、马莲渠以及中旗、四子王一带抓了一千七八百名壮丁，准备在西河子换好军服后，押往驻包头一〇一师补充团，强迫服役。在那里训练一个阶段后，就与老兵穿插组成一支新的部队，继而开往前线与我军作战。可他们万万没想到，第一步就出师不利。

审问当中，我军根据每个俘虏的态度及所犯罪行的情节轻重，给予了不同的对待和处理。当场镇压了团政工主任（姓赵，河南人，军统特务，原是师部的政工干事）。最后，根据我军的俘虏政策，黄团长对俘虏进行训话后，全部释放。

处理完这些事后，我随黄团长来到壮丁们中间。此时，一些被抓壮丁的家属也纷纷赶来了，有给儿子拿馒头的、烙饼的，有给丈夫送酱菜的，坛坛罐罐一大堆。他们痛哭流涕，一派凄惨景象。黄团长把壮丁及其家属召集到一起整顿了一下秩序，提高了声音对他们说："我们是穷人的队伍，是毛主席领导的军队，是来救你们的，请你们回家吧。我们走了以后，敌人很快就会赶来的，大家赶快离开这里吧!”老乡们听到这里，唰的一下跪倒一大片，磕头谢恩。换上衣服的壮丁愤恨地把扣子一揪，把衣服甩在地上。有几个血气方刚的青年大声说:“我们不回去啦! 回去还不是让他们再抓走? 不如背上炒面上大青山打游击去。”还有的老乡不敢回去，怕日后国民党兵再来找麻烦。我们看出了老乡的这种顾虑，于是便开导他们，让他们解除后顾之忧，不用害怕国民党兵，国民党兵如果敢来，我们定要好好揍一顿。在我们的鼓励下，人们像决了堤的洪水，蜂拥地向村外拥去。

新中国成立后，有一次我来到武川东八号村，偶然碰到了一个当年被抓的壮丁，彼此谈起这次释放壮丁的情景，他还是那么记忆犹新，感谢不尽。

输送进步青年

我在随军工作团工作不久，又回到兴县党校学习。1948 年 3 月，我们这一批学员大部分都带着情绪，告别了党校。临走时，上级对我们这些挨过整的同志，一一都给予了甄别平反，并号召学员下四川开展斗争。南方的同志陆续都走了。我找到了姚喆、张达志同志，提出了不回绥远，也去四川工作的要求，他俩对我说:“你可不能下四川，你一定要回去，不然的话，国民党就会造谣说，我们把你害了。”就这样，我又回到了绥西。

回到绥西不久，组织上把我调到了绥蒙区党委城工部，还让我搞原来的情报工作。当时，绥蒙区党委城工部的驻地在丰镇，总共十几个人。潘纪文同志为部长，鲁志浩同志为主任兼秘书长，我担任派遣组组长，何树生、李文超、于峰等同志都为秘书。派遣组的主要任务是在执行任务时调派人员。来到城工部不久，我们通过调查摸底，发现原来的老关系户都已破坏，为了尽快打开统战工作的新局面，在潘纪文部长的直接领导下，我们亲自出去拉关系、找线索，又重新建立了一组牢不可破的关系网络，为我们以后的瓦解敌人、收集情报等工作起到了良好的作用。

关系网建立以后，组织上又交给了我们一项新的任务，要我们通过各种渠道，从绥远地区往外拉青年。接受任务后，我们便着手由城郊向城市逐步展开了工作。

有一天，在丰镇火车站，我偶然碰到了一个熟人，名叫张汉昌，原是驻归绥市国民党军队的消防队员，因看不惯国民党军队的所作所为，解甲归田，脱掉了军装做起了买卖。熟人相见，自是一番亲热。寒暄之后，我问他来这里做什么，他告诉我说：“现在城里咸盐相当紧缺，我想去张家口买点盐，结果那里也同样缺乏。返回来想在这里碰碰运气。”接着，我又问了他买的数量，答应为他解决一部分咸盐。

我们城工部各种紧缺物资都有一些，常常利用这些物资拉关系开展工作。我给他弄上盐后，向他了解了归绥市国民党军队的情况。临别前，又托他回去后，把吕顺义和我的一个小舅舅叫出来。

没过几天，吕顺义和我的小舅舅到了丰镇。这两个青年对共产党的英明很是赞赏、敬佩。以前我们在一起的时候，常常谈论社会的黑暗面、国民党的统治、人民的生活，彼此都很了解。他俩找到我后，互相询问了几句，我就直言不讳地说明了叫他们出来的目的。他俩听了以后，兴奋地说道：“有什么任务你尽管吩咐吧。”我看到他们痛快的样子，打心里感到高兴，于是郑重其事地对他们说：“你们回去以后，把各个中学的学生或社会上的青年，凡是要求进步的，不管是男是女，要广泛联系，广交朋友，能带多少出来就带多少。”他俩点了点头，又问了我几个问题，于当天风尘仆仆地赶回了归绥城。

这两个青年回去后就展开了工作。在当地地下党组织的密切配合下，拉拢青年宣传革命道理，鼓舞广大青年的爱国热情，从而使广大的爱国青年，一批接一批地投入了革命的阵营，为延安输送进步青年做出了一定的贡献。三个多月的时间，就出来了五六百人，分别从旗下营、卓资山一同前往革命圣地——延安。

“联络处”进驻绥远

1948 年底，天津解放。1949 年初，北平和平解放，给仍在国民党统治下的绥远人民带来了春回大地的信息。经过辽沈、淮海、平津三大战役后，国民党在中国的统治已全面崩溃，中国革命在全国的胜利已成定局。绥远地区的形势也在兵临城下，人民解放军越过旗下营、三道营一带，与董其武军队对峙。3 月 5 日，党中央、毛主席在党的七届二中全会上，分析了全国的政治、军事形势及国民党各派政治力量和绥远地区的阶级关系后，及时提出了一个“绥远方式”，是用来解决国民党残余军事力量的伟大战略决策。所谓“绥远方式”就是“有意地保存一部分国民党军队，让它原封不动，或者大体上不动”，“向这一部分军队作暂时的让步，以利于我们集中力量首先解决国民党残余力量中的主要部分，在一个相当的时间之后，再去按照人民解放军制度将这部分军队改编为人民解放军，这是又一种斗争方式”。5 月 28 日，中共中央华北局根据毛主席指出的“绥远方式”和平解放绥远的方针，经和绥远国民党当局派出的各方代表协商，签订了《绥远和平协议》。为使协议尽快付诸实施，使绥远地区早日获得解放，中共中央华北局又组建驻绥远联络处，成员有潘纪文、鲁志浩、曹文玉、李贵、何树声、张露、于峰、李文超、张光等 20 余人，加之警卫、电台通讯人员约 50 人。潘纪文同志任处长，鲁志浩同志任主任，我任联络组组长。但在进驻归绥的过程中也经历了一场尖锐复杂的斗争。

按照协议规定，我方代表应于 1949 年 6 月 15 日进驻归绥。眼看日期迫近，董方无任何表示，我方派人送信联系，也无答复。为了促使协议按期付诸实现，组织上决定派鲁志浩、曹文玉、何树声等同志到归绥催促董其武先生。当我们第一次由解放区旗下营到达归绥新城东门外时，董其武得知消息后，只派康保安、张国林、寿跃南等人与我方代表磋商。由于国民党顽固势力的代表人物刘万春、鄂友山、乔汉魁等人百般刁难，我方拒绝进驻市内，董左右为难。为了缓和矛盾，只能让康保安代表他表示歉意，我方以准备不够为由暂缓进驻。这样，几经周折、协商，直到 7 月中旬联络处才进驻了归绥市。

这次进驻后，我方代表比原来的人数大为减少。经过协商只派了以我、潘纪文、鲁志浩、何树声等十余名同志为代表的驻绥远联络处进驻归绥。

联络处进驻归绥后，马上展开了工作。当时，处址设在西落凤街六号（日伪时期的厚和旅社）。负责谈判铁路通车事宜的我方代表住在新城苏虎街小学校内，负责银行的谈判代表住在旧城四眼井巷。

双方谈判一开始，就接触到实质性问题。如恢复铁路通车、邮电通信、商业贸易往来、货币兑换等。董其武原则上同意，但当时绥远情况非常复杂，平、津、张家口、山西等地由于先后解放，许多国民党人员、特务、残兵败将和顽固分子汇集归绥。中统特务头子张庆恩也到包头，坐镇指挥，对我联络处展开了一场听不到枪声的激烈战斗。他们蛊惑人心，采用多种手段肆意诬蔑我党，暗中形成一股反对和平解放绥远的对抗力量。叫喊什么：“等待时机好转，坚持到底。”狂叫什么：“我们委员长有美国支持，决不会完蛋。”刘万春公开说：“和平解放就是投降，投降就是投死。”再加上国民党中央以停止董其武部队军饷、封官许愿、金钱收买等办法进行分裂，这就给绥远和谈造成了极大困难。

为使和谈顺利地进行下去，联络处的同志们不顾种种威胁，发动群众，对国民党的高级官员及有影响的人物，白天或夜晚，以拜访为名，进行了动员说服。通过我们的宣传接触工作，大部分军官都认清了形势，并表示愿为和谈的顺利进行积极的工作。到“九一九”起义时，我们先后做过工作的原绥远省高级军政人员，后来通电起义签名的39人有：

董其武　原西北军政副长官、华北总部驻绥部队指挥所主任、绥远省政府主席

孙兰峰　原第九兵团司令官

刘万春　原第九兵团副司令官兼第一一一军军长

俞方皋　原晋陕绥边区副总司令

胡景通　原第二十二军副军长兼第八十六师师长

张副元　原第三〇一师师长

张士珍　原独立第七师师长

赵晓峰　原第二五八师师长

杨仲璜　原第二二八师师长

王崇仁　原第三二六师师长

张　璞　原第三一九师师长

马逢辰　原第三二〇师师长

鄂友三　原骑兵整编第十二旅旅长

郄青云　原绥远保安骑兵第六旅旅长

乔汉魁　原独立第三旅旅长

高理亭　原骑兵整编第十三旅旅长

陈秉义　原骑兵第十一旅旅长

张汉琏　原骑兵第四旅旅长

张振基　原绥远保安第二旅旅长

安恩达　原骑兵第五旅旅长

孟昭第　原绥远省保安副司令
陈玉甲　原包头警备司令
张　潜　原归绥警备部中将司令
于霖瑞　原绥西警备司令
张　钦　原绥远省参议会议长
荣　祥（蒙）原土默特旗总管
阎　肃　原绥远省参议会副议长
于存灏　原绥远省高等法院院长
胡凤山（蒙）原绥远蒙政会委员
奇世勋　原国民政府监察委员
辛崇业　原国民政府立法委员
杨令德　原国民政府监察委员
陈志仁　原国民政府监察委员
王　度　原第三二兵站少将分监司令
梁子才　原国民政府监察委员
任秉钧（蒙）原国民政府监察委员
吴　桐（回）原绥远省回教协会理事长
吴耀庭（回）原绥远省回教协会副理事长
王质武（回）原绥远省回教协会常务委员

我们接触做过工作的还有原绥远省民政厅厅长康保安、副厅长赵国鼎，财政厅厅长常佩之，教育厅厅长张淑良等地方知名人士 40 多人。还有当时驻绥的原华北总部总参议张濯清、参谋长李世，原第三十五军副军长王雷震，原第一〇四军军长安春山等 20 多人。

随着局势的发展，国民党当局中顽固派借口市内社会秩序混乱，限制我方代表外出活动，并派兵驻守联络处，加岗设哨，门禁森严，名为保护，实则监视、控制。一方面向联络处的中共代表施加压力，限制到旧城活动；另一方面妄图阻止联络处与社会各阶层人士相接触。由于绥远当时的情况很复杂，一部分顽固势力为了破坏和谈，不断向联络处进行挑衅。7 月下旬的一天，当铁路工作组的部分同志由旧城回车站，路经当时的“纯一善社”时，突然遭到武装特务的袭击。三个同志当场受伤，王士鑫同志因伤势严重，送医院抢救无效，献出了宝贵的生命。惨案发生后，联络处大部分同志由潘纪文同志率领撤回解放区，只留下了鲁志浩、我，还有何树生等少数同志，由鲁志浩同志负责联络处的工作。为了冲破国民党顽固势力设置的种种障碍，坚持斗争，打开新局面，尽快地和绥远各阶层进步人士广泛接触，深入发动群众，掌握群众运动的领导权，经联络处批准，指派戈耀以教师、记者、工人的身份出面，组织一个以读书活动为主要内容的群众团体，作为联络、团结、教育广大进步青年和爱国民主人士的革命群众组织。继而“绥远青年学习会”诞生了。

绥远青年学习会

联络处进驻绥远前，在革命形势迅速发展的影响与鼓舞下，中共地下党员李健生就以开设新生书店作掩护，保护党的干部，扩大和增售革命书刊，吸引了一批进步青年。同时，他以募捐方式筹集资金，创办了民生小学，聘请进步教师和爱国人士马映光、郭建如、刘殿文、范建中、卢文桨、胡淑贞等在校任课。应邀人员中还有经我方派遣来的省委城工部的戈耀同志。大家向学生讲授进步教材，教唱解放区歌曲，传播进步思想，并向学生家长宣传党的政策，因而颇为社会各阶层所注目。此外，贾汉卿主办的《绥闻晚报》也积极改革办报方针，刷新版面，刊登解放区的消息，扩大副刊园地，登载进步青年的文学创作，揭露黑暗，颂扬光明，为迎接绥远和平解放而大造舆论。

绥远青年学习会是在此基础上秘密组织起来的，并随着形势的发展和斗争的需要，逐步转向半公开、公开。

学习会设会长与理事，下分学习、宣传、社会动态、群众工作等组。会长由发起者和组织者戈耀同志担任，副会长由翟进瀛、胡淑贞同志担任，负责全面工作。学习会成立后，还制定了章程，其宗旨部分明确规定：青年学习会是在中国共产党的领导下，团结、教育、组织绥远各族各界进步青年，学习马列主义与毛泽东思想，提高觉悟，武装思想，团结战斗，为迎接绥远的早日和平解放而奋斗。章程中规定的会员条件是：积极拥护共产党关于解放绥远的方针政策，拥护《绥远和平协议》，经会员介绍自愿参加，并在学习会中参加一定的学习活动与社会活动的进步青年均可入会。章程还对会员的权利与义务等做了具体的规定。

学习会的会址，开始拟设在离联络处较近的东落凤街省二小学，因省二小学校长江涛的反对才改设在营坊道育民小学校内。这所小学是由绥远省第一师范学校五班部分毕业生创办起来的，又有进步青年翟进瀛任校长。该校环境僻静，人员思想单纯，是一个学习、集会的理想地点。

记得学习会刚办起来时，在会员们的特邀下，我和何树声在一个星期六的晚上和会员们见了面。这次会见，也算是个开学典礼吧。大家起立以热烈的掌声，表示发自内心的高兴和欢迎。我代表联络处在会上讲了话。大意是：绥远和平解放是毛主席的伟大战略方针，它有利于革命，有利于人民，鼓舞进步力量，团结爱国人士，孤立顽固派。绥远解放指日可待，但也经历着严峻的斗争。因此，希望大家好好学习，提高警惕，积极宣传党的方针、政策，跟上历史车轮前进的步伐……

学习会成立不久就开展了工作。开始时的活动主要是组织进步青年读书学习，提高阶级觉悟。学习方法统一布置，分散自学，集中讨论，每星期六下午和星期日是会员们集中讨论和听学习辅导报告的活动时间。当时，省二小学的张希廉、赵文景、杨存麟、王圣赅和新闻、科技、医务界的侯一贞、李汇文、郝亚男、张雪敏、胡淑贞、郭健如以及路锦云、云华、云英、刘彦月、马淑贞等同志是学习会的骨干，我被特邀做辅导员，何树声、刘志远、金毅等同志也多次到会做形势报告，受到了会员们的极大欢迎。接着，学习会的活动由校内转向社会，向群众宣传共产党的各项方针政策，联络和团结社会知名人士，通过他们向国民党绥远当局的一些中下层人物进行规劝和说服动员工作，促使这些人拥护和支持和平起义工作。通过一系列的宣传和工作，学习会很快对全市的进步青年产生了很大吸引力。会员由最初数人增到30余人；到“九一九”前夕，已发展到了120余人。会员主要是小学教师、中学生、医生、护士、记者、公务员以及进步的失业青年。与此同时，学习会还积极为绥东输送进步青年学生。先后选送了百余名各民族的男女青年学生到绥东参加了革命，这部分人现大多数都成为各条战线的骨干。如王一舟（回族，后在全国人大民族委员会工作）、麻树声（回族，后在内蒙古民委工作）、刘夏彻（后在内蒙古党史办工作，已去世）、陈国华（回族，后在内蒙古化工厅工作）等同志。他们是从宁夏来的四位学生，不期相遇归绥。陈国华同志的亲戚在奋斗日报社工作，四人正在走投无路时，由该报社工人介绍，认识了戈耀同志，在戈的指导下到解放区参加了革命。

学习会的宣传活动在当时是非常活跃的。但由于国民党顽固势力的反宣传及造谣破坏，我们接近国民党的中上层人物和广大群众十分困难。针对这种情况，我们首先举办学习会，解除会员的顾虑，提高觉悟，加强斗争观念，利用会员各种社会关系，采取多种形式争取一部分人的同情和支持，其次利用矛盾，争取多数，孤立顽固派，最后是掌握社会动态，及时向联络处汇报。通过广泛的、有计划的工作，学习会的宣传动员工作较为普遍地开展起来了，自己编排的墙报和刻印的传单随处张贴，在社会上的影响很大。这样一来，引起了国民党顽固势力的惊恐与仇视。他们利用国民党报纸刊登中央社的消息，编造谎言，欺骗青年，愚弄青年，同时派出特务搞跟踪，侦察我们这些活动的来历。以致出现了我们的演员在街头搞文艺宣传时被他们打伤，举行集会多次被反动分子和潜伏的特务冲散等事件；他们还砸了奋斗日报社，打伤了编辑和工人，向学习会投寄恐吓信，并在信封内装上子弹，扬言要用手榴弹炸毁学习会；等等。国民党顽固势力的这种做法，反而激起了革命群众更大的觉醒和更强烈的反抗。学习会的各项活动更有生气，参加学习会的进步青年有增无减，组织进一步壮大。

和平解放绥远的呼声越高，顽固分子也就不断变换手法进行破坏。他们把自己的太太、公子、小姐等人组织起来，成立了妇女会、青年会，公开与学习会唱对台戏。有一个自称和共产党组织有联系的“绥远青年联谊会”的成员，几次找到门上，要求和学习会合并。当学习会的负责人把这个情况向联络处汇报后，经调查发现，这是国民党顽固派施展的阴谋，我们断然拒绝了他们的要求，严词斥责，不准再登学习会的门。

随着和谈的深入和发展，为了扩大革命影响，学习会转向了公开，并特意制作了会徽。会徽为圆形，图案是：红星，象征着党的领导；齿轮与麦穗，象征工农联盟；书本、墨水瓶和羽笔，象征学习马列主义、毛泽东思想。

1949 年 9 月 19 日，我党经过坚持不懈的努力，终于使和谈获得成功。国民党绥远当局的董其武、孙兰峰先生率部 4 万余人宣布起义，绥远和平解放了。

鉴于形势的需要，解放后的学习会已成为一个公开的群众性的青年学习团体，在国民党旧政权还未进行革命改造之前，继续组织学习活动。直到我党大批东来干部进城，改造旧政权的工作开展以后，学习会才奉上级党的指示，结束了活动，从而胜利地完成了它的历史任务。

生产工作团在武川

1949年10月1日，伟大的中华人民共和国诞生了。我国人民在党中央、毛主席的领导下，经过14年的艰苦抗战、三年的解放战争，推翻了压在中国人民头上的帝国主义、封建主义和官僚资本主义三座大山，建立了人民当家做主的国家。绥远人民欢欣鼓舞，热烈庆祝。

虽然革命取得了成功，但刚刚解放的绥远地区，敌我双方的斗争并没有结束。一些国民党的军统特务、土匪分布各地，暗谋明躲，互相勾结，经常出来进行活动，扰乱社会治安，妄图东山再起。为了尽快稳定社会秩序，消灭国民党潜藏下的残余力量，顺利地进行社会主义改造，1950年春，遵照绥远省剿匪肃特和土改之命令，由石生荣为政委、我为团长的生产工作团开赴武川地区开展工作。

生产工作团于1月来到了武川可镇，其主要任务是稳定新中国成立后的秩序，接收整顿武川县地方旧政权，组织和发展群众开展土地革命运动。在群众的密切配合下，我们首先对国民党旧政权进行了整顿和改组。1950年4月，建立了武川县人民政府，我任县长。接着进行了剿匪肃特和土改等工作。剿匪肃特工作由公安局局长赵立信同志负责，并由刘廷瑞、王有梁（我的警卫员）等同志和我成立了路北情报小组，在短短的一年多时间里，共歼灭和捉拿土匪2000余人，智擒了潜伏在武固一带的国民党绥察总司令张廷枝，击毙了国民党主要特务头目郑殿清，生擒匪首“忠义救国军”第六纵队司令梁有等。并对恶霸、反动会道门道首及其他反革命分子进行了扣捕和镇压。与此同时，我们还组织人员到各乡村进行了土改运动，分地，分粮，充分稳定了民心，调动了广大群众建设新中国的积极性。通过一系列的紧张工作，到1951年底，武川地区土匪灭绝，各项工作已走向正轨，广大人民群众从此过上了安居乐业的太平日子。

蜈蚣坝大捷[①]

曹文玉

1938年10月，绥远沦陷已经整整一年了。在日寇蹂躏下，从平川到后山，从城镇到乡村，到处都是国破家亡的惨景。日寇烧杀，汉奸抢掠，土匪欺凌，国民党十大区还要“人吃饺子马喂料”，弄得老百姓简直没有活头了。往年这个时候，正是后山最繁忙的季节。如今，村里鸡不叫，狗不咬，死气沉沉的，谁还有心思去收割？秋风刮了一场又一场，不少地块的莜麦依然长在那里，风一吹，黄澄澄的麦粒摇落了，撒满了垄背垄沟，看着实在叫人心疼。唉，反正粮食碾打下来也是要被日寇汉奸抢走，叫大风刮了，总比做了侵略者的给养强，心里反倒舒服些。灾难重重，老百姓谁不盼望救星！

人民想救星，盼救星，终于盼来了八路军。秋冬之间，“神兵八路军来了”的消息，像长了翅膀一样，在后山的乡村里传开了，人们都说，这是共产党领导的军队，是来大青山抗日的。过了几天，八路军果然到了井尔沟一带。同八路军一起来的，还有杨大队长（杨植霖同志）的游击队。这支纪律严明的部队，严格执行“三大纪律、八项注意”，对老百姓和和气气，公买公卖，秋毫无犯，很快就得到了乡亲们的拥护。加上杨植霖同志和游击队员的宣传，人们都知道八路军是抗日的军队，心中燃起了希望的火花，诚心诚意地支援部队，军民之间很快就建立起了亲密的关系。

早在南高（土默特小学）念书的时候，我就受到奎壁等老师的影响，对革

① 选自《武川文史资料》第二辑，1985年7月；原载于《土默特文史》第四辑“铭刻在心头的记忆”第二部分。

命有一定的认识。日寇侵占绥远后，我已拿定主意，下定决心和侵略者干。这次八路军来了，我高兴得不行，经常去找唐金龙营长和杨大队长，听他们讲解共产党的抗日主张和政策，心里越发亮堂了。在他们的支持下，我发动了十来个青年，弄来了几支旧枪，成立了一个小小的游击队，为部队做些力所能及的工作，盼望着和日本兵刀对刀、枪对枪地大干一场。

有一天晚上，副指导员杨继春突然把我叫去，又找了个叫胡继拴的农民，他说："咱们出去溜达一趟吧。"我见他换成了老百姓的衣裳，估计不是出去游玩，又不便于打听。出发前，他还和我做了个套子，要是有人问，就说我们是弟兄，走亲戚的。我们从后窑子出发，经过土城梁走到头盘，沿着蜈蚣坝，一路走，一路看，在老爷庙查看了沟底的公路以后，在庙里喝了茶才返回去。后来我才知道，那次是去侦察地形，选择打伏击的地点。

过了两三天，黄昏时候，有人对我说："唐营长叫你去一趟。"我到了那里，见杨大队长也在座。唐营长拍了一下我的肩膀，笑眯眯地对我说："小曹，你给部队带路当向导，怎么样？"唐营长是长征时期的干部，腿有点儿毛病，对待老百姓只有一个字：好！大家都亲切地叫他"唐二营"。我见杨大队长也在信任地看着我，便很干脆地回答："行，叫我去打日本人才痛快呢！""好！"唐营长说罢，又安顿我，把我们的游击队员也分配到各连去带路。我领了任务，立即回去做了安排。半夜，部队开饭了，吃的是荞面烙饼和饸饹，连盐也没有，就那么吃了。饭后，部队集合在召滩儿（就是庙底子村），唐营长站在队前问道："准备好了没有？"战士们齐声回答："准备好了！"唐营长发出口令："上刺刀！"唰啦一声，战士们把雪亮的刺刀安在了枪上。"出发！"随着唐营长的命令，部队分成两路，一路走白道子梁，一路从闷葫芦沟南下。星光下，我和杨植霖同志、杨继春同志走在部队前面。天黑，又是山路，很不好走，但是都走得很快，除了脚步声，连个咳嗽的也没有。到了聚金山村，唐金龙营长又发出了命令："停止前进！"工夫不大，两路人马就集合在一起了。

在这里，唐营长开始了战前动员："同志们，我们要打一个伏击仗，伏击地点就在前面的蜈蚣坝。战斗打响以后，党员同志一定要以身作则，冲锋在前，退却在后，绝对遵守纪律，发扬不怕牺牲的精神，狠狠消灭日本鬼子。同志们，只有把归绥通往武川的这条路卡断，我们才能在大青山立住脚。今天咱们打个奇怪的仗，大家得受点罪，隐蔽中，任何人不准乱动，不准出声，也不准抽烟。

一定要服从命令听指挥！这一仗，只许打好，不准打坏，有信心没有？”“有！”战士们坚定的回答声在山谷里回响着，威武雄壮。我当时想，有这么好的军队，还用愁这一仗打不赢？我浑身是劲，掂了掂手里的破枪，拿定主意，要从日本兵手里夺一支三八大盖枪。

战前动员一结束，部队又分成两路，分别从土城梁、马家店下来。记得当时部队的部署是，蜈蚣坝以北的后甸子村布置约两个连，以警戒武川的敌人南下增援；土城梁布置一个连，以掩护部队安全北撤；牌楼馆儿后边布置两三个连，还有杨大队长的游击队。直接参战的两个连，在坝顶的老爷庙戏台后边埋伏。戏台下边就是公路，那里正好有一座桥。在布置兵力的同时，已派部队将桥破坏，并做了巧妙的伪装，连一点痕迹也不露。

当时蜈蚣坝有日伪的一个警察分所，所长叫朱承荣，警察小队长叫张二后生，平时他们稽查行人，保护日伪的交通安全，民愤很大。一切都布置妥当以后，杨大队长带领一部分战士，由我带路，悄悄包围了警察分所，把张二后生和朱承荣堵在屋里。张二后生惊慌地说：“你们要缴我们的枪？”杨大队长说：“不，我们要你给黑石联队打电话，就说来了几十个穿灰衣服的武装整齐的八路军，叫他们赶快派队伍来！”张二后生说什么也不打，杨植霖同志教训他们说：“你们是不是中国人？当汉奸不感到羞耻？你们还有起码的民族气节吗？叫你们打电话，是给你们一个立功赎罪的机会，再执迷不悟，别怪我们不客气！”朱承荣赶紧说：“我打，我打。”他被迫拿起了电话，要通了弘部。他照我们的命令“报告”以后，我们立即切断了电话线，并把伪警察分所的全部人员关在一个店房里看押起来，就等敌人前来送死了。

为了不暴露目标，战士们搬来莜麦捆子掩护身体。天刚亮，前面传来了呜呜的汽车马达声，接着，四辆满载日本兵的汽车，一辆接一辆爬上来了。车上的日本兵紧紧抱住枪，一副随时准备战斗的样子，日本军官还不住地举起望远镜观察两边山上的动静。眨眼之间，汽车开到了老爷庙下边，第一辆汽车开到桥上，轰隆一声，一头栽了下去，后边的三辆赶紧刹车，没等日本兵从车上跳下来，唐营长啪啪连打两枪，发出进攻的信号。刹那之间，弹雨泼向敌人，手榴弹几乎是垂直甩到汽车的车厢里，100多个日本兵，绝大部分报销了，侥幸没死的，也都受了重伤。我们的冲锋号一响，战士们像下山猛虎一样扑向敌人，就像砍瓜切菜一样，把其余的敌人全部送回了老家，连领队的日寇少校军官也成了断头鬼。

彻底消灭了敌人，我们立即打扫战场。这一仗我真还没过瘾，才打了几枪，战斗就结束了。我在敌人的尸体中间翻来翻去，捡了两支三八枪，枪托虽然被打得坑坑洼洼的，毕竟是好枪。我还想多搞点战利品，突然传来了立即撤退的命令，于是我同战士们一起由流水沟退了下来，再由武川的油梁沟撤了回来。

原来是日寇的增援部队由归绥城赶来了，有40来辆汽车，前边还有几辆坦克开路。

为什么增援部队来得这么快？事后才知道，当敌人的第一辆汽车栽到桥下后，日寇当即放出了求援的信鸽，我们当时没有注意到这一点，险些吃了亏。增援的敌人来势很猛，我们有一个班撤退稍迟了一步，只得撤进老爷庙，藏进了大殿的天花板里。庙里的住持金禅和尚是土旗蒙古族人，他本来是知道这个情况的，但是当日寇抓住他拷问，他咬住牙，一个字也没有吐露，结果被凶残的日本兵用刺刀活活捅死在山门前，表现了一个正直的中国人的气节。在部队往后撤退的时候，敌人已经用火力封锁了土城梁，如果撤向那里，势必造成重大伤亡。我是当地人，对那一带的地形很熟悉，便领着队伍从油梁峰、和尚峰安全撤退了。可惜的是，担任掩护任务的甄主任和一部分战士，经过激烈战斗，在牌楼馆附近壮烈牺牲了。战后，在总结这一战役时，因为我较好地完成了任务，作战中表现不错，受到了表扬，并由杨植霖同志介绍，我在张启明沟驻地加入了中国共产党。

这一仗打得干脆利索，使我军威震塞外，影响扩大，使流传在绥远地区的“日本人不可战胜”的神话彻底破灭。老百姓高兴地说：“八路军，真英雄，山前山后传英明；来无踪，去无影，前面打，后面攻，坦克车也不顶用；为百姓，除祸害，杀得日本鬼子丢了魂。”

日寇受到这次沉重打击之后，再没敢走蜈蚣坝这条路，而是绕道60多里，从二道洼另筑了一条通往武川的路，并且加派300多名日伪军护路，这样就减轻了敌人对井尔沟根据地的威胁，同时牵制了敌人，完全达到了预期目的。

这一仗安定了民心，提高了各族各界人民的抗日信心。农民敢种地了，说：“种吧，不怕，救命的来了！”连那些准备投降敌人的国民党杂牌军也稳定了，一些良心还没有泯灭的军人也说：“八路军抗日，我们手里的枪也不是烧火棍，再不抗日，连祖宗的人也丢尽了。”从而推动了绥远地区的抗日斗争。

突破日寇的“铁壁合围”
——回忆1942年大青山的反“扫荡”斗争[①]

成枫涛

在大青山抗日斗争的岁月里，最使我难忘的是1942年艰苦卓绝的反“扫荡”斗争，那战斗的烽火，至今历历在目。

针锋相对，准备战斗

1942年，日寇对大青山绥中地区增加兵力，增设据点，连续不断进行“扫荡”，大青山进入了最困难、最艰苦、最残酷的一年。在当年4月份，日寇将“防共劲旅”防共一师由绥南调到绥中活佛滩；绥中腹心据点大滩，日寇增兵400余人；黑山子据点，原驻伪靖安警备第八大队两个连，又增加了第五大队；其他据点兵力均有大量增加。其余伪蒙古军、伪警察武装等也在调动中，对我们绥中专区、县区政府工作威胁很大，这就使我们预测到日寇将对我绥中地区进行长期的大规模的残酷“扫荡”。

我们绥中专署针锋相对，做了迎战准备。一是加强对敌人侦察的情报工作，利用敌人的情报网，派进我们的情报员，给敌人送假情报，侦察获取敌人的真情报。把敌人的情报网，变成我们的情报网，敌人的情报员，变成我们的侦察员。这一点利用得很巧妙，很策略，很成功。二是加强除奸工作。日寇组织了特务网，我们政府组织了除奸网来对付它，大乡有，小乡有，村村都有。只要

---

① 原载于《武川文史资料》第五辑，1988年8月。

日特进来一个，就吃掉一个。针锋相对地打击了敌特、汉奸、敌探。三是组织了群众性的秘密游击小组，以扰乱敌人，迷惑敌人，打击敌人。四是在可靠根据地或依托地区，囤粮积草，准备给养，在敌人经济封锁中以应急需。五是加强专署与县、区政府之间的联系，专署与绥蒙行署之间的联系，整顿健全交通网，以加强通信联络。六是发动群众组织秘密隐蔽所。

“分进合击”，大举进攻

1942 年 7 月，正当苏德战争中，德寇希特勒以重兵猛攻斯大林格勒之际，日寇根据德、意、日三国法西斯军事同盟协定，为了配合希特勒对苏攻势，便兵分两路向苏联进军。一路经我东北，向西伯利亚进军；一路从我大青山战略要地，经外蒙向莫斯科进军，企图与希特勒在莫斯科城下会师。日寇为了扫除大青山进军障碍，调遣了三万重兵，配备汽车 300 多辆，以步兵、骑兵、炮兵、摩托兵为主，使用轻重机枪、大炮、掷弹筒、坦克、飞机等各种武器，以“分进合击”“铁壁合围”战术，对我绥中地区进行大规模的“扫荡”。

7 月 25 日，日寇兵分五路向我绥中进攻：一路从武川进至大滩以西的蒙古寺、五塔背一线；一路由归绥进到厂汗脑包、红召、苏计坝一线；一路由旗下营进到一间房子、大同营子、隆盛店口子、速力图、阳坡子一线；一路由卓资山东进到白银厂汗、金盆、厂汗哈达、米家湾一线；一路由陶林城进到黑山子、绥东大同，并调日军 26 师团 5000 余人由集宁到陶林以西大滩、东河子地区。各路互相配合，利用汽车、骑兵的快速进攻条件，企图从南线、西线、东线几个方面迫使我骑兵北撤，妄图将我军政领导机关和绥中部队及县区政府和游击队消灭在五塔背、蒙古寺等地区。

当时，我骑兵支队司令部由张达志副司令员带领，骑兵二团由李国良团长带领，绥蒙行署由苏谦益主任带领，绥中专署、武川、陶林县区政府都在日寇“分进合击”圈内。当时，大青山上炮火轰鸣，硝烟弥漫，火光冲天，日寇的“分进合击”与“铁壁合围”的战斗，侵略者与反侵略者的战斗，也终于打响了！

茅庵闻警，敌人搜捕

1942年7月，我正在旗下营到陶林的公路线西侧的山沟里，距敌据点拐角铺五里的四合永村，同夏阳、周国亮和警卫员王柏魁同志，发动群众，组织抗日游击小组，摧毁敌伪政权，组建革命的两面派政权，筹集军需物资，支援战争，并负责与上级绥蒙行署联系，接受任务向各县区传达布置。由于四合永村距敌据点太近，我们是在老虎的鼻子底下活动，不宜在村里居住，就在离村不远的山沟里盖了个小茅庵，作为临时隐蔽所。

一天拂晓，茅庵里还是一片昏暗，突然从四合永村的方向传来了机枪和步枪的射击声，紧接着几颗子弹呼啸着从茅庵上空划过。我们被枪声惊醒，迅速持枪奔出茅庵，隐蔽在树干和石崖后，警惕地注视着来路。

天蒙蒙亮时，细雨绵绵，满山迷雾。只见山沟的那头有一个青年慌慌张张地爬上山来。我们把枪握得更紧了。等他渐渐走近时，我们认出他是四合永村的李满良。我连忙从隐身处走了出来，迎上前去。

李满良一见是我，连蹦带跑，气喘吁吁地对我说："我是专来送信的，拐角铺的日伪军正在搜抄四合永，四合永村已经暴露了，你们赶快转移，赶快走！"

我忙问："这个小茅庵暴露了没有？"

他说："你放心，敌人就是把我们贫雇农杀了剐了，我们也不能出卖自己的同志当叛徒呀！"

我望着李满良那庄稼人久经风吹日晒的憨厚的面孔，听着他那对革命同志的安危极为关切的话语，心中不禁十分激动。我感激地拍了拍他湿漉漉的肩头，请他把敌情详细讲一下。

李满良告诉我们："两个日本鬼子带着40多个伪兵已经包围了村子，挨家挨户地搜查，声言要五个八路军，还要把成科长交出来。群众说村里没有八路军，也不认识成科长。敌人就翻箱倒柜搜东西，结果把你们的油印机和几支破步枪翻腾出来了。日军气呼呼地号叫：'这是什么的干活？给皇军说个明白！'伪军把李晋良等五个贫雇农捆起来吊打，追问：'这油印机是谁的？枪从哪儿来的？如不从实招来，再打！你们统统是八路军的人。'群众见事情逼到头上了，急中生智，就顶了一下那几个伪军浑小子。大伙说：'要说我们通八路军，那你们去年在山东边海连房、苏力图和骑兵司令部张达志司令打了一仗，把日本人的大盖步枪、歪把子机枪、子弹，都送给了八路军还不算，又把六个日本指挥官也送了礼，这算啥？要是你们的太君知道你们搞了一套假情报糊弄了他们，看怎么收拾你们！’伪军一听慌了，急忙说：‘你们混蛋！胡说！那是中了八路军骑兵二团李团长的计，遭了埋伏，把我们打了个稀里哗啦。连命也顾不上了，哪里能顾上枪呢？吃不了人家八路军呀！’大伙说：‘好哇！你们带枪的人都吃不了人家八路军，我们赤手空拳的老百姓，不让人家放东西，行吗？’众人一顿抢白，弄得那几个伪兵脸上红一阵白一阵，张口结舌，半晌应不出一句话来，浑小子当然不会罢手，事情还没有了结呢……”

根据李满良提供的情况，我们分析了敌情，大家认为既然敌人在村里搜出了枪支和油印机却找不到人，下一步就会来搜山。我们必须立刻转移，转移以前要打击一下敌人，救出群众。于是，我们四个人带着马，冒着牛毛细雨上了山，居高临下地向四合永村打了几排子枪。敌人摸不着头脑，以为我们的部队打回来了，丢下被捕的五名群众匆匆逃去。为了防止敌人报复，群众都上了大青山树林，分散隐蔽了起来。

石洞隐蔽，指挥战斗

当我们得知敌人确已逃走，四合永村的群众得救的消息后，决定立刻转移。我们四个人，带着四匹马、四条枪，避过永兴窑子，在敌人空隙中穿插活动。我们只走山路，不走川沟，上了山，又下了山，下了山，又上了山，在桦树林子里翻过一道又一道山梁，最后到了后卜洞村边，正巧碰到了后卜洞游击小组长宋成海同志。他先是一愣，待看清我们后，又亲热又惊慌，快步上前，连连摆手说：“村里去不得，去不得，到处都是日军在搜查。前边的敌人刚搜查过去，后边还源源不断来。你们带着四匹马，目标太大，树大招风呀。”

宋成海十分担忧地对我们说：“今天上午敌人搜查了后卜洞，下午估计还会再来。村里待不得。‘留得青山在，不怕没柴烧。’现在是保存革命力量的时候。快，快卸马鞍子，先把骑马放到马群里隐蔽起来。我给你们找个地方，暂时躲一下。”

我思忖了一会儿，同意了他的意见。

他把马牵走了，很快又返了回来，领我们从没有路的地方往山上攀登。我们乘着满天细雨、漫山云雾的天然隐蔽物，爬到半山腰。在杂草乱石中，有一个小小的石洞口。我们钻了进去，在昏暗中睁大眼睛仔细地看了看，还好，石洞内虽不宽敞，住十几个人却没有问题。石洞地处悬崖陡壁之中，地形险要，洞外的小山坡上又有丛丛茅草遮蔽。

宋成海松了口气，轻松地说："日寇就是有三头六臂也捉不住我们了。这地方很隐蔽，好保密，外边是石山，枪打不进，炮攻不破，比保险公司还保险。你们安全了，我的心也可以放到肚子里去了。"

我们把小石洞做了简单的收拾后，决定在这里隐蔽几天。我说："我们可能遇上了敌人的大规模'扫荡'，专署指挥部暂时设在这里。'山中无老虎，猴子称霸王'，我们就指挥着游击小组和除奸小组，打游击战、麻雀战，和日军较量较量吧。"我让宋成海同志想办法打听绥蒙行署苏主任现在何处，并立刻去寻找游击小组负责人前来汇报敌情和领取任务。

当时，县区政府活动的情况是：武川县游击队和武川三区游击队，由李康县长带领在东河子乡境内活动；陶林县游击队由宋克瓒县长带领在陶武区的上高台乡、聚宝庄、张兰窑子、清白沟一带活动；武川一、二联合区游击队由区长范建国带领在乌兰花、百灵庙地区牵制敌人，坚持斗争；武川四区游击队由区长郝旺喜带领在银贡山以北坚持斗争；陶凉区长高鸿淼带的武工队，陶三区长李忠义、阎海成带的武工队，陶北区长郭宝山带的游击队，均在原地区坚持斗争。特别是我们专署和各县区政府，组织有近千个群众性的游击小组和除奸小组。如果我们都积极动员起来，调动起来，发挥作用，就一定能够粉碎日寇"铁壁合围"的"扫荡"。

讲明情况后，我要求后卜洞游击小组首先行动，担任侦察敌情、通信联络、传送情报、袭击敌人、捉拿敌特奸细的任务。吃饭由公粮解决，子弹、手榴弹由专署供应。我让宋把专署的指示传达给后卜洞游击小组，同时给他布置了两条任务：（1）要游击小组立即出动，千方百计地打听到绥蒙行署主任苏谦益同志活动隐蔽的位置。如打听不到，可到孔独沟侯宝玉（地下党员）家联系，并告诉他，我在后卜洞，等候指示。（2）立即找到专署指导员吕茂华同志，让他通知武川李康县长带领县区游击队进入战斗，袭击敌人，调动敌人，边打边退，把日寇牵引到东河子以西上下股子一带。通知陶林宋克瓒县长带领游击队进入战斗，把日寇牵引到聚宝庄、张兰窑子以西，旗下营以北的麒麟沟、正沟一带，让日军到桦树森林里搜山去，各村游击小组配合打击敌人。宋成海接受任务后，就立即出发了。谁能想到这竟然是和他最后的一面……

我们所在的山洞，山下是公路，敌人的汽车、骑兵东来西往，都看得清清楚楚，既可以掌握敌情，又能观察敌人的调动。专署视察员夏阳同志是个文人，是由延安派来的。他触景生情，曾经作诗一首，形容我们当时的境况：

留学到延安，住的土窑洞。
挺进大青山，石洞水晶宫。
日寇总司令，请我来阅兵。
高级招待所，冰冷当“团长”。
老宋巧安排，军民鱼水情。
莜面糊糊汤，救我一条命。

这位“夏四川”（夏阳是四川人）逗得大家哈哈大笑，打破了石洞内的沉闷，洞内顿时充满了欢乐的气氛。

环境非常艰苦、复杂，处处存在着危险，一不小心就会遭到敌人的袭击。但是，我们并没有停止战斗。石洞是个很好的瞭望所，这里居高临下，可以观察到山下公路上敌人的行动。在此后的几天中，我们就从这里指挥着游击小组忽而上山，忽而下川，忽而进村，忽而埋伏在路旁，放冷枪，扔手榴弹，惊扰伏击敌人。由宋克瓒和李康两位县长带领的游击队，也采用声东击西、避实就虚的战术，分两路进入战斗。他们勇敢出击，打击敌人，胜利地完成了调动敌人向西南转移的战斗计划，使敌人的“铁壁合围”露出了空隙。至此，我们完成了掩护行署转移的预定任务，冲破了敌人的小包围圈，特别是把日寇总决战的时间推迟了两天。在我们与敌人展开周旋时，县区游击队掩护行署转移到了李铁丝窑子。

集结待机，准备突围

大青山的秋天，冷风飕飕，气温骤降，加之阴雨连绵，衣服淋透，更觉寒气侵骨。夏阳的肺病变重了，王柏魁的鼻子不停地流血。我和周国亮把棉衣都给了他们，他俩还是冷得直哆嗦。一天好不容易盼来了太阳，我陪着夏阳、柏魁正在洞口晒太阳，这时，从山下上来一个老乡打扮的人。我们立刻都拔出枪来，目不转睛地注视着来人。原来是绥察行署事务长董河。我们心中一阵高兴：上级机关来人了。

董河撕开衣襟贴边，抽出了一张小纸条交给我，他说："苏主任派我送命令来。"

我打开小纸条，上面写着："老成，敌情万分紧张，希你立即跟队！苏。"

我们立即行动，找回两匹马。王柏魁同志因为得了血汗病，鼻子出血过多，身体虚弱，上不了马，不能随我们一起行动。我留下周国亮同志照顾他，并吩咐王柏魁同志病情好转后伺机突围，找绥中地委书记贾长明同志去，一切听他的安排和指挥。然后，就同夏阳、董河同志趁天阴下雨的有利时机，翻过高山，越过八屯梁，转移到四面环山的绥察行署所在地李铁丝窑子。走近村边，只见200多人都在树林子里让雨淋着。原来这是个只有四五户人家的村子，大多数人只得在户外露营了。

董河带我们进村，来到一座小屋跟前。推门进去，见苏谦益主任正在和吴广荣、田心等同志围坐在炕上研究敌情。他们看见我们来了，十分高兴，连声让上炕。苏主任沉着地对我们说："我们与骑兵支队司令部已失掉联系。看来日军这次是大规模的、残酷的、连续不断的'扫荡'，短期内不可能结束。为了执行中央指示'隐蔽精干，长期潜伏，积蓄力量，以待时机'的方针，必须保存革命力量，坚持长期斗争，我们决定突围！"我顿时感到情况的严重程度超出了预料，但又为苏主任平静的语调中流露出的百折不挠的决心所鼓舞。

当时，我向苏主任汇报了在四合永村与日伪军发生战斗的情况；武川县区游击队进入战斗，把日寇调到东河子以西的情况；陶林县宋县长带游击队进入战斗，把日寇调到麒麟沟、正沟森林地带搜山的情况。我的总的判断是，把敌寇决战时间推迟了两天，请苏主任就如何突围做出决策。苏主任当即赞扬了县区游击队勇敢的战斗行动，高度评价了群众游击小组放冷枪、扔手榴弹、打游击战、打麻雀战的行动，不仅扰乱了敌人，牵制了敌人，而且给行署的突围创造了有利时机的行动。

和行署会合以后，我了解到骑兵支队司令部和主力部队为取得这次反"扫荡”的胜利，以连为单位突破封锁，已由内线转到外线，几天前到达蛮汗山地区。绥中专署程必达专员也突出重围。只剩下绥察行署和陶林、武川县政府及所属游击队，仍在敌人的合击圈内。这时，日寇对我绥中地区“分进合击”的第一阶段已经过去，开始了第二阶段的“铁壁合围”。

“铁壁合围”，准备决战

日寇的战斗部署是：在我根据地与根据地之间、乡与乡之间，山前山后，布下一道又一道的封锁线，安下大量的临时据点。靠山的村子，都驻扎了日军。没有房子的地方，就搭起帐篷驻守。在重要的山岗上都派驻一至两个排哨。山口沟口派驻有排、连、营、团单位，以轻重机枪、自动步枪，组成交叉火力网堵口截击。重要的军事地带，都设有炮兵阵地，配有各种山炮、野炮和迫击炮。据点与据点、军事哨与军事哨之间，配有巡逻队，用无线电联系。村口道口普遍设了哨卡，断绝交通，禁止通行，汽车、摩托车和骑兵日夜轮流穿梭巡查，以防我党政领导机关和游击队突围。从敌人的兵力部署上看，当时情况之急可想而知。日寇把对付我骑兵支队主力的军事力量，都压在了地方政府和游击队头上了。能不能突围出去，对我们是个极为严峻的考验。

在当时的情况下，敌我力量悬殊，要突出敌人的重围是十分困难的，但是如突围不出去，就有被敌人吃掉的危险。我们突围的决心已定，苏谦益同志担心的是陶林县和武川县政府能不能安全地前来会合。

正在焦急盼望之时，李康同志带着一个警卫员闯进了院子。他一进来就急着喊：“哪里有水？哪里有水？”他三步并作两步地奔到井口，打起一斗水，咕嘟咕嘟地大喝一气，然后一把抹去挂在长长的胡子茬上的水珠，喘了口气说：“日军真多，漫山遍野都是。我带游击队和敌人转着山头整整打了一天，马也被打死了，游击队化整为零分散隐蔽了，我专门来请示一下如何行动。”

傍晚时，宋克瓒同志也来了。他说：“日军从哪里弄来那么多大马队？我们跟日寇在聚宝庄一带树林里足足打了一天，这下把敌人调到旗下营以北森林地区搜山去了，让日军搜去吧！这可再也隐蔽不住了。”

临阵决策，部署战斗

主要干部到齐后，苏谦益主任召开了临阵前的决策会议。参加人有绥蒙行署苏谦益、吴光荣，绥中专署成枫涛，武川县袁立岗、李康，陶林县宋克瓒，还有行署的曾则西、田心，专署的夏阳、吕茂华，五连连长薛占海，指导员魏志忠同志。

我们认真分析了敌情，一致认为：日寇的“铁壁合围”圈已经形成，现在正处于总决战前夕。我们必须突围，打出去就是胜利！关键问题就是什么时候突，从什么地方突，做些什么准备工作，留哪些干部坚持斗争，在军事上采取什么措施。如果当晚突围，武川县主要干部和游击队已分散隐蔽，尚未完全集中，可能会遭受损失。如果再等一天，也可能错过有利时机，难以突围出去，牺牲和伤亡就更大了。

我们就这些问题进行了深入细致的讨论。为了尽可能保存革命有生力量，苏主任最后决定当晚转移到高木窑子山沟里，明晚突围。同时，决定留下绥中专署的指导员吕茂华同志、武川县财政科长皇振汉同志、陶林县财政科长谭培安同志。这些同志地形熟，群众关系好，留下后要依靠群众，联络乡、村干部，坚持斗争。各地的区政府就地坚持斗争。并决定由武川县民政科长翁翠到武川一、二联合区政府传达精神。由范建国同志带领游击队在乌兰花、百灵庙地区坚持斗争。同时，对绥中的地方政府工作和对敌斗争措施，一一都做了妥善的安排。

李铁丝窑子、高木窑子这两个小山村，虽然四面环山便于隐蔽，但是敌人的包围圈逐渐缩小，距我们仅有五六里路，一丝一毫的疏忽大意，都会暴露目标，影响突围。我们全体人马转移到高木窑子的山沟后，苏谦益同志再三嘱咐我们:“要严密隐蔽，如果敌人路过不上山不进村，我们就按兵不动。若是敌人发现了，向我们扑来，我们就与敌人决一死战。不要放空枪，一枪一个，一粒子弹消灭一个敌人。共产党员要视死如归，死了埋在大青山上，死也要死个万古长青，永垂不朽！这就是生的伟大，死的光荣。”

在苏谦益同志的鼓励下，同志们热血沸腾，慷慨激昂，准备用一腔热血和敌人以死相拼，准备用鲜血和生命去殉伟大的抗日事业。天黑后，同志们一边摸黑擦枪，一边低声唱着：

我们在大青山上，
我们在大青山上！
山高林又密，
兵强马又壮。
敌人从哪里进攻，
我们就让他在哪里灭亡！

军民团结一家人，阶级兄弟心连心

李铁丝窑子和高木窑子老山区都比较苦。我们政府积存的粮食，优先供应给了骑兵二团4000余斤，仅有的粮食早已吃完，两三天给养已经断绝。山里缺吃的，下山又怕暴露目标。实在不得已，我们渴了就喝口冷水，饿了吃生土豆，有的吃野菜、野草充饥。突围的那天晚上要长途奔袭，不吃东西没有足够的体力是不行的。大家集中粮袋里的最后一把炒面，干部让战士，战士让领导，领导又让给了伤病员。在这艰难的时刻，高木窑子的贫雇农主动把仅有的三只羊支援给了我们。我们每人分到了一小块羊肉，喝了一碗羊肉汤。晚上，踏上了突围的战场。

就在我们处在生死存亡的严峻关头，中共中央晋绥分局、晋绥军区、中共绥远区党委昼夜关心着我们。他们派出侦察员，四处打听我们突围的消息。绥蒙行署、绥中专署领导机关突出来没有？主任苏谦益、专员程必达突出来没有？

突围前，我们曾分析过敌情，处在日寇四面八方的层层包围之中，要消灭敌人是不可能的。我们要突围出去，保存自己，不做出牺牲也是不可能的。战争没有不冒险的，特别是在敌人铁桶一般的“铁壁合围”之中，没有冒险精神，不敢打冒险之战，是冲不出去的。当时大家谁也不敢讲，也不愿意讲。但是心里想，这次上了战场能冲出去四分之二也就不错了。我们争取冲出四分之三，牺牲四分之一，也就很理想了。总之，每个同志都充满了突围出去的信心，也做好了光荣牺牲的准备。

袭击敌炮兵阵地，相机分散突围

我们突围的作战方案有三个：一是从我们隐蔽的山沟，顺沟向东经大西沟口，进入战斗，冲出突围。但我们遇到的对手，将是一个骑兵团在堵口截击，往外冲时伤亡会大，即使冲出山口，仍然处在敌人的层层包围之中，况且骑兵也不易展开战斗。这个方案不能采用。二是翻过山梁，从补可庆沟内向外冲，但是沟口太窄，敌人步兵堵口截击，组织有轻重机枪交叉火力，即使冲出山口，也就牺牲得差不多了，这个方案也不可行。三是再翻山到常家沟，沟口是瓦窑沟，只有敌炮兵的一个排哨截击。公路上，西罗家营子、上官道、下官道都是敌人的炮兵阵地，比较起来，从敌人炮兵阵地突围比较理想。

选择突围路线时，我们对敌我双方的优劣条件又做了认真分析，敌人当时存在着几个弱点：一是从作战心理上看，敌人兵多，武器精良，又是大军压境，必然警戒疏忽，麻痹大意，使我们有隙可乘。二是按兵种分析，炮兵适应打阵地战，不适应打游击战；适应白天作战，不适应夜间作战。三是炮兵只能打远，不能打近，夜间作战和近距离作战发挥不了威力。同敌人的劣势相比，我们正好有三个优势：一是我们的县区游击队，短小精悍，机动灵活，便于隐蔽，便于分散，也便于集中。二是我们的县长、游击队长，整年来夜间行军，夜间作战，久经考验，有着不怕牺牲的精神，可以化整为零，速进速退，速战速决。三是地方游击队员，人熟，地形熟，钻进敌人的炮兵阵地，日寇摸不见，捉不住，我们抓住敌人就打，打了就走，到了第一个预定的集合地点三道营平顶山，全部人马就集中了。于是我们大胆地做出决定：袭击敌炮兵阵地，相机分散突围。

我们的具体战斗部署是：陶武区委王二娃（原名郭宽河）和补可庆游击小组组员张千岁，以及常家沟贫农常月明分段带路。派两个班攻打敌兵排哨，两个班分头袭击上下官道的炮兵阵地，派一个班袭击敌人公路上的三个流动哨。行军序列为：宋克瓒同志带陶林县游击队一个尖兵班打冲锋，行署和专署县区工作人员居中，两个班在后。我们规定，一切行动，服从命令，听从指挥，不许掉队，不许说话，不许马匹叫，战斗一打响，立即突围。第一个集合地点为三道营的平顶山，第二个集合地点为蛮汗山上的十八台。

时近半夜，苏谦益同志下达战斗命令后，掩护部队首先出发了。大队人马随即紧紧地跟上。不一会儿，先头传来了清脆的枪声，紧接着几个方向同时响起了稠密的机枪声。掩护部队打响了，子弹像暴风雨般倾泻到敌人的炮兵阵地上。攻打敌排哨的战士像猛虎下山般扑向日军。一阵阵突如其来的袭击，打得日军乱了营，炸了巢，惊魂不定地哇哇乱叫。

敌人的火力被压住后，宋克瓒同志一马当先，率领尖兵班，如一股势不可当的激流，朝着东罗家营子冲去。冲到东罗家营子时，苏主任不见了。我们当即命令二排打掩护，接应苏谦益同志。打了几个回合，苏主任赶来了，原来他在战斗中落了马。落马后，忠实的“兔耳名”马紧紧地守在他跟前不肯离去。等他上了马后，“兔耳名”旋风般地追赶上来。往外冲时，吴广荣同志也落了马，警卫员张振江把他接了上来。大家会合后，继续向前突围。

这时，日军骑兵、步兵、巡逻队都出动了，盲目地乱打枪。日本指挥官大发雷霆，惊慌失措，不知游击队的确切去向。他们的各种大炮虽张着大口，但对我们无可奈何，而我们的部队在刹那间冲到了罗家营子平川地带，经过碾子沟村，上了平顶山。

站在平顶山上，我们登高瞭望，敌人的“铁壁合围”封锁线内，升腾起各种信号弹，亮起了刺目的探照灯。敌阵地内人喊马叫，乱作一团。我们稍作停留，整顿队伍，清点人数。并由陶林县区政府分别通知各乡公所，星夜出动，救护伤员，联络掉队人员，急速赶到第二集合地集中。

我们越过了平绥铁路，于拂晓前安全到达了蛮汗山地区的十八台。这时，袭击敌人的各路指战员都赶上来了。通过清查人数，我们不仅没有伤亡预计的四分之一，而是未伤亡一人，仅丢掉一匹军马。

翌日清晨，日寇前线指挥部命令骑兵、步兵、炮兵、装甲兵、坦克、飞机一齐出动，开始了总决战。他们以密集的队形进山搜索，堵口截击，完全扑了空。

这真是：

大青山上郁葱葱，大青山上出英雄。
大青山上是要塞，日寇侵占是战场。
日寇进军莫斯科，德意日寇订同盟。

敌酋坐镇我集宁，重兵“扫荡”我绥中。
赫赫战果一匹马，献给天皇立军功。
游击战术出奇兵，“铁壁合围”一场空。
保卫斯大林！保卫莫斯科！
保卫社会主义民主！保卫社会主义和平！

农民亢宝宝宁死不屈，品质高尚

翌日清晨，在总决战开始前，日寇有个指挥官骑着日本大洋马，挎着东洋刀，到东罗家营子察看我们的突围现场。他气急败坏，怒气冲冲，向老百姓查问八路军、抗日政府和我们的游击队的去向。当时亢永永（共产党员）的父亲亢宝宝被拉了出来，日寇指挥官问他：“你们村子八路军来过没有？从哪里来，到哪里去？骑兵的司令部，还是政府的游击队？”

亢宝宝说：“大太君，我一个也没有看见。”

日本指挥官又问：“‘红胡子’有多少？都是什么番号？”

亢宝宝说：“我确实不知道。”

日本指挥官用指挥刀威胁亢宝宝说：“八路军大大的有，向哪个方向去了？交代个明白。不说，死拉死拉！”

亢宝宝毫不畏惧地回答：“我天一黑睡了觉，没敢出门，统统地不知道。”

日本指挥官见一无所获，大发雷霆，举刀向亢宝宝大腿上砍了一刀，伤口有三寸多长。亢宝宝昏倒在地，鲜血直流，仍然不吭一声。后来成了残疾。

亢宝宝说：“我干的就是八路军的活，共产党、人民的活，我亢宝宝人残志不残，老子不能干儿子干，儿子老了孙子干，八路军的活儿总得继续干。”从亢宝宝身上，可以看到老根据地人民群众的英雄气概和大无畏的高贵品质。

胜利突围粉碎“扫荡”，总结经验

敌情来源于侦察，侦察来源于群众，群众路线是我党的根本路线。我们在敌占区一切都离不开人民群众，如侦察敌情，传送情报，捉拿敌探、汉奸，掩护伤员，保存物资等，都离不开人民群众。在作战时更要联系群众，依靠群众，走群众路线。特别在敌情万分紧张、生死存亡的关键时刻，如有一个汉奸、叛徒告密，势必一触即发，就有可能全军覆灭。

这次反“扫荡”，为什么我们绥蒙行署，绥中专署，武川、陶林县政府要在这个地区集结呢？为什么又在日寇“铁壁合围”部署兵力最强的防线上，选突围的突破口呢？因为一是在地理位置上处于武川、陶林、归凉县的三角地带，只要突出“铁壁合围”，越过平绥铁路，就可以到达蛮汗山区，跳出外线。二是上高台乡是陶林县根据地，东河子乡是武川县的根据地，也是专署的根据地，群众基础好，情报也灵通。三是日寇力量虽强，势必警戒疏忽，有隙可乘。因此，在这里突围还是有条件的。

这次反“扫荡”的胜利来之不易，是因为：

第一，我们有人民群众的支持和掩护。人民是真正的“铜墙铁壁”，是日寇的“铁壁合围”战术打不垮、攻不破的。在“扫荡”中，敌我两个前线指挥部，一个在沟内，一个在沟外，我们的指挥部就在日寇前线指挥部拐角铺后沟内的李铁丝窑子和高木窑子，距敌人五里多路，是在老虎的鼻子底下隐蔽活动。敌人天天在搜捕我们政府领导机关，事实上我们的领导机关与日寇指挥部是在面对面、针锋相对地斗争着。为什么没有任何暴露呢？一是有人民群众和游击小组的保护。我们村村都有情报员，侦察敌情，通风报信。我们对敌情变化的掌握是一清二楚的，而日寇对我绥蒙行署、绥中专署指挥机构的确切位置则一无所知。我们派游击小组放冷枪，扔手榴弹，牵着敌人鼻子转，使敌人像盲人骑瞎马，到处乱碰。二是我们村村组织有除奸小组，日伪的特务和汉奸是派不进来的，就是钻进来，也出不去，进来一个，就“吃掉”一个。这就挖掉了敌人的耳目，日寇有耳听不着，有眼看不见，到处是陷阱，到处是天罗地网，针锋相对地打击了日特、汉奸、敌探。所以说，人民群众的掩护和支持，是我们能够胜利突围的关键。

第二，临阵指挥，高度集中，服从命令，听从指挥。以苏谦益为首的总指挥，指到哪里，打到哪里，当发现绥蒙行署进入日寇小包围圈不易转移时，绥中专署通知武川县县长李康和陶林县县长宋克瓒带领游击队，分路进入战斗，主动出击，掩护了行署转移。李康、宋克瓒两位县长既是指挥员，又是战斗员，他们指挥正确果断，游击队打得顽强灵活，边打边退，牵着敌人鼻子走，按时把日寇两股 3000 余人调到了预定地点，出色地完成了战斗任务，为准备突围赢得了两天时间。

第三，依靠地下党组织掩护我们突围。例如东河子乡有三个党支部，在粉碎日寇的“铁壁合围”中都发挥了巨大的作用。陶武区委就在大同营子隐蔽，东西罗家营子和上下官道都有我们的地下党员。特别是陶武区委郭宽河同志对敌情变化掌握得非常准确，非常及时，为我们把突破口选在日寇的炮兵阵地上，提供了可靠的军事情报，立了大功。

第四，以苏谦益为首的指挥部，决心大，行动快，决策正确，部署周密。我们突围的战术是：“奇袭敌炮兵阵地，相机分散突围。”利用炮兵打远不打近，夜间作战、近距离作战发挥不了威力的弱点，出其不意，攻其不备，在进攻中退却，从进攻中突围。事实证明这个战术是成功的。

第五，突围路线选得好。行署骑兵五连和陶林、武川县游击队打得英勇坚决。特别是陶武区委郭宽河侦察得力，地形熟悉，路线选得准确。加之补可庆游击小组张千岁、常家沟贫雇农常月明带的路线准确、隐蔽，没有走一点弯路。

在战斗中，游击队打得勇敢、顽强、灵活，速进速退，速战速决。战斗一开始，他们化整为零，迅速展开，由集中到分散执行任务。领导机关突了围，他们又由分散到集中，迅速及时地赶到第一个集合地平顶山。有些在战斗中落马的同志，当晚也都赶到了第二个集合地蛮汗山十八台集合归队。整个战斗中未伤亡一人，仅丢了一匹战马。这些英雄，为我们胜利突围立了大功，完全保存了大青山党政军民领导干部的实力，在大青山游击战争当中，创造了前所未有的奇迹，这是我党政军民在军事战略上的重大胜利！真是：

三万大军势汹汹，
五路“扫荡”我绥中。
妄图进军莫斯科，
伙同德意逞霸强。
游击战士英雄胆，
青山军民智无穷。
声东击西战边疆，
铁壁捅成破灯笼。
天皇御前呈战果，

一匹拐马是军功。
大和武士留笑柄，
东亚圣战一场空。

从这次突围战斗中，我深深体会到：实践出真知，真知来自实践中，没有真正的实践，学不到真才实学。突围，对我们是个极为严峻的考验。回忆组织上调我到大青山工作后，绥远省委书记白如冰同志对我的指示：

> 参加大青山敌后工作，必须学会三套本领：一是必须学会作战、打游击；二是必须学会做群众工作；三是必须学会做政权工作。

现在才真正认识到、体会到，他的指示是完全正确的。

突围后，我们奉命回到晋绥抗日根据地偏关县进行休整。同志们虽然人在后方，可是心仍然想着大青山，决心休整后，重返大青山。

为了重新打回大青山，部队急需补充军饷和军需物资。当时绥远省委、绥蒙政府、绥蒙军区实行财政统一，由马南风同志和我负责财政方面的工作。马南风任塞北禁烟督察处长，我任副处长并兼军区供给部财政科长，姚喆司令员派我和李培德同志到晋绥军区向贺龙司令员要求解决军饷和军需物资。

当我们来到兴县晋绥军区后方蔡家崖村时（黄河西边），受到贺龙司令员的亲自接见。贺老总热情地握着我的手亲切地说："你们回来了，你们辛苦啦！你们在大青山被日寇层层包围突围不出来，我贺龙也睡不着觉。现在你们胜利突围了，我们才放了心。"

我说："感谢首长关怀！"

贺老总笑呵呵地问："你们是怎么突围出来的？"

坐下以后，我向贺老总简略地汇报了突围经过。当谈到敌人把我们层层包围，第二天就要进行总决战的紧要时刻，我们急中生智，当机立断，千方百计不顾一切牺牲，从敌人炮兵阵地上突了围，因为日寇的炮打远不打近，夜间不易发挥威力。我们就利用日寇这个弱点，从其炮兵阵地的空隙突出来了。贺老总听到此处，哈哈大笑。

贺老总又问起部队情绪如何。我回答说："我们突围后，回到偏关休整，大家都不甘心把大青山让给日寇，要求打回大青山去。现在同志们都在待命出发，只是缺乏军饷和军需物资。困难的是吃饭没粮票，吃菜没菜钱，马匹没草料，战士连衣服、鞋子都烂了，没有换的，我来就是请求军区首长解决这些困难的。”

贺龙司令员认真地听了我的汇报，说部队人困马乏，需要很好的休整。要粮给粮，要草给草，要钱给钱，要衣服给衣服，要鞋子给鞋子，要子弹给子弹，统统解决。

贺老总笑着又指示我，大青山的撤退是暂时的，日寇“扫荡”时，我们暂时撤出来，不久还要打回去。你们要坚持下去，要死守住大青山这块战略要地，星星之火，可以燎原。将来反攻绥远，解放绥远，还要依靠你们。

听了贺龙司令员的指示，我的心情格外激动。我说:“请首长放心，我一定把首长的重要指示转达给省委和军区领导，坚决执行首长的指示!”

看到贺老总很忙，我不能过多地占用他的时间，记下他的重要指示后，我就起身告别。

贺龙同志对我们的教导，使我永久不能忘记。我返回偏关后，向绥蒙党政军的领导汇报了贺老总的重要指示，大家很受鼓舞，情绪十分高涨，决心搞好休整，待命出发，早日打回大青山，让抗日救国的红旗，重新高高飘扬在大青山上!

忆王景堂[①]

郝秀山

王景堂是武川县东土城乡天力木兔村人，有一定文化水平，是一位进步的爱国人士。七七事变前，他一度在国民党武川县八区区公所做事，担任保安队副队长。王景堂平易近人，交际广泛，无论对官方做事的人，还是老百姓，公道正派，讲究义气，只要是他能办的事从不推辞，尽心地办理，所以在地方上颇受尊敬。

日本帝国主义侵占绥远后，景堂积极主张抗日，拒绝给日本人做事。日伪武川县政府曾邀请他组织伪八区地方武装，并让他出任队长，他没有去，推荐刘占元（景堂的老朋友）去了。义合乡成立，让他出任伪大乡长，他也没有去，推荐刘明（景堂的老朋友）当了。他对这些朋友讲，要多为抗日做些事，照顾老百姓的利益，对日寇要应付差事，不能甘心当亡国奴。

1937 年，武川一部分县区保安队改编为“绥远民众抗日自卫军”。曾多次邀请王景堂参加这个队伍，王景堂表示，抗日我是十分赞成的，我要看形势，到一定时候当然要去参加抗日救国的斗争。

1938 年 9 月，八路军进入大青山后，景堂从各方面了解八路军的情况。当八路军攻克陶林、乌兰花，蜈蚣坝战斗打响后，景堂毅然决定要参加八路军。他认为这才是一支真正抗日救国的军队。他曾说：“抗日就是要和日军斗，不是光说说抗日就能奏效的呀！八路军就是干真的，这几次战斗打得好啊！……”

1938 年 9 月，武川县八区筹备组织区动委会时，在杨植霖同志推荐下，邀请王景堂同志参加区动委会的筹备工作，景堂愉快地接受了这个任务，立即答

① 原载于《武川文史资料》第五辑，1988 年 8 月。

应出家进山，参加抗日救国。

景堂到大青山里玻璃哈达村后，就同田岐山、李琦同志共同研究组织八区动委会的工作。我初见到王景堂时，只见他身穿老蓝布衣服，头上戴一顶毡帽子，手里拿着旱烟袋，手指上戴着一个红珊瑚戒指，40多岁就两鬓斑白，显得很老成的样子。但他说话干脆利落，有条不紊。景堂问我："小同志，你是哪里的人?"我答话后，他"噢"了一声便说："你就是瓜窑什沟家，我三弟景业常说叨你。""是的，我们俩是磕头兄弟。"他接过话题又说："你我走的是正经道啊，你那个哥没走对路，将来我们要把他（景业当时参加了自卫军）拉过来呀!"

1938年底，武川县八区动委会正式在玻璃哈达村成立。景堂同志任主任，李琦同志任副主任。成立的当天，邀请了国民党县政府和自卫军第三路官员邱明星、王有功、李政才，还有一些地方绅士、乡长等人，由景堂和李琦主持进行了统一战线问题会谈。景堂说："我们奉命成立八区动委会，目的是为了组织和动员各方面的力量支持抗日救国的军队。……八路军是国民革命第十八集团军第八路军，是我们的国军。不仅动委会要支援，而且县政府也要支援呀!"邱明星县长说："当然，当然。"景堂接着又说："贵军（指自卫军三路王有功）也是抗日的，但属地方部队，对远道来的八路军也要支援，相互协作，共同抗日嘛!"李政才、王有功异口同声地答话："理所当然，应该，应该。"李琦同志也就统一战线等问题讲了一席话。王有功、邱明星和一些地方绅士、乡长等先后都讲了话，会议气氛很活跃。大家除祝贺八区动委会成立外，都谈了团结抗日、搞好统一战线的重要性。经过讨论商定了几个问题。一是在八区境内的部队征集粮草的地区划分；二是征集粮草物资统一布置、统一收据；三是强调了军队纪律，要求保护百姓，不要随意打骂群众；四是地方上的一些民事纠纷等问题应由区乡动委会处理，还有互通情报等问题。景堂在李琦同志和总动委会一些同志帮助下，比较顺利地完成了区动委会的组建工作，为开展统一战线工作奠定了初步的基础，从而也显示了地方和知名人士的作用。就连当时的邱明星、王有功等人都称他为老兄。这次会议是王景堂同志在共产党领导下的第一次出头露面，充分表明他在共产党领导下抗日救国的决心和强烈愿望。

区动委会成立后，景堂不仅经常做自卫军的统战工作，而且也做武川县日伪军政工作人员、地方绅士、地主老财们的工作。说服动员他们抗日救国，支援八路军。由于他的活动和影响，八区动委会的工作搞得非常出色。广大群众包括有钱有势的一些老财人家，都纷纷向区动委会送军马、布匹、皮衣、粮食等，表示支援八路军抗日。那一段时间里，区动委会驻地人来人往，络绎不绝，为八路军度过寒冬提供了许多方面的支援。从此，王景堂同志主持的八区动委会整个工作打开了局面，并且组织了区游击队，建立了农会等抗日群众组织，为进一步开辟大青山抗日游击根据地奠定了基础。

大约在 1938 年底，王景堂加入中国共产党。次年 6 月，日寇对大青山进行“扫荡”，区动委会化整为零，分散到群众中活动。县委书记杨建林指示王景堂回他的家乡一带搞地下工作。我在义合乡公所曾见过他一面，他说现在有新的任务，正在了解武川县城及周围敌人的活动情况，做一些伪军警的工作等。

1939 年 9、10 月间，杨植霖由大沟来到八区义合乡一带，做党的秘密工作。到我家住了几天后，就到五家村一带找景堂研究开展地下工作和对敌斗争。杨植霖曾向我说，景堂善于交际，各方面朋友很多，武川一带的伪政府官员、国民党自卫军、地方绅士中都有他的老朋友，好做工作。杨植霖布置工作之后，景堂完全处于秘密活动中，重点掌握武川县城和西乌兰不浪一带敌人的兵力情况和活动情况。

由于叛徒告密，不幸的事发生了。1941 年 1 月 30 日，旧历正月初四上午，西乌兰不浪的几十名警察包围了黑兰杆杆村，把全村人驱赶出来排成队，一个一个地查看是否有王景堂。当景堂和群众一起出来接受这突如其来的检查时，当即被一个穿黄大衣的汉奸认出，拉出人群拖到他的院子进行拷打，逼他交出枪支等，并把他家翻箱倒柜搜查了一顿，一无所获。而后敌人把景堂捆上，用绳子拴在马后，敌人骑上马小跑，景堂紧跟在后面，在冰天雪地中行至西乌兰不浪的日伪据点，又把他捆在大庙院里的一棵大树上。经过一天一夜的毒打折磨，景堂遍体鳞伤，手脚都冻坏了，但他没说一句求饶的话。

第二天，敌人把景堂重新捆绑了一番，撂到汽车上，运到武川县城日本特务机关关押。在此期间，特务机关对景堂严刑逼供，折磨得不成人样。但他始终没有说出他为共产党做什么工作，一口咬定说：“我参加过区动委会，当过主任，大家都知道；前年我就回家当老百姓了，别的什么也没干。”敌人在景堂身上毒刑用尽，又对景堂采取了绝食的办法，使他把半个毡帽一口口咽进了肚。由于被捆绑着，自己用嘴把身上的破衣领子和嘴能接触到的身上其他地方的烂棉花吃掉充饥。三四个月工夫的折磨，使一位铁骨铮铮的汉子变得骨瘦如柴。

景堂同志在敌人的毒打和酷刑下，没有吐露一点点真情，使许多好友同情和难过。敌人一无所获，又无别的话，在他身上榨不出什么油水，便接受景堂朋友提出保外就医的请求。当时我是区长，委托刘占元、刘明设法营救并给了他们一部分物资作为活动经费。经过多方面的活动，于同年 6 月下旬保出监狱治病。7 月初，敌人允许他回家看看，在家待了四天就返回了武川。临走时，景堂同志对他的二儿子王二娃说："咱们山里人知道我回来，一定要来看我，不能再上敌人当了。我得赶快回武川，你们放心吧！敌人对我干不了啥。"景堂一心考虑党的事业和同志们的安危，把自己的安危置之度外。

王景堂返回武川县城后，暂住在一位姓张的朋友家，一边治病，一边养伤。几个月监狱生活的折磨，使他积劳成疾，病情愈来愈重。经朋友们多次保举，敌人同意景堂离城回家治病。敌人本来想把王景堂杀掉，但是考虑到他在地方上有名气，所以采取假释放的办法，再度观察情况，想利用他做些文章。不幸的是，景堂从县城回家的路上，停止了呼吸，享年 45 岁。

王景堂同志是一位坚定的共产党员和革命战士，他虽受党的教育时间不长，但他忠于党，忠于人民，为抗日救国之大业做出了贡献。他虽离开我们 40 多年了，但他永远活在大青山人民心中。

五十年前的回忆
——怀念父亲温财旺[①]

温世俊 忆述　温智 整理

我的父亲温财旺，又名温殿林，生于1901年（壬寅年），死于1938年秋。在我的记忆中，父亲身材魁梧，浓眉大眼，说话时声音洪亮。常穿一件大褂，戴一副眼镜，待人和蔼，颇有学者先生的风度。

后来我才知道，1925年父亲原是当时任中共绥远工委书记吉雅泰同志发展的武川早期共产党员之一，并担任中共武川县工委书记。父亲为了革命，为了人民，献出了短暂的一生。今天缅怀先父，就是为了让后人继承父亲的遗志，学习他的革命精神，安慰他的在天之灵。

家世

我的祖父温贞小，为人勤快，善于管理家业，日子过得还算可以。他老人家年轻时从坝沟西山的巨金山村迁到马家店村（今属大青山乡），开了一个旅店兼营饭馆。那时，蜈蚣坝沟底大路是归化城（今呼和浩特市）北通武川、后山草地、外蒙古的交通要道，每天都有满载粮食、货物的车辆、行人往返于这条大路。沿路饭馆、旅店开设得不少。马家店地处蜈蚣坝后坝底，上坝的骡马车辆、行人都要在这里吃饱喝足才上坝赶路。故祖父开设的旅店，来往车辆行人住宿打尖的较多，这样一来给家里贴补不少，生活过得比较富裕。

① 原载于《武川文史资料》第六辑，1989年12月。

父亲姐弟六人，他排行老二，上面是一个姐姐，下面是三个妹妹和一个弟弟。父亲出生那年正是庚子赔款后的第二年，当时清王朝腐败无能，在后山四子王旗给外国洋教堂割赔数十顷土地。父亲幼年时，祖父经常给他讲光绪二十六年义和团在后山杀教灭洋的故事，使父亲从小懂得了许多道理。以后又经常听来往住宿的车倌、商人讲南方革命党人造反闹事的事儿，辛亥革命的前因后果及穷人造反的事，使父亲树立了爱国思想，幼小的心灵埋下了爱和恨的种子。

父亲是祖父的长子，祖父重男轻女，视父亲为掌上明珠。为了让父亲知书识礼，长大成才，1913 年春祖父特意从武川县可镇请来一位郭老先生，在自己家中办起私塾堂，以教年已 12 岁的父亲，同时附近巨金山、坝顶、牌楼馆等村的农家子弟也前来就读。郭老先生是山西一位老秀才，学识渊博，原在可镇商会办的私塾堂执教。郭老先生教学严格，父亲勤学好问，古文和汉语学得很精湛，写得一手好毛笔字。

1916 年，名曰大小“独立队”的土匪在后山活动猖獗，他们到处奸淫掳掠，骚扰百姓。许多村子里的有钱人家，纷纷在归化城买下住宅，举家迁往。当时坝沟大路沿村，常有归化城保商团团兵武装护送商贾车辆，故坝沟一带百姓较为安全，但也常常提心吊胆，日夜不宁。祖父开设的私塾堂，上学的孩子越来越少。次年冬，郭老先生辞职回山西老家，临行时给父亲留下一封保荐信，让父亲来年持信去归化城九龙湾归绥中学找其好友姚尔基先生上补习班。第二年，祖父领上父亲，到归化城找见姚先生，继续求学。

1920 年秋，父亲和同学王永禄、张尔雄、于存灏等人正式考入归绥中学 10 班。同年冬，祖父积劳成疾，不幸去世。父亲为料理祖父丧事，不得不中途辍学回家。次年秋，父亲为了继续求学，将家中托付给本家叔叔、大爷，重入归中念书。由于中途耽误，他退到低一年级的 8 班，结识了新同学吉雅泰。

祖母和本家叔叔、大爷商议，为了收住父亲的心，过完大年后，硬给父亲娶过来早已定下亲的可镇附近大兴昌村安四秃的女儿安变鱼（我的生母）。这一年，父亲勉强念了一个学期，终因妻儿老母及年幼的弟弟无人照料，退学回家，担起全家生活重担。

乐善好施，伸张正义

1923年秋，父亲回到家乡，自己创办了一所私塾堂，立志投身教育，为家乡尽点微薄之力。父亲收学生，不论贫富人家，对一些经济困难的农家子弟给予免费，对有钱人家子弟却要收费。父亲教书十分认真，对学生要求挺严。除了正常讲课外，还经常给学生讲人世间的不平、社会的黑暗、帝国主义侵略中国的种种罪行，教育学生爱国家爱人民。在父亲的关怀教育下，好多学生后来成长为中共党员，为革命献出了生命。如牌楼馆村的王称心、王宝宝等，都是父亲教出来的学生，他们后来参加了大青山抗日游击队，在战场上光荣牺牲。

除了教书，父亲还经常为乡亲们代写诉状，帮老百姓打官司，老乡尊称他温先生。周围村子的乡亲们有个大小事，都愿找父亲出主意想办法。一天，牌楼馆村民刘二用找到父亲说："老财郝家要我把饭馆腾出给他，温先生，快给我想个法子。"父亲听完后，十分气愤，立即挥笔写出呈子，上诉武川官府，官司居然打赢了。可是，郝家有钱有势，决心要和父亲争个高低，出一口气。郝老财带上好多现洋去武川衙门上下打点。官府收了现洋，重理此案。将父亲传到公堂，二话没说定为诬告罪，收监，刘二用家的饭店也归了郝家所有。这年冬天，母亲去县城探监，冻坏了身体，加上日夜操劳，病中死去，时年27岁。后来有人托保，父亲才被释放出狱。

1929年，绥远大旱，颗粒不收，饿死好多人。后山农村不少穷人家卖老婆卖儿女，许多村子逃得空无一人。父亲为了自家和邻近村民活命，到大同等地贩回了荞麦，赈放给坝沟和附近村民，救了乡亲们的性命。

寻求真理闹革命

1925年，国民军开进绥远。这年春天，父亲中学时结识的老同学吉雅泰等人从北平归来，在归绥成立起绥远国民党党部。托人给父亲捎来口信，让他到归绥见面。父亲听到口信，高兴地赶去归绥找到吉雅泰。老同学见面，谈得十分投机。几次见面，吉雅泰给他讲了很多革命道理，使父亲懂得了只有共产党才能救中国。不久，经吉雅泰介绍，父亲加入了中国共产党，从此走上了革命道路。

父亲入党后，吉雅泰让他在武川可镇及坝沟一带开展工作，并派任父亲为新建立的中共武川县工委书记。为了工作的需要，父亲名义上为国民党党员，担任可镇的县农务会秘书，常到可镇、坝沟一带农民中进行地下工作。在较短时间内，父亲发展了杨万财、贾克云、赵老五和农民积极分子安存粟、张凤鸣等人为国民党党员，其中杨万财、安存粟等人为中共党员。从此，武川可镇及坝沟一带的革命活动如火如荼地开展起来。

同年冬，在李大钊和中共北方区委的领导下，热河、察哈尔、绥远三个特别区的农工兵代表大会在张家口召开。父亲作为武川代表，同杨万财、赵老五等人，前往张家口参加了这次大会，父亲还在大会上发了言。会后，父亲当选为新成立的内蒙古农工兵大同盟的中央候补委员。

1926 年春，国民军的一个工兵团奉命修筑归绥城至蜈蚣坝公路。筑路期间，父亲和县商务会、农务会代表，亲自到坝顶老爷庙，带去捐赠的吃食用品，慰问筑路军队官兵。父亲还发动坝沟一带村民腾出房子，让筑路军队驻扎，并经常组织老乡送饭送水。5 月，绥远警务处长吉鸿昌为筑路工程竣工亲临现场庆祝，并当场手书“化险为夷”四个大字，镌刻在峭壁上，以示永久纪念。当时，父亲和武川地方代表分别同吉鸿昌将军握手祝贺。

这年夏，绥远国民党党部下令，各县国民党负责人协助国民军扩军备战，准备东进，跟奉军作战。为了配合国民军招兵工作，父亲东奔西走，四处动员，和已任国民军副官的杨万财均身穿国民军军官服在可镇老爷庙前设立招兵台。出于对父亲的尊敬和为其动员工作的打动，仅几天时间，就有数十名青年报名参了军。与此同时，父亲的同学吉雅泰、陈国英等人也在归绥协助国民军招兵。

同年秋，国民军在直奉联军的进攻下失败西退，从察哈尔一线经绥远全部撤到后套五原一带。同时，中共绥远各级组织也随国民军向西撤退。父亲和杨万财等人也撤到五原，并参加了冯玉祥将军的五原誓师大会。接着，父亲随国民军转战于宁夏、甘肃、陕西、河南等地。这时的父亲，从一个文弱书生变成了戎马将士。

第二年春天，父亲和杨万财等人带着国民军开的介绍信，从河南安阳一带辗转回到武川。不久，父亲和中共绥远地下党组织取得了联系，在坝沟和可镇一带继续从事革命活动。父亲面对当时官府多如牛毛的苛捐杂税，采用明说给暗实抗的办法，发动农民抗租抗税抗丁。县政府来人催要，父亲用自家的吃喝招待，好语宽慰要求宽限。这样，一天拖一天，一年拖一年。父亲在世时，坝沟一带农民没给政府一分钱、一斤粮、一个丁。

那年，母亲病故后，留下我们姐弟几人。父亲既要担起抚育子女、家庭生活的重担，又要从事革命活动，实在忙得够呛。1932 年夏，父亲为了工作，把我们送到可镇附近大兴昌村，让舅舅照料我们。他经人介绍，前往归绥，在市政府当了秘书。同年父亲在城里再婚，并把我们接到归绥城里住。这期间，父亲经常和吉雅泰等人接触，谈论革命。还去巧尔齐召联系，进行秘密活动。两年后，父亲响应党组织指示，在武川开展革命活动，带领全家离开归绥回到武川。先是在西乌兰不浪学校教书，后来又去县城可镇，在司法承审处担任代书，专为群众代写诉状。

1936 年秋，二叔温二毛在马家店病逝。迫于家中无人照管，父亲领着妻子和我们从可镇回到马家店村居住。

第二年，父亲为谋求生计，也为掩护革命工作，又重新办起学堂，当起教书先生。此时，日军侵占了东三省，并步步逼近绥远。这样，父亲更忙了，白天教书，晚上常常深夜才回家。当时我还小，后来本村二黑豆老汉给我说，父亲晚上出去，是组织乡亲们开会，发动抗日救亡运动，团结人们齐心起来打击日寇。

父亲之死

1937 年，由于日寇逼近归绥，国民党军队大批从武川退下，可镇县城一片混乱。当时任绥远省政府统计员的郭怀翰专程前往马家店村找父亲，让父亲和其一起西撤。父亲思谋再三，谢绝了郭的好意。留下来，一是为了照顾妻儿老小，二是为了抗日救亡工作。

这年冬天，驻扎在武川县城的伪蒙古军骑兵奉驻守在县城日军之令，来到大青山和坝沟一带讨伐郭怀翰部自卫军。邻近村子的老百姓得知这一消息，纷纷四处躲藏。父亲听说后，非常沉着，让继母领上我们姐弟几个向马家店西山的土城梁一带躲避，同时迅速转告乡亲们往山里转移。父亲自己却留下来应付伪蒙古军。伪蒙古军官兵将父亲抓住，逼问村里人跑到哪儿、自卫军的下落，父亲一口回绝。伪蒙古军气得恼羞成怒，用皮带、马鞭把父亲打翻在地，并将马靴狠狠踩在父亲的腹部，父亲被打得晕死过去。伪蒙古军折腾了半夜，一无所获，灰溜溜地返回了县城。

村里乡亲们和继母领上我们回到村里，将躺在地上气息奄奄的父亲救起。众乡亲又将父亲抬到巨金山村本家叔叔家调治养伤。伪蒙古军把父亲打得遍体鳞伤，他连饭也吃不下，每天只能靠大烟土维持生命。他老人家悲愤至极，痛惜国家和人民遭受日寇涂炭，自己被伪军打成这样，不能亲临战场打击日军，加上伤势过重，调治无效，不久，含恨与世长辞，终年 36 岁。

我记得父亲临终前几天，自己亲笔写下了灵柩前的挽联，是这样写的：上联是“可气立志未成身先卒”，下联是“可恨一身傲骨葬荒丘”，横批是“誓雪国耻”。由此可以看出，父亲抗日、报国之志未酬，死不瞑目。

父亲的一生虽然短暂，却是光荣的一生、奋斗的一生。他由一个普普通通的农家子弟成长为一个共产党员，为国家、为人民献出了年轻的生命，党和政府是不会忘记他的。

青山碧血　赤子丹心
——回忆马建功战斗和生活片段[①]

李富和　韩文奎　马月英 忆述　曹海鹰 整理

1991年农历正月十四夜2时，一位具有传奇色彩的抗日英雄，带着一身伤痕和一生坎坷，默默地离开了这个世界。没有追悼会，没有多少花圈，乡亲们用四根杠子扛着他的灵柩送到墓地。他就是当年在大青山叱咤风云，令敌闻风丧胆、屡建奇功的抗日英雄马建功。

马建功是大青山马家店人，一生饱经沧桑，灾难几乎伴随了他的一生。他于1938年参加革命，历任武归县二区游击队长、绥西游击队长、武川县游击大队长、内蒙古军区后勤处长等职，去世前在东土城乡三道河村务农。

投身革命，创建革命武装

1938年，马建功全家八口人，房无一间，地无一垄，父亲在本村打长工，哥哥外出给人家放羊，弟弟在本村打短工，姐姐早于14岁聘到口里，他本人在蘑菇窑大海留村给人家放羊。一家八口吃了上顿没下顿。同年迁到东土城乡乌兰桃力盖村。

这年秋天，大青山来了八路军。入冬，他在大海留放羊时参加了杨植霖领导的蒙汉游击队，当时20岁。

翌年冬，杨植霖派马建功到各村筹建武装。他在冬天就联络从土旗逃生来

① 原载于《武川文史资料》第七辑，1994年8月。

的张志平、李树棠，武川西城丰的郭志明等五人组成游击队。到1940年春，游击队扩大到14人。这些战士有五胜官地（武圣关帝）生有子、黑脑包刘珍、小碱滩杨树根、西柜曹记忆、福如东王公和、山西逃生来的韩富棠、二道盘王珍等人。有了人，没有枪支，他们从土匪、日伪军手中夺，共夺得七条枪。分别是一把楞头十响手枪，两条冲锋枪，两条套筒枪。

我游击队活动在北至召河、南到归绥铁路、东接旗下营、西依井尔沟的广大地区。

1940年5月间，上级决定成立二区政府，任命曹文玉为区长，马建功为游击队长。

二区管理范围很大，是北达召河、南抵归绥铁路、东至归武公路、西依井尔沟的一个纵贯南北的狭长地带，辖坝口子、南乌兰不浪等三四个乡。

根据地的扩大，革命队伍的壮大，群众抗日觉悟的高涨，大青山抗日斗争如火如荼。随之，马建功的名字也在大青山内外传开。

桃力盖惨案

1940年秋天，日军在城里悬赏5万元蒙疆票捉拿马建功。记得村里人们还在场上碾打庄稼。一天，马队长带游击队回到东土城乌兰桃力盖。

祸从这里引起。原来日本人为抓马建功，已在村里安插了间谍。马队长一回来，间谍就到武川报告了日伪军。

这天，马队长没有走，在村子里住了下来。当晚日本人开着汽车就向桃力盖扑来。半夜时分，忽从东面传来汽车马达声，而且越来越近。村里有位群众跑来告诉马队长父亲说："留柱子，不好啦，听东面有汽车响，叫你二小子赶紧跑吧。"马父叫起马队长，出门上房一瞭，果然日本人汽车灯光明晃晃的，已到了东土城东面的抢盘河。马队长忙带着游击队，从院墙下水道中钻出朝西跑了。

他们到了距桃力盖七里地的上脑包梁上停下来观察，村中火光冲天。此刻，敌人已把全村包围，并将马队长父母、三妹马莲花、弟弟马三娃、哥哥马发财、马队长童养媳押上汽车，二妹马安生当场被敌人放火烧死，其他人当晚被押回武川，关在城北头伪警察署监狱。

次日天明，太阳半竿高时，村中大火还未灭。马队长只身一人到附近村子打听，知道了实情。而后，马队长带游击队到井尔沟西窑子村，向杨植霖做了汇报。这时，杨植霖早收到情报，安慰说:“我已知道了，非常难过，不管怎样，事情已发生，你暂避一避，执行一次任务，押送俘虏交给武东县政府。”马队长当即踏上了奔赴武东县的征途。

敌人抓走马队长全家后，当夜他哥哥越狱逃跑时被枪杀，其他亲人天天经受敌人逼问拷打。第七天，伪警察署拉出抓走的马家人，行刑示众。马队长父亲最先被审问逼供，因不服上去辩理，被敌人用铁锹活活劈死。其母见丈夫死去，也上去争理，被敌人揪住头发摔在墙上撞死。其三妹马莲花，当时仅13岁，被敌人关进了监狱，后来其公婆卖了三头牛赎出。三弟马三娃因拒不供出马队长，也被敌人用铁锹劈断腰，后来饿死。童养媳被伪警察霸占。围观的人们不忍目睹那惨状，多数低下了头。

家破人亡后，没有一个敢去收尸的，遗体被抛在城北河槽中，恶狼野狗将他们吃掉了。

家人劫难，马队长悲痛欲绝。杨植霖、靳崇智等领导深表同情。为了安慰他，他俩做媒，给马队长从根据地柳沟门娶了个叫黄玲的闺女做媳妇。

1941年夏秋，日军得悉马队长还有第二个女人，还不放过，多次到井尔沟柳沟门搜查。绥西领导杨植霖得知后，将其妻子送到西山，同王经雨母亲、杨植霖家属住在一起，自此才避开敌人的纠缠。

敌后除奸，巩固发展根据地

1941年春，国民党及亲日派相互勾结破坏抗日，掀起反共高潮，使抗日工作受到严重阻挠。

武归县二区有个大兴昌间，原间长叫贺占贤，思想开明，同情抗日。后来日本人便改换贺成元当间长。

贺成元是个地道的亲日分子，在日本宪兵队很吃得开，在国民党县党部也很吃得开，当上间长后很神气，头戴礼帽，卡着眼镜，手拿马鞭，走东家、串西家，搜集八路军情报。他还是间谍头子。大兴昌间的人们最怕也最恨贺成元，自他来了以后，我方工作不好开展。

同年入夏，贺成元给大兴昌的群众下了命令，规定任何人不准跟八路军来往，凡南来北往的人都必须搜查，违者以通共论处。多半年工夫，情报、粮物等没能从此转送出。

绥西专署副专员靳崇智专门做出指示，要求二区政府尽早除掉贺成元。

入秋，曹文玉区长和马建功队长分头调查了贺成元的罪恶和活动规律，并指示当地农民李富和等具体侦察贺成元的情况。几天后，李富和把侦察回的情报报告区政府。曹区长和马队长定下捉拿贺成元的行动方案。

贺成元在大兴昌有个姘头，三天两头去跟她鬼混。李富和返回村里，派一娘家在大兴昌的妇女去娘家住，暗中监视贺的行动。游击队做出撤回山中的假象，贺成元放心地进出大兴昌，并常去那女人家。

负责在该村侦察的妇女得信跑回，将情况报告了李富和，李亲自向区政府做了报告。

这天，得知贺成元确实去了大兴昌那姘头家，马队长便率游击队去捉拿。晚11时，游击队员们找到贺的姘头家，先将房院包围，随后马队长带三个游击队员跳进院，敲门喊话。只听房里女人夹着嗓子说："深更半夜干什么？"

马队长厉声说："查户口的。快点灯。"

那女人披了件衣服开了门。屋里只有三人，一个三十多岁，留着小分头、八字胡的汉子，裸着身在那女人被窝里睡着。那女人三十上下，身旁睡着个五六岁的孩子。

马队长端着枪问："这是谁？"

那女人说："他是我男人。"

马队长问男人姓名，他自称姓张，叫张富金。听口音是外地人，看相貌不是个庄稼人，马队长心想八成是贺成元。

马队长没跟他啰唆，说："请你跟我们走一趟。"等他穿上衣服，便捆起押出家门。

马队长让李富和辨认，李富和说："没错，就是他。"

游击队员将他押出大兴昌。第二日，曹区长派人将其押送到井尔沟关沟子，后晌枪决。

处决了贺成元，大兴昌间的群众拍手称快，我地下工作者都感觉轻松了好多，我们的工作也在逐步好转。

可是，日军不甘心失败，又派来个假装卖海红子的商人，窜到大兴昌间活动。这个人常称穷，姓王，人们称他“穷王”。“穷王”有个嗜好，爱抽大烟，一有时间就到城里五老财烟馆去抽。

1942 年春，“穷王”卖国求荣，搜集到不少有关我方情报，报告了日本人，将赏金换大烟抽，我区政府得悉，决定教训他。

6 月的一天晚上，“穷王”到了合兴元，在东头一家抽大烟。马队长派游击队班长李树棠带了三个战士，去找李富和带路，将“穷王”所在的那家包围，把“穷王”捆起押走。走到大地沟，在庙内歇息了一会儿。我方人困马乏，睡着了，“穷王”乘机逃回武川。

“穷王”跑后，引着特工队长刘福明，带十几人来小永安昌抓李富和。这时，马队长命李富和跟着游击队走，敌人没抓着李富和，就将他的家抄了，把村里人撵走。

“穷王”被教训后，反动气焰蔫了许多。过了一段时间，日本人又派一个姓赵的和一个姓张的特务到边山村活动，他们干尽坏事，气焰很嚣张。一天中午，马队长派李富和到小三合玉逮捕赵、张二特务。李富和到韩庆坝约了我方三个人到了小三合玉。当时，那两个家伙正在一户老乡家抽大烟。李富和等三人一进门，从风箱上抽出一把菜刀，就朝一特务砍去，特务被砍倒在炕上，另一个见状不敢动弹，一会儿就将他们捆起押送给曹区长，晚上将其处决。

敌人屡遭失败，在城里的特工队命令各闾、甲长保护特工队派出的间谍，间谍到哪，都必须由闾、甲长接送，如有差错，就拿群众问罪。

7 月的一天，一敌特工队小队长骑马从武川镇出发到韩庆坝。途中，马队长带人下山将其截住，给他讲了许多抗日道理，那个小队长将特工队活动规律全告诉我们后，我们便把他放回去了。

通过针锋相对的斗争和群众的支持援助，二区反奸斗争取得了丰硕成果。

冲锋陷阵，救驾突围

1942 年 10 月，日军对大青山实行大“扫荡”。我司令部、绥西三团、绥中二团、教导队，还有县区政府工作人员和游击队被围在得胜沟、张启明沟。

姚司令在这大敌压境时，召开各部队、地方军政领导联席会议。会上，姚司令分析了敌情，令二团和二区游击队掩护司令部转移，地方人员化整为零，就地隐蔽活动。会后，党政人员向西山深处转移，姚司令带队向绥中突围。我们从科卡沟出发，经东南面的魏家窑子时稍作休息，马队长带游击队断后。

第二天前晌，日伪军从南北两面迫近魏家窑子，我们在后首先遇上追敌，因寡不敌众，且战且走，到魏家窑子同大部队会合。这时，六七百名敌人从井尔沟五道沟的东南山围了过来，我军腹背受敌，形势异常险恶。姚司令指挥二团冲开血路，令马队长挡住后面的敌人。马队长指挥有方，游击队英勇顽强，个个几乎弹无虚发，敌人跟在后面不敢靠近。

二团多数是长征时的老红军，不怕流血牺牲，机智勇敢，马不停蹄向东冲去。我们出沟口时，姚司令骑着的黄骠马被敌人枪弹打中，栽倒在地，竟将姚司令摔出三步多远。正在后面指挥作战的马队长看见，赶紧跳下马，将自己的马让给姚司令，自己跟后面的一位战士合骑着马，且战且突围。太阳落山，敌人停止追击，我部到千树背，稍事休息后继续赶路。

半夜时分，我们从大西沟来到绥中的黄花窝铺。后半夜，姚司令带二团继续往东走，命马队长带游击队原地返回，到绥西配合县区政府进行对敌斗争，顺利地完成了掩护主力撤退的任务。

虎口夺食，雪中送炭

同年农历十一月间，日军的“扫荡”还没结束，时常来搜山。这时，留在绥西的干部和部队被困在大青山中的石虎子山上。同时，姚司令也带领司令部返回绥西，人数总计 700 多人。

一天，马队长接到上级命令，让我们尽早搞 2000 多斤粮食。当下，马队长召集我们几个游击队干部商议。会上，同志们分析到敌人在后山“扫荡”还没结束，游击队去会暴露目标。所以，决定让司务长王珍到后山侦察，马队长带我们到川底乌素图征粮。一周过去，我们征回三四石小米，迅速交到驻井尔沟的县政府。同时，王珍也侦察回了情报。马队长找曹区长商量，决定夜袭下秃亥村恶霸地主老石罗。

老石罗霸有民田 500 余亩，还开着个磨坊，一年四季雇长工短汉十几个，一年下来，少说收粮食 3 万余斤，磨面收入四五百块大洋，是远近闻名的老财。他家三口人，没有子女，娶有两个老婆。这人对我军，一直有敌对情绪。

这天，天还没明，马队长带着十几人来到下秃亥。当时，村里人还在梦中，我们包围了老石罗家。然后，曹区长、马队长进院敲门，并说："请快快起来，我们有事跟你商量。"老石罗听到敲门和喊声，战战兢兢地披了件衣服开门出来说："有什么事?"曹区长、马队长讲清抗日道理，后提出借粮食。老石罗很不情愿地领着我们到了磨坊，一看才有十几袋面，分明是耍滑头。曹区长、马队长厉声说："你老实点，不然就跟我们走一趟。"老石罗听了结结巴巴地说："我老实。"说完，领着我们到院中一大堆沙蓬前说："就在里面。"我们揭开沙蓬一看，里面放着足有二三百袋白面。游击队员们迅速将面驮在马上，打下收据，迅速上路。

后来，经过马队长几次谈话教育，老石罗放开明了，主动交出五六千斤粮食、三四匹白布。

同年隆冬，大青山地区气候异常寒冷。可是，我们山上的同志还没全部换上冬衣，指战员整天钻在洞里，三个一群、五个一伙地围着火盆烤火。

一天，县政府决定在坝沟设立税卡，任命马队长为卡长，率游击队打税。坝沟全长 40 余里，纵贯南北，是武川到归绥的重要通道。沿沟村庄很多，来往商人川流不息。

日本人也认识到该沟的重要性，在坝口子安了个伪警察署，驻五六十人；在坝顶设一个警察大队，队长姓于，有三四十人；在靠近坝沟西的井尔沟五道沟留一队伪靖安军，有 30 余人。这些人全是打税和负责日本人交通安全的。

我们来到坝沟第一站水泉沟，等了多半天没见一个行人，可是战士们冷得受不了。于是马队长命二班长曹记忆带了三个战士，将马牵着送回井尔沟的西白石头沟放着，自己和几位干部商量说："不入虎穴，焉得虎子。"于是，带游击队到了坝沟后店子附近的红鞋店。白天隐蔽在山上，晚上下山征税。

这天夜里没有一个行人，第二天白天，有几个赶毛驴下川底卖粮的老乡，我们仅打了微薄的一点税。可是，我们询问得知后山有个伪蒙古军的张副官，他养着 60 余峰骆驼，专做粮食生意。此后我们留心侦察，几天内终于从一些大商人手里打了 4 万多元（蒙疆票）税。

一天晚上，我们又去打税。见商人们雇着伪警察给压阵，因我们事先没有准备，就让他们溜脱了。此后，商人们每次朝北下来，都从武川雇上警察押送，我们打税遇到很大困难。

又一天，从川底来了一位商人，马队长向他打听，他说坝口子警察署马署长就爱钱，有钱什么事都干。马队长根据这条线索，派沙湾子农民殷红小去坝口子给马署长送钱，同时还送去封信。信上说："马署长，你要放聪明点，日本人的日子不会长久，希望你多为抗日出力，晚上严管部下少出门。"马署长看完信也给了回信，并让殷红小带回，大意是愿意帮忙。马队长得到回信，又在晚上潜入坝口子。夜 11 时，坝口子几家大店关好了院门，并反锁着。店墙很高，我们从一家大门门缝里看见院内卧有 90 多峰骆驼，于是拍打门锁，叫店掌柜给开门。一会儿，店掌柜提着个马灯出来问，干什么？马队长说来打税。马队长带我们进去，商人们坐了起来。马队长说："我们是奉命来打税的，国家有难，匹夫有责，都要为抗日出力。"这次，从未见过面的打 200 元蒙疆票，上次雇警察跑了的打 400 元，多数人乖乖地交了；那些被罚的人支支吾吾不肯掏，最后申明利害，才交出来，共打税 3 万元，完成了上级交给的任务。

恢复根据地工作

1945 年 8 月初，八路军骑兵旅攻克武川，上级任命郝秀山为武川县长，曹文玉为保安大队长，张少庭为政委，马建功为游击队大队长。

一天，郝秀山令马建功到川底接收电台和接应工作人员到召河开会。不幸的是，马建功在从川底返回时被国民党邢团俘虏。

1946 年 5 月，我方跟敌人交换战俘，马建功获释。他出来后，召回旧部 17 人，东进集宁，找到我绥蒙军区，将所部改为绥西游击队，队长马建功，分队长韩文奎，全队 17 人，配有一挺机枪，14 支三八大盖。

7 月上旬，马队长奉命跟军区派出到川底做策反工作的白秀芬、王炳义（起义人员）一道回大青山，并做好策反的接应工作。第二天，我们到了井尔沟，马队长跟白秀芬、王炳义商量，约定白秀芬到水磨沟点上规劝国民党李耀卿投诚，王炳义到川底取枪，马队长在第三天到指定地点接应。

他们走后第二天，马队长带我们到大东梁。这时，李耀卿已被白秀芬说服，投诚上了山。我们同时抓住机遇发动群众，扩充武装，部队已扩大到 70 余人。同月下旬，马队长带我们到集宁受训，绥西游击队编为两个分队，韩文奎为一分队长，侯满才为二分队长。

8 月国民党进犯集宁，我部奉命返回绥西。随着集宁失守，绥蒙党委和军区也撤到凉城，我部又奉命留驻托和清工作。

11 月初，马队长告别该地领导，带着人马向大青山进发。当夜，我们乘夜幕到了水磨沟，第二日同做策反拉武装的王炳义、李耀卿会师。绥西游击队扩大到 200 余人。

腊月，马队长率部南下，到了右玉杀虎口，上级派来曹文玉、郝占标领导这支部队，改编为大青山蒙汉支队，支队长曹文玉，政治部主任郝占标，马建功和王炳义为分队长。

1947 年 2 月，蒙汉支队正式编入中国人民解放军绥蒙骑兵旅，马建功从此结束了游击生活。

后记

马建功性格倔直，不事阿谀。新中国成立后因三次被捕的“历史问题”，被打成“黑帮”“反革命”，多年横遭困厄，并影响家属。直至 1981 年 3 月，乌盟中级人民法院以〔1981〕刑二上判字第一号判决书，宣判马建功无罪，他才得以彻底平反。马建功的五位亲人被日寇残害，他本人坎坷一世。武川人民不会忘记这位抗日英雄，其功绩与巍巍青山同在，与哺育他的抢盘河共存。

武川县工委书记温财旺①

张学义

1925年初，中共北方区委和李大钊同志派遣正在北京蒙藏学校学习的吉雅泰、李裕智等人回绥远开辟党的工作，并为绥远国民党党部执行委员，在归绥组织绥远国民党党部，党部暗为中共绥远工委的领导机关，工委书记是吉雅泰同志。

新中国成立后，内蒙古人民政府副主席吉雅泰在其回忆录中说："中共绥远工委建立以后，下边又建立了萨县、和林、武川、归绥、土默特旗五个旗县的工委。萨县工委书记是李瑞，和林县工委临时书记是万寿，武川县工委书记是温财旺，归绥县工委书记是赵绶恩，土默特旗负责人是崇德臣、孙承业。"其中提到的武川县工委书记温财旺即是大革命时期在武川县颇有名声的温殿林。至今武川许多老年人对温殿林当年在武川的活动记忆犹新。

温财旺，字殿林，乳名财旺子，坝沟马家店村人（今属大青山乡），1902年（壬寅年）生。其父温贞小年轻时即从坝沟西山的巨金山村来到了马家店开店。那时，蜈蚣坝沟大路是归化城北通武川、后山草地、外蒙古大圐圙及前后两营的通衢要道。每天都有满载后山粮食、前山货物的粮货车及其他车马行人来往于这条大路上。尤其是每年的春秋两季，旅蒙商的大批驼队日夜行走在坝沟大路上，整个坝沟各村繁盛一时。故坝沟各村如马家店、牌楼馆、什尔登、前后店子等均有开设的旅店、饭馆。而马家店地处蜈蚣坝后坝底，上坝的人及驼马车辆均要在这里吃饱喝足，方可上得坝去，故该村有数家车马旅店及饭馆。其

---

① 原载于《武川文史资料》第五辑，1988年8月。

中尤以这里饭馆经营的荞面饸饹辣子汤驰名，有“马家店的饸饹，肖家店（前坝底肖糕铺）的糕，坝口子的闺女不用挑”之说。

温财旺姐弟六人，他排行老二，上面是一个姐姐，下面是三个妹妹和一个弟弟。他出生那年正是庚子赔款后的第二年。当时清政府在后山四子王旗的圐圙图，二、三元井等处给外国洋教堂赔了数十顷土地，所以他幼年时，父亲经常给他讲光绪二十六年义和团神兵在后山杀教灭洋及烧毁其教堂的故事，使其从小树立了爱国思想。以后又经常听住到他家旅店的过往驼商及车倌们讲的南方党人闹事、外蒙古大圐圙前后营子的风情逸事，大长见识。辛亥革命爆发后，小财旺已年满10岁。那一年冬，驻在归化城营房道的外八旗后路巡防队起义，一部分起义军经蜈蚣坝开往后山，途中曾在马家店村各店中打尖吃饭，稍事休整。那次他整夜未睡，目睹了这一历史事件。

1913年春，温贞小从武川县可镇请来一位郭老先生在自己家中建私塾，教自己年已12岁的儿子温财旺，同时附近巨金山、坝顶、牌楼馆等村的孩子也前来就读。郭老先生是山西的一位老秀才，学问高深，在此之前曾在可镇商会办的私塾任教。在老先生几年的教授下，温财旺的古文和汉语学得很精湛。这一年秋，外蒙古军进犯绥远边境，北洋军第一师和绥远混成旅的步、骑、炮各军源源不断地从归绥沿坝沟大路开往后山作战。这些军队途经马家店村，温财旺等小孩子追着“大炮队”和“小钢炮”观看稀罕，并跟在拉炮的马旁一直行进，直到军队开远才返回。

1916年，卢占魁的大小“独立队”在后山活动猖獗，他们奸淫掳掠，绑架，使百姓不得安宁。许多村子的人逃避一空，举家迁往驻有军队的可镇、归绥和萨拉齐等城镇及其周围的村庄。一些老财大户还在归化城买下了院子，举家迁往居住。当时坝沟大路上的各村，由于经常有归化城保商团团兵武装护送过往驼商车辆，故这一带百姓较为安全，但也提心吊胆，日夜不宁。温贞小家的私塾，学生前来上学的也越来越少。次年冬，郭老先生辞职回到山西，临行给温财旺留下一封保荐信，让其来年持信上归化城九龙湾归绥中学补习班，找其好友、忻州人姚尔基先生，在该处念书。次年春，温贞小领上儿子到归化城九龙湾姚尔基处念了归中补习班。同学中有后山老财避土匪而住在城里的子弟王永禄、张尔雄、于存灏、淡相厚、周述文、周述绍、石炳文、王德宝等十几人。

1920年秋，温财旺和王永禄、张尔雄、于存灏、周述绍几人考入归绥中学第10班。同年冬，父亲因长期积劳成疾，不幸去世，温财旺不得不中途辍学回家。次年秋，他将家中担子托付给巨金山村的本家叔叔、大爷，重入归中念书。因中途耽误，他退到了低一年级的8班。同学中有武川的石炳文、郭怀山、郭怀翰以及外县的吉雅泰、李裕智、焦守显、霍世休等人。为了收住他的心，母亲和舅舅高二拴及本家叔叔、大爷商议，过完大年后的正月，硬是给他把早先定下亲的可镇附近大兴昌村安四秃的女儿安变鱼娶过门。这一年，他又勉强在中学念了一个学期，终因妻儿老母及年幼的弟妹无人照料，只得退学回家，担起全家生活的重担。

1925年初，国民党开进绥远。这年春，温财旺中学时的同学吉雅泰等人从北京回来，在归绥成立绥远国民党党部，并托人给温财旺捎来口信，让其到归绥见面一谈。温财旺到区党部找到吉雅泰，老同学见面，无所不谈。经过几次见面，温财旺在吉雅泰那里懂得了许多革命道理。不久由吉雅泰介绍，加入了中国共产党，名义上为国民党党员。温财旺入党后，吉雅泰让他在武川坝沟和可镇一带的农民中开展工作，并派任他为新设立的中共武川县工委书记。为了工作的需要，他在可镇的县农务会中担任了秘书，深入到可镇坝沟一带农民中，进行发动工作。在很短的时间内，他就先后发展了像当过兵的右玉人杨万财，本地人贾克云、赵老五、贾德仁及农民积极分子安存粟、高××、张凤鸣、郭二秃等人为国民党党员。其中杨万财、安存粟、高××等人还由他发展为中共党员。

同年冬，在中共北方区委和李大钊的领导下，热河、察哈尔、绥远三个特别区的农工兵代表大会在张家口召开。温财旺、杨万财、赵老五等人作为武川的代表，前往张家口参加了这次大会，温财旺还在大会上发了言。会后，他当选为新成立的内蒙古农工兵大同盟的中央候补委员。

1926年春，国民军的一个工兵团奉命修筑归绥城北的蜈蚣坝大路。筑路期间，温财旺和县商务会、农务会的代表，亲自到坝顶老爷庙，向筑路军队捐赠吃食用品。他发动坝沟一带群众腾出房屋，让筑路官兵居住，带头和老乡们送饭送水，休息时还和团长张印湘互拉家常。5月，绥远警务处长吉鸿昌为工程竣工亲临现场庆祝，并当场手书“化险为夷”四个大字，镌刻在悬崖峭壁上，以示纪念。会间，温财旺及武川地方代表还分别同吉鸿昌、张印湘等国民军官握手祝贺。

这年夏天，国民军第二十七师由蒋鸿遇率领，从甘肃东开到绥远驻扎。不久，二十七师扩军，准备东进跟奉军作战。为了支援和协助国民军扩军备战，绥远国民党党部下令各县国民党负责人在当地做宣传动员工作，并配合国民军的招兵人员在当地进行招兵工作。在武川有重新参加军队并被派到此地的国民军副官杨万财和温财旺，均身穿国民军军官衣服，在可镇老爷庙前的广场设起了招兵台，几天中就有数十名青年报名参加了国民军。他们中有可镇本街及乡村的青年李有旦、贾德仁、吕树森、张峰玉等以及正在念书的高小生郭吉财、郭全贞、刘国铨等人。与此同时，吉雅泰、陈国英等党部成员也在归绥协助国民军招兵，当时正在归绥中学 15 班读书的武川籍学生、共产党员李铁山，也在归绥报名参加了国民军。

这年秋，国民军在直奉联军的进攻下失败西退，从河北察哈尔一线全部经绥远撤到后套五原一带。同时，绥远的中共各级组织也随国民军一起向西撤退。武川工委的温财旺、杨万财等人也随武川县知事宋雨村等撤到五原，并参加了冯玉祥主持的五原誓师大会。接着，又随国民军从五原先后转战到宁夏、甘肃、陕西、河南等地。次年春，温财旺和杨万财等离开国民军，带着国民军开的介绍信，从河南安阳一带辗转回到了武川。

不久，温财旺又持介绍信同归绥的中共地下党组织取得联系，在坝沟和可镇一带继续从事地下活动。这年春，他发动坝沟各村农民反对绥远都统商震在各县丈量农民的土地，鱼肉农民，并和郭怀翰等人组织农民群众到县城可镇向县长赵良贵请愿，要求撤销本县的丈地委员会。不久，在中共支持下，绥远国民党党部组织归绥、萨县一带农民在归绥围城南门处孤魂滩召开由各阶层群众参加的请愿大会，温财旺也发动坝沟一带农民前往参加了大会。会后又参加了砸“清丈局”和到都统署请愿的活动，终于迫使商都统向农民群众做了让步，停止了丈量土地。

1927 年秋，绥远的国民党右派纪亮、陈国英、于存灏、焦守显等人开始在各级党部内实行清党，许多共产党员被迫转入地下，隐藏起来。时任武川县国民党党部干事的温财旺也在县党部石炳文、郭怀翰等人动员下，脱离县党部回到了马家店。国民党的叛变和大革命的失败使他深感痛心，开始在村中办起了一所小学堂，教起书来，并给自己起名“海励华先生”以自娱。

1929 年，绥远大旱，饿死好多人。后山的农民卖儿卖女甚至卖女人的很多，许多村子逃得空无一人。温财旺为了自家和邻近村民活命，到大同等地贩回了荞麦，赈放给坝沟农民，为村民办了好事，深受村民的感激。后来因为村民向当地老财和城里粮店老板借贷粮食和籽种受到无理盘剥，他便给他们代写呈子，向官府诉状，老百姓对这位处处帮忙的“温先生”非常尊敬。

1932 年春，温财旺的妻子因病故去，留下二男一女，他担起了抚育子女的全部责任。同年夏，他将三个孩子送到大兴昌村，让其大姐和孩子的舅舅照料，后前往归绥，通过友人介绍，在市政府当了秘书。之后，他在城里又找了一个女人结了婚，并将三个孩子也接到归绥居住。两年后，他又离开归绥，带领全家住到武川县城可镇，在县司法承审处当了代书，专为群众代写诉状。

1936 年秋，在马家店代他全盘照料房屋、土地的年仅 27 岁的弟弟温二毛也因病死去。留下村中的土地、房屋无人耕种照看，不得已他便领着妻子儿女从可镇回到马家店村中居住。

1937 年秋，日寇已逼近归绥，马占山的队伍也大批从东向武川退下，当时武川县城一片混乱，县政府人员决定随中央军门炳岳部向西撤退，临行之前，时任绥远省政府统计专员的郭怀翰带领数人专程前往马家店村，叫温财旺随其一起西撤。温财旺怕自己走后，儿女和继母不好相处，便谢绝郭怀翰的劝说，未能随其西撤。

同年冬，驻扎武川县城的伪蒙古军骑兵从武川开出，来到大青山和坝沟一带讨伐郭怀翰领导的自卫军。当时，周围村子的百姓得知这一消息后，纷纷四散逃跑躲藏。温财旺让妻子领着儿女向马家店西山的土城梁一带躲藏，自己却留下对付伪蒙古军。伪蒙古军将他抓起，逼问村中人跑到何处，自卫军来过没有，他均一一否认，气得伪蒙古军暴跳如雷，当场将温财旺打倒在地，然后用穿着马靴的脚使劲儿踩温财旺的腹部。温财旺坚强不屈，只字未吐。伪蒙古军在坝沟搜索折腾后，一无所获，返回县城。村中乡亲和妻子儿女回到村中，将温财旺救起，多方调养治疗。温财旺痛惜国家和人民遭受不幸，自己又不能亲上战场杀敌，气愤至极，加之伤势过重，病情加重，于次年春含恨死去，终年 36 岁。

作者注：本文根据近几年先后几次访问温财旺同学高喜财，当地老者治风锋、王玉金、邱海元等及温财旺的学生文五红、女儿温香女，以及乌素图、坝顶、什尔登、土城梁、巨金山等村老人回忆写成。

青山埋忠骨　芳草伴英魂
——记姚喆、巴增秀、常继生同志在武川的革命活动[①]

刘耀冰

在艰苦卓绝的14年抗战中，武川的大地上洒遍了烈士的鲜血。青山有意，在呼唤着他们的英名；草原含情，在寻觅着他们的忠魂。这里，记叙的是武川人民特别敬佩和传诵的姚喆、巴增秀、常继生同志和他们在武川的革命活动。

姚喆——戎马生涯名留千古

敬爱的姚喆司令员离开我们已经六年多了。他是中国共产党的优秀党员，中国人民解放军的优秀指挥员，我党开辟大青山革命根据地的先驱之一。根据他的生前遗嘱，他的骨灰安放在大青山革命公墓。

姚喆同志是湖南邵阳人。1925年11月参加农民协会，1928年7月参加中国工农红军，1929年2月加入中国共产党。50多年来，姚喆同志经历了严峻的战争考验，他对党忠诚，不畏艰险，英勇善战，积极工作。他的一生是革命的一生，战斗的一生。早在1928年7月，中国革命处于低潮的时候，他就参加了著名的平江起义。在毛主席的领导下，他参加了井冈山斗争，参加了历次反“围剿”作战和二万五千里长征。在艰苦的战争年代里，他坚决贯彻执行毛主席的军事思想和战略战术原则，指挥果断，战斗顽强，多次负伤，带伤指挥战斗，屡建战功，成绩卓著。1938年8月，姚喆同志遵照党中央的指示，来到大青山

① 原载于《武川文史资料》第二辑，1985年7月。

地区开展敌后游击战争。他坚决执行了党的指示，深入群众，依靠群众，和根据地各族人民同甘共苦，广泛开展人民战争。在极端困难的情况下，取得了一个又一个的胜利，为创建、巩固和发展大青山革命根据地，为解放绥蒙、解放全中国做出了贡献，给大青山地区的各族人民群众留下了极其深刻的印象。

卢沟桥事变后，姚喆同志调到一二〇师三五八旅任参谋长。在贺龙、关向应同志的率领下，于 1937 年 9 月 2 日在陕西省富平县庄里镇举行了抗日誓师大会。次日，由驻地出发，东渡黄河，进入山西省抗日前线。这时，日寇已侵占了太原至大同和晋北一带，一二〇师便在北同浦路沿线破坏交通，发动群众，打击敌人，抗日救国。

1938 年 2 月，七一五团团长王尚荣同志在战斗中负伤，姚喆同志便代理该团团长。到任第一天就带队攻打平社车站，投入了晋西北首次反“围攻”战役。他身先士卒，指挥部队一举攻克平社，又将增援之敌击溃。在整个反“围攻”战斗中，他始终服从命令，听从指挥，英勇顽强，受到贺龙、关向应同志的赞扬。

这次战役从 1938 年 2 月 21 日开始，到 4 月 1 日结束，经过 40 天艰苦作战，粉碎了敌人围攻我根据地，企图阻拦我军西渡黄河的阴谋，取得了歼敌 1500 余人，收复宁武、神池、五寨、岢岚、偏关、河曲、保德等地的重大胜利。

我军收复七城之后，部队在五寨整训了一段时间。不久，傅作义反攻绥远，占领了清水河、和林等城镇，但不久又被日寇赶到五寨，同时日寇侵占我偏关等地。为了配合傅作义抗战，我军又与敌展开交战，收复偏关等地。七一五团活动在右玉一带，并在平鲁附近伏击敌军汽车。

1938 年 7 月间，绥远派刘洪雄、祁老财同志找到一二〇师，要求派部队支援绥远的抗日斗争。贺龙、关向应同志听取了绥远的情况以后，向党中央进行了汇报。党中央决定，七一五团、师部骑兵营一个连及山西战地动员委员会一部分工作人员、游击第四支队，组成一二〇师大青山支队，由三五八旅政委李井泉和参谋长姚喆同志率领，从山西五寨出发，挺进绥远，开辟大青山抗日根据地。姚喆同志从此开始了他在大青山艰苦卓绝的斗争生涯。

我军西进时，正遇敌寇“扫荡”右玉南山，于是避开敌人，经井坪到达平鲁公路、贾堡一带。休息两三天后，又从右玉向北直插。当时，正是阴雨绵绵的季节，部队冒雨行军，闯过山洪，又在白石林驻下。晚上攻打了天城村敌人的据点，烧毁了日寇汽车十几辆。第二天天黑又继续出发，向凉城西北方向前进。经沙平子、板城村到达蛮汗山脚下的太平寨。这时，姚喆同志留在这里等后方补给支队的 1400 件皮衣，部队继续行军。

归绥的敌人得知八路军要挺进绥远地区，非常害怕，立即出兵围阻。姚喆同志率部在崞县窑附近与敌人打了半天，撤到了马头山下，摆脱了敌人。为了保存实力，避开敌人主力围攻，便带队返回平鲁境内住了几天。这时，100 多头毛驴驮的皮衣送到了，随同送皮衣部队来的还有七一五团政治部主任彭德大同志。姚喆同志带领所有后续部队重新进入厂汉营、凉城地区，并拟定从三道营附近穿过平绥铁路上大青山。敌人妄想搞掉我军的皮衣，埋伏在韭菜沟截击我们。姚喆同志因不知沟里敌情，没有轻易行动。等到天黑，战士们抓了敌人三个侦察员，了解了情况，他果断命令部队急行军，经过一天一夜的时间，终于从三道营附近越过平绥铁路进入了大青山区，与先头部队会合。

支队初上大青山后，喘息未定，于 1938 年 9 月 3 日攻打敌据点重镇陶林，歼敌一部。10 日，攻克重镇乌兰花，全歼日、伪蒙古军数百。为了争取四子王旗王爷，将王爷旗兵一百多人马装备全部退还，并宣传了我党抗日统一战线政策，扩大了我军在绥远地区的影响，为以后争取各族各界一致抗日打下了基础。

大青山支队在李井泉和姚喆同志的领导下，沿路不断地打击敌人，一直向西挺进，并开始分兵做地方工作。通过打陶林、乌兰花、蜈蚣坝和石拐沟，我军很快在大青山地区打开了局面，初步建立了绥南、绥中、绥西三块游击根据地。

1939 年春，李井泉同志回延安汇报工作，姚喆同志便兼任大青山骑兵支队代理司令员。11 月，李井泉同志回到大青山后，又于 1940 年调离大青山骑兵支队，中央任命姚喆同志为大青山骑兵支队司令员兼政治委员。从此，大青山抗日游击根据地军事、政治的领导重任，落在姚喆同志身上。

大青山骑兵支队只有一千多人马，分散在大青山南北三个地区，虽有四支队四个连和杨植霖同志领导的蒙汉游击队（人数很少），以及县、区游击队，但敌我力量相当悬殊。敌人有日寇一个混成旅团、特务机关直属骑兵队、伪军、伪蒙古军近 20 个师，总兵力超过我军几十倍，加上武器装备精良，又与从后套、伊盟来的国民党军队相互勾结，使得我军处境非常困难。可是，就是在这种极端不利的形势下，姚喆同志仍然对坚持大青山的抗日斗争充满信心。他灵活运用毛主席游击战争的斗争学说，深入实际，调查研究，合理布兵，广泛发动根据地人民，与敌人展开针锋相对的斗争，粉碎了敌人一次又一次的“扫荡”和“围剿”，使我党、我军在大青山区深深扎根。

就在李井泉同志回延安汇报工作的1939年春季，日寇出动1万多名日伪兵对我大青山、蛮汗山根据地进行合围“扫荡”。当时我军根据地的基础还很不牢固，经费也缺乏，电台也坏了，新收编的土匪也没有得到很好的改造，有的叛变，与我为敌；国民党杂牌军、地主武装、残余土匪在身后经常捣乱，我军处在四面受敌的境地。姚喆同志指挥部队沉着应战，经过一个多月的游击战，敌人只在乌兰花的东八号扎下一个据点，其余的“扫荡”结束后全部退走，我支队取得了第一次反“扫荡”的胜利。

1939年秋，日寇气急败坏，又重新纠集了近十万兵力对我根据地进行第二次快速“扫荡”，展开了频繁的“蚕食”战。日寇在绥西武川的酒馆大庙、庙沟、乌兰不浪和绥中的蒙古寺及绥南部分地区的重要交通要道扎下据点，修复碉堡，收拢汉奸，组织伪军，四面出击，对我军活动地区进行大规模“扫荡”，妄图消灭我军于大青山区。

姚喆同志面对穷凶极恶的敌人的进攻，早已察觉，胸有成竹，及时对部队进行了周密的布置，并对地方游击队、地方干部做了统一安排。敌军一到，避开锋芒，神速进击，迅速转移，使敌人摸不清，打不着。

日寇对我根据地“蚕食”的同时，盘踞在大青山地区的国民党顽固军、杂牌军、地主武装和土匪武装，他们人数众多，多的上千人，少的几百人。如鄂友三、康德胜、苟子臣、肖顺义（外号干豌豆）、夏军川、李维业、白洪江、龙振之等。有的挂着国民党的招牌称为“抗日自卫军”，实际上是官匪。他们在绥远地区有一二十个番号的骑兵师、骑兵旅和骑兵团。这些民族败类不打日本兵，反而配合日寇与我军作对，搞摩擦，他们见日寇“围剿”“扫荡”我们，便乘机袭击我小股部队和地方游击队，抓捕和杀害我侦察人员和外出干部，一时成了我军对敌斗争的最大威胁。坚守在大青山区的八路军支队，遵照党中央关于统一战线的指示和号召，在姚喆同志的领导下，用实际行动教育他们，影响他们。在我军物资极其紧张和困难的情况下，曾把奇缺物资供给他们。但他们根本不理会我军为加强统一战线的诚意，反而视我军软弱可欺，害怕他们，继续与我为敌。特别是1939年国民党在全国范围内掀起第一次反共高潮期间，流窜在绥远地区的国民党顽固派与日寇相互勾结，紧密配合，截击我军。在这种情况下，1940 年春，姚喆同志在地方党的配合下，领导大青山抗日武装力量，集中绥西、绥中六七个连的兵力统一动作，将顽固派内武器装备最好、气焰最嚣张的苟团、十二团包围缴械，又将十一团、十三团相继歼灭，狠狠打击了顽固势力。为了在群众中消除误解，我军召集了群众大会，把匪徒们与日伪勾结的来往信件及文件内容当众宣读，揭露了他们叛国投敌的罪行。

1940 年 2 月，驻扎在绥远的顽固军，在陶林一带集中了 1000 多人，扬言要与我军决战。姚喆同志识破了敌人的阴谋后，带着四个连和他们兜了两个圈子，乘敌人不备，在夜幕掩护下从侧面袭击了敌人，战斗了一夜，消灭了敌人两个连，留下的敌人溃不成军，像丧家之犬，逃向河套。这次战斗，使大青山根据地基本消除了后顾之忧，为坚持长期的抗日游击战争扫清了道路。

1940 年 8 月 8 日，华北原野展开了震撼中外的“百团大战”。为了配合这次行动，姚喆同志指挥大青山武装部队，在平绥线左右袭击日寇，拖住了绥远的日寇，使其不敢出兵参战，敌寇又气又怕，日夜不安。残暴成性的日本法西斯气急败坏，于 1940 年秋后发动了比前几次规模更大的报复性“扫荡”，对大青山区实行惨无人道的“三光”政策，东至灰腾梁，西至马场梁，大小沟汊一片火海，特别是我军经常驻扎的黄花窝铺、官庄子、哈拉沁沟、万家沟、白石头沟、一前晌、李气沟、井尔沟等大小村庄，全被日寇烧成灰烬。敌人用发放“良民证”的办法，把老乡赶到划定的村围子来控制群众，大造无人区，隔开我军民往来。就在处境和活动非常困难的情况下，我军昼夜行军，边走边打，又把敌人的“扫荡”粉碎了。

1941 年 5 月前，姚喆同志把整个大青山军事斗争做了安排，并指定张达志同志代行他的职务，他与杨植霖等同志回延安向党中央军委汇报大青山抗日根据地三年来的斗争情况。在赴延安的沿途，他亲自检查了各游击区，布置了任务，然后先向晋绥领导机关做了汇报。

姚喆和杨植霖等同志到达延安后，毛主席和中央其他领导亲自接见了他们，并表扬了以姚喆同志为首的大青山抗日军政领导在大青山坚持军事斗争和政治建设所取得的成绩。然后，提出了注意的问题和今后的任务。在这次汇报中，姚喆同志根据大青山抗日斗争的实际和日趋发展的形势，提出需要一批干部增强斗争力量。中央听取汇报后，很快满足了这一要求，立即从中央机关、各学校抽调了100多名蒙汉干部随姚喆同志，冲破敌人道道封锁线，于1941年10月间经绥南、绥中和绥东最后到达绥西。姚喆同志沿途传达了中央指示，部署了今后的任务，奔波往返了四个多月。

1941年6月22日，德寇向苏联发动闪电式进攻，日寇履行“德、日、意轴心同盟条约”，加强了平绥沿线南北的治安强化政策，日伪到处搜刮粮食，积蓄物资，抢修公路，建立医院，准备北犯蒙苏。一时乌云密布，整个大青山地区日寇云集，重兵压境，我军处于不利境地。

1942年春末夏初，驻绥远日寇黑田联队数千人，伪军，伪蒙古军第五、第六、第七、第九四个师，靖安警备队的八个大队和自治军等共计3万余名步兵骑兵，在飞机、坦克、汽车、大炮的掩护下，从归绥、包头、集宁、丰镇、大同、兴和、商都、百灵庙、乌兰花、固阳、武川、陶林等地全面出动，四面进攻我绥西根据地的井尔沟、得胜沟、万家沟、什尔登、官庄子等地，对我根据地展开了疯狂的“铁梳子”合并“扫荡”。

在我军民四面受敌、情况十分危急的时刻，姚喆同志详细分析了敌我形势，对部队活动做了调整，他把司令部所属机关人员都编为战斗队，机关不要部队掩护，把三个骑兵团分散开，县区游击队各自为政，把部分干部潜入敌占区埋于“地下”，采取“打得赢就打，打不赢就走”的游击战方针，同敌人在大青山地区展开运动量极大的游击战。

这时候，后套的国民党骑步兵也蠢蠢欲动，配合日伪军经固阳向大青山根据地袭来，使我军处于腹背受敌之中。环境越来越恶劣，战斗越来越激烈。我军因每天打仗行军损失很大，减员无补充，伤员无处放，地方政权受破坏严重。同志们一连几天吃不上饭，马吃不饱草料，再加上内部极少数不坚定分子动摇叛变，面对现实，大青山游击根据地还能不能坚持下去？姚喆同志经过反复考虑以后，为了保存实力，为今后更有力地打击敌人，1942年8月果断决定，命令绥南骑兵一团、绥中二团及司令部和其他机关、部队人员暂时向偏关一带转移，他自己带领留在绥西活动的骑兵三团、教导队坚持绥西的抗战。他对劝他转移的干部战士反复讲：“我是司令员，又是共产党员，我不能走，就是剩下一兵一卒，也要与大青山共存亡。”就这样，为了始终坚持我党创建的大青山抗日游击根据地，姚喆同志与绥西三团全体指战员、教导队的同志分段活动，英勇战斗。开始他只带教导队一个小分队活动在武川得胜沟一带，后来又向绥中转移。由于绥中敌人据点增多，我军不易活动，而绥西山大沟深，便于隐蔽，所以，在敌人的大“扫荡”结束后，又带队伍返回绥西。

1942年冬天，姚喆同志经历了大青山抗日游击战最严酷的时期。他和战友们为了坚持这块用鲜血和生命换来的敌后根据地，在绥西井尔沟、得胜沟一带山地中，为了有一个安身之处，冒着零下二三十度的严寒，顶着刺骨的西北风雪，在山坡上挖山洞，搭窝铺，安起家来。靠着战友之间的体温，度过了一个又一个冰雪严寒之夜，靠着对共产主义必定成功的坚强信念，与世界上最凶恶的敌人——日本法西斯及其走狗斗争在大青山绥西这块土地上。

骑兵支队在向晋西北根据地偏关转移后，党中央及晋绥党委时时关怀着在大青山坚持的同志，曾多次发报询问情况并督促姚喆同志返回偏关。为了安定其他同志，姚喆同志决定不回去，并向党中央和晋绥党委表示，一定要坚守大青山根据地，完不成党交给的任务决不下山。

1943年，中央根据全国的斗争形势，给绥远指出了“隐蔽精干、长期潜伏、积蓄力量、以待时机”的战略方针。当时，我军坚持的武川得胜沟、井尔沟等地，全部被敌人占去了。为了执行中央对绥远对敌斗争的指示，姚喆同志率部暂时撤离。临走时他风趣地说：“你来我走，游山观景去了。”战士们见他如此乐观，都被他感动了。为了更有效地保存自己、打击敌人，塞北区工委决定，除留少数干部坚守外，其余干部潜入敌占区城镇，转入地下，化装当工人、长工或小商贩，与敌人继续进行斗争。并指示大部分地、县、区干部回晋西北偏关，进行整风学习。姚喆同志为了更多地保存力量，决定让教导队也回偏关学习参加整风，他把留下来的部队化整为零，以班为单位活动。为了便于活动，战士们把机枪、电台都埋了。姚司令员也辞别了跟随他征战多年的小白马、黑骡子，徒步前进。当两匹心爱的“无言战友”不愿远离嘶鸣时，这位赫赫有名、威震敌胆的将军流下了滚滚热泪……姚司令员带着一个班的战士又踏上了更加艰苦的历程。这时，“姚班长”的美名又传遍了大青山区，至今还记在武川人民的心里。

姚喆同志不仅是带兵的模范，而且是民族团结、做统战工作的模范。就是在大青山最艰苦的年月，也没有放松做兄弟民族和敌伪改造工作。当时，陶林地区有个红召喇嘛寺，里面住着100多个喇嘛。为了争取蒙古族上层和兄弟民族共同抗日，姚喆同志亲自去拜访了这里的大喇嘛。开始，因这座寺内的喇嘛同其他寺院的喇嘛一样，长期受到反动统治阶级的迫害，对共产党和汉族本身有一种敌视情绪。当姚喆同志来拜访时，大喇嘛又当是国民党、土匪来刁难他了，谢绝了姚喆同志的访问。为了使喇嘛有时间认识我党、我军的政策，姚喆同志没有难为他。不久，大喇嘛病了，姚司令员又亲自去探望，并给他送去了医药。可是大喇嘛不敢接受，把药退了回来。不几天他病得起不了身，急得小喇嘛团团转，四处求医找药。姚喆同志知道后，带上医务人员等二次去为他治病。经过抢救，大喇嘛脱险了，感激不尽。经我方多次做工作，这个喇嘛寺内的所有蒙古族弟兄都认识到，共产党、八路军是保护少数民族利益的，团结各民族的，为各民族谋利益的。于是，他们到处宣传我党的民族政策和抗日主张，帮助我们团结了大批蒙古族上层人士，为共同抗日做出了积极贡献。

姚喆同志带一个班的战士从绥西的得胜沟撤出后，从乌素图方向沿大青山边向绥中、绥东转移。一天夜里，他带战士们到了离敌人坝口子据点四五里地的老爷庙，住了几天后，有一天看见老爷庙的山门上贴着一张捉拿姚喆同志的布告。敌人在布告中写道："谁抓到'共匪'司令姚喆，赏大洋100元……"

姚喆同志看过布告后微微一笑，当即给坝口子据点的伪军官写了一封信，托人捎去，信的大意是：我姚喆就在你们据点的眼皮底下，如你们愿死心塌地与人民为敌，想得大洋100元，我将在此地等候你们来活捉，限你们24小时内来此地，过时不候……

伪军官接到信，吓得魂不附体，对姚喆同志这种胆略又敬佩又害怕。他和弟兄们商量后，决定给自己留条后路，不与人民为敌，并想利用这个机会与我军取得联系。所以，他们给姚司令员写了回信，信的大意是：我们为敌办事出于无奈，请姚司令员放心，我们决不损害贵军利益，绝对保证你的安全，待有利时机，我们要为贵军办事。

就这样通过几次书信来往，我军争取了这个据点的伪军。以后，这个据点的伪军为我们买了不少药品、布匹和其他军用物资，办了许多好事。类似这样的情况很多。姚喆同志就是这样，在任何恶劣的环境下都不忘记党的政策。敌人不仅佩服他英勇善战的军事才能，更佩服他深谋远虑的政治才能。

姚喆同志在大青山最艰苦的时期已年近四十，身上多处负伤，右脚伤口时时作痛，行走不便，脸部刀伤疼痛更为难忍。有时白天晚上都不能合眼，冬天更要忍受极大的痛苦。但是，他一想到人民的利益，什么苦都能吃，什么罪都能受，始终保持旺盛的精力。每次行军都走在前面，谈笑风生。时时体贴下级，关心群众疾苦。当根据地人民听到“姚司令员还坚持在大青山”时，更增加了斗争的勇气和信心，更加想念姚喆同志。

随着大青山的斗争形势越来越恶劣，党中央和晋绥分局特别关心姚喆同志和所有坚持下来的指战员，尤其是在分局电台一连几天和姚喆同志联系不上时，大家都很着急。党中央催促晋绥分局赶快与姚喆同志取得联系，贺龙、关向应同志指定高克林、苏谦益、张达志同志立即派部队上大青山寻找姚喆同志。这样，姚喆同志便根据中央和晋绥分局指示，与接应他的部队撤回偏关，商量对敌决策。

1943 年冬，苏联红军反攻德军取得节节胜利。美军也对日宣战，向日寇侵占的太平洋岛屿逐岛而进。特别是我党领导的敌后抗日根据地，积极开展对敌斗争，使世界反法西斯战争形势发生根本的变化。从 1944 年起，绥远大青山的日寇厌战情绪日增，完全处于守势。党中央、毛主席指示全国军民“扩大解放区，缩小敌占区”。为了适应新的战略形势，1945 年 7 月，中央决定将塞北军分区改为绥蒙军区，任命姚喆同志为司令员、绥蒙军区党委常委，他还被选为党的七大代表，出席了会议。会后，带领中央派出的骑兵旅，晋绥步兵九团、二十七团于 1945 年 5 月开进绥南和绥西，与大青山骑兵部队和游击队会师。

1945 年 6 月末 7 月初，国民党顽固军邬青云的两个团，在绥西侵占了我根据地井尔沟、李气沟、得胜沟等地，我骑兵三团驻守在风景背、白石头沟、宽滩子等无人区。在绥蒙军区增援部队的协同下，经过一天的紧张战斗，将邬的两个团全部歼灭。随后，姚司令员带二十七团到达了武川的井尔沟，亲自指挥绥西部队在李气沟对鄂友三顽匪发起攻击，消灭了鄂匪三个团。然后，追敌到西土城一带，在三合义歼敌十团 300 多人后进驻庙沟。就在姚喆同志同各旅、团部队领导运筹帷幄、准备一系列攻城夺路计划时，接到中央总部通知，部队立即收复平绥沿线重镇，阻敌东进，迫使日寇就地投降。

1945 年 8 月 15 日，日寇宣布投降。

为了接受日寇投降，姚喆同志催马扬鞭，日夜兼程，率部队从绥西出发，直捣敌占区毕克齐镇。当时日寇已上火车，拒不投降，在我军的打击下，丢弃武器逃向归绥。我军攻占毕克齐、察素齐后，萨县也被我游击队解放。姚喆同志留绥西三、四部分部队驻守毕克齐后，又阻击敌人东进，率大部队向归绥挺进。到达归绥外围后，日寇已逃。驻守在归绥城内的伪军、伪蒙古军拒不向我军投降，姚喆同志便命令我部队一起猛攻，攻进了归绥旧城。与此同时，我军将平绥线上所有的城镇解放，使归绥成了孤城。在我军强大的攻势下，归绥新城的伪蒙古军开始动摇，准备投降。可是，在后套观战养息八年的国民党军数万人，想与我军争夺胜利果实，他们首先抢占了包头，后夺去萨县，进至毕克齐，与我军打响了内战的战斗。因我军留守毕克齐的部队有限，敌我力量悬殊太大，阻击部队牺牲了三分之一。但战士们决死阻住敌人东进，保证归绥主力部队夺城战斗的顺利进行。因归绥战场发生了变化，上级命令撤退。我军在姚喆同志指挥下完成了归绥的歼敌任务，主动撤离归绥，返回绥西，重上大青山，解放了武川、陶林、乌兰花，扩大了绥东路北地区。从此，姚喆同志带领大青山骑兵部队二十七团、九团数千人，与国民党十多万军队在辽阔的绥远地区展开了激烈的争夺战。

1952 年秋，姚喆同志奉命调离绥远，就此离开了英雄的大青山。15 年间，姚喆同志领导了大青山及绥远地区的抗日战争、解放战争和其他革命活动。然而最使他难忘的是艰苦卓绝的大青山八年抗战，特别是在绥西的日日夜夜。

1938 年至 1941 年，我绥蒙大青山抗日游击队司令部就驻扎在武川的得胜沟，姚喆同志曾在那里度过了极其艰难的岁月。司令部旧址至今尚存，成为自治区重点文物保护单位。每当人们来到得胜沟司令部旧址前，都不禁想起姚喆同志，他永远活在大青山人民的心中，与日月同辉，与巍巍青山共存。

巴增秀——丹心向阳，出生入死

在大青山武川井尔沟的召坡上，有座烈士陵园，里边安放着抗日战争和解放战争中牺牲在武川的部分烈士。其中有一个墓碑上镌刻着“李科员烈士”五个醒目的大字。李科员就是蒙古族女烈士巴增秀同志。

巴增秀出生在包头召梁一个比较富裕的蒙古族家庭。她幼年丧母，少年丧父，常受继母虐待，小时候害眼病瞎了一只眼，过早失去家庭温暖，不得不寄人篱下，养成了坚强不屈的性格。她的叔父是国民党蒙藏委员会的主任委员，早年在法国留学，1933 年回家探亲，才把巴增秀从她姥姥家接出来到“南高”（土默特小学）上学。那时，她已经 17 岁了。

南高是一所具有光荣革命传统的学校。学校里的一些进步教师经常对学生进行爱国主义教育。巴增秀的哥哥巴增华，早年在蒙藏学校学习，接受进步思想，同情革命。他在包头召梁办了一所学校，经常掩护资助中共地下组织的工作人员。吉合、吉雅泰、李森等同志常在巴增秀家吃住。这些人都是她的启蒙老师。

七七事变以后，日寇铁蹄践踏中华，国民党不战而退。她忘不了南高操场上的那冲天大火……

半年前，在南高五年级的教室里，国语老师正在给学生们讲中国近代史："1840 年鸦片战争以后，清朝政府丧权辱国，八国联军瓜分中国……"老师激愤地讲着，学生们静静地听着，一股强烈的民族仇恨在孩子们心头燃烧。突然"当啷"一声，门被踢开，闯进几个飞扬跋扈的日本特务。他们不由分说，抢走了教案，绑架了老师。日本宪兵查封了学校所有的教案资料。操场上，南高建校 200 多年收集的历史资料，全部被付之一炬。冲天大火一直烧了两天三夜……大火烧灼着师生们的心，燃起了复仇的火焰。

就在这时候，继母做主，逼她嫁人。巴增秀坚决不从，决心逃出罗网，参加抗日救亡。在哥哥的帮助下，她和这些青年志士一道，奔向自由光明。

一过黄河，骄阳似火，准格尔的荒漠沙原上，弥漫着炙人的热气。离开了日寇侵占的地区，他们进入国民党统治区。那正是国共合作的时候，国民党没有强行阻拦这些去延安的青年人。可是，不论走到哪儿，都有人规劝他们去榆林，不要去延安。榆林是国民党统辖区。国民党临时县政府的人几次对巴增秀说："你是主任委员的侄女，到榆林比去延安大有前途。"可是，这二十几个青年人没有一个动摇的。后来为了避免纠缠，他们宁愿从荒无人迹的沙滩走，时而烈日当头，时而风雨交加。经过一个多月的辗转，他们穿过大沙漠，涉过无定河，终于到达目的地——延安。

延安，展现在巴增秀面前的是一个崭新的世界。这里河水清澈，天空晴朗，人民和睦，军民一家，到处是欢歌笑语，到处是一派团结战斗的景象。巴增秀被分配到陕北公学五十五队（后改为民族部）学习。

在杨家湾杜家沟的山沟里，巴增秀如饥似渴地学习马列主义，寻求革命真理。在温暖的窑洞里，她向陕北公学民族部党支部书记王铎同志严肃地提出了入党申请。在清澈的延河畔，她和党组织负责人倾心交谈，她要把自己全部交给了党。当时，陕北公学校长罗迈（李维汉）同志，经常到民族部看望同志们，还询问巴增秀的入党问题。1941 年春，党组织接受了巴增秀的入党申请，在杨家湾的山沟里，面对鲜红的党旗，巴增秀举起右手庄严宣誓："听党的话，跟党走，遵守党的纪律，保守党的秘密，为实现共产主义奋斗终生！"此时此刻，她心中升腾着火一样的激情。她明白，自己不仅肩负着民族解放的重任，而且，承担着实现社会主义、共产主义的历史使命。

1941 年 6 月，西北局派巴增秀等一批政治、军事素质兼优的同志，返回大青山抗日前线。

同年旧历八月，奎壁、云曙碧、巴增秀等同志，与敌人周旋了三个多月之后，回到了大青山绥西地委。那时，正是大青山抗日游击战争最艰苦的年月。日寇对大青山根据地进行了疯狂的搜山"扫荡"，推行惨无人道的"三光"政策，见房就烧，见东西就抢，见人就杀，企图形成无人区，将抗日游击队困死、逼走。绥西地委也只能这儿三天那儿五天地打游击。遇到敌人"扫荡"，就躲到沟沟汊汊的悬崖峭壁下。同志们经常忍饥挨冻，环境相当恶劣。

一天傍晚，一位年轻的女同志走进隐蔽在井尔沟山沟里的武归县政府。只见她穿一身打了补丁的灰布衣服，圆圆的脸上，一绺浓黑的头发遮住了右眼，另一只明亮的眸子，流露出坚毅的神情。她就是刚刚分配到这里工作的巴增秀同志。原来，组织上准备让她下川做地下工作，由于叛徒出卖，敌人掌握了她的生理缺陷。为了保存力量，组织上要她化名李彤，到武归县政府民政科当科员，分管文化和民族工作。

敌人经常"扫荡"，县政府和游击队的同志们只能分小股黑夜活动，天一亮就得爬山，遇到敌人"扫荡"，封锁了所有的路口，掩藏的粮食拿不出来，有时几天也吃不上一顿饱饭。战士们在山上嚼几口山葱、山韭菜，吃两口救命炒面，继续爬山。巴增秀是县政府里唯一的女同志。敌人一退走，山坡上就又能听到她那清脆的歌声，《大刀进行曲》《游击队之歌》《黄河颂》等延安流行的革命歌曲，就是她教给大青山抗日战士的。武归县所有的同志都会唱她教的那支《懂不懂》的歌：

你做工的没工做呀！懂！

我耕田的没田耕呀！懂！

太阳火一样红呀！懂！
汗珠雨一样淋呀！懂！
吃饭的不劳动呀！懂！
劳动的没有饱饭吃呀！懂！
你也懂，我也懂，他也懂，谁也懂！
怎么办？闹革命！

在那艰苦的年月里，这歌声激励了战士们的斗志，鼓舞他们和敌人作顽强的斗争。

在悬崖峭壁下，在柳林桦林丛中，巴增秀经常给战士们上文化课，讲述毛主席的《论持久战》和毛主席关于游击战争的论述。

当年的武归县委书记王威同志，如今一回忆起巴增秀同志，还情不自禁地唱起巴增秀教他唱过的歌：

沙漠像黄的海浪，
流到无边的远方。
蒙古包似起伏的海岛，
骆驼在那里荡漾！
月光下，有人烧起野火，
悠扬悲壮歌唱：
我们要生活便要战斗，
沙原是自由幸福家乡。
我们要生活便要战斗，
沙原是自由幸福家乡！

她像一朵彩云，飘进了大青山，给战斗在深山密林里的游击健儿们增添了力量。

1941 年冬，斗争形势越来越恶化。为了“保存自己，积蓄力量”，绥西地委坚决实行隐蔽政策，化整为零，开展群众工作，建立巩固的抗日根据地。县委派巴增秀同志在井尔沟一带发动群众，开展对敌斗争。那时，她已怀有三四个月的身孕了。

井尔沟西北深处的得胜沟，驻着八路军的司令部，井尔沟是根据地的外围。敌人对这里进行了无数次的烧杀抢掠，本来就人烟稀少、贫瘠荒僻的穷山沟，经过敌人多次骚扰，更加荒凉破败。上下沟二十几个村子没有一间好房屋，到处是残垣断壁。有钱的，都逃往归化城；穷苦人与八路军共患难，三家两家地搬到靠山根新搭的土窑窑里。有时，十里八村见不到一个人影。敌人对这里走马灯似的天天骚扰，日本兵走了，汉奸特务来了，井尔沟的乡亲们没有一天能得安宁。一次，大沟村 30 多个乡亲，被日寇堵在村里，一个没剩，全部惨死在敌人的机枪扫射之下……

巴增秀住在召沟杨大娘家。杨大娘这位游击队的好妈妈，把几个儿子都送到了抗日队伍里。她像待亲生儿女一样照顾巴增秀。在杨大娘和她儿媳崔玉兰的帮助下，巴增秀走进一个个隐蔽的土窑窑，挨家挨户地向群众宣传，教育群众不要被敌人的残暴所吓倒。井尔沟的沟沟汊汊到处是她的足迹，家家户户都有她的声音。

井尔沟的乡亲们，在敌人残酷的“扫荡”中学会了反“扫荡”。敌人要是进山，十里八村的“消息树”就都倒了。乡亲们立即坚壁清野，把粮食埋好，把水倒掉，把锅碗藏好。巴增秀组织妇女儿童往山里转移。敌人来了没吃没喝，迎接他们的是遍地开花的地雷，天黑了又怕遭到游击队的袭击，敌人只得撤。

白天，巴增秀带领妇女们躲在山上，给他们讲打日本人求解放的道理，宣传妇女解放、婚姻自主，姑娘媳妇们都可爱听了。晚上，在土窑里，巴增秀教崔玉兰和她的叔伯妹妹杨桂婵唱歌，她对玉兰说：“我们要解放妇女，得先解放自己。看你那三寸金莲，怎么能打日本人呢！”从那以后，玉兰放了足，参加了抗日工作。

一天晚上，杨大娘看着巴增秀日见消瘦的面孔和日趋笨重的身子，心疼地对她说：“闺女，抗日打日本鬼子，大娘打心眼儿里拥护，你这么笨重的身子，不要再东跑西颠的了，到后方去吧！”巴增秀听了，笑着对大娘说：“现在国家有难，豺狼逞凶，百姓受苦，咱不能坐视不管。你这么大年纪，不是也在为抗日做军鞋、补军衣、送情报吗？”大娘被她说服了，把她安顿睡下，又悄悄到土窑外面放哨去了。

残酷的斗争，磨炼了革命者的意志，同志们越战越勇敢，越战越坚强。1942

年春，日寇对我大青山抗日根据地进行了大规模的“扫荡”。巴增秀带领乡亲们整天钻山沟。一天晚上，她刚回土窑躺下，外面响起了枪声。她扶着杨大娘就往山上跑，不顾山路崎岖坎坷，一口气跑到山顶。巴增秀一阵肚子痛，未成熟的小生命提前诞生了。产后大出血，巴增秀昏了过去。乡亲们马上跑到县政府去报告。县政府曹文玉同志翻山去得胜沟请来军医。由于失血过多，巴增秀已经奄奄一息。她挣扎着从怀里掏出一支派克钢笔（巴增秀在延安学习时期，叔叔巴文峻托人给她捎来），用微弱的声音说：“把它交给组织吧……”说完，慢慢闭上了眼睛。这位年轻的蒙古族女共产党员，牺牲时才 26 岁。

噩耗传来，井尔沟的乡亲们和县政府的同志们悲恸万分，几位老年妇女在她遗体旁哭着守了三天三夜。敌人退去后，同志们把她安葬在井尔沟的召坡上。乡亲们挖来些红彤彤的山丹丹花，栽植在她的墓旁。

烈士长眠在她生前浴血奋战的地方。井尔沟的乡亲们怀念着他们的李科员，每到清明、寒食，总要前来祭奠烈士的忠魂，缅怀烈士的战斗业绩。

常继生——英勇杀敌威震青山

在武川这块英雄的土地上，洒满了烈士的鲜血，掩埋着多少烈士的忠骨。常继生，就是武川老区人民心目中极敬仰、极怀念的一个。“常胜将军”，这个响亮的名字已经成为大青山人民世世代代传诵的对常继生连长的称呼。

常继生是八路军大青山骑兵支队绥西三团三连的连长。他随支队来到大青山时仅仅 22 岁，他青春的烈火燃烧在大青山上，他把生命献给了灾难深重的武川人民……

这里，整理的是常继生同志在武川的部分革命活动。

抗战时期，常继生所在的三连经常在武川以西的杆树沟、井尔沟和二、四道沟一带活动，有时也到武川县以东活动。每到一处宿营地，在组织战士遛马的同时，常连长总要带着几个排长看地形，了解驻地社情和周围敌情，确定哨位和紧急集合地点。指导员张德忠和总司务长王虎成一起宣传、动员群众，为战士备饭食，为马匹搞饲料。晚饭后，在一起开碰头会，汇集情况，定出措施。会后立即分头解决工作。

一个初冬的夜晚，常继生连长去查哨，发现哨兵在雪地里只穿着一只毡靴，冻得不断地踏着小碎步。一问，才知道他行军时腿脚冻麻了，将脚下那只破了口子的毡靴蹿出马镫甩了出去。看到此情，常连长说了声："乱弹琴。"气呼呼地扭身走回连部。只见他从自己的一件旧老羊皮袄上"刺啦"一声撕下一条袖子，比着脚上那双粗布袜子的样式裁剪缝补起来。就这样，他给放哨的战士做了一只皮袜子。那战士穿上羊皮袜，两行热泪顿时扑簌簌从脸上流下来。

又一次，三连活动在离日伪据点寿阳营子只有四五里远的一个小村。部队刚刚宣布了"封锁村子，准进不准出"的命令，就有哨兵押着一个伪警模样的人走进连部。此人是日伪警察特务队的小队长，名叫李二汉。他自幼不干正事，一直在日伪据点里混差事。他早先被三连抓住过几次，每次都经严肃教育后释放，并交我地方工作人员继续控制，李二汉一见常继生，连忙点头哈腰，讨好道："常、常胜将军，各、各位八路长官，你们前几次开导和地方工作人员的教育，我都记清了——兔子不吃窝边草，要给自己留后路。这回，我们弟兄已经给贵军备好了粮草马料。请查收，请查收。"事后一查，果不其然。常连长高兴地对连部的同志们说："地方工作人员和我们配合得真好！党的统战政策、俘虏政策还真灵验呢！"

还有一次，三连到炭窑沟隐蔽待命。晚上，常连长到一个羊倌家去访贫问苦。那是个20来岁的穷后生，当时正靠着给大户人家放羊糊口，家中除了炕上一张老羊皮，锅台上半瓢山药蛋，一无所有。常连长一面询问羊倌身世，一面宣传抗日道理，鼓励他以后多为八路军办事。说来也巧，就在第二天清晨，敌人100多名步兵从南沟进来，200多名骑兵从西边五道梁跟踪"围剿"来了。三连赶紧从后沟撤退，敌人很快从前沟进了村。情况不妙，怎么办？那羊倌灵机一动，赶起他手下那100多只羊，顺着三连的转移路线踩去。散乱的羊蹄印密密麻麻地掩盖了部队转移的足迹。敌人摸不准三连的去向，只好望"羊"长叹。一场险情，就这样化险为夷了。

三连连长、指导员以身作则，三连战士军民一致的优良作风，英勇善战、不屈不挠的精神深得当地人民群众的爱戴和称颂。那是1943年的中秋节，骑兵三连从外地转战返回井尔沟，驻扎在西窑子、南窑子一带。三团团部和地方八区领导为了慰问部队，送来了猪肉、羊肉、白面等，三连就用这些东西开了一次军民联欢会。战士们扭秧歌，乡亲们要把式，最精彩的节目要数常继生连长的口琴和山歌，以及战士啦啦队与乡亲们对唱的《怀娃娃调》了。这种军政之间、军民之间和官兵之间亲密无间的情景像一团团炽热的火燃烧在大青山区。三连在井尔沟人民群众中深深扎下了根。

1943年，在红军背，地委书记兼三团政委白成铭同志把常连长、张指导员和许义华找去，亲自交代了一项重要任务：护送二十几名地方干部到偏关参加我党整风学习。沿路敌情复杂，时间要求紧迫。三连护送着这批干部立即从驻地出发，过东乌兰不浪，经绥中扁担石沟，于1944年元旦趁敌人年关麻痹之机，神不知鬼不觉地通过了平绥铁路日伪封锁线，到东西沟门，上百花窑子山，继续向狮子塔方向进发。一路上，连队为摆脱日伪军迎面堵截和跟踪追击，一连几天日夜兼程，迎着刺骨的寒风、纷飞的大雪，快速前进。为了保证被护送的干部的安全，常继生给他们配备上好的马匹，让他们走在行军行列的中段，交由司务长王虎成和炊事班老班长李三娃加倍关照。常连长、张指导员和许义华分别带领部队，担任前锋和后卫。1月4日晚，部队经过长途的急行军，来到位于偏关县西北方向的一个名叫达达井的小村。队伍进村已过半夜，人马都已筋疲力尽。队伍便在此歇息，待天亮后再一鼓作气，直达偏关。

常连长和许义华、一排长看了地形，确定了哨位，立即在村后小山包上的一座土地庙旁设了岗哨，并指定了紧急集合地点。接着安排那二十几名地方干部的食宿。至于我们的连队，战士们用过干粮后，照旧是“人不脱衣，马不卸鞍”，枕戈待旦。时过不久，天色微明，村后山包上的三连哨兵王友福忽然发现一支七八十人的马队，从西北顺着三连部队的来路，饿狼扑食似的直奔达达井村。待王友福看清这是从丰镇县前来追击我们的伪军骑兵时，便急忙鸣枪报警。听到枪声，战士们都急忙起身，待常连长和许义华等判明来敌方向后，立即命令一排抢占村后山包制高点，掩护被护送的地方干部向山包南面的隐蔽处转移到预定地点集合。说时迟，那时快，敌人骑兵转眼登上了部队所住窑洞的后坡，压在我们的头顶。常连长毫不犹豫，立即命令机枪班对敌人射击，然后和许义华、张指导员一起分别指挥二排、三排冲出村子，绕到敌人左侧，登上山包，把敌人压在山下，从而造成了对敌两面夹击之势。一时间，三连步枪、机枪、掷弹筒、马刀一起发威，敌人反攻为守，渐渐无力招架，阵脚大乱，最后狼狈向西北方向逃窜。部队缴获了敌人一匹大黑马，打死打伤并俘获一部分敌人，继续踏上了护送干部的征程。全连战士中只有刘俊贤同志受了重伤，大家立即把新缴来的好马“黄羊羔子”让他骑上，但走到半路，伤势恶化，他微笑着牺牲在马背上。常连长和战士们怀着十分悲痛的心情掩埋了烈士，带着烈士的遗志，继续快速前进，终于胜利地到达了偏关县，完成了护送干部的光荣任务，并把“黄羊羔子”送给了姚司令员。于是，三连的美名也就从口外飞进了口里。

在抗日战争最艰苦的时候，蒋介石反动派一再掀起反共高潮，封锁、侵犯我抗日根据地，停止对我党领导下的抗日根据地的一切物资供应。日伪军则对我抗日根据地一再“扫荡”，实行“三光”政策。因此，我军的粮食、衣物、枪支、弹药全部要自己解决。解决的办法，除部队在根据地搞一部分生产和人民群众大力支持外，许多物资还要从敌人这个“运输大队长”手里去抢收。骑兵三连正是在这种形势下，不断从日伪手中截获物资，装备自己，供给全团，上缴支队并支援地方，以减轻人民负担，壮大抗日力量。

1943 年初夏，骑兵三连消灭鄂友三手下的九中队一仗，就是这样一次战果辉煌、军民无不称快的战斗。

提起鄂友三顽匪军，当时当地的群众恨得咬牙切齿，连三岁娃娃都知道：“坏人见了鄂友三，又有吃来又有穿；好人见了鄂友三，二尺麻绳脖上拴。”原来这股顽匪四处骚扰时，人人腰间别根绳子，遇到和我军有联系或他们看着不顺眼的群众，就用绳子套住人家的脖子，在脖后用棍一绞，或往自己身后一背，用不了多久，就把人活活勒死。

一天，我三连正驻在井尔沟西窑子村进行一次战斗总结，天还没黑，就有群众从几十里外的蘑菇窑子村送来一封鸡毛信，信中说：鄂友三手下的骑兵九中队昨晚到北草原抢劫蒙古族牧民的财物去了，听说天亮返回。于是，常连长决定立即行动，消灭这股顽匪。部队从西窑子出发，穿过杆树沟，直奔蘑菇窑子而去。一到蘑菇窑子，果然听到当地群众说，鄂友三的九中队六七十人，个个马背上载满了从北草原召河庙一带抢来的布匹、羊皮、羊牛肉、马奶子酒，刚刚由此向西边酒馆的日伪据点方向奔去。三连战士立即又马不停蹄地向西追去。不一会儿，九中队的马蹄声侧耳可闻了，远处山道上扬起的灰尘也已隐约可见。常连长快马加鞭从小路抄近，各排人马争先恐后紧紧相随，忽然一道蔓草虚掩的小水沟横在马前，常连长骑乘的那匹一直为连队开路的黑蒙古马不慎前蹄失控，一个趔趄把常连长摔了下来。山石擦破了他的脸颊，流出了鲜血。大黑马立即停住，伸出下颏，企图把主人从地上拱起来。常连长哪里顾得上身上的伤痛，唯恐敌人跑掉。他用手推开马嘴，一跃而起，飞身又跨上了大黑马，举起枪，“砰砰”就是两枪，向敌人发出了警告。狡猾的敌人见追兵来势凶猛，自知不好招架，便从马上推下几个包袱，企图作为诱饵，阻止追兵的前进速度。然而，敌人想错了。英雄的骑兵三连有勇有谋，不中敌人的奸计。战士们在常连长的带领下，飞马不停，紧紧咬住前面的敌人不放。至于那几个包袱，自有后尾的同志收拾。敌人虽然骑的也是好马，但他们毕竟贪财如命，舍不得扔掉大小包袱及抢来的其他赃物，结果行动不便，带着累赘哪里还跑得动？不久，便当了我军的俘虏。一部分负隅顽抗的敌人也被我军当场击毙。这场战斗，三连打死顽匪十几人，俘虏30多人，缴获了大量马匹和全部皮毛、烟、酒、肉。这些物资除烟、酒、肉等分发给贫苦群众以外，那些皮毛、布匹又解决了我军部分急需。罪恶多端的九中队被消灭了。井尔沟的乡亲们端热菜，送鸡蛋，慰问凯旋的骑兵三连。后生和姑娘们挥着手欢迎部队，高歌《爬山调》：“大青山的鸽子红腿腿，欢迎咱八路哥哥胜利回……”

除了布匹、皮毛等军用物资，还有武器弹药，同样是从敌人手中夺来的。

1944年5月，我骑兵三连驻在游击区南沟子隐蔽，正为部队缺少子弹特别是缺少机枪用的尖头子弹发愁，忽然侦察员回来报告说，有五十多人马、自称“自卫军”的顽匪部队，用大烟土从后套国民党第十二战区军队那里换来了大批子弹，现正向哈拉合少移动。常继生连长当机立断，连夜行军，从乌兰不浪和哈拉合少两个日伪据点中间隐蔽，向西穿插。果然于拂晓时分在后什背兔北面的一个小山村找到了这支运送子弹的匪徒。这个山村共有二十几户人家，被一条山沟隔成西北地势较高、东南地势较低的两个小村。匪军五十多人马和20余匹驮子弹的空马都集中在东南小村，并在三连来路方向放有警戒哨。

这天，雨雾蒙蒙，视野不宽，不便观察。一排长杨生智主张一冲而上，打他个措手不及。但常连长动了心计，从兜里掏出一支双音铜管马哨说：“今天雾大，对面不见人，我用马哨指挥，咱们来个避实就虚，后追前堵，准叫匪军插翅难逃。”他简要布置了冲锋路线和指挥信号后，便带一排、二排绕到敌人背后西北坡上的小村。只听一声马哨长鸣，我军犹如天兵从敌人头顶冲下。敌人吓得蒙头转向，一面还击，一面拉上马匹子弹，企图由东南方向逃跑。这时，常连长马哨连响两声，早有张德忠指导员带领埋伏在村口外的三排，闻讯冲进村来。这股顽匪在我军前后夹击之下，丢盔弃甲，人仰马翻，乱成了一团。经过一个多小时的短兵相接，敌人被挑死十几人，活捉30多人，马匹弹药全部被缴获，而我三连人马无一伤亡。部队欢天喜地回到驻地后，进行战斗总结，大家清点那些散装在木箱、驴驮马褡子、子弹袋里的“七九”“六五”步枪子弹和手枪子弹，如数家珍，做到心中有数。最后，除全连留足包括机枪用的尖头子弹在内的1万多发子弹外，还上缴团部3万多发。当战士们抬着子弹往团部驻地一路小跑时，嘴里又情不自禁地唱起：“我们都是神枪手，每一颗子弹消灭一个敌人。”当地的乡亲们一提到常继生连长和骑兵三连这一次次传奇般的战斗故事，总是眉飞色舞，老大爷甚至会情不自禁地哼起民谣：“不怕日本鬼子汉奸喊得凶，就怕常胜将军马冲锋！……”

1944年农历六月十八日，一支由高凤来同志领导的由40多人组成的抗日游击队，在厚和以东韩家窑子一带活动。敌人探听到情报后，恨不得立即拔掉这根眼中钉、肉中刺。驻厚和市日军20人乘车火速赶到榆林车站，率榆林警务段伪警察40人向北翻过山梁，于当天正午便赶到韩家窑子进行“清乡”。谁知此时高凤来游击队已从北沟口转移到前扁担石沟。敌人扑了空，气急败坏，对这个只有七户人家的小村子大发淫威。他们要吃、要喝、要大烟、要女人，搞得全村乌烟瘴气。群众实在忍无可忍，决定赶快给八路军和游击队送信去。

当时我骑兵三连和二团一连，由二团长黄厚和地委书记兼三团政委白成铭同志率领，正驻在西北方向离这村不远的前扁担石沟村。韩家窑子一个胆大的后生毕用用冒着生命危险，跑来送急信。其实，敌人翻越韩家窑子南山梁时，我军已从望远镜里发现了他们。团首长立即召集两个连队的干部做战斗部署，由高凤来同志选出20多名精悍的游击队员带路，立即向韩家窑子方向进发，常连长带三连上东山梁，黄团长、白政委亲自带一连上西山梁，居高临下，把日伪军围在村里。

正在为非作歹的敌人发现自已的处境后，想从他们的来路南梁突围，但常连长早已派出二排到南梁阻击。日伪军抱头鼠窜，又有高凤来游击队从沟口给他们以迎头痛击。正当敌人如碰壁的苍蝇走投无路时，只听常连长鸣枪高喊：“冲啊！”他带头率领三连一排、三排的战士从东梁冲向村里。敌人慌忙奔向西梁，企图从那里打开一个突破口，逃之夭夭。黄原同志和白政委指挥一连早就在西梁上严阵以待。

没等敌人爬上西梁，他们便枪弹齐发，劈头盖顶，打得敌人死的死，伤的伤，逃的逃。此时，这股日伪军被我军四面火力压在西梁半坡上一块五亩见方的莜麦地里，无计可施。三连两挺机枪从东梁上像雨点一样俯射下来，手榴弹从日伪军头上飞下，敌人连连倒毙。战士们又纷纷端起了刺刀，猛追穷寇。常连长看见一名戴尖顶皇军帽的伪警察，扛一挺机枪逃跑了。“追！”连长一声令下，领着排长周友、战士周同元等人顺着西梁追到河滩，终于打死了逃跑的敌人，夺得了机枪。韩家窑子一仗，我骑兵三连和二团一连一起打死打伤日伪军30多名，俘虏20余名，除一名日本指挥官狼狈逃回报丧外，他们基本全歼了敌人这支“清乡队”。这可把日伪军气坏了，他们这是偷鸡不成反蚀一把米，哪里能甘心？穷凶极恶的敌人到处扬言，要拔掉八路军骑兵三连这把插在他们胸口上的尖刀，并悬赏捉拿八路连长常继生。

1944年9月的一天，武川白山子战斗打响了。我三连为追击一支伪军，打得十分顽强勇猛。敌人正面抵挡不住，就伏兵从侧面向我军暗放冷枪。那天，正当常连长在山头上一手拿望远镜观察逃敌，一手挥动一支以往战斗中缴获来的马尾蝇甩指挥山下部队时，冷不防敌人从侧面射来一枪，子弹正中要害。只见连长一个踉跄，身子一晃，便一头栽下马来。“不好！连长他……”不知谁喊了一声，全连立即呼喊着向山上奔去。“常连长……”“老常……”战友们急切的呼唤声震荡着大地，但是，没有唤醒敬爱的常连长。

战斗结束了，三连指战员和附近的乡亲们含着热泪把常继生同志就地安葬在白山子山头上。人们一步一回头地渐渐远去了。可是，常继生连长那匹大黑蒙古马还不断地回头望着白山子山顶，刨着前蹄，仰天长啸。当部队牵着这匹黑马返回井尔沟时，根据地的乡亲围拢上来，抚摸着大黑马，一齐问道：“常连长呢？老常咋没回来？”战士们望着乡亲们眼里射出的急切目光，含着悲痛的热泪，相视无言，一时不知该怎么回答，最后才有人哽咽地一字一句地说：“常连长，他，回延安去了！”一听此话，乡亲们和战士们齐声痛哭起来。

常继生连长不愧是党的好儿子。他在人民、在同志们面前如黄牛忠心耿耿、勤勤恳恳做了数不清的好事，在日伪、顽匪面前似猛虎，敢于斗争，敢于胜利，和全连同志消灭了成百上千的敌人。常胜将军——常继生连长，你活在人民的心中，武川人民永远颂扬你，战友们永远怀念你，你的革命精神将和英雄的大青山一样永世长存，你光辉的名字将和抢盘河一样熠熠闪光！

和姚喆司令员在绥西的日子[①]

薛春* 忆述　冰山 整理

我是 1940 年秋给姚喆司令员当警卫的。那年，我才 17 岁。直到 1945 年春到一科当参谋后，才离开姚司令员。在此期间，在教导队半年，后来又在通讯排干了几个月，1942 年秋季又被调在司令部手枪班当班长。在给姚司令员当警卫的日子里，特别在绥西的时候，他给我留下了深刻的记忆，使我终生难以忘怀。

这里，记叙的是我和他在绥西各个方面的片段。

在艰苦卓绝的绥西斗争中，姚司令员在战士的心中享有崇高的威信。当时，他的代号叫八〇五，战士们亲切地叫他“八掌柜”，也有的叫他“活神仙”。他对毛主席关于开展敌后抗日游击战斗的战略战术领会得深刻，运用自如。当时，在整个大青山地区，我军基本上等于四个骑兵团，还有机关与步兵以及许多地方武装。他有时寻找机会，集中一些兵力，也敲敌人一下，但大部分是以大队为单位分散活动，打击敌人，壮大我军。敌人视我根据地为眼中钉、肉中刺，因此进攻也就日胜一日，年胜一年。1940 年以前部队还可以在一个地方驻上十天半月，到 1941 年就只能驻上两三天。随着环境的变化，斗争也日益艰巨和紧张起来。再加上部队中出现像四支队队长郑乃平、绥西三团步兵连连长胡定良这类叛徒，把我军的实力、装备和活动情况暴露给敌人，这样，我军在各个方面处于不利地位。

---

① 原载于《武川文史资料》第一辑，1985 年 2 月。

* 薛春：原姚喆司令员警卫员，西安民航局离休干部。

姚喆同志就在敌强我弱的情况下，机智沉着，英勇善战。如1941年秋季，敌人进攻绥中地区，部队计划转移到绥南，刚过铁路，又与进攻绥南的敌人遭遇了。在枪炮声中，他当机立断，命令部队返回绥中与敌人周旋，打退了敌人的进攻。1942年在双养兔战斗中，各路敌人企图围歼我指挥机关。在十分危急之中，他从我手中要过25响的驳壳枪，亲自向敌人打了两梭子，敌伪军误认为是机枪向他们打来，顿时垮了下去。我军乘胜追击，将来犯敌人击溃，并缴获了轻机枪、步枪和一些马匹。在最艰苦的抗战时期，姚司令员几乎每年都要去绥西地区，与三团和教导队的同志们共同坚持战斗。他身为高级军事指挥员，为了最大限度地让部队投入战斗，不顾个人安危，有时只带一个警卫班，长途跋涉，还要通过敌人的封锁。

记得1941年春天，我跟他去绥西，路过归武边区时便和四支队驻在一起。

夜间，突然遭到了敌人的袭击，清脆的机枪声伴随着掷弹筒的爆炸声，把我们从睡梦中惊醒。出了房门，姚司令员轻声地说："马来！"这时，密集的机枪子弹射到墙上，泥土唰唰地往下掉，我和马兵在院里扶他上了马。经验丰富的姚司令员，从子弹缝里穿了出去，向预定的集合场地飞驰而去。他上马之后，我发现他的望远镜和皮挎包没有带上，就返回房中去取，等我出来，一时又未能找见司令员，当时我心里很着急，万一有个意外情况怎么办？等我骑马追到集合地点后，他正组织战士为部队作掩护，使大家都安全转移了。

第二天与敌人周旋了一天，傍晚，他还是带了那个班，乘着夜色，绕过敌人据点，天亮时到达了井尔沟口。后来又到达了大沟绥西三团团部的驻地。在这里打击了叛徒胡定良，之后姚喆司令员带了一个排离开了三团。他离开三团不久，敌人又开始分路进攻，工委书记贾力更同志和朱有德团长返回到张启明沟，这里是绥西专署所在地，敌人同时也进攻到这里。大部分同志在敌人机枪火力的严密封锁下冲出脱险，有的同志当场就牺牲在这条狭窄的道口上，其中有中共土默特旗蒙古工委书记贾力更同志。姚喆司令员对他们的牺牲感到无比痛惜。

姚司令员处处以身作则，在生活上，更是以艰苦朴素为荣。他身居高位，却与战士过着同样的生活，同住一个窝棚，同吃一锅饭；他廉洁奉公，千金过手，一尘不染。

1941年，我们跟随姚司令员在武川的得胜沟与教导队过了一个冬春。因在教导队吃住不方便，就由我和蔡树柏两个警卫员给他做饭吃。经常是粗茶淡饭也做不好，有时甚至吃了上顿没下顿，就吃山葱野菜，实在没办法时，我们就上山打点山狍、野鹿来改善生活。1941年春节，敌人对得胜沟进行“扫荡”，我们和教导队只好转移到另一个没有人烟的深山沟里，在零下三十多度的冰天雪地里，露天过夜，姚司令员和我们背靠背地挤在一起，又冷又饿，实在难以忍受，我们只好拾些干柴，燃起篝火取暖。我们将剩下的一点白面用雪水在脸盆里和面，就在脸盆底上烙饼，下边已经煳了，上面还是生的。我就把这样的焦饼送到姚司令员手上，他却乐呵呵地说：“同志们，这东西吃了还可以治胃病哩。”逗得大家都笑起来。

得胜沟原有的几间民房都被敌人烧光了。在姚司令员的亲自带领下，我们自己搭盖窝棚，自己挖窑、打柴、烧木炭，姚司令员原来用的一个从破庙找出来的生铁炉火盆，也被敌人把三条腿砸断了，我们就用石头支起来用。他铺的一条毛毯和一床棉被，还是红军时代经过二万五千里长征时带过来的，每天夜里，他几乎都是头枕马褡子和衣而睡，常年如此。直到1943年，他和张秀英同志结婚时才增添了一些新的被褥。他平时穿的衣服，也是补了又补，一顶单帽子，后边都开了口，还是照常戴着。

姚司令员爱吸烟，但又常常弄不到烟，他做了一个小烟布袋子，还有一个烟斗随身带着。每逢召集干部会，会后他总要从地上把烟头全部捡起来，把烟丝揉在自己的小烟布袋里，以备没纸烟时用烟斗抽。在延安，他自己连买一顶草帽、一颗西瓜的钱都没有。有许多熟人，听说姚司令员从大青山回来了，都来看望他，从内蒙古来延安学习的不少蒙汉族干部也都跑来看望他，他却拿不出一点招待的东西，连我这个警卫员都觉得有些过意不去。但姚喆司令员却严肃地说：“凡是人民支援革命的钱财，任何个人都无权动用，这是我们共产党人一条铁的纪律！”

姚喆司令员在战争年代里唯一的娱乐品，就是一副象棋。我们警卫人员经常给他带在身边，有空时，就找个合适的对手下上一盘，如果没有合适的对手，他就找四个人搬棋子玩。1941年回延安学习，他才学会打扑克。但又买不到扑克牌，他就利用香烟盒的硬纸皮，积存起来，剪成一样的大小，然后，用小刀把山药（土豆）细心刻成红桃、方块、梅花等图样，再用印色印在角上，用自来水笔在旁边写上字，就这样，姚司令员亲手制作好一副扑克牌。他除了下象棋外，又多了一项娱乐。

他对我们警卫人员十分关心。在艰苦的战争环境里，有时所到山村太小，常常没有住房，到了冬天，就更困难了。有时首长在炕上都挤不下，我们警卫人员只好睡在地上，我们感到和首长挤在一间屋子里实在不方便，怕影响他们休息。但姚司令员总是关切地说："我们战斗在一起，生活在一起，就是死也可以在一起，那为什么不可以住在一起呢？挤一些怕什么！"这样，我们就常和首长挤在一起住。他对我们的成长也非常关心。1945 年我离开他以后，他曾三次亲自派人来叫我回到他身边工作，由于种种原因，我没有回去，现在回想起来十分后悔。

姚司令员文化程度不高，但他为了革命的胜利，经常孜孜不倦地刻苦学习，利用一切可以利用的时间学习马列和毛主席著作，并经常翻阅《联共（布）党史简明教程》，写笔记，记心得，作眉批。因行军打仗，书又太多太厚，无法带走，有时寄放在老百姓的地窖里，或者放在大山的石缝里，等回来取出再看。特别是在绥西这段时间，看得更多一些。毛主席的《论持久战》是他必读的书。白天光线还可以，晚上只点一支小蜡，没有蜡时，就利用火盆的光，或者白天在山里逮些黄鼠，弄些黄鼠油，晚上点起来学习，有时学到深夜，写完工作日记才睡觉。

他不仅自己刻苦学习，还特别关心我们战士和干部的学习。在极端艰苦的条件下，他在绥西武川县的得胜沟办起了教导队。原来教导队在绥中跟随机关活动，因经常行军，学习不到什么东西。1941 年，他把教导队设在了绥西，这里的环境还比较稳定一些。上级还从延安抗大派来两位有教学经验的同志担任教导队的队长和指导员。当时的学习条件也不好，学习没有课堂，学员们都聚集在得胜沟那棵老榆树下，挂上一块破黑板听课，大腿就是课桌，学习用品如铅笔、本子、墨水等都很缺乏。虽然规定每人每月有一块钱的津贴费，因为没有钱，也从来没有发过。少量的学习用品还是一位上了年纪的副官——白怀志同志穿上便衣，拉了两只骆驼，冒着生命危险从归绥市偷偷买回来的。学员们谁要先行离开教导队，临走时给同学留下一支自来水笔，那就是最珍贵的纪念品。

教导队专门培训连、排干部，学习内容有政治课、军事课、文化课。政治课主要学习党史、新民主主义有关内容和毛主席的有关论著；军事课有班、排、连的基本军事教练法，并结合实践进行一些军事演习；文化课主要是认字、学习常识和一些基本运算。1942 年我在那里学习了半年，深有体会，确实学了不少东西，受到了锻炼和教育。学员们每人配备步枪一支，轻机枪一挺，平时作为教学和军事演习用，敌人来了就打仗，又是一支战斗队。部队转移时，把东西都带走，因为任何一件东西在当时都是来之不易的。

姚司令员在绥西坚持办教导队，培养了不少基层干部，充实和加强了部队的中坚力量，使我们特别痛惜的是，教导队的两位领导（名字记不清了）在 1942 年敌人的大“扫荡”中光荣地牺牲了。当时，在教导队学习过的每个学员听到这个消息后，都失声痛哭。青山有意，在呼唤着他们的英名；草原含情，在寻觅着他们的忠魂。

往事已随着时光的流逝成了历史，但青山永存，业绩生辉。我和姚司令员在绥西的这段生活，已经是 40 年前的事情，千里辗转，我一直怀念着大青山。新中国成立后，姚司令员还给我来信，我读着信，仿佛还在他身边聆听他亲切的教诲，从他那颗永远年轻的赤子之心，吸取了老骥千里的奋斗之志。

跟随爸爸杨植霖在小西梁的琐忆[①]

杨秀秀

40年前，大青山沟沟汊汊有哭声，道道岭岭冒白烟。日军来到小西梁后，见人杀人，见房烧房。流水沟的几个小村烧光了；黑牛沟的几个小村成了废墟；喇嘛洞的庙堂拆倒了……手无寸铁的老百姓被逼得走投无路，逃无生处。正在这生死关键时刻，在中国共产党的领导下，不怕死的中国人组织起抗日游击队，在广大蒙汉人民的支持下挺进了小西梁，从此这里成了敌后重要的抗日根据地。

和小西梁共度艰难岁月

1939年，是抗战最艰难困苦的一年。我的爸爸从大塔来到小西梁，在小西梁与敌人坚持斗争。这年春节期间，爸爸在晚上，分给老百姓一些白面，让他们连晚包饺子吃，爸爸说："别等初一吃，日军来了就吃不成了。"我爸爸以专员的身份，给当地人民讲了许多革命道理和打仗的问题。爸爸和当地人民一起渡过难关，坚持指挥战斗。当时，八路军游击队生活艰苦，常吃臭葱、沙葱、碱葱、苦菜、灰菜、青宿麻，春天吃嫩树叶，冬天吃老树叶，遇上日军封山后连盐都吃不上。就在这艰苦的环境下，渡过了难关，争取了抗战的胜利。

记得1939年初春，雪刚开始融化，妈妈抱着妹妹在一位交通员叔叔的引导下，悄悄地领着我们母女三人来到偏僻的小西梁村。满目荒凉的景象啊！老百

① 原载于《武川文史资料》第三辑，1986年4月。

姓没有东西给我们吃，大娘给我烧了几颗山药，流着眼泪说："娃娃们可怜了，日军把东西都烧了。"夜里，爸爸把我们母女藏在西梁村南边的山洞里，睡在蒿草堆上。洞口堵着两捆干柴枝，半夜里成群的饿狼嚎叫，一只狼闻着人味，把头伸进洞里，狼眼闪着绿色的光，阴森可怕。狼用前爪往外扒树枝捆，我们拼命往里拉树枝捆。幸亏大叔身边放着打火镰（土燃火器），点燃艾草绳，冲着狼画圆圈（狼怕火圈），坚持到天亮狼才退去。

抗日政权在小西梁诞生

八路军一二〇师七一五团和太原成成中学革命师生组成的四支队来到大青山后，由我爸爸与高凤英（蒙古族）等同志领导的蒙汉抗日游击队在面铺窑子村胜利会师。从此在大青山展开了频繁的抗日游击活动，打击了日寇和勾结日寇的国民党反动派。

为了更有效地组织领导抗日斗争，根据贺龙同志的建议，在民族革命战争动员委员会的基础上，建立了绥察公署。下设绥西、绥东、绥南三个专员公署。1940 年 8 月初，在小西梁村召开了有各党派、各阶层、各地方来的 200 多名代表参加的代表大会（西梁会议）。国民党的代表叫陈玉华，陈建华的兄长，是报社记者，名义上代表国民党，实际上早已帮助共产党工作。我记得当时因代表多，村里住不下，还搭了三顶帐篷。经北方局批准，由代表会议选举成立了晋绥第二游击区行政公署驻绥察办事处，主任姚喆，副主任杨植霖，秘书长曹振之，后来正式批准成立绥察行政公署，主任杨植霖，副主任苏谦益兼党组书记，蒙政处处长贾力更。这是绥远、察哈尔地区共产党的最高行政机构。还发了第一道通令。通令如下：

绥察行政公署关于正式建署的通令

1941 年 4 月 15 日

兹据绥察行政委员会第一次会议之决定，自旧政权畏惧日寇，相继逃跑以来，敌伪政权异常猖狂，致使无辜民众处于黑暗统治之下，为使人民抗战行止有所遵循，且据国民政府所领导之抗战建国纲领，于敌后建立抗日民主政权。过去行政由晋绥游击区行政公署驻绥远办事处领导。兹以客观环境需要，正式建立绥察行政公署，并以杨植霖为主任，苏谦益为副主任兼民政处长，赵全璧为财政处长，马南风为建设处长。至于晋绥游击区行署驻绥办事处之组织，即宣布撤销。今后绥察行政事宜统由绥察行政公署领导。以上等情，立即令仰各该专署及县区政府知照。仰即遵照为要。

此令

主任：杨植霖

副主任：苏谦益

如今，我的爸爸和姚喆司令员、黄厚团长当年给游击队员讲话站过的大石头还在原处，他们曾经住过的小屋虽早已烧光，但留下的石头地基还在，指挥战斗的山洞依然如故。在原来的地基上又盖了新房。现在家家有新房，花围墙，大红柜，柜上还摆着收音机。看来今天小西梁的确实现了前世人艰苦奋斗的希望，创造了后世人安乐幸福的美满生活。

小西梁的英雄本色

小西梁的陈小山，身材瘦小，言语少，慈眉善目，穿着朴素。他是一位山区里极普通的农民，就是这位陈小山，却有副钢铁的硬骨头。1941 年的 12 月末，鄂友三的自卫队来搜山，我军得到消息后，已经转移。临走时黄副团长亲自交给陈小山 30 双军鞋，一挺俄国造的转盘机枪，还有子弹等物品。陈小山迅速埋藏在大树背里（老百姓把密林深处叫大树背），事先和黄副团长约定好（听见枪声响，就是八路军和敌人接火了，老百姓赶紧去接应，不响枪就是部队走远了）。

乡亲们在大树背里左等无动静，右等无消息，第二天才知道坏人告密了。

自卫军捉走了陈小山，把他捆在了大树上，扒光衣服，追问八路军的物资埋在什么地方。敌人打得陈小山皮开肉绽，他宁死不屈，敌人用硬的不行，又来软的，有个叫钱专员的亲自问他：“八路军驻在你们村，东西埋在哪里，你们整天和八路军在一起，怎么不知道？”又有个叫邱明星的副师长问他：“你干掉八路军的蔡团长，把八路军的东西交出来，你家一搬走，就给你大大的好处。弟兄们都搬走，谁也不会知道，给你钱，给你买好地，以后你们弟兄别在外边当长工了……”

陈小山软硬不吃。既然已被敌人捉住，他就有了不存活的念头了。他知道蔡团长的八路军吃不上，穿不上，脚都冻烂了。他也想到姜文华和乡亲们亲如兄弟，带着部队出生入死打日本人，黄副团长穿一双前露脚趾、后露脚跟的烂鞋。保存的机枪、军鞋就是命，宁可舍命流血，决不向敌人告密。

正在敌人横行之际，八路军包围了敌人，枪声大作，才解救了陈小山。

在小西梁热爱共产党，支援八路军，与敌人顽强战斗的何止陈小山一人。这里的老百姓给八路军割草喂马，背给养，通风报信，转移物资，救护伤员，成了情同骨肉的兄弟。为此，1942 年姚司令员特意送给小西梁三匹骡子，组成运输队，为部队驮给养。后来骡子被敌人打死，十来个人又组成运输队，从山下往山上背给养。无路的荒山野岭，硬是给踩出一条羊肠小道。

张班长舍身保卫小西梁

1940 年秋的一天，部队在小西梁村开会整风，我爸爸正在给代表们讲话，村民梁永祥在山头放哨，瞭见 100 多名敌人进了山，回来报告了部队和游击队领导，我爸爸中止了会议，带领开会的 200 多人迅速转移。蔡团长、邓团长坚守在阵地指挥战斗。八路军的机枪射手张班长担任守卫，他们为了掩护代表们和大部队安全转移，坚守阵地。

张班长是南方人，在和敌人激战中，他带领的一个班的战友都牺牲了，最后只剩他一个人，身负重伤，还顶着打，这头打一阵，又爬到那头打，枪筒都打红了。村里一位老者爬到他跟前给他送水，他的嘴都裂开血口子了，但舍不得喝一口水，把水浇在发红的枪筒上散热。张班长一个人打，迷惑了敌人，日军不知道山上究竟有多少八路军，调来大部队包围了张班长。这时，机枪、步枪一齐打，张班长的阵地前，日军的尸体一大片，一直打到繁星满天，阵地上突然静悄悄，日军才发现八路军的大部队早已转移了。敌人总共四百多兵力打了一天，死伤惨重，最后灰溜溜地走了。

乡亲们回村后，只见张班长的一条腿落在炸飞的机枪前，肢体的其他部分炸得血肉模糊。乡亲们流着眼泪，把张班长和所有死难烈士埋在了小西梁上。抗日战争中，像张班长这样英勇杀敌，为保卫祖国的锦绣河山、与阵地共存亡的英雄何止千万。

敌人在金銮殿犯下的罪行

距小西梁不远有个金銮殿，金銮殿山是大青山前山的最高点，山腰白云缭绕，松柏成林，有时黑云压顶，风雨骤降，风光奇异。

民间传说：康熙皇帝御驾到大青山游玩，到喇嘛洞朝拜，瞭见比喇嘛洞山还高的黑云岭雄伟壮观，想要上去游玩。人们告诉他："山势险要，无路可通，雄鹰都飞不过黑云岭。人怎么能上去？"康熙爷一听，更想上去看个究竟。到了黑牛沟口那块奇大无比的巨石，名为"神牛"，康熙爷向神牛石焚香礼拜，神牛点化，康熙这才登上了黑云岭。在云岭上修建了金碧辉煌的庙堂，名金銮殿。当时站在金銮殿上，可眺望土默川。日军的动静，尽收眼底，看得一清二楚。

1940 年春的一天，八路军在小西梁得到了日军从水磨沟村出发、分几路大军搜山的情报，部队和游击队抢先开上了金銮殿，敌人尾追我军，在金銮殿从早上打到后半晌。在敌强我弱的情况下，我军 200 多人安全撤退，日军费了九牛二虎之力，在损失惨重的情况下爬上了金銮殿，结果又扑空了，气得发疯，就破坏了金銮殿，还到小坝子村杀了 28 个人，把卖货的货郎都杀了。有个伪兵杀得手软了，把一个小孩藏在尸体下边。日军军官问："都杀了吗？"伪兵说："都杀了。"日军军官不信，在每个尸体上再捅一刀，查看是否真的死了，发现这个小孩没有死，不仅捅死了这个小孩，还把那个伪兵也捅死了。

这以后，日军还窜到得胜沟，企图消灭我驻在得胜沟的部队。部队司令部正在开会，幸亏及时得到消息，向距敌人二里远的山湾沟汊中转移了，完全脱险。据说，这次日军进山是叛徒张国保在武川叛变后引进的。他的叛变使南大西沟、五岔沟一带，损失了大量物资，通过他，胡连长在万家沟也叛变了。他们勾结日军，企图杀害我军姜文华同志。凑巧胡连长叛变后派他的王副官给日本人送秘信，被姜文华同志截获，才知道了他的底细。这样姜文华同志没有被害，这里的部队也未损失。全国解放后，在察素齐镇压了这个叛徒。

第三辑

战斗在敌人心脏

战斗在敌人心脏[①]

王月娥* 忆述　刘耀冰 整理

每当我看到巍峨的大青山，就不由得想起张罗子来，也许我们是山里长大的缘故，对大青山有一种特殊的感情。特别是回想起抗日战争时期，多少大青山儿女用鲜血和生命保卫着大青山，我和张罗子在山里度过了火与血的年华。1982年3月10日，张罗子与世长辞了，当接到来自北京和许多地方的唁电时，我不禁悲痛欲绝。他们在悼念我的丈夫，在悼念30年代末期大青山抗日根据地一位忠贞不屈的地下党员。当我再次读起《大青山的地下》这部描写张罗子和他的战友与敌人英勇斗争的小说时，我迟钝的大脑又一次回到40多年前烽火弥漫的岁月……

我的老家是在离归绥20多里的红土窑子村。张罗子的老家在武川县种地窑子村。我18岁那年，来到种地窑子和张罗子结了婚。他父亲打了半辈子光棍，整整给乌兰不浪村的郭财主家做了一辈子长工。我过门不久，老汉就死了。因家里穷得揭不开锅，死后连口棺材都没背上，用一块席子包着埋葬了。从此，我们的光景更是一天不如一天，张罗子白天黑夜给地主老财做工，到头来还是吃了上顿没下顿，遇到灾年还得投亲靠友。自从日本人占领归绥以后，大青山的百姓更是处于水深火热之中，被日军打散的国民党散军叫什么张团、王团、李团、荀团，实际上都是些土匪。有几个人一股的，也有几百人一股的，真是盗匪如毛多，不计其数。这些所谓民众抗日自卫军大部分集中在武川，不管到

① 原载于《武川文史资料》第一辑，1985年2月。

*王月娥：张罗子之妻，住察素齐镇，系家庭妇女。

了哪个村子，都是公开抢，祸害百姓。

日寇踏进大青山第二年的 8 月，从山西过来一支队伍，大多是十八九岁的小伙子，有的是二十多岁，都穿着灰衣服，眼看着天冷了还是单衣。他们一进村，不是扫院子就是给百姓担水，自己做饭，借了老百姓的东西还要还，不拿百姓的一针一线，不少的人夜里宁可在院子露宿，也不到老乡家里打扰。队伍开走时，老百姓有时还不知道。山里人自古还没见过这样的兵。后来才知道，这是穷人的队伍过来了，是共产党领导的八路军，是抗日的队伍。

八路军来了大青山以后，先打了陶林、乌兰花，又在蜈蚣坝老爷庙打了胜仗。山里的穷人们都说，大青山来了天兵天将，穷人快有好日子过了。这时候呢，张罗子看见八路军打胜仗，也眼红了，回家经常也和我叨叨，啥时候也能和八路军一起收拾一下日本人。

有一天，村里人已经上灯了，他领着两个人回来，看打扮都像穷人，穿得破破烂烂的，说要在村里住一夜，我把仅有的一条烂被子和破毡子、烂皮袄拿来给他们做铺盖，可是他们都没用，没等鸡叫头遍就走了。临走时，张罗子对我说："你睡哇，我送送这两个穷小子，他们还赶路呢！"

他们去哪里呢？我睡下左思右想，好像在乌兰不浪见过这两个人，不像是本地人。第三天张罗子突然回来，一进门就哭起来，听他一细说，才知道有一个叫敌人抓走了，另一个送走了，抓走的叫朱其华，送走的叫张宏广，都是八路军化装成的老百姓，暗地里做工作的。我和朱其华就见了这一次面，听说朱其华叫敌人逮走后，敌人拷打他，打得死去活来，可是他宁死不屈，绝食了几天后，英勇地牺牲了。张宏广自走后也没有见面，可能组织上考虑他已暴露了目标，不利于在这一带做工作。直到新中国成立后，张宏广从宁夏给张罗子来信时，才知道他还活着。信中提到，1939 年党派在大青山搞地下斗争的同志大部分都牺牲了，剩下的全部转移。

1940 年，大青山进入了很严酷的时期，敌人不断地"扫荡"，老百姓东奔西跑，不得安宁，八路军的队伍也很少见了。

这一年阴历十月间，我听人们说，西窑子来了一个口里逃荒的后生，给村里的地主张全福当小牛倌。后来又去了乌兰不浪乡公所当了小磨倌。这个后生有时也来我们种地窑子，我也没看见他。

有一天，也是黑夜，张罗子领着一个人回来了，一进门，向我要水喝。我问他："领的这是谁？"他说："口里讨吃的，在乡公所伺候人。"借着昏暗的油灯，我看见他穿得破破烂烂的，脸和手又脏又黑，脚指头还露在外面。两人叽叽咕咕地不知说了些什么，坐了一会儿就走了。临走我问张罗子："你们去哪呀？"他说："过两天就回来了，有人问，就说我出去借粮。"

张罗子和朱其华的来往，使我对他和这小磨倌产生了怀疑。难道这个小磨倌又是八路军派来的？同时也为张罗子的安全担起心来。

直到1943年，张罗子入狱后，我才知道他是1939年朱其华发展的大青山第一个地下党员。那时候，发展党员不公开，上不让父母知道，下不让妻子儿女知道。因为那时候他们也靠我办事，我也知道他们干的尽是些大事，只有共产党才为穷人办大事呀！

1943年，张罗子从偏关参加整风回来后，组织上原来还准备让他搞地下工作，后来考虑到恐怕暴露了身份，才"上"了"地"。他公开以后，才断断续续地给我说了他在地下斗争时的一些情况。

原来朱其华等同志牺牲后，党又派了一批干部打入大青山地下。那个小磨倌就是其中的一个，他是接替朱其华的，主要活动在乌兰不浪一带。他现在是总政文化部副部长，真实名字叫张少庭。当时的化名叫张财元。张罗子入党以后，财元子又发展了李一平和张二虎（李一平牺牲了，他正是武川大青山乡五道沟林场书记李跃亮的亲叔叔；听说张二虎现在在武川苗圃）。财元子经过再三考虑，觉得这三个人靠得住，于是在我家开了第一次支部会，选了张罗子当支部书记，李一平和张二虎是委员。当时，乌兰不浪是他们主要活动的地方，因为这里是敌人重要据点，财元子又是乡公所的小磨倌。

乌兰不浪有个大汉奸叫崔凤九，是乡公所的账房先生，又是个死心塌地给日本人当汉奸、密探的坏家伙。他仗势欺人，为人狡猾，人面兽心，他手下杀害了不少无辜的百姓。为了惩治他，财元子和张罗子商量，决定在阴历年春节的时候搞他一次。

阴历年春节到了，崔凤九和乡公所的人为了过好年，到处搜刮民财。这天晚上，财元子从磨道里取出早就准备好的印蓝纸，仿照崔凤九的笔体写了些"共产党，八路军是为人民办事的""日本人杀人放火的日子长不了""给日本鬼子办事绝没有好下场"的传单，趁夜深人静的时候，撒了出去。

第二天，乌兰不浪村可热闹了，老百姓见了传单高兴得合不上嘴，乡公所的人气得吹胡子瞪眼，说村里有了暗八路。过了两天，从武川城里来了一帮子警察和特务，拿住传单一对笔迹，像崔凤九的，就把伪乡长和崔凤九抓到武川城里，狠狠地打了一顿。崔凤九跪下直求饶。后来，日本人不让他当密探了，并限定他俩在10天内捉住撒传单的人，崔凤九灰溜溜地回了乌兰不浪。乡公所的敌人不敢嚣张了，财元子又和张罗子他们合计日本人进山“扫荡”的事儿，没想到腊月三十那天，出了件意外的事。

那天早上，乡公所的两个村兵去南梁催要草料时，捉住了咱们绥西八路军游击队的工作人员张炳义。村兵一回村就把张炳义交给了崔凤九。狠心的狗汉奸崔凤九把张炳义吊在乡公所东房的二梁上严刑拷打。财元子和张罗子他们商议后，准备在晚上营救，没想到软骨头张炳义叛变了。他把我们绥西地委机关好多负责的干部这几天都在井尔沟集中开会的消息说给了崔凤九。崔凤九像得了宝贝一样，把张炳义送进武川城里，交给日本人。

大青山抗日机关和部队吃叛徒汉奸的亏吃得多遍了，这一次该死的崔凤九一定会带着叛徒领上日本人去包围我们的领导机关。怎么办呀！时间这么紧，财元子左思右想，瞅了个空，溜出了乡公所，一口气跑到我们家，对张罗子说：“情况紧急，我不能离开乡公所，只有你能进井尔沟一趟，敌人今天晚上趁下大雪分四路包围井尔沟，我写了一封报告，你亲自交给首长，联络暗号是：‘你从哪儿来的？’‘从平川来，到高山去。’‘谁叫你到高山？到高山找谁？’‘月亮叫来，找太阳和桦树。’”财元子说完联络暗号，又一再嘱咐张罗子，让他在天黑前赶到井尔沟，在村里人睡觉前赶回来。

按山里人的习惯，大年三十要熬夜，熬在后半夜，再去接财神爷。崔凤九这一黑夜可够乐呵的，又是赌钱，又是吃肉喝酒，接神时辰一到，带上村兵，提了一壶酒和二连炮到财神庙去了。崔凤九万万没想到，庙里藏着十几个日本兵，他一进庙，被捆起来了。

原来那天晚上张罗子及时送了情报，八路军机关马上转移了。敌人扑了空还踩上八路军埋的地雷，炸死几十个人。

日本人在村里连停也不停，抓起崔凤九，把他捆在马尾巴上，拖到了武川城里。到了武川又把他关了禁闭。乡公所的乡长也不敢保了，连夜跑了。叛徒张炳义叫敌人给拉到西门外，说他是假投降，给枪崩了！乡公所那个乡长逃跑后，没敢再回来；那些有钱有势的财主也不敢出头露面了，他们一不敢得罪八路军，二不敢得罪日本兵。正好，支部决定让张罗子打进乡公所，好在他在村里有威信，当了乡长后可以探听不少情报，成了地下党的一双眼睛。

该死的崔凤九，日本人把他从武川放回来后，他仍不死心，养好了伤，又托人给武川敌人说情，又干上了特务。还收罗几个流氓、坏蛋，成立了特务小组。有一天，这个汉奸不知从什么地方收集了十几个人的名单，准备第二天献给日本人，好领赏、升官。他从乡公所四处瞄了一下，见家里只有张罗子一个人，就悄悄对张罗子说："张乡长，我实话给你说吧，我收集到十几个暗八路的名单，明天我就送给'皇军'，你看咱们村谁像？"

张罗子一听，心就像要跳出来了，出了一身冷汗，打了个定心，想套他的话，就说："谁能逃过崔先生的眼窝子？"

崔凤九一听，乐得什么也不知道了，实打实地说给了张罗子："依我看，咱们公所那个磨倌张财元像个暗八路，没准还是个小头头了。我呀，带上日本人先把他捉起来，你当乡长的到头也能沾点光。"说完，美滋滋地回家和老婆抽洋烟去了。

那几天，财元子正有病，张罗子寻见财元子说了这个情况。财元子觉得事情不一般，就叫张罗子把李一平和张二虎找来，开了个支部会，决定让崔凤九彻底见阎王，拿到名单。

计划想得万无一失，财元子带着病，写了十几张布告，布告上写着："武川县八路军临时指挥所决定，判处汉奸崔凤九死刑……"

这天后半夜，乌兰不浪村子里静悄悄的。崔凤九的家在村西头的四合套院里，他和老婆正躺在炕上抽洋烟。

李一平手里拿着斧子，后面紧跟着二虎子，两人脸上染得花花绿绿的，戴着皮帽子，还把耳扇放下来，只露出两个眼窝子，身子藏在门外。俩人听了一阵儿动静后，见里头灯黑了。张二虎在门外装着口里人的声音喊："崔先生，崔先生，公所来了'皇军'，日本'太君'请你……"

崔凤九听说所里来了"皇军"，高兴得一骨碌爬起来，一边穿衣裳，一边问老婆名单放在什么地方。

崔凤九一出大门口，猛不防叫二虎子和李一平卡住脖子填住嘴，一直拉到村南面的一块茬子地里，一斧子给砍死了。

第二天天刚亮，老乡们都来看布告，崔凤九的老婆见男人死了，哭得上气不接下气。李一平和二虎子还假装为崔凤九的老婆出力，领上一伙人给汉奸挖了个墓。张罗子呢，见村里和村周围的地主老财胆战心惊地找自己想办法，表示要和八路军搞好关系，就装着为大家主事的样子，决定按月供给八路军、地方政府粮草，然后又把自己的乡长位子主动让出，叫地主郭锁子担任。

随着斗争形势的不断发展，支部决定进一步扩大活动范围，配合主力更有力地打击敌人。

在离乌兰不浪村 60 多里的西北，有个村子叫黑沙兔，张罗子的亲妹子住在这个村。有一天张罗子就把财元子领上黑沙兔住下。住下以后，就打听见村里有户大地主，兄弟两个，老大叫李银良，老二叫李银镶，他家有二十来顷地，雇着 100 多个长工、短工，还开着一座大油坊，有钱有势，是名誉乡长，又和日本兵、伪蒙古军以及附近几个据点的敌人都有联系。张罗子和李银良一说合，把财元子给留下当了长工。这时候，张罗子一个人又回了种地窑子。

财元子给李银良当了长工以后，名字又换成刘富才。每天起五更睡半夜，吃苦舍力。李银良见他光棍一人，干活肯卖力气，又不讲价钱，就让他当了油坊跑外。秋天的时候，李银良兄弟俩出去定买卖，财元子成了李家的“二掌柜子”。他利用这点权力，把用于敌人的花费明里让老百姓摊，暗中都从油坊付了。收胡麻菜籽时，也把买价抬高；收租的时候，悄悄用小斗，这么一来，老乡们自然十分拥护，财元子也有群众基础了。经过一段时间的工作，他在黑沙兔很快组织起一些基本群众，通过群众的活动，又掌握了不少敌伪情报。财元子也经常应酬那些敌人和二道凹、陆合营据点的日本兵，和蒙古军的头头也混熟了。有时候，他利用给据点的敌人送东西、送油为名，收集情报。

那是 1942 年的 4 月份，地下党组织的同志同时发现了敌人的异常活动，日本人在坝口子、蜈蚣坝、东三道凹等几个沿公路的据点都增加了军队，有人还亲眼看见敌人把驻扎在百灵庙的日军用 40 多辆军车拉到武川。陆合营的伪蒙骑四师那几天也正忙着收拾装具，补充弹药，制作干粮。绥川北到陆合营一带，集结了一万多名日本兵和伪蒙军。县城和据点也被敌人封锁起来，来往行人都要经过严格的盘查和限制。这就是 1942 年的“五一大扫荡”。

财元子以送油为名，30 日晚上打进了陆合营据点，摸清了敌人的“扫荡”计划，正要担上空桶往出走时，敌人抓来了李一平。财元子心里明白，这是李一平和他接头来的。他和敌人眉开眼笑地说了一会儿，借口李一平是给张财元送纸烟的，并答应过几天给据点的弟兄们也送几条，俩人才过了这道关。出了营房后，财元子把搜集到的情况详细地告诉了李一平，让他连夜把“五一大扫荡”的情报给地委送去。

李一平一走，财元子在黑沙兔待不住了，他想，敌人“大扫荡”，肯定少不了乌兰不浪一带。第二天天刚亮，他对油坊的伙计们说他下归绥市找银良子商议事情，然后拔腿就走。他没敢先去乌兰不浪，先去种地窑子。进村后，已经上灯了。他先找张罗子，进了我们家以后，只见我和二虎子在。过了一会儿，我才说:“敌人把张罗子和村里不少人绑到武川城里去了，是村里张金财告的。怎么办呀?”我们商量了一黑夜，财元子决定让二虎子天亮以后联络别的乡和村子的人，联名保张罗子，花钱多少不要紧，只要把人保出来就行。还要组织村里的人赶快进山，要不村里的人还要遭殃的。可是，还没等天大亮，敌人已经包围了乌兰不浪、马莲滩、巨金山和种地窑子。

天大亮后，四五百个日伪军把种地窑子和附近村子的老乡拳打脚踢地都赶到巨金山。几百个老乡被敌人围住一个一个地盘问，问财元子时，敌人一听他的话音不像本地口音，就从人群中拉出来，一边拷打，一边问财元子的来历。问到老乡时，不论大人、娃娃、闺女、老汉，都说他是好百姓，还给乡公所当过磨倌。可是敌人不信，举起手枪，朝财元子左腿叭叭开了两枪。敌人见他不倒，又朝右腿开了一枪。就这样，敌人还是没有饶他，明知道他还有一口气，还硬让老乡们抬着进了武川，关进了监狱。听说在监狱里，财元子和张罗子叫敌人打得死过去好几次，胳膊和腿上的肉被打得稀烂稀烂的，嘴里灌上辣椒水，放在板子上，用脚在肚子上踩，真受罪了，但是他们也没有屈服。

“扫荡”结束后，乡亲们联名先把张罗子保出来，过了不多时，又把财元子保出来。记得往外抬财元子时，我和张罗子都去了。财元子一步也不能走，张罗子硬把他从武川背出 15 里地，后来，又不知从哪里弄来一头毛驴，一直把财元子送到我娘家红土窑子，没敢再回种地窑子。我记得当时我父亲还活着，他把存下的一丈多白洋布扯成布条，都当了绷带用。有时候，还偷偷摸摸到城里买些药。我日夜守在财元子跟前，给他洗又臭又脏的脓血口，倒尿倒屎，喂水喂饭，一直伺候了半年多。

1943 年，财元子养好伤后，据说去了卓资山一带，又搞地下工作。张罗子去了偏关参加整风学习，随后又参加了打绥远。有的人说他死了，有的人说他还活着。直到 1949 年，我才见到了张罗子。听他说，打不死的张财元在日本人投降以后，已经离开了大青山。

每当我回想起 40 年前的这段往事，不由得想再见见张罗子和财元子。张罗子去世以后，我收到了张少庭同志拍来的唁电，以后又收到了他写来的几封长信。其中有一封信上写着："对于张罗子的死，我是极其悲痛的，当我接到张罗子逝世的电报时，几乎不敢相信自己的眼睛。心，好像一下子掉进了万丈深渊，他死得太急促，太早了。假若四十年前，没有张罗子，没有你们夫妻，恐怕也没有我张少庭的今天，等我离休以后，还要写一部关于张罗子的回忆录，这也是我多少年的愿望。等我有机会，一定去看你和孩子，顺便去安葬张罗子的板定营子，填几锹土，烧几张纸……"

猫儿兔沟平叛①

陈国贤* 忆述　徐翔麟 整理

1942 年 2 月，大青山还没有一点春天的影儿。“白毛糊糊”三天两头一场，铁一般的残冬雪漫山遍野，还是个白色的世界。只有那些不怕冷的松柏，依旧墨绿墨绿地矗立在风雪中。当时，我们游击队正是艰苦的时候，队员们手脚上的冻疮又痛又痒。身上的衣裳，常常十天半月白明黑夜不下身，腰上的虱子一抓，手心就是一堆。日寇和汉奸武装也时常袭击我们，吃的也常常供应不上，经常喝莜面稀糊糊，几颗煮山药蛋也算一顿饭。但大部分队员的情绪是乐观的。宿营后，稍有点空，游击队领导还组织队员们识字学文化。常常可以听到队员们扯烂席片：“瘦马烂鞍子，误不住我大青山转弯子……”

这天上午，八区（也叫郝区）游击队由区长郝秀山带领，驻在乌兰不浪附近的猫儿兔沟（我当时任郝秀山同志的警卫员已经两年了）。中午，郝区长在屋里又翻开图囊（公文包）看文件，我在门前拾掇他的马装具。我的本家叔叔陈三娃（他是游击队二班战士）招手叫我到背静处，神色紧张地说：“存柱子（我的小名），精明点哇，队伍要炸啦！郭玉龙大概要投伪蒙古军（伪蒙古军受日寇的控制），把二班十来个人都串通了，今天夜里要拉队伍走，咱们今儿黑夜先跑哇！”我一听，大吃一惊，强行稳住自已，问他是怎知道的。他透露了事情的起根发脚。

游击队当时有三个班，二班长郭玉龙是个兵油子，枪头子也可以，行伍出

① 原载于《武川文史资料》第一辑，1985 年 2 月。

* 陈国贤：原郝秀山警卫员，后为厂汗木台乡农民。

身，打仗也有点经验。郭玉龙参加游击队，本意是想捞油水，向往“天天过大年，夜夜娶老婆”的美梦生活。游击队生活艰苦，他早失去了信心，整天愁眉苦脸，唉声叹气。他算是个班长，常在队员面前说怪话，说什么“待在游击队，还不如跟苏美龙、干豌豆”(都是杂牌军土匪头子)脱离游击队的调，他思想开小差不是一天两天的事了。郭玉龙的哥哥郭喜生和伪蒙古军军官海福龙关系密切，给海福龙管理骑马，是个能说上话的人。郭玉龙通过他哥哥和伪蒙古军联系好了，海福龙答应把队伍拉出来后，封郭玉龙当连长。郭玉龙又答应他的助手高四娃（游击队二班战士），事成之后让他当排长。一个多月前，郭玉龙就悄悄在二班做工作，精心组织哗变。他夹哄带骗，对一般人，他只说拉出队伍另干，免得成天受洋罪，至于另干什么，他没有说明。在他的煽动和哄骗下，有11个战士同意出走。

郭玉龙认为哗变的条件已经成熟，具体行动计划也定下了：先打死郝秀山、邸旺（游击队队长，我的姑舅哥），还有我和其他几个共产党员。至于别人，谁不走打死谁。郭玉龙串通的11个人里，有个战士叫二吉虎（姓张），他胆子小，见郭玉龙势力不小，思谋声张出去也斗不过人家。听说还要往死里打人，怕动起手来自己被害，可又不忍心看着白明黑夜厮守着的领导和同志们遭毒手，就悄悄和他的朋友陈三娃商议（陈三娃原不知道哗变的阴谋），准备黑夜逃走。

陈三娃听了二吉虎的话，忽然想起昨天夜里的事：半夜时分，正睡得香，忽然觉得有人动自己套在胳膊上的枪（当时规定，睡觉时人不能离枪），睁眼一看，是班长郭玉龙。他问郭玉龙：“班长干甚哩？”郭说：“看看你的枪活套不活套。”(班长有权随时检查队员的武器)陈当时有点疑乎，为啥半夜三更想起检查武器？听了二吉虎的话，他才省悟了：原来他是想把靠不住的人枪上的零件卸下，使枪不能射击。

陈三娃把事情的起根发脚说完以后，我又气又紧张。两三年来，和敌伪多次遭遇，可从没遇过这种情况。我对陈三娃说：“你先回班去，啥也不要说，等我们的回话。”

我急急地跑回队部。一进门，郝区长正在笔记本上写字。我说：“快哇，队伍要炸啦！”

“怎么回事？你慢慢说。”郝区长边说边迅速把文件收入图囊。

我把从陈三娃那儿听到的情况说了一遍。郝区长把图囊背在身上，随手把盒子枪也上了顶门火，狠骂了句：“败类！”约莫他要采取什么行动了，我把长短枪都顶上子弹。郝区长让我火速通知邸旺、牛金宽（一班长）、张平小（通讯班班长）和陈三娃来我这里。

人到齐后，郝区长又简要地询问了陈三娃有关情况，把郭玉龙串通的11个人的名字都记在本本上。开了十来分钟的紧急碰头会，决定了行动方案。为了防止意外，郝区长写了个条条，派快马送给八路军三团邓舜兰副团长，要求三团支援。邓副团长立即派三连开到猫儿兔沟前面的山上。

一切都安排妥当后，郝区长命令各班都集中起来开会，带枪不带马（当时规定人不离枪）。按照事先的安排，一班和通讯班把二班夹在中间。当时会场的气氛非常严肃。天麻阴着，飘着稀稀拉拉的雪花。在冷飕飕的北风下，满沟的桦树低沉地吼着。郝秀山同志站在一块大石头上开始讲话。他说：“抗战的前途和游击队的前途是光明的。不要看我们现在赤脚露肉，少吃没喝，这是暂时的。要成‘气候’，总得经过吃苦。我们要放远眼光，不要因为眼前吃点苦就烂了兴。不过话又说回来，参加革命，打日本人，是有血性的中国人自己的事，靠自觉，不是靠强迫。谁要实在不想待，可以走。回去种地也好，另外参加抗日活动也好。到后来，谁想回游击队，我们照样欢迎，照样是我们的好同志。可是，谁要拧起别的调来，那就对不起我们受苦受难的弟兄，对不起我们的良心。”

这时候，二班的行列里有点骚动。我站在郭玉龙身旁，紧盯着他，手一直没离开盒子枪。瞧着他贼眉鼠眼的屃样，我恨得直咬牙。心里说：你一出相，就叫你脑袋放炮！郝区长略略停了一下，脸色和话音突然都严厉了起来：“但是，我们队伍里有个别人，自己吃不了苦，还要毁掉我们游击队，拿我们阶级兄弟开刀，去投降敌人。郭玉龙，就是代表！”郭玉龙的脸变得死白，伸手就摘肩上的枪。说时迟，那时快，我抢前一步抓住他的领子，把盒子枪朝他腰部狠狠一戳，喝道：“不许动！”牛班长和预先准备好的几个战士冲上前来，三下五除二地下了郭玉龙和高四娃的枪，把他们五花大绑起来。接着，郝区长宣布了事先掌握好的名单，把他们的枪也都下了。

郝区长宣布了郭玉龙的罪行和处理决定，按决定，把他就地枪决。这个要屠杀革命同志、葬送游击队的叛徒，死一般地瘫在猫儿兔沟的北坡上。

高四娃当时吓得要死，郝区长根据党的政策和高四娃的态度，决定从宽处理他。因为他不是主谋，只把他开除出队，其他受骗的同志，接受了教育，都很惭愧，一致要求留下继续抗日。领导同意了他们的要求。

当时，大家很激动，情绪都很高，一致表示，要不怕艰难困苦，团结一致，把抗战进行到底。游击队经受了一次严峻的考验，战士们也受到一次深刻的教育。队伍更加纯洁了，战斗力大大加强。八区游击队如同暴雨洗刷后的大青山，更加巍峨挺拔，苍翠葱茏，生机勃勃。

事情距今已 40 多个年头了。在党的领导下，我们打败了日寇，消灭了蒋介石，建立了人民当家做主的国家。在这轰轰烈烈的四化建设中，回顾我们的事业，就像奔流的黄河一般，尽管险阻万千，曲折无数，但总是朝着最终目标奔腾向前！

攻打二份子的战斗[1]

王海宽 忆述　郑凤琳 整理

1949年，中国人民解放军在战场上已经取得了主动权，国民党反动派大势已去，全国已临近解放。一些国民党的残兵败将纷纷逃窜，寻找养身之地，企图东山再起。

在这样的形势下，国民党骑兵十二旅由司令鄂友三率领从乌兰花战场败退下来后，不甘心最后的失败，于1949年农历正月十八逃窜到二份子一带，准备抱残守缺，负隅顽抗。

二份子是武川县境内的一个小集镇，也是鄂友三常驻扎的老营。这里有又宽又高的四道城墙，城墙四角各有炮楼一座，东西有两个大城门。镇的周围是一片开阔地，并且四面高，中间低。在战略上讲，二份子是个易守难攻的小"铁镇"。

敌人进驻二份子后，便开始了营建工事，以防止我军的进攻。

正月十九拂晓，天降大雾，灰蒙蒙的，什么也看不清，我们的部队很快便把二份子包围了。部队马上派出了侦察员进行侦察，摸清了敌人的兵力部署：二份子镇内只驻有敌人的二〇三团，团长是李存英，有150多人。同时还成立了个"奋勇队"，我们称为"废物队"。"废物队"虽说人不太多，但都是由一些老奸巨猾、作恶多端的亡命之徒组成，所以战斗力也是比较强的。鄂部毕宝熙带领一个团驻守在流通壕一带，作为二份子城防的外线增援；鄂友三本人则带领特务连30多人，驻扎在内外线中心的东营子。这样虽说二份子城围内的敌人

① 原载于《武川文史资料》第二辑，1985年7月。

兵力不算太多，但由于敌人武器精良，城防坚固，内接外应，所以，攻打二份子的战斗还是非常艰苦的。

但是李存英万万没有想到，他的外围增援部队一听到我军已包围了二份子，都惊慌失措。鄂友三的特务连和毕宝熙一个团置作战于身外，只顾逃跑。鄂友三带领他的特务连趁天降大雾之际，骑着马逃出了我军的包围。我军采取敌逃我追的战略战术，在大小井一带打散了毕宝熙一个团，活捉敌人 40 余人。

我军当时是三个师：骑一师、骑二师、骑五师。骑一师，师长康建民是攻打二份子的总指挥。骑一师是一个战斗力很强的师，打仗很勇猛，我们称一师为“老大哥”。

经过一白天的准备，切断了敌人的外围线后，我们于正月十九日傍晚展开了对敌人的进攻。首先投入战斗的是骑二师和骑五师。骑一师待命。

顿时，敌我双方枪声大作，二份子上空硝烟弥漫。战士们打得很顽强，冒着枪林弹雨，以连为单位向城围进击。但敌人集中兵力，集中武器，再加上自然条件的优势，疯狂地阻击我军。在这种情况下，我骑二师和骑五师伤亡也比较大，整整打了两夜还是打不下来。战士们看着倒下的战友，牙咬得“咯咯”地响，复仇的怒火在胸中燃烧。

为了避免我军伤亡，指挥部决定暂停攻击。马上召开了团级干部会议，会上分析了作战情况，总结了经验，重新部署了兵力，调整了作战计划，并决定：当天晚上 8 点钟，骑一师全体战士（五个团）一齐向二份子发起总攻。命令传达下去，战士们纷纷做好了战斗的准备。

敌人覆灭的时候到了。

正月二十一日晚 8 点钟，我骑一师全体战士开始向二份子镇靠近，战士们三人一组，砍了电线杆做云梯。出发的地点离二份子城围约有三里地。当时天又黑又冷，地上覆盖着两尺多厚的雪，我们背着武器，抬着电杆。为免敌人发现，我们又得爬着前进，行动起来非常困难。但是，我们靠着顽强的意志，一步步向敌人靠近。终于，我们靠近了围子，搭上了云梯，有的战士已开始爬上云梯。这时，敌人才有所察觉，突然向空中打了一颗照明弹，照明弹惨白的光划破了夜空，如同白昼，我们一下子完全暴露在敌人的枪口之下。顿时，慌成一团的敌人向我们射来了密集的子弹，从我们身边飞过。他们居高临下，我们没有还击的机会，在密集的枪林弹雨中，我们伤亡了不少战士，敌人又欠下了我们一笔血债。我们悲愤万分，对敌人恨之入骨，只想马上冲进去，杀个痛快。

在这紧急关头，总指挥当机立断，发出了总攻开始的信号，我们五个团像山洪暴发一样，从城围四周一齐冲向敌人，喊杀声连成一片，“缴枪不杀”“优待俘虏”，敌人见势不妙，阵脚已乱，个个放下武器，举手投降。

那时，我是一师一团二排长，总攻的时候，我带领了一个排的兵力负责守西门，防止敌人逃跑。在我军勇猛的攻势下，敌人立刻溃败了，敌人二〇三团机关枪连连长李云清骑着马，带领残兵妄想从西门逃跑。当时，我使用的两挺机关枪都冻得打不响了，敌人眼看就要逃跑了。我抽出手枪，把仅有的三颗子弹射向了李云清，当场将李云清连人带马打死在西门口，战士们也一齐开枪，将逃窜的敌人堵了回去。那天，天真冷得出奇，我的手冻得连手指也伸不开，两挺机枪的枪栓也冻住了。打死李云清后，我立刻将李的马肚子划开，把机枪放进去，以便把其上的冰雪融化，正在这时，我屁股后面的一颗炸弹爆炸了。我的脚当时被炸断了。我的血、马的血、地上的雪冻在了一起。后来，我慢慢地爬起来，爬到西北城楼的一个炮台上。到了炮台门口，没想到有十几个敌人龟缩在里面。我立刻威吓道：“都上来，不上来就扔手榴弹了。”敌人这时已被我军打得晕头转向，吓破了胆，一听说要扔手榴弹，便一个个乖乖地缴了枪。他们上来一个解一根裤带，共 13 个人做了我的俘虏。李存英一看性命难保，便丢下战马脱下军装，化装成老百姓逃跑了。

二份子战斗经过三天三夜，胜利地结束了。这次战斗我军共打死打伤敌人 70 余人，俘虏敌人 60 多人，并缴获了敌人的各种武器和战马。

这次战斗为绥远“九一九”和平起义解决武川问题，创造了条件。

战后，经清扫战场，我们伤亡惨重。把在战场上牺牲的战友安葬后，我们用担架抬上重伤员，又向卓资山进发。

时隔 30 多年，我还常常回忆起二份子战斗中牺牲的战友。是的，二份子战斗的胜利，是我军全体指战员英勇奋斗、不怕牺牲，用鲜血和生命换来的。他们永远活在二份子人民心中，活在武川县人民心中，活在全国人民心中！

二份子战斗的故事[①]

张贵

1949年，为期三年之久的解放战争已近尾声。国民党残部如惊弓之鸟，惶惶不可终日。盘踞在武川一带的鄂友三部不甘心最后的失败，抱残守缺，负隅顽抗，仍作最后挣扎。

春节前后，我骑一师、骑二师、骑五师，三路劲旅，相继攻陷陶卜齐、白塔之后，从卓资山挺进北上，在乌兰花一带围歼鄂友三残部。农历正月十八，龟缩在乌兰花西南罗家营的鄂友三得知解放军分兵三路包抄他的情报后，便连夜带领十二旅二〇三团（团长李存英）和二〇四团（团长毕宝熙）等残部，向西逃窜到武川县二份子一带。当时鄂友三师部及所属的重兵器营驻在东营子，二〇四团的毕宝熙部驻在流通壕及冈冈一带，二份子城里驻着以李存英为首的二〇三团部及其机枪连（此连设三个排和一个小炮排），计150余名。

次日（农历正月十九）拂晓，我人民解放军兵分三路由东向西以二份子城为目标围歼而来，此时正逢天降大雾，天地一片朦胧，对面细看才可辨认，相隔一步就相视不清。在这浓雾笼罩之下，老奸巨猾的鄂友三自知大军追击，凶多吉少，趁重雾之际带部下又马不停蹄地向南逃走，二〇四团及城外二〇三团余部也趁雾相继南逃到清灰窖、火烧羊圈一带的南山上。太阳出山后，浓雾渐渐散去，留在二份子城内的李存英残部已被我军包围。李存英所带百余人独据孤城，困兽犹斗，他以为在外围的鄂友三定会增派援兵，解救自己脱离困境。太阳一落山接连不断地发出求救信号，然而龟缩于南山里的鄂友三只顾苟且偷

① 原载于《武川文史资料》第二辑，1985年7月。

生，保全自己，哪管其部下苦苦哀求。

在城里心急如焚的李存英，犹如热锅上的蚂蚁，一面命令发射求援信号，一面苦心经营防守办法。当时二份子有着高而厚的土筑城墙，四周拱卫完整无缺，只设有东西两个城门通行。李存英根据我军围攻局势及城防的自然条件，便把西门关闭，里边动用木头顶死半尺厚的墙门，还锁上了大铁锁。在东城门顶上，用厚木板搭起了一座临时炮楼，派备了一个班的兵力，将机枪连的四挺机枪都集中在楼上，居高临下，火力集中，重兵把守。并下令，凡失守者拿头相见，东西南北的四角岗楼均有多名士兵守卫，东西城墙严加防范，所有武器弹药全部准备使用。他将150余名士兵都调上了哨位，孤注一掷，在所不惜。李存英在城中央的粮店大院坐镇，向机关枪连连长李云清及连长聂云祥传授命令，层层执行。

天黑掌灯时分，解放军发起第一次进攻，激烈的战斗持续了一小时左右，设在东城门之上的临时炮楼火力很大，四挺机枪一梭接一梭地进行扫射，使得攻城部队寸步难行。战斗停息了一阵，解放军又发起了炮击，仍未见多大效果，只打伤数名敌人。

天明后，战斗停息。城内守敌在各自的哨位上吃了些现成的大饼，喝了点吊上去的水，不敢离开哨位一步。李存英仍怀着侥幸心理，认为鄂友三会来解救他的，他紧皱着双眉，在那间陈旧的房间里踱来踱去，大口大口地抽着烟，时而又侧耳倾听着窗外的动静。

在战斗打响的第二天，只有稀疏的枪声，未进行大的战斗。天黑后，激烈的战斗又持续进行，解放军派往攻城的勇士，前赴后继一个个地倒下，伤亡较重。

第二天战斗停息，李存英发现自己弹尽粮绝，孤城难守，援兵无望，到晚上时想要突围逃跑。下午，便解除了顶城门的木料，打开了门锁，准备随时突围。

太阳落山后，解放军发起了猛烈的攻击，排排炮弹如雨倾注，城里的守敌只顾防御，不敢多加还击，守在东城门炮楼上的敌人精疲力竭，在战斗的停息之际，机枪射手有的打盹有的犯迷糊。解放军的爆破手趁机进到东城门下，安放好炸药，拉着了导火线，门楼上的一个守敌发觉下边城门河内亮了一下蓝色的火焰，正要叫醒身旁的射手、准备扫射时，一声巨大的轰响，门洞被削掉了一半，门楼的木板也随之倒塌，里面的守敌慌作一团，一个机枪射手急忙丢开武器，借口下楼喝水，随即又从墙外扔上几颗手榴弹，炸死了楼上的三名守敌，残余者顿时丢魂失魄，不知所措，纷纷逃命。此时，从倒塌的城门和北城墙爬上的解放军战士蜂拥而入，发出了一颗颗进攻的信号弹。城外顿时军号嘹亮，万马奔腾，喊杀声声，枪炮轰鸣，李存英眼看着孤城失陷，全军覆灭，大难临头，便下令让连长李云清及二排云排长带领部下从西门突围，当李和云带领十几个人马打开西门突围，刚一出城门就被预先守在门外的解放军战士一一击毙，全城只听见“缴枪不杀”“优待俘虏”的喊声响成一片。李存英一看性命难保，丢下骑马，化装后匆忙从南城墙下的一个水道口钻了出去，逃走了。

城内的剩余守敌，有的死亡，有的负伤，有的投降，还有的穿上了便衣冒充百姓，以假乱真，各奔逃生！

战后清扫战场，国民党死伤70余名，冒充老百姓外逃20多人，其余六十几人均被俘虏。长达两天三夜的二份子战斗，最终以国民党惨败告终。

附：此文向下列人员采访调查

邢德厚：原外围二〇四团三连连长，后任武川政协委员。

卢九：原为国民党二〇三团机枪连机枪射手，曾为二份子战斗东城门炮楼机枪射手。

大青山地下工作十年[①]

张二虎 忆述　林海欧　李廷文 整理

八路军挺进大青山
老区人民来助战

1938年秋天，八路军来到我们大青山地区。刚开始，我们大地沟人只知道来了一队穿灰军装的兵，不知好赖，也不知是干什么的。刚来的那天，八路军向我们老百姓借粮，答应第二天就还，我们将信将疑。那以前，山里人只见过国民党兵、土匪。那些兵痞、流氓，只会窜进村抢粮食，哪里有借粮一说？可是，这支军队确实不一样，见人面带几分笑，和和气气，公公平平。我们用斗装上满满一斗粮正要往他们口袋装，他们却用手掌把冒尖的粮食平刮下来，口口声声说："这样不合理，不合理。"

果然，第二天，他们打开地主的粮仓，凡是被借过粮食的人家都一一送还，而且是一斗斗满满的冒尖粮。看看眼前的军队，再回顾糟蹋老百姓的国民党兵，对比之下，人心所向，不言而喻了。再加上八路军激动人心的抗日宣传，我们山里人的心就更亮堂了。大家立刻组织起"动委会"，为八路军助战，给八路军做鞋袜、送东西，有钱的出钱，有力的出力。很快，军民打成了一片。不久八路军有任务转移走了，从此，山里人念念不忘自己的军队。

第二年春天，村里忽然来了个卖针线的买卖人，名叫朱其华。中等个子，为人十分和气，他刚来时并不接触地方工作人员，却经常到我家坐坐，就说买

---

① 选自《武川文史资料》第四辑，1987年8月；原载于乌盟文联《走向胜利》第三辑。

卖上的事儿。日久天长，就给我讲些穷人为什么穷、富人为什么富的革命道理。

我家和千百万劳苦大众一样，过着衣不遮体、食不果腹的苦难生活，在我11岁的时候，因家中无法生活，我被过房给生活富裕的大爷。当时，我妹妹看见我穿一双露着脚指头的破鞋，还要在雪地里干活，便拿出叔伯哥哥的一双旧毛靴让我穿上。我光着脚穿上旧毛靴也觉得挺暖和。可是，这件事被叔伯哥哥知道了，硬逼我脱下，情愿扔了也不给我穿。我幼小的心灵受到了严酷的打击，哭着跑回了自己的家，宁愿过苦日子，也不再去他们那里了。

朱其华来此地的后半年时光，正是秋收季节。有一天，我正拾粪，他把我叫到山上。我这才知道他是八路军的秘密工作员。他说："你这个人实在，靠得住。"

以后，他经常派我到武川了解敌伪情况，向他汇报。就这样，我逐步走上了革命道路。不久，我由朱其华介绍，加入了伟大的中国共产党。

1940年，朱其华同志不幸被捕牺牲。他牺牲前，把我介绍给张少庭同志，由曹文玉同志直接领导我的工作。我的职务是地下交通员。

那年月，正是国难当头，日本人烧杀掳掠，国民党顽固军为虎作伥，汉奸土匪横行无忌，人民处在水深火热之中。我怀着强烈的民族仇恨和对汉奸卖国政府的无比愤慨，积极投身于党的地下工作。心里只有一个信念：努力完成每一项任务，即使自己牺牲了，也不能出卖同志。我的入党介绍人就是我学习的榜样。

假结拜探情报
声东击西转危为安

我们地下交通员采取分片包干的办法，我包的是武川这一地带。搜集敌伪情报的主要方法是打入敌人内部，假装与其结拜。

有一次，经靳专员和黄科长批准，我与自卫军的白志同、李补红、苏富长结拜，了解了不少对八路军有用的情报。以后又发现那个白志同是个杀人不眨眼的家伙，人称白屠家，经常暗杀我方人员。后来我接到曹文玉的指示，以让他到川底工作为名（国共合作时期），由两个八路军陪同走到霍寨沟一带，把这个十恶不赦的家伙枪决了。

另一种方法是，宣传党的政策，教育敌伪人员。武川电信局有个杨凤岐，他给敌伪搞电信工作，哥哥杨凤魁是青年团里给日本人站岗的。我了解到他们两人思想比较进步，经过做工作，他俩愿意为我们办事。有一次，我给八路军买了两口猪吆喝上，身上还带着信和电池等要从武川街出去，警察卡得很紧，出不去。于是，我悄悄地和杨凤魁打了招呼，轮到他站岗时，我才顺利地出了城。

杨凤岐搞的是电信工作，所以敌人有什么活动他首先知道。一旦发现重要情报，或是我亲自来取，或是他亲自送到大兴昌我的叔伯哥哥张存根家，然后我再到那里去取。就这样，由于情报及时准确，才使我八路军及司令部在几次危急关头，转危为安，并给了敌人以严厉打击，不断壮大和发展了抗日革命根据地。

有一次，日本人准备在大年三十夜间“围剿”我根据地，妄图趁过年之际，把我军全部消灭。杨凤岐给我写了一封信，说明这一情况。我接到信后，感到情况危急，便马上行动，走了 40 多里路赶到了后流水沟，把情况报告了黄科长。等到敌人去时，我军已经安全转移了。

惩叛徒先发制人敌难逃
除汉奸敌人丧胆民称快

在艰苦的斗争环境中，有坚贞不屈的战士，也有意志薄弱的懦夫。

1941 年腊月的一天早晨，两个乡兵从乌兰不浪的南梁上捉回一个八路军工作人员，名叫张炳义。张少庭和我都非常着急，正打算想办法营救他。可是这个苟且偷生的家伙已叛变了革命，把他知道的情况全部提供给了特务崔凤九（其身份是乌兰不浪乡的会计）。随后，崔凤九带了两个人把他押送到武川，交给了日本人。日本人根据叛徒提供的情况，纠集了大批日伪军，对井尔沟八路军进行“围剿”。由于张少庭及时派地下工作人员张罗子同志把情报报告给八路军司令部，等敌人去时，除了被八路军预先埋下的地雷炸得人仰马翻之外，一无所获。敌人回来后，误认为叛徒张炳义报的是假情报，于是把他枪决了。这个可耻的叛徒得到了应有的下场。特务崔凤九因此被免掉特务职务，还得了一场病。这个死心塌地的汉奸养好病后，又托人求情，在日本人那里恢复了特务职务。

这时，在地下党负责人张少庭的领导下，我们在乌兰不浪成立了党支部，张罗子任支部书记，我和李一平任支部委员。支部还决定，让张罗子打进敌人内部，在乌兰不浪乡当了敌伪乡长。从此，敌人一有风吹草动，我们就知道了。

崔凤九死心塌地为日寇效劳，出坏点子，盗取我党、我军、我政府有关情报，欺压百姓，是个罪大恶极的汉奸走狗。有一天，崔凤九列了十几个人的名单，名单上有我方在乌兰不浪的地下工作人员张少庭及其他同志的名字，准备献给日寇请功领赏。打入伪乡公所任乡长的地下党员张罗子知道后，一面假装答应和他抓“暗八路”，稳住了敌人；一面立即向张少庭报告这一情况。经张少庭和党支部研究，决定坚决除掉这个崔凤九，务必毁掉那份名单，还要注意在行动中不能暴露自己，我们马上研究了除奸办法，秘密写了几十张布告。布告内容是：“武川县八路军临时指挥部决定判处汉奸崔凤九死刑，立即执行。”

时近半夜，整个村子沉浸在一片紧张的寂静中。我和李一平同志脸上涂得五颜六色，头戴大边帽，只露出两只眼睛，悄悄地翻进了崔家大院，轻手轻脚走到窗户跟前，把耳朵贴近窗棂。只听着崔凤九还在和小老婆一边抽大烟，一边财迷心窍地盘算着把名单送上去后如何能够多捉几个共产党员，多得“皇军”的奖赏。就在他美梦正甜的时候，我们悄然无声地藏在黑影处，一直等到屋里灯火熄灭后，才轻轻地走到屋门口，装出很紧急的口气喊道：“崔先生，乡公所来‘皇军’了，日本‘太君’请你去。”

崔凤九一听来了“皇军”，哪敢怠慢，一骨碌爬起来，窸窸窣窣地摸黑穿上衣服，“咚”的一声下了炕。我们听见他已下炕，就又说了一句：“我们前面先走了，你快到乡公所来吧！”

崔凤九生怕忘了带名单，把手伸到兜里摸了又摸，自言自语道：“今晚我就把名单交给‘皇军’。”这个坏蛋刚一出大门，我们就从黑暗中扑了上去，像活捉王八似的卡住他的脖子，把他架到村南的一块空地里，令他交出名单。崔凤九这才明白，自己原是落网被擒了。

我们当下历数了他的罪行，宣读了判决书，崔凤九这个汉奸便受到了应有的惩罚。第二天，群众看到了布告，高兴地悄悄议论说：“共产党、八路军真长眼睛，给咱们除了一大祸害！”

敌伪、汉奸闻风丧胆，可是谁也没有想到这个布告上的署名——“武川县八路军临时指挥部”就在乌兰不浪村的乡公所里。

在那艰苦的岁月里，我曾无数次地走沟爬梁，冒着生命危险，想方设法，收集和传送情报，为八路军送东西，因而逐渐地引起了敌人的注意和怀疑，不得不经常躲避敌人的拘捕。

七日内三次被捕
受迫害意志更坚

1942年，日本侵略者在大青山区对老百姓实行了“三光”政策。这一年，也是我们地下党活动最艰苦的一年。

有一天，我为八路军送东西回来，被汉奸特务王占山、张正祥等猜疑，他们把我捆绑起来，绳子的一头拴在一匹马脖子上，让马拉着我跑，跑不动就用枪托子打，硬逼着我承认给八路军干事。我不承认，被马拖了个半死。后来，他们实在拿不到证据，才把我送了回去。

事隔不几天，我第二次被捕。因为日本人的“三光”政策，村里的人逃的逃，藏的藏，都走光了。我是个交通员，不能轻易走开。这样一来，汉奸特务朱成云、干疤子就起了疑心，胡说看见我一个人蹲在磨坊里为八路军磨面。我不承认，他们就用煤油、辣椒水硬往我嘴里灌，把个肚子灌得鼓鼓的，然后又残酷地用脚往肚子上踩，那呛人的煤油、辣椒水又一股股冒了出来，我被折磨得几次晕死过去。但只要醒过来，仍旧不承认。他们一计不成又生一计。让我跪在地上，两人抬一块石头压在我的头顶上。用不了几分钟，我便感到眼前一阵发黑，晕倒在地。更加惨无人道的是，敌人把小米塞到我的鼻孔里，然后揪住我的头发，用水把小米从鼻子里冲进去，呛得我喘不过气来不说，头立刻疼起来，像要炸开一样，痛不欲生。尽管如此，我心里很明白：命你们可以拿去，党的秘密不可泄！

敌人的伎俩用光了，我始终没有动摇。多亏了我的结拜兄弟姚三娃。他当时明里是给敌人当甲长，暗地里通八路军。知道我遭难后，他以甲长的名义，送了不少东西，把我保了出来。

人是被放出来了，但敌人仍旧没有放过我。还没等我喘过气来，就在第七天头上，他们又突然把我捆绑起来，叫我带路去抓什么八路军的工作员。他们又把我捆在马脖子后面，从大地沟一直往武川街上拖。走到半路，忽然碰见一个人。那人看了看我，然后在抓我的头头耳边耳语了几句。这几句话真奏效，头头立刻改变了主意，给我松了绑。然后警告我说：以后八路军要是去了你们村，或有人给八路军送东西，你要汇报，不汇报再被抓住就不客气了。我嘴里满口应承，心里却骂道：你等着吧，狗特务！要让张二虎当汉奸，门儿都没有！

这三次被捕，虽然在皮肉上受了一些苦，可是我干革命的意志更坚定了，经验也更丰富了。

为了躲避敌人的跟踪和突然逮捕，我干脆连家也不回了。大青山沟沟汊汊，到处成了我的住处。那时，除了避开日军、汉奸特务，什么豺狼虎豹都不放在我的眼里，甚至有三四十天时间，我是钻在枯墓场里和死神一起睡觉的，心里却十分坦荡，除了死，什么也挡不住我跟着共产党走。

巧周旋灭敌人气焰
惩顽敌投奔八路军

1945 年，日本侵略者被打败了，他们被迫撤出了大青山。八路军、游击队更加活跃起来了。可是，不久，一批国民党军队开进了山。他们步日军的后尘，对山里人进行了残酷的镇压。在共产党和国民党短兵相接的日子里，老区人民绝不允许新的灾难再落到自己头上。山里人配合游击队和国民党军队进行了不屈的斗争，我们地下工作人员也和那些国民党特务巧妙周旋。

有一次，原八路军绥察公署副主任苏谦益同志带上一队人马驻扎在武川街南梁上。我把摸到的敌情向他一一做了汇报，不料，被国民党特务队长范景祥知道了。我刚一回村，就被他们秘密逮捕了。当夜，范审问了我。在审问过程中，我发现，他对苏的情况知道得很多，甚至苏的长相、年龄大小，都说得头头是道。我便起了疑心，待他放了我，到了苏副主任那里，我便把这桩事告诉了他，苏非常气愤。经他一解释，我才明白，原来在这以前，苏曾抓住过范景祥。他向这个特务队长做了不少的政治工作，希望他改邪归正，为八路军做些事。范当时满口答应，装出悔改自新的样子，苏这才放了他。没想到，这个死不改悔的国民党特务，不但没为八路军做一点好事，回去后仍旧为虎作伥，又当上了特务队长，欺压老百姓。苏说，像这样不可救药的人，不如当初崩了他呢！苏副主任决定给他点颜色看。他当即写了一封警告信，让我设法转给范。

当时，大青山区有一支国民党的队伍叫自卫军（也叫顽固军）。这是一群由十恶不赦的土匪、流氓、恶棍组成的队伍。他们在山里抢人、刁东西，坏事办全了。

1947 年夏季的一天，自卫军的阎双喜以及他的兄弟领着十四五个人窜到我们大地沟村刁东西。他们把刁的东西连同枪支用马驮着运到了马莲滩村，阎双喜的兄弟则把一批弹药运到了虎娃子村。这两个村离大地沟都不太远。我摸清了情况，知道他们兄弟俩的枪支、弹药都各自放在山药窖里了，而且阎双喜当夜正在马莲滩嫖女人，于是我发动了十几个人，决心没收他们的枪。大家兵分两路，连夜行动，把枪支弹药缴获了不说，还把这两个顽固军的头头——阎双喜兄弟俩当即用枪崩了。除了民患，大快人心，又一次消灭了敌人的气焰。这十几个参加行动的人后来又纷纷投奔到井尔沟的游击大队长杨植霖那里去了，壮大了我们的革命队伍。

夺枪支支援游击队
遭毒打革命志不移

解放战争时期，共产党的军队捷报频传，国民党的军队一败涂地。随着形势的好转，山里的游击队一天天扩大起来，正规军也越来越强，越战越勇。队伍的人多了，相对地枪支弹药非常紧张。不久，当年的八路军司令员姚喆同志带领队伍开过来了。当地游击队队长马建功交给我一个任务，叫我想办法搞一些枪支弹药，我通过一个亲家王芝堂（此人当时的身份是伪保长，实为游击队办事），摸清楚五道洼村和井尔沟两地就有五十几支枪，把守的人是自卫队长郭财。于是我们合谋，让王芝堂出面，说是有要紧事，哄骗来了郭财和他的部下，当下抓了郭财，缴了三四十支枪。以后，又从井尔沟村搞了 14 支枪。用这 50 多支枪武装了游击队。

后来，游击队人马向东开走了。不承想大队人马刚离开，就有人告诉国民党保安队，说是我去抢的枪。保安队立刻又把我抓了起来。这是我第六次被捕。这一次，我又被捆在马脖子后面，一直拉进武川城，在西梁吊打起来。后来，我们村的老乡、车倌张如海说我是大地沟的老乡，以后不准捆打大地沟的人。因为张如海是国民党专员邱明星的舅舅，腰杆子硬，他们不敢再吊打我了，可仍然不放我，暗地派人调查。正赶上郭财部下有几个人到了武川，他们做证，没有见我去抢过枪。当时，为了保护我的秘密身份，党组织也确实没有让我出头露面，直接参与抢枪。敌人无奈，又放了我。

就这样，经过历时 10 年的艰苦斗争，我们付出沉重的代价，终于迎来了大青山的解放，迎来了全中国的解放。现在我已年近八旬，我亲眼看见了我们祖国翻天覆地的变化。我感到无比欣慰。我将在有生之年，为党的事业继续做出自己应有的贡献。

一段难忘的岁月[1]

熊祖芳 忆述　冰山 整理

我是 1938 年 9 月随李井泉到的大青山，在司令部做机要工作。记得部队刚到，群众欢欣鼓舞，七一五团在章胆头号集中打陶林，随后又攻占乌兰花，抗日的烽火就在大青山燃烧起来了。人民看到八路军打击日伪、汉奸、土匪，振奋了抗日的精神，对抗战增强了必胜的信心。再加上地下党紧密配合，抗日战地总动员委员会的建立，武川县就成了骑支活动的中心，绥中、绥西都是围绕武川东西几个区开展游击战争的。

开始我们在大滩，后来又驻在麻迷图、三号、五塔背、窝兔沟、窝儿兔不浪。四年艰苦的大青山生活，使我度过了继长征后的又一段难忘的岁月。大青山天寒地冻，气候冷热悬殊，变化很大。塞外人形容这里的气候是"早穿皮袄午穿纱，围着火炉吃西瓜"。对南方人来说，必须首先战胜严寒。部队刚到时，战士患感冒、伤寒的很多，部队又缺医少药，环境恶劣，居住条件很差。到了冬天，又刮白毛旋风，满山遍野变成了茫茫的银白世界。寒冷冻伤了不少同志，有的甚至造成终身残疾，不少同志被疾病夺去了年轻的生命。一天下午，我去紧马肚带，指头立即被冻僵、发白，嘴里呼出的热气在嘴唇四周变为白毛、冰棍，额头和四肢麻木，脚和鞋粘冻在一起。当时心情很紧张，慌忙端热水烫洗，幸被房东老大娘看见，一把拉住，她用雪给我搓揉了很长时间，直到我感觉发热，皮肤发红，才避免了手和脚脱节成残的危险。老大娘爱兵如子的慈母般的形象，深深地印在我的心上。

---

① 原载于《武川文史资料》第五辑，1988 年 8 月。

部队进入大青山后，由步兵改装为骑兵。为了不暴露自己，有效地打击敌人，部队白天隐蔽，夜间进行活动，搞得日寇坐卧不安。敌人一方面派出大批特务搞情报，到处设置埋伏，进行突然袭击；另一方面根据狗吠方向，用铁甲车在道路沿线巡逻，用探照灯不停地照射，给部队的活动带来很大困难。为此，我们又根据敌人的活动特点，改变斗争策略，夜间行动有路不走而避开村舍，绕山而行，这样就避免了因马蹄声而引起狗吠，使敌人到处追踪，他们变成瞎子、聋子，而我军却对敌人的动向了如指掌，利用一切有利时机，主动打击和消灭敌人。

但是，当时的斗争环境十分恶劣，敌人“扫荡”步步逼紧，部队只能隐入山里，夜晚围火取暖，困了怀抱枪支倒在火堆旁睡觉，饿了啃几口干粮，渴了抓把雪放在嘴里。生活虽然很苦，但同志们团结友爱，斗志昂扬。为了解决口粮问题，要派人下山寻找，找到什么吃什么，什么也找不到，就只好挨饿。为了找粮食，牺牲了不少同志。记得一次有一个老炊事员下山找粮，被敌人抓走，严刑拷打，实话不吐，更不带路，宁死不屈，最后壮烈牺牲。在残酷的环境下，在艰难困苦中，部队指战员顽强地与敌人进行着斗争。

1940年春，日寇在华北推行第五次“强化治安”运动，对大青山抗日根据地，在军事上实行“铁壁合围”，进行不断“扫荡”；在政治上采取“蚕食”和“三光”政策。我军为了打破“强化”，选择有利时机，对在绥包铁路线上的重镇察素齐进行袭击。因侦察准确，计划周密，突袭取得成功，群众欢欣鼓舞，立即带路包围伪警察署，将伪警察全部消灭，并活捉警察署长楠寻武（音），将缴获的枪支、弹药、粮食、布匹等军用物资用牛、马、骡运往山里，部队于拂晓前撤离。这次袭击成功，为从大青山开展土默特旗，准格尔旗东官府、西官府的游击活动，创造了有利条件，使各地汉奸、伪军闻风丧胆。而大青山的铁骑驰骋于塞外，无论敌人出动多大兵力，对根据地如何进行毁灭性的破坏，我们有毛主席、党中央的正确领导，广大人民群众的大力支持，什么“强化”“合围”“三光”“净化”等，都只能更加激起军民对日寇的仇恨，更加英勇顽强地消灭敌人。在绥西，我们利用高山、峡谷的地理环境，隐蔽于两侧，敌人既不熟悉地形，又找不到向导，待到目的地时，往往扑空。为此敌人又改变战略，由少量部队突袭，用大部队分散进行搜索或埋伏，发现情况，迅即集中，缩小包围。这时我们甩掉了战马，以步兵分散隐蔽，以虚击实，以实击虚，虚实并重，使敌人摸不透我们的规律。有时甚至巧妙地利用数股敌人搜索的空隙，造成敌人的自相火并，我军乘隙撤出，转到敌人兵力空虚的据点活动，待敌人得悉撤回时，我军已毫无踪影。这样使日寇鼓吹的所谓“强化治安运动”彻底破产，我军铁骑健儿始终活跃在大青山上。

1942 年 3 月 18 日我调离大青山，4 月 14 日到达晋绥军区司令部所在地山西兴县蔡家崖，5 月 5 日参加整风运动，一直到 1949 年南下到四川，才离开晋绥军区。每当我回想起在大青山的这段艰苦岁月，特别是在绥西的日日夜夜，那无数可歌可泣的英雄又浮现在我的眼前，他们似乎还身在向共产主义奋进的大军中。

没有硝烟的战场[①]

张少庭 忆述　刘耀冰 整理

1954年春天，我突然接到一封信，毛笔字虽然写得歪歪斜斜的，但一笔一画都非常仔细，看得出发信人在信封上费了很大心思。发信的地址是“绥远武川县乌兰不浪村”。

乌兰不浪，这几个字就像磁石一样吸引住了我，我的心弦兴奋地震响了，一把撕开信皮，恨不得一眼就看完这封珍贵的信。每一个字对我来说都是珍珠，我看了一遍又一遍，长久埋藏在心里的怀念重又泛起，我的眼睛潮湿了。

这是乌兰不浪村的几位老乡联名给我写来的信，他们说，多少年来一直多方打听着我的下落，终无音信。曾经向许多同志、许多机关发出了找我的信，终于打听到了我现在的住址。在信里，他们倾吐了真挚怀念的深情厚谊。

这封信，使我想起了抗日战争年代在大青山的地下活动时期，在艰苦困难的环境中，和他们一起相处的日子。

多少年来，我一直向往着能重回旧地探望探望他们，但是由于工作繁忙，总是未能如愿。这年夏天，终于抽出时间，怀着感恩和游子归乡的心情，回到大青山地区，访问了我过去曾经活动过的地方，会见了故人，和他们一起话旧，共同回忆起那些残酷斗争年代里的往事，悼念那些为人民解放事业而埋骨在大青山的烈士。

今天，无数个勘探工作人员，在大青山地区寻觅地下宝藏，也有千千万万

① 原载于《武川文史资料》第七辑，1994年8月。

的人们，在大青山地区建设着规模宏大的工业基地。抚今忆昔，更使我不能不想起抗日战争时期，在大青山地区坚持革命斗争、英勇地献出了生命的同志们；不能不想起那些舍生忘死地支持共产党八路军进行革命斗争的大青山地区的人民。

……

就是这种对大青山日夜怀念的心情，促使我把所知道的当时对敌斗争的情况写了出来，用以纪念那些可敬可爱的人们。

——作者 1957 年 7 月

编者摘自《大青山的地下》序

我是 1941 年从延安来到大青山的。这次来的不光我一个人，在我印象里好像有 200 人左右。是抗日战争爆发以后，李井泉支队上大青山开辟抗日游击根据地以来，党中央、毛主席从延安派干部来大青山开展抗日斗争人数最多的一次，也是最后一次。

1941 年，我国抗日战争进入最艰苦、最困难的阶段。大青山抗日根据地留给我们这批老同志的印象是：工作、生活太艰苦，斗争也太残酷，牺牲的同志太多！所以，我们对内蒙古，对大青山，对大青山的蒙汉群众，大青山的沟沟汊汊、村村寨寨，以及大青山上的一草一木，都有着一种特殊的感情！自从解放战争后期，离开大青山地区以后，心里一直牵挂着她。心想，什么时候能有机会，再回大青山看看，看看当年那些亲如骨肉的群众，看看当年一起流血战斗过来的老同志，看看当年生活过、战斗过的地方……直到 1980 年夏天，我才得到第二次这样一个机会，那是为了回内蒙古、回大青山安葬姚喆司令员的骨灰。姚喆司令员至死不忘大青山，不忘大青山地区的蒙汉乡亲；大青山地区的人民群众，也都日思夜盼能再见见他们的亲人姚司令！正是因为革命者与人民群众都有这种深厚的不寻常的特殊感情，所以姚喆同志临终的遗嘱是，要把自己的骨灰撒在大青山上。

下面，我就讲一些与大青山斗争有关的人和事，主要讲讲我在大青山的一段地下斗争经历。

从延安到大青山

我的原籍是陕西，1935年参加革命，1937—1938年就在老家延长县工作。1936年12月发生了西安事变。西安事变以后，我们党就把原来的共产主义青年团改成了青年救国会，当时，我是延长县青救会主任。后来调到陇东分区青救会任少赤部部长，管少先队、赤卫队工作，也就是后来的民兵工作。不久，分区又回到了延安，我也就跟着来到向往已久的革命圣地延安。当时我和李瑞山在一起做青年工作。

突然有一天，中央组织部一位叫罗少华的同志找我谈话。他告诉我，组织上决定让我去大青山抗日根据地开展革命工作，说那里非常缺少干部。姚喆司令员回延安向党中央汇报了大青山的斗争情况，请求中央派一批得力的干部，去支持那里的工作。让我考虑一下，先做做准备，去那里做什么工作还没有最后确定。

这批上大青山的干部，是由延安许多单位抽调集合起来的一大批干部，在姚喆司令员的带领下，从延安出发，东渡黄河，来到了晋西北。在晋西北正是八月十五，等马匹来了以后，我们都骑上战马，开赴雁北地区。然后从雁北进入绥蒙境内，沿途一边前进，一边分配工作，我是属于最后分配工作的那些人的。我们翻越了灰腾梁，来到绥中地区，和绥蒙区党委接了头，就把我分配到绥西，让我跟随杨叶澎同志去绥西开展工作。那时，杨叶澎是绥西地委副书记兼专员。

那次一起上大青山地区的干部很多，沿途一起走，也认识了不少同志。现在能记起名字来的有韩明、李光、田心、李国志、姜干石、赵普、崔明、靳仁胜、夏阳、马成俊、于少莲、李精朴、郑超增、奎壁等，还有两位女同志，一个叫云曙碧，一个叫巴增秀，还有和巴增秀同志结婚的张展。

其中巴增秀同志给我留下的印象比较深，一方面是因为她也被分配到绥西井尔沟工作，另一方面她有个引人注意的特征。她从延安出发的时候，我还一直没有发现她只有一只眼睛，她总是将一绺乌黑头发向前披下来，把右眼苫着。一路上我心想，这个女同志真怪，怎么这里总有一片头发遮着，多别扭！直到上了大青山，我才知道她那只右眼看不见。

巴增秀同志是一位蒙古族同志，性格倔强，出身虽然很富有，但能吃苦，没有一丝一毫的小姐脾气。后来分配到井尔沟一带开展群众工作，在一次日寇大“扫荡”中，听说是因组织掩护群众劳累过度，在山沟里流产而大出血，牺牲了！井尔沟烈士陵园里立着李科员墓碑的，就是巴增秀烈士的墓茔。

我到绥西之后，组织分配我做地下工作，所以我和自己的同志很少直接接触。这样一来，有许多同志的情况就不了解了。

西窑子放牛

在绥中，当时的省委组织部长白成铭同志找我谈话。我跟着绥西地委副书记杨叶澎到了武川井尔沟，杨叶澎同志找我谈话分配工作。他说：“你先到归武县当组织部长吧！可是，你得先做一段地下工作，找个合适的职业隐蔽下来。等你站稳了脚跟以后，再给你介绍关系，你先做做准备，了解了解情况。”

经过了解，我才知道归武县是包括武川县的一大半，归绥县的一小半，是以武川为主，从蜈蚣坝到陆合营以西这一片地方。归武县原来的组织部长已经牺牲了，在我们上去之前，绥西刚被日寇“扫荡”过，党的组织被破坏得很厉害，存活下来的同志也很少了，还得重新组织地下党。王威是归武县的县长，高鸿光是县委书记。他们给我编了一套做地下工作的假履历。绥西地委组织部长是陈忠（东）平，副部长是郑超增，也是我们一起上来的。宣传部长叫刘明远，他也是和我们一起上来的。刘明远是位老同志，参加过“二七”铁路大罢工，还是少数民族。这就是当时我所知道的绥西、归武的一些情况。

西窑子在井尔沟村的西南上。这里是大青山的腹部，真是山大沟深，多见石头少见人。我给放牛的人家，男的叫志根子，家里有个老伴给看家。他给人家揽了一群牛，经常心情不痛快，也吸起了大烟，烟瘾一上来，也没心思去放那些牛，所以就把我雇去替他放牛。就这样，在西窑子给志根子放了几个月牛，和那里的群众也建立了较深的感情。

根据工作的需要，不能老待在深山沟里放牛，还得到与武川县城接近的地方去，到那里去接触更多的人，熟悉这一带的风俗、民情，这才有可能真正扎下根去。于是经过与组织上商量，我又找了个关系，就到乌兰不浪乡公所去当“磨倌”。

在乌兰不浪磨面

乌兰不浪是武川通往井尔沟的咽喉要地，距武川大约 14 公里。这里是乡公所所在地，是敌人进入大青山革命根据地的一个侦察点。我来乡公所磨面，是依靠西窑子放牛时认识的老乡。老乡叫换素子，他媳妇的娘家是乌兰不浪的。通过这种关系，我知道乡公所缺磨倌，她见我年轻，人也老实，就介绍给乡公所了。那时候，咱们做地下工作，主要靠这种关系。

我去乡公所当磨倌，开始人家对我也不怎么样。但不管人家对咱如何，为了取得人家的信任，首先咱得听话，叫干啥就干啥；还得勤快，不是自己分内的事，看见该帮着人家做，就主动去给人家做。当然，我的主要任务还是给乡公所磨面。那时磨面，白天不敢磨，主要是黑夜里磨。因为，你白天一磨面，日军和伪警察来了，就都给你刮拉走了。每逢等到天黑下来了，开始套磨，磨坊里点上盏小素油灯，就在这种昏暗的灯光下，添啊，扫啊，撮啊，箩啊，一个人吆喝着毛驴，整夜围着磨盘转。

就这样，我才逐渐取得了人家的信任，算是在乡公所站住了脚跟。其中，那个情报员名叫张秀林，当时已经 60 多岁了。他虽然是敌人派的情报员，但他并不是死心塌地地为敌人送情报，而是两面都做工作。当时咱们的游击队也常来乌兰不浪活动，只是白天不来，黑夜来。每逢咱们的游击队黑夜来了，傍天明走了，第二天张秀林老汉就骑上个毛驴，上武川来向日本人报告。说昨天夜里乌兰不浪来了多少八路军。他这个情报员就起这么个作用。

我在乡公所磨面，与外界有了接触。慢慢认识的人也多了，有村里的也有武川的，有村长、闾长，还有警察和商人，其中有的党员也接上了关系。这样熟人多了，工作也就好开展了。开始，乡长杜常和也不了解我的来历，所以对我也不怎么好。有一次他去井尔沟办事，遇见了杨植霖同志，他和杨植霖有点儿亲戚关系，就把我的情况向杨植霖做了汇报，并提出了他对我的怀疑。杨植霖同志笑着对他说，你要多照顾那个磨倌才对。从这以后，杜常和对我也就特别好了。

1942 年春天，乌兰不浪乡公所的形势本来很好，敌人白天来了，好好应酬一番，打发走了；咱们的队伍黑夜来了，再应酬一番。有一天晚上，敌人突然来井尔沟奔袭，路过乌兰不浪乡，把这里也包围了起来。好在那次咱们的队伍来了一下就走了，敌人扑了个空，我们也没遭受什么损失。就在这年春天，组织上又决定让我去新的地点开展工作，我就到了巨金山。

巨金山种地被捕

巨金山在乌兰不浪的东南，相距十几里路，也属这个乡管辖。巨金山村只有十几二十户人家，村子不大，人口也不多。这里离呼市翻越大青山通往武川的咽喉要隘蜈蚣坝，只有十几里路。蜈蚣坝有敌人的一个据点，那里安着个日本人的警察署。你若站在巨金山顶上，朝东南一望，蜈蚣坝上敌人有什么动静，都能看见。所以，组织让我来这里工作，是有一定意图的。在我来巨金山前，周围认识的人也多了，有些党的组织关系也接上了。我还发展了几个地下党员。但是，由于巨金山离蜈蚣坝近，附近又有我们一个游击队在这一带活动，所以敌人也很注意，不论白天、黑夜，日寇和伪警察经常来这里盘查，也叫人常常提心吊胆，不得安宁。因为敌人来了，就要查“良民证”，我还没有“良民证”。

这次我到巨金山是以种地做掩护，和我一起在那里搞地下工作的还有张罗子，他是本地人，情况更熟一些。1942 年“五一大扫荡”的情况我们已经掌握，心中也比较有数。那天晚上，我和张罗子一起到了巨金山村的南面，找了个背风的地方睡觉，到后半夜冷得不行，只好和他回村了。没想到就在那天夜里，马建功的游击队驻到了这个村里。马建功是队长，武川人。这人胆子大，带着几个人，就在蜈蚣坝上下，在敌人的眼皮子底下搞活动。日本人抓了他四次，都没抓住，让他跑掉了。这天夜里他又带着几个弟兄，驻到了巨金山这个小村里。他把一些东西都寄放到山上那个小庙里。不知谁把这个消息报告了敌人。

张罗子一看这个情况紧急，就钻进人家的山药窖里。我前边跑，敌人后边追，边追边喊边朝我放枪。子弹从头上、身边嘶鸣着飞过。突然，腿上好像被扯了一下，一看挂彩了，前面也有敌人堵着，终于我被敌人抓住了。就这样，我先被弄到了蜈蚣坝，敌人用煤油辣椒水从嘴里和鼻子里往进灌，灌得我死去活来，让我承认是八路军。我没承认。又用大卡车把我拉到武川可镇，没往监狱里关，而是和一起抓来的老百姓都关在了康家店。在那里，除了受拷问折磨外，想出去，就得有人保释你。

最后，敌人采取了让一个小孩认这些人的办法。一个日本翻译抱来个小孩子，他是巨金山房东家的孩子，名叫牛牛，让这孩子一个一个认从巨金山抓来的人。这个孩子还真精，他说这个是某某大爷，那个是某某叔叔。认到我跟前，说我是小张哥哥。我也就这样被保出来了。我们在康家店共待了五天，虽然被放出来了，可是也回不了巨金山村，因为日军又没抓着在那里的八路军，气得急红了眼。这样一来，一把火就把巨金山的房子全部烧光了，牛羊全被赶走了，能拿的东西，也都抢走了。从此以后，巨金山村便全部荒芜了。

我出来后，又找见张罗子，由他带着去坝口子他岳父家，才把枪伤养好。

给黑沙图油坊跑外

我在坝口子养了40天伤，等枪伤全好了以后，就回到了地委。我跟组织上说："做地下工作是可以的，但是负了伤、生了病，实在不好办。还是先让我回晋西北或延安去吧！"组织上又给我做了一番解释工作，并安慰了一番，让我先在这里待上几天再说。过了几天，地委、区党委又找我谈话，还是让我回武川去做地下工作。这次是让我到武川西边的黑沙图去开展工作。组织的决定只有服从。这样我又来到了黑沙图，给一家油坊做了个跑外的。

跑外，腿子长，接触面广，对开展工作是更有利了。北到百灵庙，南到厚和（当时的呼和浩特叫厚和），这一条四五百里长的交通线上，我经常跑。

为了工作上的方便，我不得不参加了民生会。我还是属于"无"字班的，在民生会里排字还不小呢！

从此以后，沿路警察署的人也就不再怀疑我了，有的还成了"朋友"，路过，远远一看见还总打招呼。这时，得到的敌情也就比以前更多了。可是有一次，在厚和旧城发生了一件事，使我大吃一惊：我正在街上走，在一个大门前突然看见一个人，他穿一件大褂，戴一顶礼帽，叼着根纸烟，贼眉贼眼的，站在那里，很像个特务的打扮。啊呀，这人好面熟，他不是一起上来的华木吗？怎么这副模样？我一看见他，心想糟了，今天算完了。当时，我还是戴着顶毡帽子，是个后山农民的打扮，随手把耳掩子往下按了按，低下头，赶紧从他脸前走过去。过去不远，旁边有条巷子，我便赶紧转了弯，撒腿就飞跑起来。一直跑出了城外，进了大青山，这才放了心。

我回大青山里见到了白成铭同志，他是省委组织部长兼绥西地委书记。我向他提出了个要求："大家都回去参加整风。让我也回去吧！让我回去学习学习，总结一下也好嘛。"

后来，他同意了我的请求，批准我回偏关参加整风。

回偏关整风

当时批准我回偏关参加整风，说实在的，我心里还挺高兴。赶紧回黑沙图油坊跟人家做了交代，说我清水河的姨夫下世了，需要回去一趟，安葬了再回来。同时对地下党组织也做了安排。我和张罗子带了个交通员，每人骑了头毛驴，顺利地通过了一路上关卡的盘查。

过了长城，回了晋西北，到了偏关以后，第一个看见我的是高鸿光。他瞅着我这副模样说："啊呀！你这个小家伙怎么也回来了？"那时候，在我们中间，我还真是年纪最小的一个。我刚回来，不知道整风的实际情况，就积极要求说："我回来是参加整风学习的，已经比同志们回来得晚了，误下好多，还是让我早点归队学习吧！"

我吃了口饭，进去一见同志们，都愁眉苦脸的，看见我也不敢说话。我才心里一惊，啊呀，这是怎么回事？第二天一开会，人人都在坦白交代。奇俊山他们哭得眼睛都红了。当时，我实在有些不理解，就对他们说："你们这是怎么搞的，本来都是共产党员，怎么成了特务了？共产党员要实事求是，真有问题，就向组织上交代自己的问题，如果没问题，怎么能这样胡说呢？"我这样和他们一说，他们就去向组织上推翻自己交代过的"特务"问题。后来一打听，知道是我让他们推翻的，就把我也怀疑上了。

我根本不服气，就跟他们争辩，给区党委书记高克林同志写了封信。高克林同志看到我的信以后，就找我个别谈话。过了一段时间，就把我"解放"了，还要我担任党支部书记。

以后就开荒生产。直到 1944 年春天，抗日形势好转，才又组织大家重返大青山开展新的斗争。杨叶澎同志又回绥西当他的地委副书记兼专员去了。我的身份也就公开了，不再搞地下工作了。

补充上述

在我来武川搞地下工作以前，乌兰不浪、井尔沟一带，就有延安来的朱其华同志在这里活动。后因他身份暴露，被捕后与敌人进行绝食斗争而壮烈牺牲。

朱其华同志在乌兰不浪一带工作时，发展了几个党员，其中有张罗子（史显）、张二虎（张禄）、朱四娃（乌兰不浪村）、张老毛（乌兰不浪后柜村）。这几个党员都是单独过组织生活，没有成立党支部。1941 年冬天我到乌兰不浪村，通过亲自了解，得知张罗子同志身份没有暴露，表现也比较好，朱四娃吸大烟，老毛已经半公开，又在男女关系上乱一些，张二虎表现不错，所以为张罗子、张二虎（他只和张罗子发生关系）两人恢复了党的组织关系。对朱四娃、老毛两位同志没有恢复组织生活（因当时斗争残酷）。

上级党组织（晋绥分局塞北区党工委和绥蒙区党委）决定当时不发展党员，派去的干部只要能存在下来，有个合法身份就是胜利，准备做长期的隐蔽斗争（做秘密的地下工作）。当时我必须有一个地下党的交通员（我不能常和区党委、地委联系）经常和上级党组织联系，所以经过我和张罗子了解，我们两人介绍了三油亮（就是李一平，名字是我给他起的）入了党。李当了我的秘密交通员。为了斗争，我把张罗子、李一平、张二虎三个同志组织了一个支部，让张罗子当支部书记。张罗子、李一平都和我直接发生关系，张二虎只和张罗子发生关系。

朱四娃、张老毛二人因当时斗争环境没有发生组织关系，但我以合法身份（当磨倌）和他们两人有来往。这两人在政治上表现一般，好事做得不多，坏事也没有干过，对恢复关系表现得不积极，所以一直没有恢复他们的组织关系。

1942 年“五一大扫荡”，敌人“扫荡”搜查，我在巨金山被捕后，经区党委、地委和我研究，担心我在乌兰不浪暴露，再加上黑沙图离陆合营近，是蒙汉交界，决定让我再向敌人靠近，派我到黑沙图一带隐蔽下来做更长远的打算。那时还是不让发展党组织，我和张罗子、李一平仍然发生关系，一直到 1943 年我们三人化装回到晋西北偏关县（绥蒙区党委所在地），参加区党委整风学习为止。

我在黑沙图时交了很多朋友，其中和刘掌才、王油良等五六个同志谈革命的道理多一些，但都没有正式介绍他们入党，但利用他们做过一些有益的工作。

我在乌兰不浪、巨金山期间，地委、县委（我只和地委领导、县委书记高鸿光发生联系）高鸿光同志还给我介绍了两个区委书记，一个叫李瑛的同志，当时他活动在武川东北一带，他向我汇报过几次工作，我记得他说那里有些党员，大部分都在动摇不定，我答复他，不可靠的党员按照上级决定，千万不能恢复关系。后来他又向我汇报，他在那一带已把身份半公开了，好多老乡知道他是“八路”。我们研究后，决定调他到南平川，我找了个关系安置他到那里以种瓜为生（身份）。后来他神经有点不太正常（可能与斗争紧张有关系），就调回晋西北去了，此人以后再没见过，也没有打听到他的消息。

还有一个姓李的（名字记不清了），外号叫大李，此人脸上还有些小麻子，他只和我接过一次头，当时他在武川西北一带活动。据他讲，那里的党员很少，有个把人，表现也不好。后来我转到黑沙图后再没有和他发生关系，此人的情况以后也一直没有打听到。

以上一些情况说明，在抗日战争时期，尽管武川县的地下党组织不是系统的，从上而下缺乏一套健全的组织，但是武川县地下党的活动没有断过。

参加抗日斗争的片段回忆[①]

李富和* 忆述　霍世荣 整理

岁月如流，转眼间我已年逾花甲。回想从16岁开始参加革命，到抗日战争胜利这段革命历程，许多往事历历在目。

恨日寇参加革命

1941年，武川县境处在日寇、兵匪的铁蹄践踏和蹂躏之中。日寇的残暴，兵匪的猖獗，使广大民众衣不遮体、食不果腹，处在水深火热之中。面对这外患内忧、民不聊生的苦难现状，我抗日民主政府为了维护民众的利益，除奸、灭寇、剿匪、肃特，不时与敌人展开游击战。

那时我家居住在武川义振乡小永安昌村，离县城有七里地，既是敌占区，又是游击区。当时我只有16岁，村民们推选我为村长。由于这个地方是敌我必争之地，县城内的日本弘部和自卫军常派出谍报、密探来村骚扰。山上八路军三团的工作人员王占元、李文宾和二区政府的工作人员崔占元也不时到村里和我联系，了解敌情。我有时也给他们带路去附近炭窑沟、河边等一带村庄侦察敌情，了解民众疾苦，并通过他们与二区游击队长马建功、县抗日民主政府工作员杨永胜相识了。后来还结识了二区区长曹文玉同志。由于我和这些人接触的机会比较多，受到了县城谍报队的注意。谍报队队长刘复明（武川哈乐八

---

① 原载于《武川文史资料》第一辑，1985年2月。

*李富和：原大青山游击队排长，后为水电局干部。

股地村人）说我通八路军，要想尽一切办法抓住我。于是在 1942 年农历大年初一，刘复明传讯了义振乡的敌伪乡长王公和，说："小永安昌有个八路军的小联络员，你为什么不报告？如果你不带我们抓住这个小八路，就和你过不去。"听到这话，这家伙胆怯地说："既然是这样，那我领你们去抓一个真八路。"于是他带领谍报队这伙人于正月初四后半晌，来到小永安昌村，把王占元扣押回县城。王占元被押期间遭受到日本弘部的百般折磨和摧残，被用铁丝将两只手腕穿透，捆绑吊打。他只承认是八路军的工作人员，未给敌人透露一点我军口供，没过几天，就死在日本人手里，表现出了革命战士坚贞不屈的英雄气概。

王占元死后，农历二月二十八，谍报队又抄了我的家，把我家仅有的一头牛、一匹马，以及窖内贮存的粮食全部抢走，屋内家具也给糟蹋了，只剩下破烂不堪的两间房屋。由于密探杀我抗日工作人员，抄了我的家，并对我四处追杀，我更进一步认清了日伪的残暴罪行，扎下了仇恨日寇的根，坚定了抗日的决心和信心。从此，我在抗日工作上更积极、更主动了。后来，曹文玉同志在附近村内给民众开了个会，他说："敌人给他起了个八路军的联络员、交通员的名号。不管交通员也好，联络员也好，我正式宣布，从今天起，李富和就是我们名副其实的交通员和联络员，并把他放在你们这一带，我们来了找他，你们有什么事也找他。假如这个人丢了，我就和你们要人。"从此我踏上了革命征途，参加了抗日工作。

抓谍报除奸弄马

1942 年 8 月的一天，日伪派两名谍报人员来小永安昌村闯进家抓我。因当时我没来得及躲避，被他们盯住，说我通八路军，是八路军的联络员。我说："是不是联络员还不是由你们说。"说着两个谍报人员拿起棒子朝我肩头就打了一棒，当时我拿起菜刀就向他们砍去。村民们见此情景，急忙把两个谍报人员拉住，并在我家以洋烟、茶水侍奉。我乘机跑到了附近的韩庆坝村，找到了曹文玉同志，把事情经过做了汇报。经曹区长同意，为了除掉这两个谍报人员，我带领崔占元，急速返回村里，在村民石喜才、拐三的配合下，用木棒把谍报人员打昏（两个谍报人员正在我家炕上抽洋烟）抓住后，带到了韩庆坝村。经区政府批准在鸡咀营山后，把这两个伪谍报人员处决了。

秋季，抗日二区政府为了适应战斗的需要，准备成立马队。为了弄到马，我们暗示并写信给大兴昌的伪闾长贺成元，叫他在抗日工作上给予八路军物力财力接济。这家伙不但不接济我们，反而多次写信骂八路军“是后山的鬼，只要我活着就别想从我这里弄走一粒粮、一钱烟……”他是个死心塌地的日伪走狗。这家伙很狡猾，怕我们整他，整天不在家，神出鬼没地没个准地方。为了除掉这个汉奸，在我抗日政府指示下，我早已安排了监视他的人。当时我们一边向有马的大户征集战马，一边侦察贺成元的行踪（当时贺成元管辖的地方有大兴昌、万兴元、永安昌、韩庆坝等村）。贺成元在大兴昌有个情妇，经常偷情鬼混。有一天傍晚，小永安昌村一个叫白蛋子的抗日积极分子去大兴昌村他外父家，回来迟了。我在后水泉担水，碰上了他，问：“你怎么回来这么晚？”他说：“我和贺成元扯了一会儿，他还问南面八路军的情况呢，我没敢说，还问你在不在家。”我问白蛋子：“这家伙现在在不在家？”白蛋子说：“今晚可能在家，我走时，他去了那个女人家了。”当时我去小三合义村，找到了马建功，汇报了贺成元的情况。马建功带领游击队员连夜赶到大兴昌村，把贺成元抓住，并将张家（张凤鸣）、邱家（邱明星弟）的马牵到手。与此同时，驻守在县城的日本人也开了枪。在日本人一片混乱之时，我们押上贺成元进了南山，经我二区政府批准，在井尔沟枪决了这个日伪走狗。

动委会安定民心

1938 年 9 月初，八路军大青山支队挺进大青山后，夜袭陶林镇，攻克乌兰花，而后挥师西进，抵达井尔沟。为了开辟大青山抗日根据地，大青山抗日支队首先在井尔沟成立了“战地动员委员会”，宣传群众，动员群众，组织群众，为争取群众和我们一道投入抗日斗争做了深入细致的动员工作。

那时群众的处境是艰难的。由于日寇惨无人道的“三光”政策，井尔沟一片凄凉，人们有田不能种，有家不能归，东逃西散，背井离乡。面对日寇“扫荡”后的残酷现状，当时抗日动委会的任务是争取群众安定人心，组织群众投入抗日斗争。在工作上为了使我们抗日支队有个落脚的地方，尽量说服群众不要外逃，已经逃走的，要做好工作，千方百计把群众叫回来。我们艰苦细致的动员工作，首先将逃到川底的“大员外”一家叫回来了，并安排了他全家住处、吃处。相继又叫回来西窑子村的群众李生、召坡村的蒙古族人氏圪赛、杨二焕，二道沟的群众张日季等 30 多户人家。吃饭问题虽然由支队供给，但群众住房相当困难。为了解决群众住处问题，支队协助群众，分别在关沟子、大塔子、齐盘子、大小桦营沟打了很多土窑，首先让群众转移到土窑里住。我记得流水沟有个老汉刘满全，一开始他不愿意打土窑住，支队给他打成土窑后，他非常满意。我们这样做，不但解决了群众的住房困难，而且抗日支队全体指战员也有了住处。哪村哪地，老百姓都有哪些人，我们也相当清楚。有了群众基础，有了群众依靠，我们在井尔沟开辟了抗日根据地。同时为了掩护群众，防止敌人骚扰，我军还在红军背盖了一些茅庵，敌人来了我军上山，敌人走了我军下山，与敌人开展了游击战。并相继开辟了马场梁、李气沟等游击区，扩大了大青山地区的抗日统一战线，并向山下的义振乡、义清乡、五合乡延伸，发动和组织群众，开展了广泛的游击战争。

灭土匪建立政权

1939 年遵照党中央和毛主席的指示，我八路军大青山支队开展了游击战争，它像一把尖刀插在了敌伪政权的心脏。敌人视为心腹大患，坐卧不安，一片混乱。他们组织了伪乡政权，向群众做反动宣传，诽谤我八路军和抗日政府。面对敌人的反动宣传，我抗日动委会进行了针锋相对的反宣传活动。我们向群众宣传抗日的道理，揭示日寇、兵匪的残暴罪行，并以实际行动，影响带动了广大群众，全力投入抗日斗争。不但粉碎了敌人的反动宣传阴谋，而且提高了广大群众的抗日斗争觉悟。记得那时在大青山区，群众流传着这样一首歌："八路军来了烧开水，日本人来了埋地雷……"

同年八路军在政委李井泉、参谋长姚喆、团长王尚荣等同志率领下，在大青山地区开展了游击战，步步打击敌人，把土匪苟子成（臣）打散后，"干豌豆"这股土匪继续与人民为敌，并经常骚扰大青山抗日根据地。面对土匪横行、人民受难，八路军抗日四支队为了维护群众的利益，给予土匪"干豌豆"迎头痛击。白石头沟一仗，把"干豌豆"打得稀里哗啦，屁滚尿流，狼狈逃窜。这一仗的胜利，惊醒了当时住在山里的小股土匪，如卜榔队、独立队，都不敢出来向我根据地骚扰了。我记得，当时有个土匪叫老五红，由于苟子成（臣）、

“干豌豆”被歼，他感到不依靠我们是不行了，于是就投靠了八路军。

1940 年，我抗日根据地不断扩大，建立了抗日民主政权。往东是归武县，往西是武归县。五合乡和义振乡这一带是二区，曹文玉任区长；李气沟以西到一前晌的固阳边上是八区，郝秀山任区长；旗下营属于一、二联区，范建国任区长。各区为了配合我抗日支队歼灭敌人，还成立了区游击队武装。

1942 年冬，日本侵略者在大青山周围修筑了工事，建立据点，采取“分进合击”“铁壁合围”的毒辣战术，向我大青山抗日根据地不断进行“扫荡”，但丝毫未能动摇我抗日的决心。我抗日支队和民众采取了你不来、我种田，你若来、我进山的策略，用与敌人周旋的办法歼灭敌人，打击敌人。有一次日本进山“扫荡”，抗日军民采取“坚壁清野”的办法，上了大南湾的梁顶和叫驴沟的圪旦①上。敌人在山下村子里，一无吃处，二无住处，天寒雪大，日本兵冻得待不下去，就得走。日本兵一走，我们该干什么就干什么。经过英勇顽强的斗争，我们不但粉碎了敌人“扫荡”，而且使民众抗日情绪为之大振，抗日武装不断壮大。到 1943 年，我抗日游击队已经发展到 300 多人，成立了团的建制，下设四个连队，进行了整训工作。

反顽固歼灭敌人

1943 年春，我抗日政府为了争取自卫军和我们共同抗日，派地委杨叶澎、白成铭、靳崇智三同志同自卫军的鄂友山、邱明星、邢守忠进行了谈判，并签订了协议。为了减轻民众负担，八路军和自卫军两家划分了征粮收税的地盘。恪守协议，谁也不准越界。并规定，为了抗日，两家军政人员在对方占领区可以相互往来，利于抗日工作的开展。

但是入秋后，鄂、邱、邢背信弃义，将他们的队伍开到我军划定的管辖区，即十人沟（石人沟）、大海流、召滩村一带，向我抗日民众要粮要烟。驻守在万家沟的二德子、榆树店的史建福、水磨沟的龙镇子等国民党的分片部队也蠢蠢欲动，制造事端，不断暗杀我抗日民众和工作人员。以前他们抓住我们的人，把枪

① 方言。指平原上突起的适合盖房造屋的高地。

留下，说借用几天，就把人放回来。后来，抓住我们的工作人员，全给活埋了。我记得，在乌兰不浪村，他们就活埋了我抗日群众四人，真是忍无可忍。为了打击敌人的嚣张气焰，我军采取打击重点、各个击破的战略战术，开展了反顽固斗争。

1944 年 5 月的一天，我大青山抗日支队和游击队的百余人，把鄂友山包围在乌梁石太村，从后半夜一直打到天明，俘虏、击毙敌人 70 多人，敌人狼狈向西逃窜，我军获得了胜利。并撤到一前晌，稍事休息后，路经万家沟往骆驼场撤时，万家沟二德子的国民党部队挡住了我们，我军又把这伙敌人整了一下。后撤到老银河休整。第三天，鄂友山带领其残兵败将和邢守忠的一个团，包括两个骑兵中队 200 多人，从榆树店、小耗赖出发，三面夹击，向我军驻地老银河猛扑过来。我军从村里撤到老银河的梁上，与敌人接了火，敌人连续三次向我阵地发起进攻，都被我军击溃。但穷凶极恶的敌人不甘心失败，采取骑、步兵三面夹击的办法，向我军阵地猛扑，我军骑兵三连奉命赶到，夹住敌人退路，全歼邢队一个中队 70 多人，鄂友山部队见此吓得溃散逃窜，而我军反而从梁上直冲下来，尾追敌人。敌人退下来后以为没事了，在沟里吸起洋烟，我军冲到沟里，又将鄂部残兵给予痛击，打得敌人向庙沟一带逃窜。当天史建福的残兵驻在了上庙沟，他未考虑到我军会追上来。第二天凌晨，我军将上庙沟村包围，歼敌几十人，取得了第一次反顽固斗争的胜利。

由于我军连续出击敌人，鄂友山损兵折将，邢守忠失掉了一个中队。敌人气恨不过，又纠集邢部第八、第九骑兵中队，在海福龙部队配合下，专门对付我军骑兵三连。邢部一直尾追我军，并在大海流与我军接火，我军吃掉邢部一个中队。由于我军骑兵三连处处打击敌人，歼灭敌人，使敌人更加害怕和憎恨。鄂友山想消灭三连，日本人也想消灭三连，各个据点的伪军也对三连抱有野心，他们“联日反共”，想一举把三连吃掉。而三连指战员在连长常继生带领下，采取运动战的方法，首先转战到旗下营，全歼了守敌几十名，摧毁了旗下营敌伪政权，并北上到了哈乐窑子。当时敌人尾追上来，在日军一个中队的配合下，想包围哈乐窑子，消灭我们，而我军采取将计就计的办法，把部队拉出村外，来了个反包围，敌人进村后扑了空，我军反而包围了哈乐窑子村。战斗从后半夜打到第二天晌午，共歼敌 100 余名，其中 40 名伪警察全部缴械投降，60 名日军全部被歼。战斗结束后，骑兵三连押着俘虏、带着战利品，胜利地返回大青山井尔沟抗日根据地，受到了根据地抗日军民的热烈欢迎。从此敌伪警察龟缩在据点里，不敢随意出来胡作非为了，反顽固斗争，为抗日最后胜利确实起了积极作用。

驻川底征粮收税

1944年冬，我从教导队调到了二区政府工作，当时是驻川底的助理员，主要任务是给抗日政府征粮、收税，解决部队给养不足的困难。为完成这一艰巨的任务，我们首先到巧儿报一带，后在坝口子乡的攸攸板、麻花板、什拉门更、一间房等村开展工作。那时坝口子乡的敌伪乡长名叫王月德，这家伙相当顽固，虽然我们多方工作，叫他给我抗日政府纳粮纳税，他都一概不理，我们给他捎去信，他也不置可否，既不表态，也不回音。为了给他点厉害看看，我向曹文玉同志提议，把他抓起来（当时曹文玉同志和游击队员巴兔子、金娃子正在坝沟一带活动），我说你想去抓，你就去，你若不去，叫巴兔子和金娃子跟我一起去，并说我还用洋烟买通了坝口子村的烟鬼王栓梁、尹红小，夜间把他抓出来，不会发生什么问题。于是当天我找到了王栓梁，和他谈了抓王月德之事。他满口应承给我们探听王月德的情况。第二天晚上在区长曹文玉同志带领下，我和巴兔子、金娃子在村外小沟里等着王栓梁的消息，等了很长时间，不见王栓梁踪影，于是我一个人进村找他，跳进院内，进屋只见他老婆在，我问他："栓梁子哪去了？"她说："刚出去。"我立即返回想去王月德家探下情况，半路上碰见王栓梁，他对我说："王月德刚睡下，可以行动。"

于是我退到村外，叫上曹区长和金娃子、巴兔子，进村翻墙跳到王月德院内，先将磨倌锁在磨坊内，随后进了王月德家，把他抓住。王月德不慌不忙地对我们说："你们有什么事？说吧。"我说："跟我们走一趟。"我们押着他到了村外半山梁上。临走时我们给他女人留下一封信，意思有三：第一，说清楚你为什么不表态；第二，你乡是否给抗日政府纳粮纳税；第三，按我们确定的时间和地点，限家属在三天内与我们接头答复我们提出的条件（当时的接头地点我们提出三处，接头人员不准超过二人），否则你们在和尚坟一带找王月德的尸首。第二天上午，王月德之弟王海德在王栓梁陪同下，在约定地方和我们接了头，并完全答应抗日政府提出的纳粮纳税条件。王月德说："粮食，我在六七天内保证能行，运送问题你们考虑。但必须把我放回去，才能弄到粮食。”为了防止王月德诈骗，我们扣押了他弟王海德，把王月德先放回乡里。在第六天上，王月德给我们弄到了粮食。我军动员了群众，用50头毛驴驮回粮食1万余斤，并相继在20天内又给我抗日政府解决了大批粮食、洋布、粗布等。根据王月德表现，我抗日政府不但放了他弟王海德，并对他的行动给予了帮助。我们这样做，不但解决了抗日政府和支队粮食困难，而且打开了坝口子乡抗日工作局面。

参加抗日斗争的片段回忆（续）[①]

李富和 忆述　霍世荣 整理

把要塞征收驮运税

日伪统治时期，武川县的交通运输很不方便，大批生产和生活资料的运输主要以车驼为主，当时归绥市的大盛魁和武川县的大德店等商贩必须经过大青山的蜈蚣坝山口要塞，北上草地。往返驮运生产、生活资料，以物易物，进行贸易活动。当时我为武归县抗日民主政府二区的助理员，经常活动在大青山蜈蚣坝地区，为解决我抗日政府和大青山八路军支队给养的困难。武归县抗日政府决定，凡是通过蜈蚣坝要塞的过往商贩驼队，征收行商驮运税，每月每峰骆驼打行商驮运税（蒙疆币）100 元，骡驮和驴驮的行商贩，按驮运收税标准的二分之一或三分之一收税。那时南来北往出入蜈蚣坝要塞的行商驮运贩很多，大商贩一次有八九十上百峰骆驼，小商贩最少也有三至五峰。当时每日出入塞口的骆驼不下一二百峰。

有一次我在坝口子村驮运店征收驮运税，一次就收了 100 元一张的蒙疆币装了两半洋面袋。同时，我政府还规定，对抗日工作做出贡献并给予支持的驮运行商贩免于征税。比如原归绥市回民区有个行商驮运贩叫大秃子，他有三至五峰骆驼，出后草地到后山经商，并经常给我抗日政府和八路军支队捎买些生产和生活用品，我们给予免税。通过在塞口打行商驮运税，确实给我抗日政府

① 原载于《武川文史资料》第二辑，1985 年 7 月。

和部队解决了不少困难。

我们这样做，引起了日伪坝口子村警察署长马前叉子、大青山坝顶警备队长于广林和武川县城警察署长童广续的注意，他们派出伪警察对我抗日政府征收驮运税进行干扰，并对行商驮运贩百般刁难，甚至公开抢劫，致使商贩不得不绕道而行。针对敌人的干扰破坏，为了有利于行商驮运的正常进行，我政府派出游击队在蜈蚣坝沿线主要塞口进行保护。

记得有一次，伪骑兵警察四人到了牌楼关，我们派出的游击小分队也同时赶到，敌我发生了争执，双方接了火，当时打跑了两名警察，另两名被我们活捉（其中有一名叫张三桂），我们对二人进行抗日教育后，把他们放了回去，伪警察张三桂又买了马匹和鞍韂，回到了武川警察署。这个人为了感谢我游击队宽宏大量、不杀之恩，经常派人给游击队通风报信，传递敌情。

我记得在牌楼关伏击伪警察一星期后的一天，张三桂给我们捎信说，今天将出动 19 名警察去前坝底村拦截行商骆驼队，当时有二三百峰骆驼正从这里通过。我们接到张三桂的报告后，派骑三连二排的全体战士，在排长周有的带领下，击溃了这股敌人。从此，日伪警察再也不敢出来兴风作浪，干扰行商骆驼队了。

救战友买嗦嗦葡萄

1944 年农历正月，我抗日二区政府决定在元宵节的前一天——十四晚上，在南乌兰不浪村召开抗日庆功会议，会议内容是表彰抗日有功人员，布置下一段工作任务，参加会议的人员有区里的全体工作人员和各乡的抗日积极分子。我和赵顺（二区副区长）、郭志明（区助理员）三人接到通知后，于当天上午从马莲滩村出发去南乌兰不浪村，正走到半路，县城的 19 名伪骑兵警察尾追上来，看着情况不对劲，我们三个人分头行进。失散后，未发现赵副区长踪影。

活不见人，死不见尸，怎么办？两人又到处追寻，最后在东泉子沟王富和家见到他身软吐血，连话也不能说。群众说“嗦嗦葡萄”能止血，可是深山里哪有嗦嗦葡萄。我叫郭志明护理好赵副区长。第二天早上，我换上老百姓的衣服，从孟家窑子出发，晌午赶到归绥太平街的药铺，向药铺先生请教，他告诉我个偏方：臭臊眉烂黄，磨成面，用小米粥的米末子冲着喝。当天晚上我返回东泉子沟，找到几个。这个偏方还真管用，吃了两三次，赵副区长身体慢慢复原了。

1946 年赵副区长调到清水河县二区当区长。在十犋牛村，国民党暂十师一个营的兵力包围了二区工作人员。突围时，赵副区长中弹挂花，敌人冲上来时，他拉响两颗手榴弹，炸死敌人六个，炸伤九个，赵副区长也壮烈牺牲，表现出了一个革命者具有的英雄气概。当年，赵副区长才 27 岁。

突围战蒙古寺大捷

1946 年秋，我绥蒙军区二十二师骑兵旅在军区政委张达志和旅长康健民等同志的指挥下，为了集中兵力歼灭敌人，与敌人展开了鏖战，当时我为三团四连的指导员。记得那年 9 月下旬的一天，我旅为了西进固阳，挺进包头，歼灭敌人有生力量，从康保、化德、陶林、黑山转战到武川县境淖尔梁蒙古寺（现属察右中旗）休整时，国民党暂十师出动了一个加强团，约 1200 人的兵力，从归绥市乘火车东进，在旗下营下车北上，通过上高台、红召，在蒙古寺包围了我骑兵旅。

拂晓，我连战士在村外饮马，发现敌人从南山上猛扑下来，敌我双方接了火，打响了战斗。记得张达志和康健民首长当即部署，命令一团以正面出击，压住敌人，火力突围，三团随旅部占领制高点，二团和四团随后突围，战斗在激烈地进行着，枪炮声震撼着淖尔梁大地，喊杀声此起彼伏。9 月的后山已进入寒冷季节，大风夹雪铺天盖地地下着，我军居高临下，顺风而战，敌人逆风而攻，团首长命令全体战士以速战速决的战术全歼这股敌人。敌军长官在战场上声嘶力竭地对其部下喊道：“冲上去，谁掉队就枪毙谁！”并扬言：“抓住敌旅一个排长赏洋 200 块，连长赏 500 块，团、旅长赏 5000 块。”并向我旅阵地发动了全面总攻。

当时我旅以四个团 2000 余人的兵力从正面扑向敌人，冲出包围与敌人展开了白刃战，并以挑心战术反包围了敌人设在蒙古寺东梁圪旦上的指挥所，致使敌人指挥失灵，加之我骑兵战术使用快，把敌人打得喊爹叫娘，像无头的羊群东逃西散，溃不成军。战斗仅用一个多小时，除敌指挥所 100 余名敌人溃散潜逃外，共击毙敌人 200 余人，俘虏 800 多人，其中活捉敌营长 3 人，连长 10

人，排长十几人。缴获了美造步枪 700 支，机枪 20 挺，六〇炮 6 门，迫击炮 2 门，军骡和骆驼 101 头（峰）和其他战利品。蒙古寺之战，我军获得了全胜。

敌人因在蒙古寺之战的失利，气急败坏地调动了一个师的兵力，在 100 余辆战用汽车和空中飞机的配合下，不惜一切代价，追击我骑兵旅，想一口把我旅吃掉，而我旅在蒙古寺全歼敌人后，于当天下午翻山越岭，北上察右后旗，并通过卓资县、十八台、三义堂村，转战到凉城岱海时，与敌人孟村槐部又接了火，歼敌百余人，转战到了蛮汗山区厂汉营进行休整。

附录一

抗日战争和解放战争时期，大青山抗日游击队和广大民众唱的几首歌谣：

抗战歌谣六首

一

我也是个老百姓，我也是战斗员，
背起大枪开步走，昂首到前线；
破飞机瞎嗡嗡，大炮往西攻，
八路军的手榴弹，打垮了鬼子兵。

二

我们是八路军，一切为人民，
不管敌人如何凶，我们不怕牺牲，
胜利属于我们。

三

兵精才能打胜仗，坚持敌后抗日好主张，
爱护武器节约弹药，不准浪费一粒公粮，
白天多做事，晚上少点灯，
节省纸张笔砚，
少花一厘钱。

四

连长下命令，突击队逞英雄，
刺刀一挺往前冲，英勇打先锋。

五

大青山、蛮汗山，到处开展游击战，
游击队抓汉奸，鬼子兵听见心胆寒。
旗下营、武川县，到处都把个伪军安，
蒙古军自卫团，要粮要草要大烟。

六

干豌豆、夏军川，奸淫抢劫大青山，
请财神、要大烟，闺女媳妇他强奸。

附录二

日伪统治时期，武川县境盗匪横行，民不聊生，广大民众处在水深火热之中，当时民众编有《打竹板数九九——说唱匪患》。

一九冬至一阳生，西北上起了扫帚星①，
先起扫星后起瘟②，独立队③出在绥远省。

二九天雪花飞，独立队出来个卢占奎（魁），
卢占奎（魁）刀下不认亲，亲舅逼死他外甥。

三九天雪花飘，独立队出来个二长条④，

① 扫帚星：彗星。民间传说彗星出现，是一种不祥之兆。
② 瘟：指瘟疫。
③ 独立队：国民党地方武装土匪。
④ 二长条：土匪头的绰号。

二长条刁人太狠心，闺女媳妇他奸淫。

四九大寒好气节，独立队出来个四杆旗[①]，
四杆旗刁人太认真，老百姓破布都拿净。

五九天消井口，独立队出来个漏风猪[②]，
漏风猪嫁给张老大[③]，四海扬名游天下。

六九头上打把春，独立队出来个马成龙[④]，
马成龙刁人太狠心，手拿长枪不落一个村。

七九河开河不开，独立队出来个于德海[⑤]，
于德海刁人太狠心，手拿长枪闯进村。

八九河开水长流，独立队散伙往西走。
死的死来亡的亡，独立队害人不久长。

九九头上又一九，官兵安在四闸口，
打发区兵要草料，苦害还是老百姓。

---

① 四杆旗：指当时的四个土匪头子。
② 漏风猪：一个女土匪的绰号。
③ 张老大：一个穷汉的别名，漏风猪后嫁给他。
④ 马成龙：土匪头子。
⑤于德海：土匪头子。

抗日战争时的小萝卜头[①]

张明*

利用孕妇身份躲过日军搜查

我的父亲原名傅光大，山东威海人，1910 年出生，小时候家里穷困，条件不好。我的爷爷带着他逃荒到东北沈阳九里沟村，父亲就落户到了我妈妈家里，我妈妈叫于淑贤，于是父亲也改姓了，改姓于。父亲曾经在东北讲武堂习武，这个学堂是张作霖办的。1928 年，张作霖在皇姑屯被日本人炸死后，这个学堂就停办了。1930 年，父亲带着母亲、舅舅来到了北京，也就是当时的北平。他们在这里求学、就业、生活。

1937 年，父亲、母亲和舅舅三人去延安参加革命，1938 年父亲入了党，为了保卫延安，当地成立了大青山抗日游击队。1941 年，我父亲被派到绥远大青山抗日游击队，在姚喆司令员的领导下做侦察参谋（营级），那个时候我妈妈在陶林县做妇女委员，给周围的八路军战士做军鞋。

1941 年 7 月，敌人封锁特别严，延安抗日根据地条件非常艰苦，急需物资、医药品、无线电通信设备等，因为我爸爸当时是知识分子，姚喆司令员就把我爸爸派到北平搞地下工作。大青山游击队有三个科，其中有一个侦察科，爸爸

---

① 原载于《北京青年报》2017 年 8 月 22 日。

* 张明，1942 年 7 月 12 日出生于北京。烈属。父亲于保铭，原名傅光大，山东威海人，1910 年生。1937 年，傅光大在延安参加革命，1938 年入党，在绥远大青山抗日游击队姚喆司令员的领导下任侦察参谋（营级）。1943 年 5 月 2 日，傅光大遭叛徒出卖被捕。1944 年被日寇杀害。母亲于淑贤，1915 年出生，1937 年参加革命，曾任陶林县妇女委员，1969 年病逝。

的主要任务就是做地下工作。

那时候我妈妈怀孕了，知道她怀孕的人很少，当时很少能想到孕妇会是地下党员，于是就把我妈妈也送到了北平给我爸爸做掩护，她就负责给延安输入医药、器材、电子管等战时物资。为了成功地把物资送到根据地，他们就会做一个棉被，外面用粗布包着，把药片、电子管包在棉被里头。由于被子外面的布料很破，日本人放松了警惕，查得不严，这样就可以顺利地把物资运送到根据地了。

小萝卜头成为信息“小交通员”

1942 年 7 月我在北平出生了。1943 年 5 月 2 日，因叛徒出卖，父亲、母亲带着只有十个月大的我在北平大帽胡同 13 号被捕了，被关在张家口的监狱里。因为当时男、女是分开关押的，所以母亲就一直没有父亲的消息。

1944 年，日军把父亲从监狱带出去审问，父亲咬紧牙关，宁死不屈，誓不泄露秘密，誓不出卖党，日伪军从父亲那里得不到任何消息，最后将父亲射杀并吊死在树上。父亲惨死，当时年幼的我却对父亲没有一点印象。父亲牺牲半年后，母亲才知道这个噩耗。

听母亲说，监狱中的环境非常不好，空间狭小而且又矮又窄，我常常在一块破席子上躺着，破席子下有很多小虫、臭虫等，因为缺乏营养，我又瘦又小，常常饿得直哭。有时，有“不怀好心”的狱友也会惹我哭闹，看守的人听着烦心，就会离开牢房，走远一些，这时其他监号里的狱友就叫我：“小明，小明，来，快爬过来，大姨这里有吃的。”我就从铁栏杆中间爬过去，其实在我的尿裤子里面藏着他们要传递的机密字条，我实际在 10 个月大的时候，就已经成为狱中的“小交通员”了。

姚喆将军帮我找回至亲

不幸的事又一次发生，敌人要挟我母亲，在一次过堂审讯她时，一个日本翻译官（姓洪，朝鲜人）把我偷走，从此我便与母亲分离。1945 年，我军解放张家口，我母亲才出狱，她不知道我的下落。那时我已经在绥远了。1945

年 8 月，日本投降后，日本的洪翻译官随日军被遣返，他就把我转给了他的手下——一个绰号叫“赵烂头”的人。他们家住在绥远老城南门里。

1950 年，绥远和平解放。有一天，一辆吉普车把我接到了绥远军区司令部大院，我看到一位左脸上有一道大疤的军人，他就是姚喆司令员。他亲切地对我说：“好孩子，你是革命军人的后代，你的爸爸已经牺牲了，妈妈下落不明，你不能在赵家住，就住我这里吧。”

当时我满身的虱子、虮子，脏极了，勤务员带我到洗澡堂洗干净，换好衣服，我就在姚喆司令员家吃、住、上学。几天后，姚伯伯手里拿着一封信，老远看见我就喊：“小明，小明，你妈妈来信了，过两天和你舅舅来接你。”

果然几天后，姚伯伯带着一个女同志来看我，一见我，她的眼泪就簌簌地往下流，半天说不出一句话。我见她这样，也不知所措地哭开了。姚伯伯指着她对我说：“快叫妈妈。”又指着旁边的一位军人说：“这是你舅舅。”从此，我才与妈妈团聚在一起。

后来，听妈妈说，姚司令员给了赵家几百斤小米，算是他们这几年对我抚养的费用。我回到北京，因我是烈士子弟，就被送到北京小学学习。母亲因在狱中受了酷刑，失去了生育能力，后来经彭真的介绍，嫁给了我的继父。继父姓张，待我视如己出，这时我才改叫张明。

捐赠革命遗物，弥补档案空白

我手里有很多父母留下的资料、照片，我觉得交给国家比放在我手里更有意义。一次偶然的机会，我在网上看到武川有个抗日展览，我就带着儿子去了那里。此行，也是为了让他们年轻的一代人受教育，让他们知道珍惜现在来之不易的生活。

那是 2011 年 3 月，天气还很凉，我站在烈士墓前，叫了一声爸爸，心里万分悲痛。我把 1983 年版的烈士证书，还有爸爸、妈妈和我小时候的照片都赠给了博物馆，我觉得把照片交给他们更有意义。我手里还有姚喆司令员的证明信，工作人员告诉我这是一级文物，因为在中国历史上，对于在内蒙古军区搞侦察的地下工作者，他们没有名单，这封证明信弥补了隐秘的历史档案空白。

第四辑　英烈印记

宁死不屈的革命战士
——记李康县长和李玺区长的牺牲[①]

谷丰登

在官庄村西边高高的山坡上，有一座大青山革命烈士陵园。在青松翠柏丛中，长眠着两位年轻的革命烈士，他俩就是抗日战争时期牺牲在这里的原归武县县长李康和区长李玺。

那是1942年的夏天，由于日寇在大青山区实行法西斯的烧光、杀光、抢光的“三光”政策，制造无人区，抗日战争进入了最艰苦的相持阶段。我抗日军民面对凶恶的敌人，毫不畏惧，餐风宿露，坚持战斗在崇山峻岭之中，伺机消灭敌人，打得日军心惊胆战，狼狈不堪。为了控制旗下营通往大滩的公路交通线，日军在厂汉脑包建据点、修炮楼，筑起了“乌龟壳”，组织“爱路村”，收罗汉奸成立了特务警备队，妄图隔绝我抗日军民的鱼水关系。驻扎在厂汉脑包的警备十六队，经常出动搜捕我县区工作人员，对我抗日军民的威胁极大。为了防止敌人的破坏，我县区政府工作人员，常常是白天隐蔽在山上，晚上进村工作。人走在哪里，哪里就是政府。有时一天要转移好几个地方。

这天，李康县长率领县区政府工作人员奔波、劳累了一夜，黎明前才在扁担石沟村吃了顿热饭，然后又上了山，在四道背的山洼里宿了营。自古道：“明枪易躲、暗箭难防。”就在李县长他们出村后，有个人影也鬼鬼祟祟地出了村。

原来这村里有邢家兄弟俩：邢月月、邢官官。这两个家伙平时好逸恶劳，经不住日寇的引诱，早已充当了汉奸，为十大队做“眼线”。但表面上对我方干部挺热情，因此大家没有识破他俩的真面目。今儿个，这两个家伙见李康上了

---

① 选自《武川文史资料》第三辑，1986年4月；原载于乌盟文联《走向胜利》第三辑。

四道背，认为是报功领赏的好机会。邢月月挎上了箩头，装作打早拾粪的样子，直奔十大队。狗特务们听说是李康县长，立即全部出动，气势汹汹地扑向四道背山。

四道背山势险峻，沟沟汊汊特别多，狗特务们气喘吁吁地赶到山下时，已经到了中午。这伙家伙你推我搡，望着山上头皮发麻，谁也不敢贸然上山，生怕不知哪块岩石哪片树丛间突然飞出颗子弹，要了他们的狗命。猛地，一个特务怪叫了一声："快看！"原来，半山坡的一块巨石旁射出一点白光。狗特务们认定那里有人，于是，兵分两路，一路绕到山后，从山顶上往下搜，一路从山下往上搜。这时已经过午了。

半山坡的那个光亮点原来是刺刀的折光。这天，正好是县大队战士郭金宝放哨。郭金宝这人胆大心粗，把枪靠在一块石头旁，脱光衣裳，跳进山泉积下的水坑里洗开了澡。太阳把水坑晒得热乎乎的，他正洗得痛快，一抬头，不由得"哎呀"了一声，狗特务们已经摸上来了。他急忙跳出水坑，开枪射击敌人。本来打算捉个活八路的特务们见此情况，也打起枪，郭金宝被打死在水坑边。

枪声惊醒了在山洞里熟睡的战士们，李康趴在洞口向山下一望，看见几十个敌人边打枪，边向这边爬来。他们人少枪少，寡不敌众，形势十分险恶，一时也弄不清山顶上有没有敌人，他便命令同志们向山顶上转移。他们十来个人凭借着山石树丛的掩护，向山顶上跑去。猛地，弹雨从山顶射下来，有几个同志立刻牺牲了。他们上山不成，一边还击一边顺着山势向另一道坡跑去，刚爬上来，他们就被包围在光秃秃的山顶上。山顶上有座古烽火台，战士们凭借着烽火台的掩护，同敌人打起来。

敌人仗着人多势众，枪好弹药足，子弹像雨点似的打过来，嘴里喊道："投降吧，你们被包围了！跑不了啦！"

"奶奶的，上来吧，枪子等着呢！"

战士们怒骂着。但是终因寡不敌众，同志们一个个地牺牲了，只剩下了李康和李玺。他俩互相鼓励着，宁死也不投降，迅速烧毁了文件，准备做最后的战斗。这时，一颗罪恶的子弹射进了李玺的胸膛，这个年仅23岁的区长，为革命流尽了最后一滴血。

这时只剩下李康一个人了。穷凶极恶的敌人得意忘形，喊起话来："李县长，皇军知道你是条好汉，只要你肯投降，让你当警备队长，要什么有什么！"

“我要你们的狗命！”

李康县长威武不屈，怒骂敌人。他乘敌人喊话之际，敏捷地钻进烽火台墩的窑洞里，守在洞口，只要敌人一探脑袋就开枪，不一会儿洞口前躺下四五具狗特务的尸首。

太阳西斜了，狗特务们怕太阳落山后让李康县长跑了，子弹像飞蝗似的打过来。突然，李康的枪不响了，子弹打光了。他砸断了枪，抓起仅有的一颗手榴弹。敌人听到洞里响着“咯吱吱”的砸枪声，情知李康没子弹了，号叫着向洞口冲来。有四五个鬼迷心窍的家伙挤进洞里，“轰隆”一声，手榴弹爆炸，敌人见了阎王。坚强的共产党员、英勇的革命战士李康同志，和敌人同归于尽。牺牲时只有 27 岁。

李康县长等同志不幸牺牲的噩耗传来，根据地的军民感到无比悲痛，但他们宁死不屈、威武雄壮的英雄事迹鼓舞着抗日军民，到处回响着一个愤怒的声音:“消灭日本帝国主义，为死难烈士报仇！”

是谁出卖了李康县长的呢？经过调查，发现邢月月、邢官官很可疑。当时，斗争形势很复杂，为了使群众了解事情的真相，揭穿邢家兄弟的真面目，必须抓住证据。骑兵团黄厚团长胸有成竹、巧设妙计，让邢家兄弟自动上钩。

这天夜里，黄团长带着两个警卫员进了扁担石沟。警卫员故意对邢月月说，骑兵团执行任务去了，黄团长单独来这里休息，今儿个晚上不走了。邢家这两条狗，信以为真，认为这是千载难逢的好机会。于是，他们又故伎重演，半夜里挎上个粪箩头，鬼鬼祟祟地摸出村去。他们哪里知道，八路军早在村外布下了天罗地网。他们刚出村不远就被活捉了。开初这两个家伙还以拾粪搪塞，当半夜拾粪的谎言被戳穿后，不得不交代出他们的罪行。真相大白。黄团长一声令下，将这两个十恶不赦的狗汉奸处决了。卖国求荣、残害革命烈士的刽子手得到了应有的下场，抗日军民无不拍手称快，狗特务们吓得胆战心惊，好长时间龟缩在据点里不敢出动。

回忆我的父亲任德仲烈士[①]

任平 忆述　曹海鹰 整理

1942年农历六月二十六，风和日丽，我的父亲任德仲烈士的追悼会在纳令沟乡酒馆村隆重举行。参加追悼会的有八路军三团、县政府、区政府的指战员和工作人员，以及我的亲属和乡亲们700余人，呈南北方向排成七行，肃立在灵前致哀。郝秀山区长发着颤抖的声音致悼词，会场上泣不成声。我当时才15岁，这悲壮的情景至今时时萦回在我的脑海中，为我留下了难忘的回忆。

一

我父亲是武川县任家圪塄村人。生于1907年一个贫苦农民家庭，全家七口人，靠爷爷经营30亩坡梁薄沙地和打短工为生，一家遇上好年景还能每亩收一半斗，遇赖年景颗粒无收，就这点收成，还要交官粮、支应土匪和官家摊派的各种苛捐杂税，轮到自己头上也不足百把斤，生活十分艰难。

1937年，日本帝国主义侵略者侵占了北平、天津和华北大部，国民党向西北节节败退，日本帝国主义大肆掠夺我中华财富，国民党乘势加重税率，加紧征兵，搜刮民财，压榨百姓，人民真是痛苦不堪。

同年秋，国民党武川县又要拔壮丁，按规定，三丁抽一，五丁抽二。我家实有丁男二人，按理不应抽。可是，家贫无势说不上话，就把父亲抓去当了壮

① 原载于《武川文史资料》第三辑，1986年4月。

丁。当时，有钱有势的人说个人情，虽有三个、五个的丁男也可不抽。父亲看到这贫富不均、世道不平的社会如此黑暗。可是，天下黑暗，到哪里去倾诉我一家的冤情呢？

归化城小教场是个关押壮丁的集中地，父亲就是在这儿被关押受训的。从秋天关押到冬天，他在黑夜住进陋湿的茅庵，白天受训，受尽了辱骂鞭打。这年初冬的一天，他被押上去北平的火车，走时，官方什么也没告诉给他，糊里糊涂地坐着车向东行进。

这天夜里，漆黑一片，刮着西北风，火车缓缓行至旗下营附近，看押的国民党官兵误以为壮丁们被装上车怎么也跑不了，就放松了警戒，父亲就趁上厕所之便，撬开门跳车逃跑，敌人也没发现。他到旗下营附近一个村庄的老乡家，换了一身又烂又脏的单衣，然后一路讨吃，向家乡的方向走去。

后山的初冬，已显寒意，沿途百姓都换上棉衣。一天半后晌，一个脸像锅底，手像黑叉子，脚穿破黑毡鞋，身披烂布条的后生闯进我家的茅庵里，冷得直打哆嗦。他一说话，我们家人才认出是我父亲。全家十几口人抱头痛哭起来。

我父亲回家不久，就到王子沟给一家打短工。此时，国民党欺压，百姓过得一天比一天惨，官兵、土匪整天走村串户，真是应酬不暇。当时，大青山地区流传着这样一段民谣：

> 喝的是沙蓬糊糊，吃的是麻生炒面，留下把莜面，支应官兵土匪打尖住店，早上来了至阳婆落，阳婆落了至鸡叫，男人们担水遛马，女人做饭带睡觉，冻得不行想回家，人家不要，睡在牛棚里，冻了脚还不知道……

就在这样的环境下，我们又苦熬过两个年头。

1937 年间，日军侵占了武川并在武川可镇、西乌兰不浪、大庙酒馆、哈拉合少等地设立了据点，建立了伪政权。一天，从西乌兰不浪方向开来一股杂牌军，说是向百姓要给养（生活用品），到了王子沟遇一家开油坊的，便张嘴要了 35 斤多素油，因没运输工具，就强拉父亲背着素油往任家圪塄送。王子沟到任家圪塄十二三里，杂牌军骑马，让父亲背着素油跟上他们，因父亲走得慢，就用棒打，一直打进了任家圪塄村，父亲被打得鼻青脸肿、皮开肉绽。他回到家里一声不作，家里人看了他甚是伤心。又过了两天，他也未作声，全家人心似刀绞、忐忑不安，很为他担心。第三天晚上他开口了，说："有钱有势的人不受欺压，我们穷人就不能自由安生。人家欺压人，我们穷人就不能拿起武器反抗这些欺压人的人。"从此，他脑海中燃起了一团革命之火。

1938年冬，毛主席、朱总司令派八路军挺进大青山，顿时山山洼洼里百姓传诵着说："咱们大青山来了'天兵天将'，不打骂百姓专打日本人、汉奸走狗，为民铲除匪患……"家里人听到这些，不知是真是假，还不敢相信。一天太阳落山时，郝秀山、张全洋等六七人来到我们家，他们给父亲做动员工作。郝秀山等同志都是本地的穷苦人，又离我家不远，从小他和父亲彼此都了解，所以相信他的话，自此父亲跟着郝秀山参加了八路军，走上了革命的道路。

二

1938年12月，武川八区动委会成立。王景堂任主任，李琦任副主任，郝秀山任分配部长，曹文玉任武装部长，刘永富（福）任总务处长，我父亲担任游击队长。

1939年春天，父亲奉命回到家乡宣传抗日，发展党员，创建武装。任家圪塄是阿窑石沟的一个村庄，在这条沟内有前窑子、黄狐沟、江海沟等十几个村庄，每村多不过四户人家，村村相距不过三四里，父亲整天里就是跑这些村落。村里大多数是贫苦人，祖辈世代受尽地主、恶霸、土匪、官兵的欺压，穷苦人是一根藤上的瓜。于是，他就到穷人家边拉家常边宣传共产党的政策、主张。可是，那时山里的群众对共产党不了解，说什么的都有，真假都分不清。一听说来了八路军，不是跑，就是藏，干部来村里，很难接近百姓。当时，日伪军、国民党部队、土匪活动十分频繁，经常寻找八路军下落，同时，有些汉奸也打听八路军下落，报告日本人和官府去请功领赏。所以，做地下宣传工作有着生命危险。

尽管困难重重，父亲还是把一些穷苦人组织了起来。一天后半夜，他约了本村大有加、小补常、任富昌、潘三娃几个穷苦人到我们家开会，当时，我们全家除了父亲都已熟睡，父亲在东房点着煤油灯，给这几个人讲革命道理，他说得铿锵有力，话音惊醒了我，只听见他说："日本人侵占了我国东三省及华北大部，现在继续西进，想灭亡中国，国民党消极抗战，退守峨眉山，人民处在水深火热之中。只有全国受苦受难的人民大众团结起来，打倒日本帝国主义、汉奸、卖国贼、土匪，才能挽救中华民族，使自己获得自由解放……”他还说：“为什么我们现在受穷、受剥削、受压迫？是因为我们穷人没有政权，因而造成人世间的许多不平。你们说，共产党是干什么的？共产党就是领导穷人推翻压在我们身上的大山即反动统治，铲除不平，让世界上所有的人过上太平和共同富裕生活的领路人。”他们当中有几个人怀疑共产党能否铲平这不平的世界。我父亲有力地回答：“没问题，一定能实现，咱们走着看。”听了这些话，他们受到了教育，我也被父亲说的话感染了。此后，我看见他们有时在小沟里，有时在我家凉房集中一些人开会。后来，他们成立了党小组，父亲担任了组长。同年夏，我父亲将七八个青年组成游击队，不久，发展到 12 人。

革命武装的建立，使八区游击根据地革命形势发生较大的变化，抗日斗争的烽火不断燃烧。

三

武川县有十大区，我父亲多数时间活动在武归公路以西地区，即六、七、九、十区境内，有时还到固阳、土旗、萨拉齐、归绥等县活动，广泛地宣传了我党政策和抗日主张，打击了日伪和土匪。

1939 年初夏，一股以三拉子为首的土匪到武川西部刁抢，扰害百姓。三拉子为本籍土旗人，原以顶大仙骗人为生。乱世之年，他见当土匪刁抢百姓既安闲，又不费劲，能捞取更多的不义之财，于是收罗地方上一些流氓、恶棍、国民党逃兵，组织起十几个人到处刁抢。一天，三拉子带领十二三个土匪摸进我区一路刁抢，夜间住在了纳令沟乡大前沟杜家村。杜家村是个只有三四户人家的村子，全村都是一杜家，是八区有名的富户，经常与国民党打交道，助纣为虐。

这天夜里，父亲派出侦察员摸清了这股土匪的情况。当夜，他带游击队赶到了杜家村，埋伏在马棚、磨道等地方。里面的土匪有的赌博，有的喝酒划拳，有的吃饱喝足聊天。这时，游击队从东、南、西三面围住了土匪。忽然一个土匪发现了他们，这个土匪像小鸡见了鹰似的一边喧哗一边往回跑，房里乱作一团，往外乱打枪，游击队往里扔手榴弹，土匪丢下枪四处逃散。这次战斗打死了两名土匪，活捉一名土匪，缴获三支长枪，武装了自己，取得了创建武装的第一次胜利。

游击队越战越强。同年秋，在我父亲的带领下，深入到土旗活动。这时，游击队已发展到 20 余人，枪支增加到十一二支，弹药也有点剩余。入冬时节，又返回大青山。有一天，他们闻讯日本人用汽车往武川运粮，当即赶到日本人汽车必经之道——蜈蚣坝顶埋上了地雷，隐蔽在附近一个小土山上。半前晌，日军汽车从坝底爬了上来，爬到坝顶时，“轰隆、轰隆”响起一串地雷声，前一辆车一头扎进沟底，后面的也被炸坏，押车的几个日本兵狼狈地四处逃窜。游击队冲下山爬上车，缴获了大部分枪支弹药，打了一个漂亮的伏击战。然后带着战利品转移至八区。

日本人接连遭到八路军大部队和游击队的袭击后，不敢耀武扬威地用汽车往后山送物资，改用骆驼运输。

同年冬的一天，天气很冷，日本人用骆驼给后山据点运送军用物资。一天，我侦察员侦察到了日本人的行动情况，父亲和队员商量再次去武川必经之路——蜈蚣坝顶袭击日寇骆驼队。当天后半晌，游击队骑马赶到蜈蚣坝老爷庙，埋伏在山梁两侧。太阳落山了还没见日本人来，又等到当晚八九点钟，隐隐约约听到了驼铃声由远而近，又过了半个时辰，星光下分辨出日寇押着 70 多峰骆驼，像乌龟似的向山梁上蠕动。不大一会儿，日寇全进入游击队包围圈，我父亲瞄准一个日本兵就是一枪，日本兵应声从骆驼身上栽下。转眼间，枪声、手榴弹爆炸声响成一片，骆驼四处乱窜，日本人夺命逃跑，游击队冲到路边截获十几驮物资，白面、大米、罐头、茶叶等很多食品。最后，用马驮上交给了八路军司令部。

任凭敌人变换手法，都免不了我八路军、游击队的袭击。大青山抗日斗争和全国其他根据地一样，抗日斗争形势蓬勃向前发展。此际，日寇玩弄卑劣手段，收买汉奸，实行诱降政策，与国民党顽军加紧反共“剿共”的军事活动，绥西国民党自卫军三路总指挥王有功就是其中之一。

王有功是土旗人，1937 年以抗日为名，收罗归绥县部分地区的区兵、土匪、流氓、恶棍和国民党的逃兵组织起一支名为抗日、实为反共反人民的三四百人的自卫军。他有了队伍不抗日，钻在万家沟（现土旗境内）专跟八路军搞摩擦，刁抢欺压百姓，人们称他为“地老鼠”。1939 年冬，他与日本人林顾问联系上了，公开投降日寇，并和日寇策划“围剿”我八路军司令部。此计划早被我司令部获悉，决定消灭这股顽军。

1940年正月初五清晨，八路军司令部政治部主任彭德大率领三团和地方游击队包围了驻万家沟的国民党自卫军王有功部。我父亲也奉命带游击队参加了这次战斗。早晨六七点钟战斗打响了，顽军正吃喝玩乐，乌黑的枪口从门上、窗上伸了进去，顽军一个个傻了眼，做梦也没想到这样利索地就把他们包围了，待他们清醒时，犹如惊弓之鸟，四处奔逃，有的找枪顽抗，没等抓住枪柄，脑袋就搬了家，有的跪倒在地，求饶投降。这次战斗，除王有功及少数亲兵逃跑外，毙俘300余人，缴获枪支200余支，弹药数千发，打了一个漂亮的歼灭战。

这次战斗给投降派敲了一个警钟，又为我党的统一战线工作创造了一个有利条件，对推动抗战形势的发展起了重要的促进作用。

日军是不甘心失败的。同年夏天，在哈拉合少据点的日军派出伪军60余人，经常到八区骚扰群众，这股军队自称靖安军，长官称连长。一天，20多个靖安军到老赖沟官庄子挖老百姓粮窖，父亲得知此讯，带游击队迅即赶到官庄子。官庄子是个有十几户人家的村庄，周围群山环绕，距哈拉合少20余里，距八区李气沟40多里，距马场梁根据地40余里。中午时分，游击队迂回到村周围，埋伏在磨道、马棚、残垣破壁后。这时，敌人还在到处乱挖粮窖，父亲举枪向一个正挖窖的伪军打去，枪响人倒，顿时二十七八支长短枪齐发，打得敌人死的死，逃的逃。游击队缴获三支大枪，两匹马，数百发子弹，向东南胜利撤回。太阳落山时，游击队驻进了蘑菇窑乡圪塔子村。

伪军跑回据点，向主子诉说了惨景，日军当夜纠集了西乌兰不浪、哈拉合少、脑包三个据点的200多名日伪军，气势汹汹地由哈拉合少向圪塔子扑来。而游击队驻进圪塔子已经知道日军要来，当夜通知了在杆树沟活动的郝秀山区长、石人沟驻的三团，同时，还有友军自卫军十连，各部都做好了战斗准备。

第二天太阳一出山，头戴明晃晃钢盔的日本兵从酒馆、大庙开来，两旁还有伪军骑兵。这时，我父亲正洗脸，一个哨兵前来报告说：“日本鬼子迫近圪塔子。”我父亲擦去脸上水珠，命令哨兵通知游击队进入阵地，村中百姓向东南转移。游击队凭借破壁，严阵以待，敌人走到村西北二里地外就不敢大步往前冲，趴在地上向前蠕动。我父亲看见敌人步步逼近，举枪向一个日本兵射击，打死一名，打伤一名。这时，二十七八支长短枪齐发，打得敌人不敢近前。日军受阻，就凭借洋炮和我游击队作战，这时群众已转移脱险。10 时左右，游击队开始撤退，敌人拼命攻击和顽抗，圪塔子村变得火光冲天，密集的子弹和炮弹片散在游击队员们周围，游击队一面撤退，一面还击，敌人一方面又倒下两具尸体和一条洋狗，游击队顺利向南撤出，转移到深山。敌人也停止了进攻，进圪塔子村进行搜索，见了房屋、墙角不敢看，发疯似的进行扫射，然后才鬼鬼祟祟地伸进头去看看。搜了好长时间，连游击队的一根头发也没找到。最后，日本人抬着三具尸体、十多个伤兵扫兴地溜回据点。游击队连一个受伤的也没有，胜利地完成了阻击任务。

四

抗日战争时期，统战工作是我党一个重要的政治策略，它对抗战胜利起着不可低估的作用。

父亲对政治工作很热心。在抗战中，他认识到党的统战政策的重要作用后，到了那里，不仅找穷人谈话，还主动去找国民党官兵及家属、开明地主、富户和蒙民，给他们做宣传工作。像阳坡子的潘家老财、蘑菇窑潘家沟赵德正（地主）无偿献给八路军粮食、马匹，广庆隆苏玛尼等蒙古老乡赶上牲口到可镇、归化城等地为八路军购买药品、衣物等。说到此，又想起父亲规劝国民党高占富连投降八路军的一段往事。

那是 1940 年冬天，大青山许多流水的河沟还没有解冻。国民党自卫军连长高占富带 80 余人从后套返回西土城探家。一天，此讯传到正在阿窑石沟活动的父亲耳里。当晚，父亲叫了我叔伯哥任喜财，两人骑马前去秦达牧（西土城），走到西土城脑包山上停了下来。两人商定，任喜财在山后等着，父亲进了村，就将两匹马从山后拉到山前，故意让西土城人看见。商议后，父亲带枪只身一人到了高占富住处。此时，太阳已出山，高占富刚从被窝里爬起，一头扎进脸盆洗起脸来，头上抹着白白的一厚层肥皂沫。我父亲走进门去，站在离他两米多远的门道上。高占富听得来人的声响，睁开眼缝看来者是谁，一看是一位农民打扮的不速之客。

父亲正抽枪，高占富惊呆了，父亲对他说：“不要怕，我是来拜访你的。”说罢将自已的手枪扔在两米多远的炕上。

高占富操着生硬的口气说：“谁用你来拜访！”

父亲回答说：“你们想跑也跑不了啦，八路军把你们包围了。”

高占富说：“你是谁？”

父亲说：“我是任德仲，咱们是同乡人，八路军派我来和你谈判。”

就这样缓和一阵紧张一阵，不大一会儿，高占富的哨兵跑来报告说：“脑包山上发现有股人马！”

我父亲插话说：“那是我们的人马！”

高占富自知插翅难飞，和我父亲谈了一个多钟头。高占富本人同意和我八路军谈判，随即通知哨兵请各排长到他家开会。

各排长到齐后，我父亲对他们说：“日本鬼子是秋后的蚂蚱，日子不会长久。国民党消极抗战，卖国求荣，把大好河山拱手让给了日寇。天下百姓活在水深火热之中，你们的妻儿老小也都在日寇的铁蹄蹂躏之下，你们却退居后套过着安生之日，难道你们就眼睁睁看着百姓和你们的父老乡亲忍辱负重，情愿坐视不管吗？”

高占富及几位排长听了后有些触动。有一名排长仍不服，最后经父亲耐心说服，接受了我父亲的教育。谈妥之后，父亲和任喜财一前一后，押着他们到了八区政府所在地李气沟进行谈判。谈判是由郝秀山区长等干部同高占富及各排长进行的。谈判中，郝区长深明大义地说：“如今面前有两条路，一条联共抗日，即活路，另一条是死路，何去何从，自由选择。”经过谈判，达成联合抗日的协议，组织上派父亲到该连当指导员。番号不动，叫二连。

高占富连是些乌合之众，纪律差，战斗力弱；他们当中有地主、恶霸子弟，有流氓、恶棍，也有的是穷苦人。做这个连的政治工作十分艰巨，有些顽固分子伺机发动叛乱。

夏季一天，八路军绥西三团在二道凹（上秃亥乡）同日军作战，上级命令高占富连打援，于是，我父亲和高占富率部前去配合主力作战。这次战斗打得很激烈也很残酷，日军发起几次冲锋，八路军健儿英勇冲杀，日军被打得人仰马翻。有一小队日军企图夺路逃跑，而正在日军退路山口担任打援的高占富连在部分顽固分子的挟持下向东逃跑，曾经有几个坏分子想找借口杀害父亲，可巧父亲藏在一枳机丛中，未遭暗算。高占富连逃跑后，父亲找见三团领导和区政府做了汇报。后来听说高占富连归回国民党邢守忠部，最后被改编，其中的顽固分子被遣散回家。

五

1941 年冬，随着斗争形势的发展，父亲被任命为武归县二区副区长。这个区基本上是敌占区，坝口子、蜈蚣坝顶、可镇、炭窑等地都有日本人据点和警察，并且明特暗探多如牛毛，开展这里的工作十分困难。可镇日军据点是武川各地日军、警察、伪军的指挥中心，情报、军需物资还由这个区的群众给提供购买，所以，做好这个区的工作对抗战是十分重要的。

1942 年阴历六月十五，父亲带领三名同志到东马莲滩开展工作。到了这里，他留在该村活动，其他三名同志到西面几个村子活动，并约定晚上回马莲滩集中。不料，日军的坐探来该村专门侦察二区政府在这里的活动。后半晌一个敌探以本地人身份进了村西一家，我父亲也正在该家，两人会了面，然后，敌探将此情报让差人送给了可镇日军，日军派出特务、警察 30 余人前来逮捕父亲一行。

就在快傍晚时分，父亲移至村北头姓赵的一家，可是出去的同志迟迟未归，直到夜间 10 时左右才回来，并汇报了工作。约 11 时，他们正待出发，日军特务、警察包围了赵家院。当时，赵家有五口人，加我二区干部九口人，一同挤在了这个房里。

这天月光皎洁，夜静风平，全村人已熟睡，唯有赵家亮着灯，警察高声喊道:“里面有谁?”

赵家女人扇熄了灯。父亲回答说:“里面是我们些庄户人。”

敌人已从窗户、门道伸进枪口乱打了起来，父亲说:“别打枪了，你们进来搜吧!”

月光下，看见西墙外站着黑压压的一批人，还发现一些敌人向院内移动。说时迟，那时快，父亲扔出一个手榴弹，一声爆炸，炸倒三四个敌人。敌人龟缩回去，向房内打枪。这时，父亲想把西墙外的一批敌人杀伤，又将一枚手榴弹扔出去，不慎手榴弹被房檐逼住挡在窗口下，“轰”的一声爆炸，院内又倒下六七个敌人，父亲自己的肚子也被弹片打开个窟窿，鲜血映红外衣，肠子也流出肚外。身边的同志背起他要一起突围，他发现自己伤势较重，竟要留下掩护其他干部转移。

在这种情况下，又一枚手榴弹在西墙外爆炸，三位同志乘烟雾跳过东墙突围转移。父亲的警卫员在转移中牺牲。最后，父亲将流出肚外的肠子填回去，勒紧裤带又同敌人战斗，后来子弹也打光了，手榴弹也甩完了，父亲被俘虏。敌人当即进行审讯，父亲守口如瓶，任凭敌人严刑毒打，他坚贞不屈，敌人无计可施，将他拉出赵家院枪杀。敌人为领功请赏，竟割去了他的鼻子和耳朵。父亲卒年 35 岁。

我父亲是一个普通的共产党员，他为挽救民族危亡，流尽最后一滴血，献出了自己年轻的生命。今天，他离开我们已 40 余年，但他用血谱写的诗篇在武川人民群众中流传，他将激励着后代继承他的遗志，继续前行！

缅怀为抗日救国牺牲的烈士
——忆我父亲侯昶生平的几件事①

侯振国

我的父亲叫侯昶，字伯和，生于1911年，牺牲于抗日战争中的1940年，1985年的6月27日，被内蒙古自治区政府追认为革命烈士。党的十一届三中全会后拨乱反正，父亲的冤屈得到了昭雪，我也得到了公正的对待，深感共产党之伟大。所以，提笔以撰此文，作为对抗战中牺牲的父亲和先辈们的缅怀。

立志家乡，投身教育

我祖父"目不识丁"，深感没有文化之苦恼，但我父亲从小聪明、懂事，所以祖父很重视对我父亲的培养。父亲先在村里攻读私塾，后在1925年经当时有影响的绅士石子璋（小名石二尧）等人动员，考入武川完小第二班学习（因为当时有很多家长不愿意让孩子进官学）。我父亲在武川小学毕业后，于当年春（民国16年）考入绥远师范学校。据我父亲同班同学韩守信先生（现在是托县离休老教师）说，我父亲为人爽快，严肃认真，爱好广泛，特别擅长体育锻炼。在校期间，参加了全绥远中学生运动会，掷铅球比赛得了第一名。还被选为绥远省中学生代表队成员，参加了在南京举行的全国中学生体育竞赛。

父亲在参加全国运动会期间，随绥远代表队游览了苏、杭、沪、京、津等地，他看到了中华民族受帝国主义列强瓜分的痛心遭遇，认为主要就是文化教

① 原载于《武川文史资料》第四辑，1987年8月。

育、科学技术落后所造成的。这更加激发了他热爱中华民族、献身教育事业的决心，特别是感到家乡武川县需要他。

父亲由于家境贫寒，学习刻苦，以优等生的成绩完成了绥远师范学校四年的学业，毕业于民国 19 年冬。当时聘请他的几所学校，他都谢绝了，决心回后山，为发展家乡的教育事业献身，还把与他一起毕业的韩守信同学动员到武川任教。当时在武川完小任教的同学还有赵淑普、郭熙茂先生，他们与我父亲情投意合，亲密无间，为武川县教育事业的发展共同贡献自己的力量。

我父亲牺牲后，我们全家遭到日伪军的追捕，四处逃难。抗战胜利后，我们返回原籍，家庭破产，糊口也很困难，我根本无力上学。直到 1947 年，韩守信先生才把我接到呼市，供我上学。韩老师离开呼市后，赵淑普先生继续供我上完小学，同时我又得到郭熙茂先生经济上的资助，考入中学深造。由此可见，父辈们为达到其共同志向建立起来的友情之深厚，使我深受教育，终生难忘。

身负重伤，坚持斗争

父亲毕业回武川任教，就遇上了土匪杨猴小洗劫可镇事件。上千名土匪在可镇进行奸淫掳掠，无恶不做，学校也成了践踏的重点，两位女教师被土匪奸污，老师和住校生的被褥、衣服被抢光。父亲为了维护老师和学生的安全，被土匪开枪打中了右肩，他受伤晕倒在地，在老师和学生的抢救下，才脱离了危险。第二天土匪走后，我父亲忍痛带伤和姚玉、席继亮等几位老师带领 30 名学生，去绥远各大机关请愿，要求政府资助受害师生。经父亲和师生们的努力，学生们得到了救济款，返回武川，学校也尽早得以复课。

父亲任教不久，县政府委任他前往第一区的乌兰花镇创建武川第二完小，担任校长职务，并选为县党部委员。他为了搞好教学工作，聘任了大同三师毕业生韩之勉，归绥一中毕业的刘国喜、张玉碧等一批有才华的老师任教，为乌兰花地区培养人才尽心竭力。据他的学生席玉、路秀先生（现住乌兰花镇）回忆，父亲在乌兰花任校长期间，经常不断走访镇内，深入农村，动员学生入学，教育学生刻苦学习，并且动员商会和地方绅士为办学捐款，资助贫穷学生。父亲还经常拿出自己的薪水，帮助贫困学生交纳伙食费。

摊款不公，痛打县长

父亲任校长期间，他以县党部成员的身份，对群众的疾苦也很关心。1934年，绥远驻军孙殿英进青海驻防，要从地方索取一批运输军用物资的驼队。省政府决定依靠各县运输商户解决问题，因为当时主要的运输力量就是骆驼队，由他们运送或出钱购买骆驼，解决军队进青海的问题。

当时的武川县长席尚文，人称“席板灰”，为博得上级欢心，多报了武川的驼户，就向各区乡地方摊款，下面多次申诉，都无济于事。父亲鼓动了县党部负责人兼保卫团团长郭怀翰，二人带了郭的几名卫士，清晨闯入席县长家，将“席板灰”从被子里拉出来痛打了一气。席告到孙兰峰部驻武川的部队，将郭保卫团的枪缴了，并把郭怀翰、侯昶、席尚文三人送往绥远省处理。省政府派民政厅长袁庆臻出面调停解决，答应核减武川驼款，让郭怀翰改任警察局长，并让郭和父亲向席道歉。郭和父亲不同意这样的决定，双方搞得很僵，都住在绥远，不回武川。

父亲和郭怀翰住在绥远光龙马巷郭熙茂家一个多月，后经他们在绥的一批同学和于存灏先生的活动和周旋，最后将席尚文调离武川，事情才算了结。

弃教从戎，打击日寇

1937年七七事变后，日寇入侵绥远，省长傅作义带所有正规军东进抗日。而日寇于8月向平津、河北发动全面进攻的同时，沿平绥铁路向西发动进攻，9月13日占领大同，国民党驻绥远部队主力三十五军奉阎锡山之命撤退到山西，22日丰镇集宁沦陷。大部分绥远国民党军政要员携带家眷财物向山西河套潜逃。只有少数爱国将领如李大超、马占山等将涣散的绥远驻军整编布防。整个绥远只留下一些地方武装，武川朝野人心惶惶。县长畅维兴，以县警察为骨干，准备调集十大区所有的区兵退往后套。父亲和郭怀翰等人商议，他们认为武川尚未见到日军，这样闻风而退，实感有愧，不到万不得已，是不应放弃家乡的。于是就沟通了各区带兵的区队长，将各区区兵都开到可镇附近。

一天晚上父亲带领侯康、焦同、苗玉拴等随从数人，先到八区窑村和区长张凤华等人在下边做了工作，等第二天下午3时多，在万兴元附近集合1000多人，向西乌兰不浪方向进发。从万兴元出发后，各区队长都跟郭怀翰把所有人马带到纳令沟酒馆一带，后又带到乌兰不浪后柜村集合开会。大家公推郭怀翰为总指挥，侯康、郭怀山分别负责参谋、军需等工作。

后柜会议还没有结束，武川县城就进入溃兵，这就是马占山部的井得泉师。郭派侯康、刘国民、张凤华带十几名士兵返回武川，打听日寇进犯消息。至武川后，张凤华、侯康等人留住窑村，父亲和刘国民进城与井部联系。晚上9时许，日寇指挥的伪蒙古军，已到九号和井部打响战斗。这样张凤华等人就和我父亲失去联系，张凤华、侯康数日找不到部队，各自回家隐避，父亲和刘国民随井部退到归绥附近。

井得泉师被打垮，我父亲只身逃回家来。他到召河想动员保商团长哎立圪靖（瞎团长，亦称埃勒格曾）与日寇周旋，但是瞎团长由于身体和家财的牵累，经日伪军代表巴图巴雅尔的说服，归降了日寇。我父亲又花钱向瞎团长买了他女儿的坐骑，骑上自己的马，带上自己的手枪，奔向抗日自卫军了。不久，绥远省民众抗日自卫军正式成立。武川县以郭怀翰为首的所有抗日爱国武装力量正式接受整编，被编为绥远省民众抗日自卫军第四路军，指挥仍是郭怀翰，并派回绥远图书馆长邱明星担任副指挥，石寄圃任参谋长，张腾云任副官长（他们都是武川人），我父亲为参谋处长，郭怀山为军需处长，下设十一团到十四团和一个补充团，总人数有一千五六百人。

父亲虽是总部参谋处长，但他经常不在总部工作。当时指挥部经常活动在武川西部的庙沟和固阳高台梁一带游击，他为了深入敌后，经常随同十四团在乌兰花附近活动。1937年初冬，他们乘日寇刚进乌兰花未稳，将乌兰花打开局面，袭击了日寇和伪军的指挥机关和驻军，缴获了日伪军的大批武器弹药，武装了自己。1938年，他和十四团团长在乌兰花大茅庵村袭击了日伪军，日军增援四辆汽车，把团部包围，父亲突围时，自己的警卫员满玉拴牺牲了。同年秋天，父亲通过他的学生王明亮的关系，与我党取得联系，并结识了进入乌兰花境内的八路军地下区长吕立江同志。他们在党的统一战线感召下，团结抗日，结为朋友。后来十四团团长由李存银接任，他们在乌兰花境内多次袭击敌人，使日伪军不能安宁。

不屈强盗，壮烈牺牲

1940年阴历七月，部队从后套整训补充武器返回敌后，父亲带领王艮宝排长、张老白班长和侯志仁等12人组成的小分队，前往乌兰花附近执行任务。晚上住到离乌兰花镇八里地的黑兰杆杆村，凌晨，武培烈先生为他们准备吃饭出发时，被大队日伪军包围，经过激战，当场击毙敌人两名，抗日自卫军牺牲三名战士，一直战到上午10时许，终因敌众我寡（除王艮宝、侯志仁回圪妥吾素探家离开黑兰杆杆村外），弹尽无援，父亲等七名活着的民众抗日自卫军指战员全部被俘，他们当天被押回乌兰花镇。因父亲在乌兰花当了多年校长，很有影响力，各商号和民众都酝酿出面保释，父亲在警察署干事的学生胡迎先、席玉也向小板指导官请求。但是狡猾的敌人马上决定游街示众，处决他们。

父亲等七名囚徒在游街时，互使眼色，突然高呼“打倒倭寇”等口号，挣脱绑绳，四处逃跑。日伪军马上戒严，把小小的乌兰花镇包围得水泄不通，敌人将我父亲等七名抗日战士，用刺刀捅死在乌兰花大街上，并将我父亲的头颅割下，高悬在乌兰花镇的南门外，以此残忍的手段镇压抗日军民。

但是，日本法西斯的血腥镇压并没有使中华儿女屈服，经过先辈们抛头颅、洒热血、前赴后继的14年浴血奋战，我们终于打败了日本侵略军。1945年8月15日日寇无条件投降，我们取得了反对日本法西斯的最后胜利。

父亲牺牲时，我年仅七岁，对父亲的印象、记忆甚浅，特别是对他当时在社会活动的具体情况知之甚少。上述情况全是在“文革”之后，为了弄清父亲一生的功过，明白我们兄妹四人受苦的原因，访问我父亲的同学、同事了解的。我在这里向为我提供情况的父亲的同学、同事以及知情者和文中提到的诸位前辈再次表示崇高的敬意。

英名常在　浩气永存

——绥蒙行署教育科长樊明华烈士传略[①]

王有根

樊明华，原籍山西，1911 年生于贫苦农民家庭。民国 18 年（1929 年），山西遭受历史上罕见的旱灾，大批难民纷纷逃往口外谋求生计。樊明华背井离乡，随着父老乡亲迁到武川县东北部的信城乡厂汉嵨鵮村安了家。

樊明华初到此地，正值年轻力壮之时。他为人朴实厚道，富有正义感。开始，凭着壮实的身体，满身的力气，躬耕垄亩，自食其力。后来人们才逐渐了解到，樊明华少年时期，其父在原籍节衣缩食，供他上过几年私塾和小学，再加上他本人刻苦好学，有一定的文化水平，较之信城乡一带的私塾先生毫不逊色。因此，平时村里的人们写信、记账或立契约等都去求他。这样，他便在左村右乡渐渐有了名气。1930 年秋，他受乡亲的一致推荐，在本村办起了一所私立学校。这所学校设备简陋，规模很小，仅有暂借的一间房子和几张学生从自家搬来规格不一的炕桌。学生年龄也参差不齐，小则八九岁，大则十六七岁，贫富子弟都有。学习的课程大体上有语文和算术两科，除《三字经》《百家姓》《四言》《七言》和打算盘而外，还有写便条、写信件、核算地亩等。樊老师在教学中力求让学生把所学的内容和实际需要联系起来，做到学以致用。他从来不体罚学生。

由于樊老师治学有方，又和家长、学生关系融洽，不到一年时间，方圆几十里尽人皆知他的大名。学生、家长和社会各阶层人士都很敬重他，连国民党政府武川、陶林和固阳一带的视察员张锋斌也多次请他出山从政，但都被他拒

① 原载于《武川文史资料》第五辑，1988 年 8 月。

绝了。

七七事变后，绥远沦陷。随之，日本帝国主义的势力逐渐向大青山以北地区扩展。10 月，侵占了武川，并沿公路设立据点，扶植傀儡政权，实行“三光”政策。一时烽烟四起，百姓遭难。在这种情况下，厂汉嵋鸹学校被迫停办，樊明华只好到了更偏僻的山里——庆美乡哈叭泉尔村另谋生计。

他来到该村后，经过一番周折，又办起了一所乡村私立学校。

1938 年 8 月，八路军一二〇师三五八旅七一五团和师直骑兵营一个连组成大青山支队，第二战区民族革命战争总动员委员会晋察绥边区工作委员会及其游击四支队从山西省五寨出发，挺进大青山，开辟敌后抗日根据地，经常出没于哈叭泉尔附近的大阴山、笔架山一带，和敌人展开斗争。

当时的武川县分为 10 个区，其中一区和二区各下设五个大乡（樊明华原先所在的信城乡厂汉嵋鸹村属一区，庆美乡哈叭泉尔村属二区）。日军除了在武川的各个要害处设置据点、驻扎军队外，还在一些镇子和公路沿线派驻了伪蒙古军。此外，还设立了宪兵队、保甲团、警察局，实行治安强化，并派特务四处活动，刺探情报。

为了适应长期抗战的需要，八路军一面游击作战，一面发动群众开展地下工作。樊明华在抗战爆发后不久，曾回原籍山西探亲，对共产党、八路军颇有了解。再加上他年纪轻，有文化，不久经武川县一二联区区长吕立江介绍，秘密参加了抗日工作。白天，他给学生上课；晚上，走村串户，动员热血青年参加八路军和发动乡亲父老为八路军捐献粮草、马匹、皮毛等。还组织了动员会、农救会。有时他还接近当地的绅士、地主如陈进奎等人，晓以民族大义，争取他们为抗战出钱出力。

1939 年秋，形势发生变化。敌人对这一带的“扫荡”愈来愈频繁，控制也愈来愈严密，樊明华的身份已暴露。从此，他告别了学校，随吕立江、范建国等人从事地下斗争。

1940 年，武川县已建立了抗日民主政权，樊明华被委任为绥蒙行署教育科科长。在此期间，他组织人员为八路军战士编写了油印小册子《抗日三字经》，教战士们学习文化知识。

1941 年夏季，大青山抗日支队姚喆司令员派一二联区特派员刘俊、大青山骑兵支队司令部副官段亚东和通讯员马盖小等人，携带巨款到四子王旗法禧寺召庙购买军马。当时，召庙驻有 20 多名王府的保安队，队长叫赵青山（又名热宪）。由于此召庙在游击队控制区之内，赵青山同游击队有所接触，慑于形势，曾为八路军办过一些事。这次，刘俊三人想通过赵青山购买马匹。经过联系，双方约好在厂汉嶋鶎村地主陈进奎家见面。就在同一天晚上，刘俊三人先行到达厂汉嶋鶎村暂宿在陈家，准备次日与赵青山会面。晚上，樊明华恰巧也带通讯员赵玉兰来到厂汉嶋鶎村落脚，但对刘俊三人买马一事并不知晓。

王府参谋黄五子（又名黄文锦）得知刘俊等人到来的消息后，认为向日本人请功领赏的机会到了。于是，同赵青山经过一番密谋后，于次日中午时分带领 30 名骑兵突然向厂汉嶋鶎村围来。刘俊等人得到老乡送来的消息，为时已晚，来不及备鞍乘马，只好步行突围。樊明华获悉后，为了解救同志，与赵玉兰仓促上马，向相反方向突围，将敌人的注意力吸引过去。敌人发现他们二人后，紧追不舍，跑出几里，樊明华负伤，连人带鞍从马上掉下来，被敌人活捉，赵玉兰也同时被俘。在敌人追赶樊明华的同时，段亚东、马盖小安全突围，刘俊落入敌人之手。

黄五子、赵青山将樊明华等三人捆绑在法禧寺召庙大院拴马的柱子上，同时命令手下人大摆酒宴。樊明华大骂黄五子、赵青山背信弃义，充当汉奸，将来绝不会有好下场。黄五子恼羞成怒，命令手下毒打樊明华，樊明华被打得皮开肉绽，浑身是血，但毫不屈服。

第二天清早，樊明华等三人被押往法禧寺召庙的三岔沟杀害。在赴刑场的路上，樊明华向年仅 19 岁的通讯员赵玉兰讲了大青山抗日将士视死如归的故事，并说："人总是要死的，咱们为革命而牺牲是光荣的。咱们三人唱个歌吧！就唱《八路军进行曲》。"雄壮的歌声在空旷的山野里回荡着。行刑前，敌人让他们跪下，三人屹立高坡，怒视敌人，齐声高呼："中国共产党万岁！""打倒日本帝国主义！"

"打倒奸人黄五子！"枪声响了，三人倒在血泊之中。残忍的敌人为了向住在王府的日本顾问请功领赏，竟将三人的头颅割下带回王府。

烈士们虽然长眠于九泉之下，但他们的英名永垂千古。尤其是樊明华生前精心从教、历尽艰辛从事地下斗争的事迹，至今仍在大青山地区广为传诵。

任克定烈士传略①

冰山

任克定（1917—1941），又名任之恒，乳名楞猴，太原市南郊区北格镇人，出生于衰败破落的小官僚家庭。其祖父任晋藩，曾在事变前当过壶关县警务长，事变后挂职返里，携回快枪十余支，武装了镇上保卫团，本人一度执掌村事，人称名财主。其父任宝霖，事变前曾在柳林县当过区长，因查禁过大烟，在当地小有名气，本人发了点飞财，但不料货币后来很快贬值，使他在当地开办的一个面粉厂倒闭。之后，任宝霖还在古交、太谷、平遥等地当过区长。

任克定幼时随父辗转各地读完小学，初中就读于太原铭原中学，高中就读于太原外国人办的友仁中学。其家父辈人中，不染大烟嗜好的少有。克定之妻任玉贞，乳名彩凤，系其二叔续妻之女，高小毕业后，曾在当地教过学，由于家庭包办，成年后配给克定作媳。

1937年七七事变后，太原沦陷敌手，太原成中师生组成抗日义勇队，请缨北上晋西北，克定本想随队奔赴抗日救亡的前方，但因封建家庭的阻拦而滞留。其父欲其到政府做事，月月有薪，安逸平稳。然诚厚内向、聪颖有志的克定坚决不从，其妻一心想学点敛财回天之术，重振日渐衰败的家业，与克定忧国忧民的思想境界相去甚远，加之新婚添子不满百日，也硬是不允其寸离。克定见一时不能脱身，便在本区石沟小学暂当教师，并参加牺盟会组织。他在执教期间，除给学生深入浅出地讲抗日救亡的革命道理外，还经常弹着心爱的琵琶，教学生唱30年代流行的革命歌曲。此时，他目睹国民党阎锡山的败军纷纷南

① 原载于《武川文史资料》第六辑，1989年12月。

遁，战乱中逃亡的百姓颠沛流离的惨状，心想：内忧外患的中国不能就此沦亡，宁愿战死疆场，也不做亡国奴。他决心走抗日救亡的革命道路。

在不久前，中国国民革命军第十八集团军的一支部队，从陕西东渡黄河开赴晋东北抗日前线，途经北格的宿营并做街头宣传。克定平生第一次看到这支由毛主席、朱总司令领导的高举革命抗日救亡大旗、纪律严明、秋毫无犯、对人和蔼、官兵一致、互称同志的军队，心情激奋不已。当时镇上的有识之士马负图先生也称赞说："我们有这样一支军队，抗日救亡准能成事，中国有希望了！"老百姓也赞不绝口，这支军队是抗日救亡军的印象，在他心里深深扎了根。

此后不久，他利用到河西串亲戚作掩护，主动向太原县动委会的干部肖靖、薛光明等同志靠近，并秘密取回革命书籍，悉心研读，他还利用饭场、炕头等各种场合向群众宣传和揭露日军在南京大屠杀的暴行，并用筷子做分合、倒立的各种手势，向群众宣传日本必败、中国必胜的道理。他秘密联络了焦振云、任必为、樊祖跃等几个爱国青年，商量投奔第十八集团军参加抗日救亡。有的人表示：等过几天把地里的活干完再走。克定以自己的亲身体会对大家说："既要出去干一番事业，就得下大决心，第一必须闯过家庭关，家里的事没个完，咱们来个快刀斩乱麻，说走就走。"1938 年阴历三月二十七日午后，克定终于和他厌恶的封建家庭不辞而别，带着这几个青年上了西山，投奔清太县抗日政府。不久，克定、焦振云等被介绍到岚县动委会，参加了抗日军政干部训练班。训练班结业后，任克定被分配到驻在五寨县的动委会四支队（由成中师生抗日游击队改编）政治处当干事，同年入党。

根据毛主席的指示，1938 年 8 月四支队从五寨出发，随李井泉同志带的绥蒙支队到大青山去开辟抗日根据地。克定随部队长途跋涉，战胜狂风暴雨，不顾疾病和疲劳，冲过敌人重重封锁，打破日伪军的围追堵截，跨过长城，越过蛮汗山，穿过平绥路，于 1938 年 9 月到达大青山。1939 年 5 月，克定被调到绥蒙区党委机关当宣传干事，兼做区党委书记白如冰同志的秘书。因当时普遍要在这里成立抗日救国同盟会，加强对会员的培养和教育，急需一部教材，区党委武装部长李维中同志在任克定同志的帮助配合下，夜以继日，苦干数月，编写和刻印了救国会教案二十多课，很受同志们的欢迎。

1939 年 6 月，任克定被任命为大青山根据地绥西地区四边区（萨拉齐、归绥、武川、固阳四县的边角地带）区长。他到任后，和阎平同志一道根据上级指示，很快组建了一支配合区政府开展工作的游击队，郝占彪同志任队长，他们除和当地的鄂友三部队、李守信的伪蒙古军周旋外，还深入武川、白彦花一带，破坏敌人的进攻计划。

1940 年 4 月，任克定和郝占彪同志带着游击队在乌兰吾素活动时，和前来偷袭"扫荡"的日军遭遇，他们抓住敌人刚下汽车列队还没有组织就绪之机，先发制人，集中火力一阵猛打，以少胜多，伤敌十余名。待敌分三路包抄上来，想要吞掉这支游击队时，他们早已安全转移。我方仅一人牺牲。5 月，他们又和伪军在石兵地遭遇，他们及时摸清情况后，主动对敌出击，打死打伤敌数名，缴枪马若干，游击队无一伤亡。

这支游击队在严酷的斗争中不断壮大，不久发展成为一支有 40 余人配备机枪、马匹的骑兵部队。他们的主要任务是配合固阳县成立政权，贯彻我政府的合理负担政策，解决绥蒙支队的给养问题。他们配合小规模的作战计划，严密监视和准确掌握敌情，巩固了马场梁、一前晌根据地（地委行署机关驻处），为以后固阳县政府的成立奠定了坚实的基础。

1940 年 7、8 月间，固阳县抗日游击政府建立后，任克定同志被任命为第一任县长。不久在武川的马场梁、庙沟、土城子、一前晌、中坝等地普遍成立了抗日救国会和锄奸小组，秘密发展党员，培训干部。任克定不论走到哪里，都要利用街头、饭场、地边等各种场合宣传抗日救国的革命道理，亲自拎着小铁桶在街头巷尾刷写抗日标语。任克定同志经常亲自饮马、担水、扫院，身先士卒，任劳任怨，作风正派，平易近人。不论走到哪里，不分男女老少都和他们合得来，群众称赞他是人民的好县长，称赞游击队是人民的子弟兵。他们以自己的模范行动，把国民党汉奸散布在群众中污蔑共产党的种种谎言一个个击得粉碎。

固阳人民在任克定同志的带领下，积极执行抗日民主政府的各项方针政策，自己组织起来，给部队送粮、送草、送衣服和送军鞋，积极支援八路军抗战。固阳抗日县政府还逐渐扩大了一些不太巩固的抗日游击区，比如大白彦乡和大庙乡，这些地区有的就是敌据点，但凡抗日政府的干部和游击队一到，乡政府就能筹粮筹款。当时固阳县抗日政府在塔尔坝就设有我政府的临时购粮站，在我方统一战线政策的感召下，也有开明绅士、中小地主如杨广德主动把粮食拿出来卖给抗日政府，用实际行动支援抗战，但也有些顽固派企图破坏抗战，如哈拉合少大乡乡长乔某，原和抗日政府维持着关系，自1940年春日军驻扎后，态度一反往常，对我抗日政府的筹粮筹款等有关工作怠慢起来。虽然我方多次写信催促，仍旧熟视无睹，并公开扬言：“粮和款都有，就是日本人不让送，谁要的话，让他们自己来拿吧！”这家伙的尾巴翘到了天上。不几日，游击队登门拜访，将其带到大南沟关了一个月，他经教育释放回去后老实了一点，也断断续续地办了些事。但到了1941年春，伪军驻扎土城子一带，他以为有恃无恐，干脆对抗日政府的事什么也不办了，最后受到抗日政府的严厉惩处。

1941年4月下旬，伪军500余人向大青山绥西根据地“扫荡”。当时，任克定同志刚刚把亲手组建的战斗力较强的游击队输送给了绥蒙支队骑兵三连，身边只有新近在东西煤窑沟由我抗日干部姜文华同志仓促组建的一支十几人的队伍，内部成分复杂，当时形势异常险恶，又来不及整顿。任克定同志和县政府的干部只能相机穿梭活动在敌人的据点之间。4月28日，任克定召集县政府的一班人在水泉开完会，决定让升为四区区长的郝占彪同志回专署汇报情况。那支队伍由任克定等几人带着，到磨石沟把粮、物收起，晚上宿营在武川县庙沟乡山神庙北的六道沟大石崖下。当时混入游击队并任队长职务的李海泉等一伙人素来染有抽大烟的恶嗜，当时借口向任克定同志要大烟抽，任克定同志秉公不允（因大烟是准备上交存公之物），这伙人便萌生歹毒之心，暗酿哗变，而任克定等几位同志对当时所处的极其复杂险恶的环境缺乏足够的估计和警惕。翌日凌晨，任克定同志、县政府民政科长朱维德同志、游击队马指导员以及两名当地的供销员（一姓王，一姓李）等五名同志正在熟睡中即遭杀害，警卫员柴吉成熟睡中为枪声惊醒，机智地往隐蔽处翻身一滚。但他见这伙丧心病狂的歹徒杀人越货后急欲持枪逃走，情急中向这伙叛徒开枪射击。这伙歹徒闻声返回，并将其迂回包围，枪战中柴吉成同志也不幸壮烈牺牲。事后，叛徒李海泉带这伙人持枪投归了当地绥西联军。

任克定等六名烈士牺牲后，当地许多群众不胜痛惜，流下眼泪。新中国成立后，应群众的强烈要求，杀害任克定等六位同志的凶手，受到应得的惩处。

任克定同志生前仅有一子，幼名春光，含义显见，是烈士向往春光到来之意。他曾在1938年春奔向晋西北抗日救亡前线的途中，就其孩子将来的名字问题，向同行的焦振云同志郑重说道：“我既然出来抗日，就要抗到底。家，我是不想的，我只想我的大炮——春光为其名，大炮是其字，愿我的孩子长大后，应像是一门向日本帝国主义猛轰的‘大炮’！……”

原战动总会晋察绥边区工作委员会武装部长、绥西动委会主任李维中说：“任克定同志是一个优秀的共产党员，是人民的好儿子，为了中华民族的解放事业献出了他的宝贵青春，他将永垂不朽。”

一腔热血洒青山
——缅怀我的叔叔张三娃烈士[1]

张文

当我翻开《武川县志》革命烈士英名录时，一个熟悉而又令人思念的英雄名字映入我的眼帘。这就是我的叔叔——革命烈士张三娃。我爷爷在世时，经常念叨我的叔叔，他英勇抗战、为国捐躯的英雄事迹又一幕幕地重现在我的眼前。

逼上梁山，投身革命

我的家乡大东沟是一个山大沟深石头多、一出门就爬坡的穷山村，坐落在武川西南部一个小山沟里，在哈拉合少、西乌兰不浪和纳令沟三个乡的交界处。在清朝末年，我的先祖为了谋生，从土默川来到这个小山村定居下来。祖祖辈辈以种田为生，成年累月，面朝黄土背朝天。曾祖父张振业年轻时养畜，家境好一些。辛亥革命以后，由于军阀混战，土匪横行，家里光景一天不如一天。祖父兄弟四人，有两个由于灾荒、瘟疫早年去世。张三娃是我大爷爷的三儿子。大爷爷去世时，叔叔张三娃才 10 岁，无独立生活能力，只好靠祖父抚养。因为他在父亲这一辈中排行老五，所以我叫他五叔。由于家境贫困，父亲弟兄九个没有一个念过书，从小就务农。五叔张三娃从小给人家放牲口，打长工，受尽人间疾苦。1937 年，日寇的铁蹄践踏了我的家乡。这一年 10 月，伪蒙古军配合

① 原载于《武川文史资料》第六辑，1989 年 12 月。

日军黑田联队再次进犯武川，防守在县境的马占山部队遭到失败，在其逃往后套时路经我村，使我村遭了灾。全村 15 户人家，就有几户人家背井离乡，逃难而走。

1938 年 8 月，遵照毛泽东、党中央的指示，大青山支队司令员李井泉、参谋长姚喆率部向大青山进军，冲破层层封锁线，胜利到达了我县，点燃了抗日烽火。当时在绥西动委会的领导下，武川县八区动委会也成立了，动委会主任是天力木兔村的王景堂。王景堂和祖父张玉是老相识。在王景堂的动员下，祖父张玉参加了动委会，并在巴总窑子村受训，聆听了李井泉、杨植霖等首长的指示。

受训回来后，按照八区政府的指示，要在我村建立一个八路军联络点，随后八区区长郝秀山派出了工作员陈国亮、于德忠、皮金钰（均在抗战时牺牲，后追认为烈士）。这些同志来到我村后的主要任务是发动群众抗日，号召群众为八路军捐款捐物。由于当时环境恶劣，这几位同志只好夜晚出动，到康卜梁一带开展抗日工作。为了确保八区工作员的安全，祖父发动村里人，在深山里给工作员盖了两间窝棚。当时的八区政府工作员陈国亮、于德忠、张老皮就住在这两个窝棚里。五叔和我村的农民杨鼠年、赵温小成年累月给工作员担水，送饭，通风报信。

在群众的大力支持下，八区政府工作员的工作进展挺顺利。人民群众冒着杀头危险，在敌人眼皮底下给八路军送粮、送草、送衣服。当时周围二十里左右的群众送来的粮食、衣物都放在我们村里，由祖父张玉收藏，然后由八区政府派人悄悄运到得胜沟、马场梁等地。那时黄厚、邓舜兰、常继生经常带领部队来我村取粮草。五叔三娃子就成为他们的义务通讯员，为部队站岗，放哨，送信。

听我爷爷说，1939 年腊月初八，常连长带领部队来到我村，一到我家就让我爷爷找个可靠的人把一封密信送到得胜沟抗日司令部。我爷爷想来想去，还是让我五叔送去可靠。我五叔勇敢地接受了这个任务，扮成一个小货郎，连夜把信送去，完成了任务。在党的培养教育下，我五叔懂得了许多革命道理，坚定了投身革命的决心。在 1940 年夏天，经八区政府批准，五叔张三娃参加了革命，任八区政府工作员。

忠心救国，舍身抗日

五叔张三娃参加革命以后，一心一意为抗日政府工作。他的主要任务是协助陈国亮、于祥子（于德忠）和老皮（皮金钰）工作。由于我五叔是本地人，对本地情况了如指掌，所以一切难办的事都得他亲自出马。在战火纷飞的抗日年代，我们这里的环境十分险恶，形势非常严峻。当时西乌兰不浪和哈拉合少都是日寇的据点，西乌兰不浪驻扎着日军，哈拉合少驻扎着靖安军，日军的特务、汉奸都很坏，在日寇眼皮底下活动十分困难。但五叔却把个人安危置之度外，他冒着生命危险，到公忽洞、三号、四号、六号等村工作，很快在这些村子组织了人马，站稳了脚跟。他先后说服了四号村的伪甲长贺三毛等人，使他们回到抗日统一战线上来。这些人明里是伪甲长，暗地里却为八路军办事。在抗日政府的动员和爱国伪甲长等人的支持下，康卜梁的群众纷纷起来支前，有钱的出钱，有力的出力，源源不断地把粮食和衣物送给八路军，有力地支援了抗日战争。当时国民党组织了抗日自卫军，自卫军的工作员也在康卜梁活动。在这里活动的自卫军工作员有一个叫大老王的人（外地人），还有磁窑村的一个名叫赵小财的人。为了巩固统一战线，郝区长让于祥子和五叔做好自卫军工作员的工作，团结他们一道抗日。为了抗日，陈国亮、于祥子和五叔多次去公忽洞和自卫军工作员谈判，经过再三努力，达成了抗日的协议。为了巩固统一战线，我五叔还和赵小财结了拜。从此两家工作员互相配合，共同开展抗日敌后工作。可是，不久大老王和赵小财变了卦，私投了日寇。表面上对我八区工作员十分殷勤，暗里却磨刀霍霍。对于他们这些行径，我们工作员也有所觉察，开始对他们警惕起来。自卫军工作员的叛变，给八区工作员带来挺大的困难。

1940 年秋，郝区长亲自到我村，给工作员布置了一项任务，要他们在三天之内给部队搞五石粮食。为了完成上级的任务，工作员必须下滩发动群众搞募捐，但是，汉奸、特务到处都是，十分危险。面对严峻形势，怎么办？工作员个个心急，没办法。这时，五叔挺身而出，他对另外三位同志说：还是让我下一趟滩吧，因为我的群众基础好。说罢，他只身一人下了滩。

在一个阴云密布的晚上，我五叔来到康家二号村开展工作。当时这个村的康财是富户，也是我们工作员的贴心人，八区工作员下滩工作时就在他家落脚。

所以我五叔这次下滩，首先来到二号找康财商量。康财老汉一见五叔就说：“三娃子，你可要注意，大老王和赵小财对你不怀好意，经常打听你的情况。”

五叔却对他说：“康叔，不要害怕，我三娃子连日军都不怕，还怕他们几个狗汉奸！”接着他向康财老汉说明来意，康老汉说：“军队粮食要紧，我们说啥也得解决。”

他的话刚落音，突然听到“汪汪”的狗叫声。康财老汉一看不好，急忙说：“三娃子，好汉不吃眼前亏，你快躲一下吧！”

五叔却泰然自若地说：“让他们来吧！我看他们敢动一下我张三娃！”

不一会儿，大老王和赵小财凶神恶煞地带着几个便衣特务闯进了康财的家。听康财说，敌人一进门，我五叔就质问他们要干什么。大老王皮笑肉不笑地说：“姓张的，我今天什么也不要，就要你小子的命。”

我五叔针锋相对地说：“我堂堂五尺男子汉，连日军都不怕，还怕你这条狗！”

一句话顶得大老王张口结舌，半晌说不出一句话来。五叔还义正词严地痛斥了他们背叛革命、破坏抗日统一战线的罪行。

大老王恼羞成怒，指挥其狗腿子一拥而上，将五叔五花大绑地带走了。敌人将五叔带到公忽洞村进行惨无人道的折磨，妄想从他口中了解情况，但我五叔宁死不屈，敌人一无所获。最后，他们对我五叔下了毒手，用乱石将这位抗日英雄砸死在二号村的河床里。五叔牺牲时，年仅 28 岁。

青山不老，忠魂长在。我五叔虽然为国捐躯了，但他的英名永远活在大青山人民心中。新中国成立后，人民政府镇压了杀害我五叔的凶手大老王和赵小财，为我五叔报了仇，为人民除了害。人民政府还追认我五叔为革命烈士，政府派人把光荣匾挂在我家门上。

第五辑 社会建设

武川县第一小学校史[①]

徐翔麟　胡国栋

武川县第一小学（东梁完小），是武川县建校时间最长的学校。这所学校对于武川县教育事业的发展，有筚路蓝缕之功。通过这所学校的沉浮变迁，可见武川县教育事业发展之一斑。

武川县第一小学建于1921年。建校以来，在社会风浪中，几经沉浮，逐渐发展，已经走过了60余年的漫长路程。这所学校为武川地区文化的发展所做的贡献是不可磨灭的，为社会培育和输送了大批人才，为革命和建设做出了一定贡献。

1921—1924
武川县第一小学成立前后

据考古学家考察，青山北麓地层中埋有类似中原地区的早期文化，但这块土地仍被原始和野性统治，成为教化外的一隅。这块土地上生息的人民，犹如贫瘠的土地上退化了的野草，在愚昧的亢旱的折磨下，痛苦地挣扎，自生自灭……人们迫切需要接受教育，其程度不亚于渴望救火解悬。零零星星的私塾教育，远远达不到这种迫切需要之万一。在这种状况下，武川县第一小学应运而生了。

---

① 原载于《武川文史资料》第二辑，1985年7月。

民国初年，武川地区相当混乱，兵匪骚扰，自然灾害频繁，武川的平民百姓衣不蔽体，食不果腹，更谈不上让子弟读书。然而，一些务农或经商的富户和较为殷实的人家，为了后代能出人头地，光宗耀祖，迫切要求子弟们能受到正规的系统的教育。当时，冯玉祥将军“倒奉”未果，退至归绥，致力于地方上的治理，武川的形势也渐缓和，呈现相对稳定状态。民国 8 年（1919 年），归绥全区教育行政会议后，通令全县成立办学所。这年 9 月，武川县办学所成立，负责改良私塾，筹办小学和组织教学等事宜。

1920 年，全绥学务总局成立，相对而言，当时还算“政通年丰”。教育救国，国民办学的呼声也日益高涨，既有专管机构，学款又量力筹措。1921 年，着手筹建武川县第一所官办小学。有旗下营（当时旗下营与乌兰花均归武川县所辖）人郭树德，受聘出任校长。郭颇有才学，且办事能力强，就职时携其侄郭熙茂、郭熙明同来就读，以示其志。郭树德校长就任后，聘请教员八名，多为山西及归绥人。至此，武川县成立了第一所正规化的官办小学——县立第一小学。

县立第一小学的成立，受到民众热烈欢迎。县属各区学生和固阳、陶林二县的学生都纷纷前来求学，这些学生多是从私塾中途辍学而来的。因校舍和师资所限，校方通过考试进行录取，共录取学生 156 名。根据学生成绩，分为三、四、五、六四个年级，定为一班。次年收的学生定为二班，以此类推。

当时学校开设的课程较为全面，除国文、算术、地理、历史等课，高小学生还开英语课。学校师资颇强，教员中人才济济。有庙沟大学生周景男；有五台人池之清（大学生）、归绥人韩勇、武川人郭怀翰等，这些人都比较有才学、有见识、有思想，在地方上有一定影响。学生也脱开旧的“读经明道”的窠臼，接触了现代的科学文化知识和进步思想。这种在教育内容上的飞跃，在武川县是空前的。学生们的眼界大开，精神面貌为之一新。在学校管理方面，校方有意培养学生的独立活动能力。当时的学生组织有童子军、学生自治会。童子军是上进学生的群众组织，主要是督促学生道德上的修养和学业上的进步。学生自治会主要是实行学生自我管理，一班学生邱明星任首届学生自治会主席。这些团体有力地促进了学生的组织纪律性和认识社会的能力，同时也认识到自己的力量和对社会所负的职责。

民国 12 年（1923 年），武川县第一小学首任校长郭树德病逝，年仅 26 岁。

郭校长仪表堂堂，文才出众，为人师表，有正义感，待人热忱厚道。师生们为他的去世而痛哭不已。

武川县第一小学成立后，所属各乡也陆续建立了小学校。

1925—1930
学校风雨飘摇中的“童年”

郭树德校长病故之后，归绥人李藻代为校长，李任职不到一年便辞职而去。

民国 14 年（1925 年），刘某（其名不详）继任校长。刘某很有才学，但为人刻薄、严厉、守旧，对学生求全责备，动辄鞭笞处置，以私意为进退，视学生如家奴，开除学生为常事。同年，三班学生（属高小生）吕树公、王汉臣因小事产生口角、斗殴，刘某竟责令开除。因吕、王二人平时谨守校规，团结同学，所以校长的决定引起学生的普遍不满。当时的学生自治会主席苏明金，性勇耿直，好打抱不平，他组织群情激愤的学生举行罢课。刘校长前去质问，遭到全体学生的斥骂。更有人喊道：“刘某当一天校长，我们就决不上课！”刘气愤至极，认为学生的行为类同造反，但又众怒难犯，没法收拾，觉得治校无方，羞于见人，处境甚是狼狈。

接着，教员中的池之清继任校长。池是科班出身，才华横溢，堪称饱学，他的胸怀和气质也有超人之处。他就职后，一扫刘某当校长时的风气，广开贤路，接纳有识之士为教员，这些教员对提升学生的思想觉悟起了积极的作用。

当时，整个中国处于风雨飘摇的状态，小学生由于阅历和见识所限，对于革命和祖国的命运等问题缺乏起码的认识。池之清等一批年轻教员在授课的同时，教导学生“不要贪求高升的荣华富贵，要救民众于水火”“天下纷乱，正是英雄用武之时”，等等。尽管没有指出明确的革命道路，但也使学生接纳了许多新鲜的东西，提高了学生同不合理的现象斗争的自觉性，以及对国家、对民族的责任感。

1927 年，大革命风暴由南往北席卷而来，地处塞外偏远地区的武川县，似乎没受到什么波及，政治腐败，官员们生活腐化，依然我行我素。这年 3 月，县长赵良贵（山西省浑源县人）与教育局长梁蔺实（系赵同乡）互相勾结，将一部分教育款项吞入私囊。事泄后，学生会带领学生 200 余名冲击县长住所，有护兵持手枪立于门前，妄图阻拦学生。学生会主席苏明金面对枪口，毫无惧色，大声喝道："你敢打！"护兵见愤怒的学生势众，仓皇弃枪，逾墙而逃。当时，有的小学生见护兵拿着枪，转身往回溜，见苏明金等人镇定异常，也就安下了心。

学生们冲进县长家，把还没穿好衣服的县长揪了出来。他们将县长和教育局长捆在县党部门前，学生们吼声如沸。起初，赵、梁二人还想狡辩，见学生历数其罪恶，证据确凿，只好低头认罪。由于三种原因：（1）县党部与县政府有矛盾；（2）事情已公布于世，无法掩饰；（3）学生们众怒难犯，不处理不足以平民愤。县党部头头在学生面前宣布，对赵、梁二人贪污学款之罪，一定要严惩不贷。不久，赵、梁二人解往归化城示众三天、法办。后来继任的县长和教育局局长谈及前任的下场和学生的厉害，还有点谈虎色变。据说以后再没发生贪污学款的事。

尽管学生们有同社会上黑暗势力斗争的勇气，但他们无法给自己创造一个安宁的学习环境。1928 年，武川县第一小学的首届毕业生王泽已成为归绥境内闻名的大匪首，曾率匪众闯入武川县城，城中居民多携带家小逃走。尽管王泽命令部下不许破坏学校（可能他对母校还有点感情），但许多学生外逃，有的学生家里遭劫，学校被迫停课。复课之后，学生很长时间无法安心学习，甚至在两年之后，学生们谈起这次劫难还心有余悸。

还处于"童年"时期的武川县第一小学，虽然遭到风雨的频频袭击，但在全校师生的合力苦撑之下，还是坚持下来，发展下去。

1928 年，山西定襄人张羡坤（武川县第一小学首届毕业生）任校长。

1929 年 8 月，贾占全代张羡坤任校长。

贾占全是武川人，武川县第一小学首届毕业生。高小毕业时考入归绥师范学校，毕业后回母校从事教育。贾占全虽然初出茅庐，但他谙熟教育。他一改过去只重视国文、算术等主课的现象，开始注重音、体、美等课程的讲授，并从外边聘请了一批有所专长的教师。由于天灾人祸，除县立第一小学外，各乡小学都关闭了。在这种状况下，县一小出现了中兴气象，这与领导的人有很大关系。

校长贾占全为了解决师资和经费两大难题，多方求援，四处奔走。师资的来源主要有二：一是从关闭的学校聘请优秀教师；二是聘请归绥师范的毕业生。

当时从归绥师范聘请了四名青年教师，其中有两位女青年，一名叫王淑云，汉族；一名叫王莲清，蒙古族。女子任教是武川县破天荒的事。王莲清与王淑云来武川县任教，对以后女子小学的创办有一定的影响。

但是，在那种适宜邪恶生长的社会气候下，善良和正义总是命运多蹇。1930年秋天，才有点中兴气象的武川一小突然遭受了一次残酷的劫难。这次劫难，使武川一小元气大伤。这种事在武川一小的历史上也是少见的。

这年秋季，匪首杨猴小率部进袭武川县城，杨匪部下团长陈秉义带头破城而入，奸淫掳夺，无恶不作。老百姓携儿带女逃难，但土匪早有预谋，从各城门截断难民退路，幸免者极少。当时“可镇在一片凄凉中呻吟，其惨状目不忍睹”。武川一小在这次劫难中遭受的创伤是严重的，尤其是教师。男教师郑某被土匪抓住，勒索钱财未遂，被用细绳拴着双手拇指悬在房梁上，用麻绳蘸水抽得死去活来；女教员王淑云、王莲清被土匪劫去，遭到数十名匪徒野兽般的蹂躏，被折磨得奄奄一息……许多学生被土匪抓去，逼着遛马、打洗脚水，伺候这些恶匪，遭到土匪的毒打。学校这一神圣的教育场所，竟成为极野蛮的地方。师生宿舍中，土匪们打牌，抽大烟，玩女人；教室做了马圈，桌凳被砸烂烧了火。

经过这次大洗劫，武川县城十室九空，许多人难以维持生活，只好全家迁到乡下去谋生计，大部分学生也被迫辍学。

学校的惨状目不忍睹，教学设备被破坏殆尽，教师们的财产，甚至连被褥、衣服都被土匪抢去，被奸污了的女教员悲痛欲绝，身心遭受了极大的摧残。不久，有好几位教员陆续离校。在当地百姓的支援下，全体师生同心合力，咬牙惨淡经营着这所千疮百孔的学校，教师们甚至连续两三个月不拿薪水。此期学校的景况是凄惨的、不景气的。

1931—1936
教育复兴女校成立

民国20年（1931年），风调雨顺，社会比较安定，政府财政收入也骤然增加。一来出于百姓的一致要求，二来有些原武川一小毕业、现在已成为社会上有相当影响的人的督促，教育事业重新被当局重视起来，在各地乡绅的积极活动下，各乡小学得到恢复。武川一小重建校舍。教育经费等有关事宜也有了较为明细的规定和部署。

教育经费（主要用于武川一小）采取财政拨款和捐款相结合的方式。捐款形式有四种：（1）地亩摊款；（2）秧歌赋捐；（3）契税附加学捐；（4）驼税附加学捐。

为鼓励办学、就学，这一年县政府颁发了几项有关文件：

一、颁发了《武川县津贴留学生国内章程》，对外出求学的学生提供便利和经济资助。这一章程对经济拮据而天资聪颖的学生入学与深造起了很大作用。

二、颁发了《武川县各乡镇保送儿童福利办法》，其内容有：

（1）本办法强化学校面向社会的教育效能，使地处偏僻的本县子弟有了入学机会。

（2）每乡每年最少要保送距乡校遥远的学童五名来县一小就学，多保送者听便。

（3）保送学生以身体健康，天资聪慧，家道殷实，年龄在 7 岁以上、15 岁以下为合格。

（4）每年 2 月 15 日—3 月 1 日为保送学童期限。

此外，还成立了教育理事会。该会成员由一些地方绅士、政府官员及学校教员组成，其职责是负责监督促办本县教育事务。同时颁发了《教育理事会章程》，其中对会员有这样的要求：要有一定专长、一定文化程度，并且曾从事过教育工作，在社会上有一定声望。背叛中华民国者或其他德行卑下者，不得为会员。

这一年，省教育厅按照内政部法令和地方情形，颁布了县教育局和县办学校组织章程，其中比较明确地规定了人员编制、局长、校长的人选条件、职权范围等。这使得教育机构有了相对的独立性，虽然规定中有“与县长承商”的条例，但是教育部门是直接受省教育厅领导，向省厅负责。

1931 年 8 月，武川县第一小学迁入新校舍，校址在县城内东北。校舍整洁宽敞，并购置了大批新教具，教学条件大为改善。一些辍学数年的学生重新入学。

在男校迁址的同时，武川县第一女子小学成立，校名为县立第一女子小学。对于女子来说，扔掉裹脚布是一次革命，走进学堂是又一次革命。在当时封建思想的严重统治下，在人们的意识中“女子无才便是德”，这种背景下实现男女在就学问题上的平等，无疑是有着重大意义的。女校的建立，在武川一小校史上揭开新的一页。

女子小学是县教育理事会主持筹建的。

女子小学的首任校长是郭向荣，女，时年二十余岁，归绥人。应地方政府之邀，欣然就职，兼任教员。后由武维祯（男）继任校长，首届女生 43 名，学生年龄参差不齐，大者十六七岁，小者八九岁。校址在东巷路北杨海旺前院，有三间房子做教室和办公室，面街而设，前有栅栏，极简陋。

女校的学制为初小四年。课程开设与男校无异，完全正规化。女生们深知入学不易，她们被社会长久压抑的求知欲统统释放出来，求知之热切和用功之刻苦都超过男生，成绩也不在男生之下。首届女生中侯玉珍、陈金兰就颇有才华，可惜社会制度和封建思想把许多巾帼才女扼杀了。有少数女生后来走向社会，做了教师、医生等，为社会尽了与男子同等的义务。

1933 年，武川县一小男女校学生总数由 1931 年的 199 名发展到 320 名；教职员（包括校长）由 15 人增加到 28 人。并在乌兰花镇设立了武川第二小学。

当时学校对学生加强了思想政治教育。每逢开会时学生们恭读“总理遗嘱”，结合“新生活运动”进行自我训练和道德修养。主要内容是：

正心:（意）思想社会化;（志）精神革命化;（城）知识现代化。

修身:（勤）身体劳动化;（谨）行动纪律化;（能）工作自制化，生活经济化;（明）语言通俗化。

国民政府想通过这些教育为他们培养人才，当时县党部的一大部分成员，都是武川一小的毕业生。同时，有一批武川一小的毕业生，通过自费、公费等途径，读完中学之后又考入大学，有的走向社会，开始了军政生涯。下表是抗战前武川一小考入军政或其他大学人员的一部分，从中可见这所学校向社会上输送人才之一斑。

姓名	班级	考入学校	备注
张尔雄	一班	北平中央政治学校	
侯文尉	一班	北平中国学院 法科政治系	
石炳南	一班	北平中国学院 理科生物系	
邱明星	一班	北平中国学院 法科法律系	曾任绥西专员保安司令
赵淑普	一班	北平中国学院 法科法律系	曾任县长
孟锦秀	二班	南京政法学院	曾任国民党中央 合作金库经理
贾克明	六班	林学院	林业专家
邱明亮	四班	北大兽医系	
郭殿亮	三班	黄埔军校九期	任张治中将军部团长
刘永昌	六班	黄埔军校九期	
赵玉	三班	黄埔军校十期	
张树枝	四班	黄埔军校九期炮兵专业	任国民党某炮兵 部队副总指挥
郭熙明	三班	国民党中央航空学院	

有一部分学生接触了马列主义，成为共产党人，投身于中国革命和中华民族解放运动。这部分人中，也有后来变节的。一班学生李福（后改名李铁山）曾是我区最早的共产党员之一，随贺龙参加过南昌起义。杨植霖在回忆录《王若飞在狱中》曾提起过他。书中提到：王若飞曾对杨植霖说，你们这儿有个叫李福的，闹革命最早，可是找了个资本家小姐，拖住后腿，背叛了革命。

国民党教育政策的不合理和官吏的腐败，使学校不时出现大大小小的风波。1935 年，教育局长郭熙茂同武川一小校长路进财勾结，违背《武川县津贴留学生国内章程》，徇私舞弊，居然给县党部、县教育局要人的亲属数人违法发放津贴，而将家境贫寒，符合享受津贴条件的农家子弟置之不理。这事引起一小将要毕业、准备去外地读中学的学生的强烈不满。当时，在教师张凤华、赵士祥的支持下，全体学生出动，愤怒揭露郭、路二人的卑劣行为，并张贴标语，上写："打倒郭熙茂!""打倒路进财!"学生队伍直奔县党部门前。不料县党部与郭、路二人一鼻孔出气，狼狈为奸。警察署的警察在查抄学生们的标语时，拿出一张写着"打倒国民党"的标语——是学生写的还是县党部有意设的圈套，不得而知。于是，几个带头的学生被扣押，罪名是"反对党国"。校方为笼络人心，假意出面，以"年岁小，受蒙骗"为由保释。但张凤华及赵士祥的行李被抛出校墙外，这场风波就此平息。

1937—1945
抗日战争时期的武川一小

1937 年，日寇侵入归绥，国民党退驻河套地区。德王把大批国土捧送日寇，整个后山地区也陷入日寇魔掌。面对深重的民族灾难，武川一小的师生表现出极大的爱国热情。

早在九一八事变后，武川一小师生出于爱国义愤，积极宣传抗日，声援东北抗日军民。当时一小成立了三个抗日宣传队，男校为一、二队，女校为三队。他们常利用课余时间和各种社会性集会，展开抗日宣传活动，利用讲演、唱歌等形式，慷慨激昂，每每催人泪下，有效地激发了群众的爱国热情。当时的县党部和县政府的官员中，对待抗日的态度并不一致，有一部分主张亲日。

1933 年旧历三月，武川关帝庙唱秧歌，星期六樊布斗老师率武川一小学生进行抗日演讲，遭到警察的阻挠破坏，警察甚至殴打学生。这天，师生们与警察发生了冲突。有一名叫王荣的警察，是当时的"外来派"警长，是警察局长孟庆夔带至武川的。王荣自恃警长是靠山，欺压百姓，肆无忌惮。这天，他持步枪用枪托猛击拥挤的学生，学生被击挫数人，有的受了轻伤。学生白壁不惧强暴，与王力争。王大愤，以枪托击白，白壁灵巧地将枪夺过，奋力摔在地上，枪被折断。

学生被打，激起师生和社会上有爱国心的人们的义愤。当时在县党部任职的郭怀翰颇有民族气节，对武川一小学生的爱国热情很赞赏，加上警察局长孟庆夔恃归绥民政厅长袁庆臻为后台，平素不把县政府同县党部放在眼里，他与县政府和县党部关系日趋恶化，郭怀翰等便去学校鼓动师生罢课请愿。学生队伍集合于县政府前，学生高呼“打倒殴打抗日学生的警察局长”等口号。县长席尚文对孟庆燮的行为早已不满，便答应与学生谈判。学生代表刘国玺、姜玉山等与县长谈判约两小时，达成三项协议：（1）孟庆燮给抗日宣传队道歉；（2）惩办殴打学生的警察；（3）孟庆燮从此离开武川。但孟庆燮未答应这三个条件，次日溜回归绥寻其后台。袁庆臻大骂孟是饭桶，令孟速返武川。孟当即回武川，态度很强硬。县党部与县政府知其来头非小，也不敢计较了。这事就不了了之。

日寇的铁蹄踏入武川后，武川一小被迫停课，学校也遭到严重破坏，男校校址做了驻武日军的司令部——弘部。

1937年，日寇控制下的武川县伪政府成立。日寇打着“日中文化共荣”的幌子，施行奴化教育。伪县公署重新开办学校，校址就是女校旧址。女生从此又失学了。

当时采用统编教材，入学便授日文，教育这些外域臣民效忠“天皇”。学生由拜孔圣人，改为“遥拜天皇”，许多教师不愿施行这种“奴化”教育，便逃离学校。

抗战期间，武川一小的师生（包括毕业生）表现出中华赤子的气节，在这场拯救民族于水火的斗争中，涌现出许多可歌可泣的人物。例如该校早期教员、校长张羡坤，抗日爆发时任当时县政府二科科长，日寇占领武川后，他毅然抛妻弃子，变卖家产房田殆尽，全力资助抗日自卫军，在抗日自卫军中任游击县长。但这个自卫军抗日不力，张几度建议出击，均遭拒绝。张大失所望，悲愤出走，家也被日寇烧毁。他精神失常，不久被日寇特务队杀害。类似张羡坤的悲壮人物，在一小师生中何止三个五个。三班学生、黄埔军校十期生赵玉，在举世闻名的台儿庄战役中立过大功。他当时任连长，身先士卒，壮烈牺牲于白刃战中。三班学生、国民党中央航校毕业生郭熙明，参加了中国最早的空中御敌战，战机被击中，他亦中弹牺牲。武川一小作为他们的启蒙母校，她的功劳人们是不会忘记的。

1946—1949
黎明前的武川一小

抗战胜利后，日寇建立的奴化教育体系彻底废除了。但国民党政府经济拮据，提倡捐款和个人办学。据资料记载："民国 35 年五月，各校均有人捐助，多者捐助法币十数万，少者数千元，当年全县教育及文化经费实支全县总支出百分之三。"此时期教育文化经费的支出与日寇统治期比无多大变化。

1946 年 12 月，武川一小虽然初步恢复了抗战前的教育体系，但元气没有恢复。

1947 年，当局贯彻中央教育部《国民教育法令》，采取了一些有利于教育发展的措施。如提高教育经费在税支出中的比例（占总支出百分之五强），鼓励捐资办学和集资办学，改良私塾，提高校长和教员待遇等。

同年 5 月，武川一小完全恢复，女校也同时恢复，徐秀玲任校长，未到职前，暂由原女校学生韩秀英任代理校长三个月，并聘请了两名教员，易名为"县立女子中心国民学校"。这一年武川一小学生总数是 1946 年的四倍，师资也大有改良，教师中有大学生和师范毕业生 11 人。

此期，国民党发动的内战正逐步升级，当局在学校设演讲台，每周在升降旗时间，由一些党团干事、校长或教员进行反动演说，鼓吹"戡乱建国""欲求得学习安心，须平定其匪之乱"云云。1948 年，蒋介石集团穷兵黩武，军费支出大大增加，办学经费严重不足。当局倡导捐款办学，并发起"一卵运动"（每户捐一颗鸡蛋用于办学），但杯水车薪，无济于事。

1948 年 3 月，县立女子中心国民学校与男校合并成为可镇国民小学，从此，武川县第一小学进入男女同校的阶段。

与以前比，当时学校开设的课程有所变动和增设。高年级：国语、算术、历史、地理、自然、注音符号、珠算、手工、图画、音乐、体育。初年级：国语、算术、常识、历史、注音符号、手工、图画、体育、识字。从课程设置，可见其注重学生全面发展，课程也更为科学。

县政府根据民国 37 年中央政府"鼓励教师服务精神，融合师生情感，唤起社会尊师概念"精神，将阴历八月二十七日——孔子诞辰——定为"教师节"。每逢教师节，全县各乡和机关、团体、学校举行纪念大会，捐资奖励成绩优良的教师，并召开友谊会、恳祝会，会后集资公宴优秀获奖教师。这些活动，对提高教师的社会地位有积极作用。

1949 年，国民党节节失利，财政上更是捉襟见肘，教育经费严重不足，全县仅留武川一小、忠仁乡（乌兰不浪）中心小学、乌兰花第二小学。

1948 年秋天，武川县县长万华风听到中国人民解放军进军武川的消息，失魂落魄，县城一片混乱。由于长期的反动宣传，加上学生年龄小，不谙世事，万华风等煽动和胁迫武川一小师生及当时一些中学补习班的学生，随县党部、政府机关转移。要“打游击，保存实力”，以“重新攻占武川”。这支由县机关家属、保安队和学生组织成上千人的庞杂队伍，笨拙地向北蠕动。由于缺少充分的准备和明确的行军路线，引至陆合营（今厂汉木台乡境内），人们望着眼前灰茫茫的草地，料想不是苟且偷生的所在，至奎素一带便西折而行，纷纷脱离这支队伍。到了庙沟，已所剩无几了。

“九一九”起义后，中国人民解放军进了武川。党派干部对武川一小师生进行了动员，学校迅速复课。从此，在党的阳光照耀下，武川一小展开了历史上光辉的一页。

武川一小为新中国培养了一大批人才，有的在社会主义革命和建设中发挥了极大作用。如马志诚，1944 年小学毕业，现为建筑总工程师，曾为第一、二汽车制造厂建设做出了贡献。郝瑞，1946 年小学毕业，农艺师，吉林大学教授。张静仁，内蒙古大学化学系教授。李福，天津军区 271 医院政委、医师……今天的“四化”大厦，也不乏武川一小这块苗圃中育出的栋材啊！

1950年
新中国成立之初的武川一小

党和人民政府为了扶植贫寒学生，鼓励青年学生求学深造，发给外出求学的学生补贴，平均每人银币二元。小学学生中成绩优良者可享受数额不等的奖学金。教学条件也得以改善。教师的收入较原来增加三分之一。一批师范毕业生加入教师队伍，武川一小学生人数比年初增加了一倍。

此时，武川一小教师发展到 32 人，学生数突破 400 人。教材选用我国人民政府的统编教材。开设课程有：

一、二年级：国语、算术、唱歌、体育、工艺、美术六门。

三、四年级：除上述六门外，增加政治常识，共七门。

五、六年级：在三、四年级的课程基础上增加历史、地理、自然，共十门。

虽然武川县人民政府成立，但万事草创、百业待举，县地方武装力量薄弱，散兵土匪与打入我方的奸细乘机叛乱，袭击新生的红色政权，杀害革命干部和群众，制造白色恐怖，武川一小竟也未能幸免。

武川一小青年教师高贵和农村教师纪光元，年纪都在二十五六岁。他们积极拥护支持中国共产党，热爱新的革命政权，经常在学生中讲热爱新中国、热爱共产党的道理，向学生积极进行革命宣传和教育。他们的行为引起反动分子的嫉恨，反动分子对他们进行恫吓，两个青年教师毫不畏惧。一天深夜，鄂友三部特务分子张鼠年等在圪妥忽洞、厂汗脑包分别将两位年轻教师杀害。两位教师都是本县城人，又都是独生子，他们被害后，父母妻儿悲痛欲绝，令人心酸落泪。群众对残暴的土匪咬牙切齿，对共产党新中国更加热爱。“高、纪惨案”后，县公安大队迅速捉拿杀人凶手、反动特务张鼠年归案，在老爷庙公审。群情激愤，尽管公安战士千方百计阻拦，凶手张鼠年在行刑前，已被愤怒的群众打得奄奄一息。

经过剿匪反特，社会秩序日趋安定，武川县教育战线的局面日趋好转，武川一小也出现了安定学习的局面。

1951—1966
武川一小飞速发展的15年

1951年，武川第一小学像一棵消灭了虫害、着了透雨，在充足的阳光普照下的树苗，生机勃勃，迅速成长起来。这一年，全县教育工作的领导加强，学校除校长外，还增设了教导主任之职。学校行政工作与教学业务得到妥善处理。

当时，武川一小校长是侯登财，教导主任为王德山。

这一年，武川一小进行了较为全面的整顿，辞退了部分不合格教师，完善了规章制度。统一规划后，新建校舍13间。这一年，地方财政拨给全县教育经费174170元，武川一小占五分之一。学校购置了一大批办公桌、课桌、凳子、钟表、体育运动器械及一些教具。学校环境大为改观。

1952年，校长王子斌，教导主任马德跃。这年学校除文化课之外，主要工作有：扫除封建毒素，废除体罚学生的方法；民主管理学校，对学生进行爱国主义教育；利用节假日，深入乡校宣传党的中心工作。夏季，新的教育理事会成立，并成立了学生家长会等群众组织。根据中央“整顿巩固，重点发展，提高质量，稳步前进”的方针和省初级教育会议精神，一小发展很快。这年共八个班，入学率85%，占全县首位。同年6月，一小建立中国少年先锋队，配备了辅导员。学校广泛开展了“爱祖国、爱人民、爱科学、爱劳动、爱护公物”的“五爱”教育。

1954年，校长王子斌被打成“反革命分子”，由高善初任校长。

1955年，有偏重以政治教学的倾向，政治学习和劳动占去了大量的课时，教学质量每况愈下。这一年，武川一小教员陈文仆，暴露了其国民党行政人员身份（陈系北平高级法院院长），被清除出教师队伍。

1956年，武川县第一中学在新区建成，解决了高小毕业生读初中难的问题，结束了去呼和浩特市读中学的历史。为了培养更多的专业人才，这年武川一小附设师范班一个，有教员二人。当年高小毕业生20%在师范班学习。

这一年，对教学人员的工资进行了改革。根据工作情况，分为：教育行政级、教员级、勤杂员级。教职员工资普遍有所提高。武川一小人均月工资40.32元。

1957年，全国性的反右运动开始。暑假期间，全县有380多名教师开展整风反右交心活动，有一些教员被打成右派分子。

1958年“大跃进”开始，盲目增加学校和班级，大量增加政治课和劳动课，使教学质量受到较大的影响。但武川一小以其优良的教学传统和实力雄厚的师资队伍，教学质量和儿童入学率仍居全县首位。

1959年，曾推行小学到高中毕业“十年一贯制”，但未能坚持下去。

1959年底，高善初从武川一小调走，杨铎任校长。

1961年，吸取了“大跃进”中盲目增设学校和无视教育规律的经验教训，缩减了可镇周围的三所公立小学，加强了武川一小这所重点学校。并提出“以教学为主，全面安排”“行政为教学服务”等正确方针，武川一小的教学质量有了很大提高。

当时，对小学生的年龄第一次做了明确规定：初小生7—12周岁；高小生13周岁以下。

1963年，武川一小扭转了以前只重视毕业班的现象，重视从初入学就严格抓起。为了减轻学生负担，减少了频繁的考试和繁重的作业，注重校外教育，“学雷锋”、“访贫问苦”、写“四史”（家史、村史、社史、厂史），建立“少年之家”。学生的道德水准有所提高。

同年2月，全县公立学校按规模大小，分为四类。武川一小定为一类（当时共15个班）。

1965年，按中央教育部有关精神，大搞教学改革、试验，传统的教学程序和方式有了较大幅度的改变。贯彻了上级“少而精”“启发式”等精神，正确处理了“以德为首，教学为主，健康第一”等辩证关系。加强了体育课和课外活动，推广眼保健操，武川一小的学生在德智体方面得到全面发展。

在“文化大革命”开始之前，武川一小虽然受到某些错误思潮的影响，出现过一些波折，但其发展的速度之快是空前的，成绩是显著的，为社会主义革命和建设事业培养的人才，其数量和质量都超过以往任何阶段。

武川一小，这所全县校龄最长的学校，为国家的繁荣昌盛所做的贡献，人民是不会忘记的。

（本文根据侯登财、张凤翔、张广胜、郭灯明、胡振基、段文英、魏希义、班巨才、邱瑞云、韩秀英等同志回忆及参阅有关资料整理）

附

民国时期武川一小历任校长简表

姓名	任职时间	备注
郭树德	1921—1923	旗下营人，武川一小创始人，兢兢业业，治校有方。病故于职，时年二十五六岁。
李藻	1923—1924	归绥人，颇具才学，任职不足一年而去，余者不详。
刘某	1925	山西人，名不详，饱才学，具儒风，但为人暴戾，常视学生过之大小于不顾，任意处分开除学生，遂遭师生反对，直到罢学。
池之清	1925—1927	山西五台人，大学生，早为教员，刘某卒继为校长。精于治校，脱孔孟，改旧体纳贤才，接触政治，授以爱国思想，贡献甚大。
张羡坤	1928—1929	教员出身，字时圣，山西人，曾任县政府一科科员，抗战爆发后积极支持抗日。倾家资助“抗日自卫军”并任“游击县长”之职，因自己抗日主张不被采纳，愤懑成疾，后被日寇残杀。
贾占全	1929—1930	武川人，本校学生，师范毕业后在一小就任校长，后离职考入傅作义所办区长训练班，之后在后套某区任区长，后又为五原县参议长。
张凤翔	1930—1931	武川人，本校学生，高中毕业，现住大兴昌。曾任县财务局长，县党部党务整理部成员，县副参议长，县党部常务委员。
路进财	1931—1936	乌兰花人，亦名路如全，原为抗日自卫军团副，后为“清剿团”团长。
张凤华	1936—1937	武川县人，本校小学毕业，张凤翔胞弟。早为教员，因为反对路进财等被开除，担任校长为时不长，故于“文革”。
张壁	1937—1943	武川井尔沟人，原本校 8 班学生，曾任本县国民党县政府田粮科长，日伪时任校长。
郝秉和	1943—1945	包头人，有学识，精于治学。
侯登财	1946—1951	武川人，中师生，现居东土城乡。爱好体育、音乐，有远见，任职期间积极主张壮大师资力量，扩大校舍及面积，对教育事业充满热情。目前为本县教龄最长教师。

抗战时期的柳沟门小学[①]

杨福

柳沟门在武川大青山井尔沟境内，抗战前，附近四五个自然村的二十几名儿童，没有一个上学读书的，农家子女目不识丁，文盲充斥，世代相传。

1938 年，八路军大青山支队挺进大青山，开辟敌后抗日游击根据地，柳沟门一带成为八路军的红色根据地之一，绥察行政公署就在这一带设立。抗日民主政权建立后，在绥察行政公署的领导下，通过减租减息，人民群众的生产和抗日积极性大大提高。虽处于战乱年代，抗日民主政府仍然非常关心这一带贫苦子女的读书问题，千方百计地设法办学。1942 年，由绥察行署的骆秘书、县政府的李科员（巴增秀，女，蒙古族）直接操办，在柳沟门建立了有史以来第一所小学。

学校成立后，抗日民主政府聘请当地有名望的张万祥（当地人称四先生）任教。他出身贫寒，思想积极，曾在私塾读书三年，同情抗日，痛恨日寇入侵中国，敢于和为富不仁者斗争。张先生擅于医道，曾多次为干部、战士看病。绥西专员公署副专员靳崇智患伤寒而生命垂危，经张精心医治，才得以转危为安。

柳沟门小学创办后，学生较少，仅有 5 人，设备条件也很差。到 1943 年春，学生增到 13 人，1945 年达到 26 人，附近村的儿童基本都上了学。年龄参差不齐，小者七八岁，大者十五六岁，全部是男生，以贫苦农民子女为主。当时武川县（萨拉齐县和武归县）县长王经雨的三个儿子都曾在这里读书。

战乱年代办学条件极为简陋，由农民自己动手，在本村不远的流水沟向阳

---

① 原载于《武川文史资料》第五辑，1988 年 8 月。

坡上挖了一座土窑为教室，窑内无炕无席，光线昏暗。教师没有讲桌、黑板，只有粉笔、教案，授课只能以口授为主。学生更谈不上桌凳，每人从家里拿一块木板席地而坐。大部分学生没有笔用，只能以棍当笔、大地当纸，先生口授辅导学生学习。日寇不断“扫荡”，使这所“土窑学校”不能正常学习。只能跟随群众转移上山，人跑到哪里，哪里就是临时学校，成了名副其实的“游动小学”。

学校教学灵活多样，十几个、二十几个学生在一个班里上课，先生因人施教，没有年级划分。为了增加入学人数，抗日政府决定学生一律免收学费，每年给学校 2—4 亩地，由师生耕种，秋后收获作为老师报酬。政府派骆秘书、李科员和张先生走门串户，动员儿童和超龄少年入学。学生可根据自己家庭情况，全日、半日或隔日上课，大一些的学生还可以农忙务农、农闲上课。学校没有休假日，方便了贫苦子弟求学。张先生非常同情无力入学的子弟，经常为这些孩子送字上门，耐心教他们识字，并且给他们讲解许多革命道理。

学校刚成立时，教学内容有私塾沿用下来的《百家姓》、“四书”、“五经”等。到 1943 年秋，内容又增加了《抗日三字经》《军政杂志》等。《抗日三字经》是以三字的形式，编成押韵的句子，主要宣传抗日的道理，抨击日寇侵略中国的罪行。前面引言有这样几句：“中华民族总动员，抗日救国莫迟延。争先最后得胜利，血债讨回才安然……”《军政杂志》是向学生传授军事和农牧业日常知识。此外，骆秘书还经常为学生讲政治课，讲中华必胜、日寇必败的道理以及共产主义的远大前程等。革命道理在每个儿童心里埋下了革命火种。

1944 年春，教学内容更丰富了，除上课外，经常学唱八路军教的革命歌曲，歌曲中有《中国人不打中国人》《游击队之歌》《在太行山上》《大刀进行曲》《解放区的天》等。在孩子们心目中，印象最深刻的一首歌是这样唱的：“盼上五点钟，太阳从东升，小奴来放哨，没有啥事情。军步腾腾响，来了一伙人，穿军装，戴军帽，威武又英雄。男人争英雄，参加八路军，打日本捉汉奸，救国又救民……”

同年夏，由于受抗日救国思想的影响，学生个个争先恐后，要求配合游击队和八路军战士站岗放哨，传送情报。当时，我军在柳沟门一带都有重点岗哨，每一岗哨都有学生配合。他们手持木棒，威风凛凛地在岗哨上盘查过往行人，随时注意敌人密探，一遇敌情即点火为号，通知亲人转移。敌人密探田德华、老尔登（蒙古族）等人，就是被儿童们发现告知游击队捕获的。他们还经常配合我军侦察员，秘密传送情报，为抗日立下功劳。

1945 年夏，国民党鄂友三部疯狂地袭击大青山革命根据地，放火烧毁了柳沟门小学，柳沟门小学被迫停办。从 1942 年冬至 1945 年夏，柳沟门小学正处于抗战最艰苦的阶段，它对大青山抗日游击根据地的文化教育事业，起到了垫石铺路的作用。

大湾子村的抗日宣传学校[①]

王铭亮　李文业　王悦 忆述　王有根 整理

一

原武川县敬亭乡大湾子村是个偏僻的小山村，坐落在乌兰花正东25公里的大阴山脚下。旧社会，这里政治黑暗，交通闭塞，加之连年灾荒、瘟疫的侵扰和苛捐杂税的盘剥，人民流离失所，典妻鬻子。特别是民国18年前后，全村30余户人家中，就有10余户流落他乡谋生，几乎变成无人区。至于办教育，就更谈不上了。30年代初期，国民党政府尽管也提倡办学，并曾拨款资助，但因层层克扣，款额下至乡级时已所剩无几。因此，整个敬亭乡长期没有正规的学校，只有家境较为殷实的几户人家的子女入过私塾，进过学堂。抗战前，全村70多口人中念过《百家姓》《名贤集》者寥寥无几，连每逢过年写副对联的事儿，村里许多人家也得求人。

卢沟桥事变后，日本帝国主义的魔爪逐渐伸向内地，1938年即将势力扩展到大青山地区。不久，日军在敬亭乡南10公里附近的活佛滩设立了据点，同时扶植伪政权。1938年7月15日，八路军总司令朱德发出了进军大青山的命令，以李井泉为司令员、姚喆为参谋长的大青山支队，执行党中央、毛主席的指示，挺进大青山。于9月9日一举攻克乌兰花（当时为武川县的一个区），并在这一带建立了游击根据地。随之，于9月21日，在绥中大滩（当时属武川县，现属中

① 原载于《武川文史资料》第五辑，1988年8月。

旗）成立了大青山抗日游击根据地的第一个区级战地动员委员会（简称武三区动委会），敬亭乡也成立了动委会，并建立了临时乡政府。新政权建立后，一边积极宣传抗日，一边组织群众及时恢复生产。不到半年时间，群众重返故里，开始了新的生活。

二

随着当地居民的回归、群众生活的改善和抗日工作的逐步开展，对群众进行宣传以扩大我军影响，便成为乡动委会的中心工作。根据八路军大青山支队司令部、战动总会晋察绥边区工作委员会、绥中动委会的指示，在武三区动委会主任吕立江的领导下，敬亭乡临时乡政府副乡长王铭亮和乡政府秘书王悦等同志经过多方面的准备，于1939年12月，正式成立了大湾子抗日宣传学校。校址设在敬亭乡政府院内的古庙里。昔日的关云长正殿改为教室，殿内的供桌、条凳做了学生的桌凳，一米见方的案板就是黑板。王悦担任教师，同时负责学校全盘工作。王悦曾读过私塾，当时刚20岁出头，尽管初登讲台，缺乏教学经验，但他富有工作热情，而且很是耐心，受任后，决心不辜负父老乡亲们的希望，努力去完成自己的工作。

三

校址选定了，教师也配备了，主动报名的学生却很少，学校一连数日不能开课。其原因主要是:（1）部分家长认为战争年代里，兵荒马乱，性命尚且难保，哪有心思送子女上学;（2）群众生活普遍困难，许多家长无力供养子弟上学，他们认为与其送孩子上学，不如让他们搂柴拾粪，给家里帮点忙;（3）一些家长认为，老师年轻没经验，恐怕孩子认不了多少字。

王悦面对这些情况，不灰心，不后退，一边求得上级的支持，一边亲自去动员。他首先接触孩子们，设法亲近他们，给年龄小的孩子讲学习和抗日的道理，说明不念书不知道天下大事，不抗日百姓就没有好日子过；给年龄大的孩子讲学校上课的安排，说明上午到校念书，下午在家劳动，可以做到上学、劳动两不误。经过几天动员，19名年龄不等、个头参差不齐的孩子相继入学了。

正式上课以后，王悦又跟乡副一起继续动员其他孩子入学。他们走家串户，说服家长支持孩子入学，还发动已经入学的孩子去劝说自己的小伙伴一道来上学。不久，抗日宣传学校的学生即增加到20余名。

四

大湾子抗日宣传学校是一所旧私塾式的新型学校。它的教学采用了私塾沿用的复式班制，王悦老师同时教年龄不同、年级不等的20多名学生。在具体教学中，他根据学生接受能力的差别，从时间的分配到内容的难易，力求做到因材施教。教学内容主要以识字、打算盘为主，同时对学生进行抗日宣传教育。教材除了采用私塾用的传统教材如《三字经》《百家姓》《四言》《七言》等之外，还让学生学八路军战士学文化用的《抗日三字经》，以及一些抗日传单。

大湾子抗日宣传学校从创办以来，有两个特点。

第一，以为穷人子弟服务为宗旨。丰富的授课内容和灵活的教学方式，尽管对孩子们有吸引力，但一些家境确实贫困的学生因家务负担重，不能整天到校学习。为了解决这个问题，王悦老师决定把上课时间集中在上午，下午将学生分别编成若干小组，如搂柴组、放牛组、拾粪组，后来需要站岗放哨，又增编了情报组，每组指定一名小组长，负责领导本小组的同学一边劳动，一边复习功课。不但如此，这些小组还学一些课外知识，学唱抗战歌曲。搂柴组和拾粪组学习“搂柴拾粪，抗日立功”等标语口号，情报组传唱来自抗日根据地的《训马歌》：“要想马儿跑得好，鲜草冲水喂好料。我为抗战养骏马，但愿青山遍地跑。”各个小组还用课外时间学习八路军的《抗日三字经》读本。这样，既兼顾了学生的学习和劳动，又增进了他们的友谊和团结。家长们看到自己的孩子学习、劳动两不误，心里非常高兴，渐渐地打消了各种顾虑。

第二，以抗日宣传为目的。日寇在大湾子村四周30里不远、50里不近的地方设立了据点，经常出来骚扰抢劫，杀人放火。樊明华同志被杀、哈拉圪那沟被抢等事实，孩子们都耳闻目睹，在幼小的心灵里撒下了仇恨日寇的种子，再加上平时王悦老师通过各种方式宣传抗日，更激发了他们对敌斗争的热情。所以，同学们宣传抗日的积极性日益高涨，放哨、写标语等工作都抢着干。他们除了站岗放哨、书写标语之外，还通过“土喇叭”宣读八路军的抗日传单。

他们宣传过的抗日传单中，有一封是给汉奸们的公开信，全文如下：

狗汉奸：

我们是为全中国人民服务的军队，为亿万老百姓谋幸福、求解放的军队。

你们为谁服务呢？你们认贼作父，当汉奸，做走狗。日本鬼子快要完蛋了，他们要叫你们去出探，你们能说不去吗？不能，那是你们的任务。但是，你们假如去了，我们抗日根据地的人民是绝对不容忍你们把消息告给日本鬼子的。不用说，一定会把你们处死的，死后没有葬身之地，这能说不是你们的下场吗？能说不是你们的结果吗？只要你们是中国炎黄子孙，父母祖宗的坟墓埋在中国，你们活是中国的人，死是中国的鬼。日寇终会有一天完蛋的，你们能跟回去吗？不能！跑了和尚跑不了庙，只顾眼前利益，不顾日后福祸。人过留名，雁过留声，打日本流芳百世，当汉奸遗臭万年。到处有我们的八路军，到处有我们的游击队，你们应该找朋友，拉关系，快改悔，我们不但不杀你，而且还会保护你。

大青山游击队

五

大湾子抗日宣传学校从 1939 年底开办以来，在该校就学的人数据初步统计有 100 余人次。经过学习，一些年龄较大的学生，有的加入了为大青山抗日根据地抗战服务的皮革毛纺组，为抗日支队提供服装；有的直接参军入伍，走上了抗战第一线。

1941 年，日寇集中全力对大青山抗日根据地进行大“扫荡”，每到一个村庄便疯狂实行“三光”政策，整个大青山一带烽烟四起。阴历八月十五日，我主力游击队从大湾子一带撤走，大湾子抗日宣传学校随之停办。

一份珍贵的革命文献
——《八路军与青年》[①]

李斌

在内蒙古博物馆革命文史资料室里珍藏着一份油印小报——《八路军与青年》。这一份普通的小报，记录了当年大青山骑兵支队教导大队指战员学习、生活、战斗的光辉经历，是大青山抗日游击队的真实写照。

大青山深处的得胜沟，山大沟深，林木茂密，交通不便，加之这一带人民深受日伪、土匪和恶霸欺凌，八路军开展游击活动具有优越的条件，是当时绥远党政军驻地。军民一起动手建起了一排排土窑洞，搭起了一间间庵窝子，并修了一块三亩多大的平地做为战士们上操、练刺杀、听报告的场所。

为了提高军政干部的政治素养、文化水平和军事才能，司令部于1941年秋季组建了教导队。姚喆同志兼任教导大队大队长，学员来自抗日军政干部，大部分是20多岁的小伙子。党中央还从延安抗大派来了两位同志任教员。教导队紧密结合当时形势和斗争需要，学习毛泽东同志的《新民主主义论》《论持久战》和党的民族政策、统战政策以及军事上的游击战、防御战和进攻战理论等，另外还设有文化课和如何做好群众工作等工作方法。李井泉、姚喆同志亲自给学员讲党的抗战方针、国内外时事以及坚持大青山抗日游击根据地的重要性、必要性和艰巨性。

为了更好地宣传党的方针政策和配合教导队做好培训工作，司令部编印了《八路军与青年》这份油印小报，具体地论证青年与八路军的关系及党对广大爱

---

① 原载于《武川文史资料》第二辑，1985年7月。

国青年的期望。小报上宣传党的抗战政策、登载英雄事迹，深受广大学员欢迎，为当时加强军政素质、增强战胜日本侵略者的信心、树立必胜信念起了巨大作用。但这份小报仅仅办了一年多时间，就被日寇于 1942 年秋的疯狂大“扫荡”扼杀，被迫停刊。《八路军与青年》这份油印小报，就是教导队撤出根据地时埋藏在得胜沟山洞里的，直至 1978 年才被发现取出。它为我们进一步了解当年八路军干部战士的生活、学习和战斗提供了重要资料，为激励后人学习革命先烈的英雄事迹，提供了最好的教材。

大青山根据地的无线电通信工作[①]

郭作玉

一

大青山抗日根据地从创建之日起就如同插向敌人心脏的一把利剑，直接打击、破坏和削弱着日伪军的统治。它吸引了大批日伪军的力量，减轻了敌人对我正面进攻的压力，支援了全国的抗日战争。日伪军为了消灭大青山抗日游击根据地，对大青山的军民采用了残酷的、灭绝人性的“三光”政策，反复多次对我根据地进行“扫荡”。国民党顽固派也经常向我挑起事端，制造摩擦，这样就使斗争出现了复杂、激烈、残酷的局面。根据地本身又分为绥东、绥中、绥西、绥南等四个被敌人分割的独立活动区。在这种情况下，要保证斗争沿着党中央指出的正确路线胜利发展，就必须适时地接收、传达贯彻党中央、毛主席提出的抗日救国方针、政策及晋绥边区党、政、军领导机关首长对大青山工作的指示。同时，还要及时地向党中央、毛主席和晋绥边区的党、政、军机关首长报告情况，以及实施本地区对各部队的及时指挥，这就必须建立无线电通信联络。

根据斗争形势的需要，从根据地创建之日起，即组建了直接隶属于骑兵支队首长和各活动区首长的无线电分队。以后随着根据地的发展、缩小、又发展的斗争过程，无线电分队也经历了一个由少到多和由多减少、又由少到多的变

① 选自《武川文史资料》第三辑，1986 年 4 月；原载于《呼和浩特史料》第六辑。

化过程。从开始的一部电台发展到四部电台。1942 年秋日寇大“扫荡”之后一段时间，只有两部电台在工作。1945 年日寇投降之际又发展到有五部电台工作了。所有电台的干部战士，不论在根据地扩大时，还是缩小时，战斗进程是顺利时，还是困难时，始终兢兢业业、严肃认真地工作着，克服了令人难以想象的各种困难，胜利地完成了任务。与此同时，还尽可能地挤出时间抄收和收听党中央发的文字新闻和播发的语言广播，为各级首长提供国际国内的军事、政治、经济和文化等各方面的新情况和新消息，也给处于敌人封锁的情况下，定期或不定期出版的抗日民主报刊提供消息来源，及时传播了我们各抗日根据地的胜利消息以及各方面的建设成就，鼓舞了大青山抗日军民的斗志和夺取胜利的信心。

二

1938 年 8 月，一二〇师三五八旅政治委员李井泉同志和旅参谋长姚喆同志率领七一五团从晋西北五寨出发向大青山进军时，配备了两部 5 瓦特干电池电台。一部由李洁奎同志负责随李井泉同志工作，另一部由彭洪志同志负责随七一五团团长王尚荣同志工作。当年 11—12 月，七一五团调冀中，彭洪志同志负责的电台随王尚荣同志去冀中了。与此同时，还有一部是由宋乃宣同志负责的电台，随武新宇同志率领的动委会和四支队工作。这部电台是由山西省抗日战地动员委员会总会给配备的，于 1939 年 12 月（或 1940 年 1 月）与李洁奎同志所负责的电台合并。合并后不久，宋乃宣同志即赴延安学习。

1939 年 7—8 月，涂光大同志从延安出发，随李井泉同志带一部 15 瓦特电台来到大青山司令部工作。这时大青山骑兵支队的电台才有了手摇发电机供发报机用电，换下了干电池 5 瓦特机器，涂带的这部电台是军委三局材料厂自己制造的，收报机用的机箱和刻度盘全是延安当地出产的豆梨木制作的。这时，骑兵支队司令部和驻在绥西的三团各有一部电台工作。当时，司令部电台的负责人是李洁奎同志，三团电台由王思清和李重炎同志负责。

1940 年 4—5 月，李洁奎同志调回一二〇师师部（当时该师师部驻山西）后，师部即派洪杰同志等，于 8、9 月间到大青山，由洪杰同志负责司令部的工作。这时，电台不仅报务工作人员加强了，而且还配有一名专门负责电台机器装修的机务员——张树林同志。这对及时维修机器，保证顺利完成通信联络任务起了重要作用。张树林同志不幸于1944年秋在偏关黄树坪战斗中牺牲了。

1941年秋，王思清同志调回晋西北，三团的电台就由张达明同志负责。与此同时，由于部队活动的需要，司令部给在平绥铁路南侧蛮汗山地区活动的骑兵一团配备了电台。这部电台的报务人员只有李仁甫同志一人。

骑兵支队司令部于1942年秋因敌人大“扫荡”，由大青山转移到山西偏关之后，洪杰同志于1943年冬调出，司令部的电台则由郭瑶池同志负责。留在绥西的电台，在张达明同志之后，相继由张建、吕新、郭作玉同志负责。

1945年春，中央和晋绥军区给绥蒙军区相继调来骑兵一个旅，步兵第九团，日本投降后又调来步兵二十七团等部队。这几个部队均各配备电台一部。这时，在绥蒙军区所属部队中工作的电台共有五部。

另外，在1939—1944年期间，党中央社会部先后派到大青山地区的电台也有四部之多。因为工作的性质关系，我的回忆未能包括他们的情况。

骑兵支队所属电台的工作人数，没有固定的编制，是根据战斗和工作情况调配的，支队司令部电台人员较多，有报务员、机务员、架线摇电人员、事务人员和炊事、勤杂人员共20人左右，团的电台有报务人员、摇电架设人员和勤杂人员，共8—10人，报务人员都是由延安或一二〇师或晋绥军区调派来的。报务员有李重炎、李泽民、任志动、郑肇东、杨登山、赵玉山、李桂田等。

三

抗日战争时期我们使用的无线电机，收信为三灯再生式收报机，发信是哈特莱式发报机，电源是人力手摇发电机，输出功率为15瓦特。这些机器的线路结构比较简单，存在着谐振频率不够稳定、收信机人体感应灵敏等缺点，机器的体积比较笨重，给架设、撤收天线，行军携带等带来许多不便，我们就是使用这种器材完成了大青山到延安、大青山到晋西北兴县地区之间的通信联络任务。

无线电通信中关于无线电信号的强弱分为五级。信号五代表最困难的情况，由于通信距离远，电台发信功率小，收信灵敏度差，所以信号比较微弱，尤其与延安的通信距离达1000多里之远，有时信号微弱，再加上天电、气候的干扰，给通信造成很大困难，要做一份报文很短的电报，也要费很大气力，用很长时间重复多次，方能做妥。为了抓住微弱的信号，在收报的时候，在报房里（或收报机的周围）大家努力保持着绝对肃静，在机器上工作的报务员高度集中精力，细心地一边用左手调整机器努力抓住信号，还要用胳膊肘压着收报纸，一边用右手抄收电报，听清一个符号才肯写下一个电码。因此，一遍遍地重复，有时甚至是一组一组地重复、核对。这种情况下，收发双方报务员的心情都是烦躁和复杂的，有时发报一方不体谅收报一方的困难，表现出不耐烦。即使这样，我们也还是耐心冷静地请对方重复、核对，以求每一个字码都抄得准确。因为我们每个报务员都明白，每个字、每份电报，都对部队的行动、工作起着十分重要的作用，有时一字之差，竟能把事情弄到相反的地步。

1945 年春末夏初，我们不仅要对付日伪军的封锁“扫荡”，还要对付国民党顽固派的进攻。在日伪顽同时对我们发动进攻之际，我方为避开敌人锋芒，采取了分散隐蔽、化整为零的游击手段。团机关也化整为零，电台成为一个独立的打游击的单位，在团长蔡久指定的范围内独立行动，一切由自己负责。电台与团长的联系每天由一位经过长征的摇电班长（外号叫“贵州棒”）负责，他在事先规定好的地点交出电台收来的电报，带回团长要向上级发出的电报，最后由报务员在电台上发出。

电台独立打游击是困难的。有一天的下午，我们在从绥远通向武川公路东侧的一个山梁上住下了，一名摇电员担任警戒。他听到公路盘道附近的一个小村里鸡叫狗咬，回来就向我报告，我提出迅速转移，别的同志不大乐意，认为我们上午刚到这里，知道通往此处小路的人又很少，天又晚了，到山岩洞里住太冷。我说，咱们吃点苦没什么，万一出了事，关系到整个绥西的斗争。大家愉快地离开窝棚，到山岩洞里待了一晚上。第二天天亮后，我们又转移到另一个山沟，在一个山梁上和团首长相遇了。我收发完电报之后，与团长上山顶观察情况。看到约一个连的敌人朝我们原来住的地方走去，我们因及时转移，避免了一次损失。

日本宣布投降后，电报数量增多，时限要求急，再加上行军占去了很多工作时间，消耗了干部战士很多的体力。部队宿营，其他人休息了，电台工作人员却要开始通信联络。当时电台的报务人员只有我和赵玉山，因此工作非常紧张劳累。1945 年 8 月 15 日，日寇宣布投降，我们在井尔沟，向三团各连、各游击队、各区政权的负责同志部署了收复失地的任务，即向武川进发。以后这一段时间内联络的对象增多，有晋绥野司，绥蒙军区前指、后指，九团，二十七团，骑兵旅等单位，收发电报很多。有几个晚上，绥西分区政委白成铭同志告诉我："今天晚上要把这些电报都发出去。"我接受指示后即和赵玉山同志研究，和电台的全体同志不顾疲劳，忘我地工作，在首长要求的时间内完成了任务。由于每次都按时完成任务，所以绥西地区首长蔡久、白成铭和姚喆司令员曾多次赞扬电台工作做得好。

处于敌后的绥西根据地，延安和晋绥的报纸是很少看到的，所以无论是首长还是机关干部，都希望电台能够经常给他们提供一些新闻消息。在大家的这种迫切要求下，电台根据联络对象尽可能地调整了工作时间，把抄收新华社的新闻消息和听新华广播台的广播作为自己义不容辞的责任。文字新闻基本上坚持抄收，只是在工作紧张、干电池紧张时才中断收听。

驻在得胜沟的一段时间里，每天下午姚司令员、卫生部潘本善部长、团长蔡久等首长和机关、专署的一些同志在广播开始之前不约而同地到电台这里来听广播。每次都是那个女同志播音，声音清脆有力，语气豪壮，气吞山河，讲得真好啊！和国民党电台那种软绵绵的声音形成了鲜明的对照。

日本投降时，当我们从广播中听到"日本帝国主义宣布无条件投降"一句时，大家简直不相信自己的耳朵，我们盼望的日子终于来到了，欢呼、跳跃、庆祝，高兴得无法形容。

1946年秋，国民党反动派占领我解放区集宁等地后，张达志、康健民、李佐玉、王智等首长率领我骑兵师挺进大青山根据地和后草地一带活动，发动群众，恢复地方政权，打了许多胜仗，消灭了许多还乡团和地主武装。1946年秋末冬初，歼灭了国民党反动派一个完整的步兵团，缴获大批武器和物资。

到了1947年春末夏初之际，我骑兵师在商都以东一带活动，这时敌人调集了4个骑兵师、1个完整的摩托步兵师、150余辆汽车，并有5架飞机配合行动，向我骑兵师扑来。为分散敌人兵力，我们骑兵师分为两个支队，一支由军区政委张达志率领二、三团由商都东北一带向归绥以北方向活动，一支由旅长康健民、政委李佐玉率领一、四团，继续在商都、张北一带活动。在我们分开活动以后，敌人没有分散兵力，以全部兵力尾随向西活动的部队追来，企图与我方决战，把我们消灭在大青山地区。

我西路支队为甩掉敌人，采取了短时间休息、连续行军的办法，每次宿营休息最长不过三小时。人吃饭，马喂草料，稍稍休息即又起程。这样到了贾老汉营子以西一个独户人家住的地方，部队打算休息，此时二团为后卫，后卫警戒距师部约有 10 里之远，部队休息，我即架设电台与绥蒙军区沟通联络。正在收报之际，报务员刘联华同志听到枪声，向我报告，我当即撤收天线和机器，当我们收拾完毕时，部队已撤走。此时电台处于腹背受敌的情况，由于电台人数少，敌人的汽车向大股追去，我们利用此机会从敌人的缝隙走出。开始敌人误认为我们是他们的人，没有理我们，后来敌人察觉了，即用五辆汽车尾追。敌人在汽车上发疯地向我们乱放机枪，我们的战马在枪声催促下飞也似的奔跑，很快就赶上了部队。

当国民党顽固派发觉西路支队通过平绥铁路、行进方向改为向南时，估计我们可能向晋西北转移。此时，我们也真的按军区指示，要通过蛮汗山、岱海滩一带，到左云、右玉休整一下。愚蠢的敌人判断我们仍可能走凉城以西数十里的大山沟，因为这条沟我们从晋西北去大青山往返已走了两三次，将追击我部之兵力全部埋伏于我们走过的那条山沟的西侧，企图将我部消灭。

当我们到达蛮汗山顶，离敌人的包围圈还有几十里时，张政委召集各团长研究如何走法，并要我们电台与军区联络，此时军区已得知这一情况，军区电台正有特急电报给我们，一联络即通，很快收完报。当张政委知道敌人埋伏的情况时，即向各团长讲了敌人的企图。二团长黄厚说，即使军区不告诉这一情况，我们也不能再走那条老路（指敌人设好埋伏的山沟），因为我们已走了两三趟，再走就危险了。他提出走凉城城下的建议，并自告奋勇担任向导。最后张政委采纳了黄团长的意见，我们没有进入敌人的埋伏圈，天将拂晓时通过浑河，不到一个小时就进入右玉南山，以后就向山阴转移了。

青山永常在　人民功不朽①

李尚恩

蜈蚣坝

蜈蚣坝，就是呼和浩特市北面大青山最高的峰巅。至于这坝何以蜈蚣得名，山里有个传说：古时候，大青山出了一条飞蟒，危害人民，路断行人。后来，从南方来了一个云游道士，同情山民的疾苦，冒险进山访查，终于用七只蜈蚣在坝顶制服了这条大蟒。从此，坝上坝下行人不绝，坝顶山民得以安居乐业。

蜈蚣坝在大青山一带是颇有点名气的。巍巍坝顶海拔约 1600 米，上坝下坝几十里，道路两侧尽是深谷险岸，峰绕路转，十分险要。凡乘车一过，绕崖跨沟，盘旋曲折，两旁山峦起伏，林木苍郁，云落山头，雾起沟底，迷迷离离如入仙境。

这是一条横穿青山南北的古道。早在 1500 年前的北魏时期，我国著名的地理学家郦道元，曾游历大青山，在他的地理大全《水经注》中落下一笔“白道岭”的记载，至今那段古道上的白土路基依然清晰可辨。那时，内地的白帛丝绸、烟酒糖茶、陶瓷木器、金银珠宝……装满了驼垛，一串串驼队伴着沉重的驼铃，从这里穿过，向北方越过无边的草原、浩瀚的沙漠，进入了遥远的欧洲……南归的驼队，又将草原上珍贵的皮毛、奶酪及各色土特产运往内地。这条古道运送过多少中外的商旅游客，为疏通长城内外、青山南北，以至东西欧

① 原载于《武川文史资料》第三辑，1986 年 4 月。

亚的政治、经济、文化起了相当的作用。联想两千多年前，由我国西北经中亚、西亚，直至欧洲各地的丝绸之路，亦可称作“皮毛之路”。

千百年来，大青山人民在这条深山古道，不知历尽了多少艰辛。民国15年，民族英雄吉鸿昌在这里筑路成功，于是在蜈蚣坝的峭壁上刻下“化险为夷”四个大字，然而，这“化险为夷”的真正含义，不过是从驴、骡、马、骆驼的驮运，发展到可通牛拉马拉的大铁车而已。至于上坝下坝，依然十分艰险。这蜈蚣坝沟东西狭长陡峭，沟底流水终年不绝。紧靠南北峭壁各有一条路，东面的叫阳道，南面的叫阴栈。阳道路面宽，少冰雪，车马行人较多。然而每遇风雪，这里便车马阻塞，连日不开。阴栈路面乱石坎坷，尤其时至冬春，冰硬路滑，颇多艰险。偶有人强马壮的大车，不耐烦阳道上车马阻塞的煎熬，也有扬鞭策马铤而走险的。于是，车翻人坠的祸事又不免常常发生。这样一来，来往行人车辆，每到蜈蚣坝总是战战兢兢，提心吊胆。不知从何时起，在北山峭壁的石灰洞里供起了大仙，来往行人无不烧香敬纸，张红挂绿，乞求神灵保佑，过坝平安。如今，这大仙洞依然完好，沿绝壁的几十级石阶仍可供游人攀登，立在洞口观景，倒颇有情趣。

再看坝中腰的坝沟，正是古道经蜈蚣坝的险要处。两壁悬崖对峙，路面曲折陡峭，山上怪石峥嵘，沟里流泉不绝，满山碎石滚滚。沟底那巨大的石灰岩被洪水清流冲刷得像雪白的绫绢，洁白轻柔，纹细静雅；峡谷里山风呼呼，更显得深幽，静悄悄……好一座蜈蚣坝，真有一夫当关、万夫莫开之气魄，难怪这里自古就是兵家必争之地。这坝沟，村里人也叫庙沟，那是因为这里曾有一座依傍南山峭壁、空临坝沟的关帝庙。50年代，庙里虽然香火不旺，但还有住庙的老道，如今呢，自然是一片破砖烂瓦、断壁残垣的废墟了。但这坝这庙，却一直没有被忘却，常有来往的行人亲临庙基，抚今追昔。据说，这庙是清朝时候建的，距今已有两百多年的历史了。庙前的石崖上有一棵粗不盈抱、高达三丈的古松，傲然挺立，树上有明显的人工抚育的痕迹，那自然是老道们的辛苦了。山民们都说这是一棵神树，早些年还有粗铁链锁着，怕是担心它会跑掉呢！

本来，关帝庙是供奉三国时关羽的，是汉人的庙。可是，这庙里的碑文字画，是有蒙、汉、藏、满好几种民族文字，住庙的僧道一代接一代，也是各族都有。显然，这关老爷的神功武威，已被各族人民所敬仰，把他供奉在青山之巅镇守边关，更符合各族人民的心愿。

但是，中国的现代史多么令人惊叹！卢沟桥事变的枪声一响，日军的铁蹄便长驱越过大青山。

蜈蚣坝也成了战争的遗迹，为此我调查了40年前的一件事：一天，我们的游击队在蜈蚣坝上抓住了一个伪警察，要他给归绥城里的日军打电话，说山上有100多名八路军战士，需要调四辆车。日军信以为真了。山里的八路军连夜赶到坝顶，清晨6点多，一个连埋伏在半山腰，一个连埋伏在老爷庙。

当太阳的白光洒向山坡桦林，映出道道斜坡的阴影时，“砰！砰！”几声枪响，接着“呜——呜”的汽车声由远而近……“日本鬼子来啦！”山上的枪声骤然响起来。

前边的几辆汽车被堵在坝沟，我军从两侧集中火力伏击，枪声响成一片……正打得痛快，只见坝顶上又出现了长长的车队，竟有40多辆，还夹着坦克。霎时，日军撒得满山满沟。汽车声、炮声、机枪声，雷鸣闪电……为了避免不必要的牺牲，午后部队撤了下来，向井尔沟转移。

几天后，部队在井尔沟休整，唐二营长给大家讲话时说：“这一仗是胜利的，我们要乘胜前进，开辟抗日根据地，组织民众，武装民众，把日军赶出去……”

蜈蚣坝伏击战像初春的第一声惊雷，震醒了窒息的苦难的大青山。从此，蒙汉各族青年纷纷参军，八路军的神威轰动了青山南北，老百姓有了新的希望。

如今，老爷庙已成废墟，但那傲然的青松依旧，古道虽然废弃，但那对峙的峭壁更显得严峻雄伟！

蜈蚣坝，站在这历史的制高点上，连绵的青山更觉可爱，湛蓝的天空尤显宁静，秋山的红叶令人陶醉。站在蜈蚣坝上看去，那闪亮的青灰色柏油公路上，来往着红红绿绿的汽车，那11万伏的高压铁塔，跨过崇山峻岭向南北延伸……

李气沟

据说，大青山有十八道半有名的大沟。李气沟，既是一个小山沟名，也是一个小山村名。

1940年秋的一天，正是阴历七月十三的黄昏，一队武装到牙齿的日军，耀武扬威地从二道沟进来。走在前面的小队长提着指挥刀，逼着一个老乡带路。原来，这个老乡是我们县政府的工作员老张。前几天他化装下山执行任务，走到火烧背，碰上了日军，被抓来带路，眼看天色渐渐地暗下来了，沟里显得阴森可怖。刚刚走进一片茂密的桦林，老张出其不意，夺过日军的指挥刀，飞也似的钻进了黑沉沉的桦树林里。后面的日军一阵慌乱，哇哇地号叫着，朝树林子乱打枪，却没有一个敢追进去的。日军望着两壁矗立的悬崖，听着满沟呼啸的林涛声，吓破了胆子，急忙龟缩到酒馆的据点里。第二天，日军兵分三路，向石拐、东坡、黑成沟、西水滩、苏家沟、榆树沟、李气沟几个村子扑来，见房就烧，见人就杀，一天之内惨杀了我们42个乡亲。有一家12口人被杀了11口，还有一个三岁的孩子，身上被刺刀扎了17下……李气沟浓烟四起，大青山在血泊中，山风呜咽、林涛怒吼。

日军加紧了对根据地的“扫荡”，山里的环境越来越恶劣了。不久，区政府连续遭到几次袭击，窝棚被烧毁了，区游击队和老乡都钻进了山。一天他们来到这个山洼，发现这里守有险崖，退有深沟，山高林密，向阳避风，是个难得的好地方，于是大家动手，有的砌石垒墙，有的砍树架顶，两天就盖起了三间窝棚。一个战士还用锤錾，在门前的大青石上端端正正地刻了斗大的四个字——“郝区政府”，旁边还刻了一枚大个儿的手榴弹。

“郝区政府”的遗址现在只有三间窝棚。那断墙和碎石都淹没在青草丛中。

那还是1938年8月初，贺龙、关向应同志根据毛主席指示，派八路军一二〇师三五八旅政治委员李井泉和参谋长姚喆同志，率七一五团开赴大青山建立抗日根据地。从此，抗日的烽火燃烧在东西绵延千里的大青山上。随着县、区、乡抗日民主政府的相继成立，八区政府也诞生在李气沟的深山里。因为区长姓郝，所以山里的人们都亲切地叫它郝区政府。

后来，区政府由几个人发展到20多人。他们除了宣传、组织、武装群众、反特除奸、动员一切抗日力量外，还给山里的大部队搞粮食、布匹、药品和衣服，同时负责前山后山的通信联络。曾几何时，就是这样一个小小的区政府，竟轰动了方圆近百里；就是在这样一些普普通通的山沟、平平常常的桦林里，不知开出过多少抗日的人马，转运过多少抗战的物资，也不知引来多少次日军、汉奸和国民党顽匪的血腥“围剿”。由于敌人的多次袭击，区政府加强了戒备，除几个老交通员外，一般是不让直接上来的。一次，有个外号叫二壮牛的叛徒，带着日伪汉奸偷袭了区政府，我们牺牲了两个战士。还有一次，区政府的20多人被围困在三道营上，五天五夜没有下来。敌人封锁了沟口，乡亲们无法送粮，战士们只能用一块烂瓮片煮着吃野韭菜……

环境越来越恶劣了。区政府的伤病员连点药也没有，谁要有个头痛脑热的，区长就带着大家上山背柴。真的，出一身大汗比吃药还灵。一天傍晚，绥西地委送来一封急信，说有一支部队80多人断粮七天。区长二话没说，只带了四个人、两支枪下山。当他们把粮食送到部队时，战士们正煮着吃树叶子，脸都肿得老高，已经有两个战士牺牲了……

风清月朗，满山银白，又到了中秋之夜。区政府的同志们陆陆续续地回来了，窝棚前燃起一堆桦柴，大家围坐在篝火旁，正吃着从前山回来的同志带来的西瓜。跳动的火焰映红了战士们的脸，山里显得恬静而有生气。区长抖落一身风尘，亮开嗓子，唱起了爬山调：

你不要看咱们今天钻窝铺，
明天呀咱们还要住高楼！

刚唱了两句，那个小战士也脆生生地唱了起来：

山丹丹开花呀六瓣瓣红，
骑上那小青马打日本……

歌声伴着欢声笑语在山间缭绕。

是的，这些土生土长的大青山人，也像刚进山的南方老红军那样，更加热爱大青山了，对生活充满了新的希望。他们像山间欢跳的泉水一样清澈、乐观，又像山里的白桦一样纯洁、顽强。

“瘦马烂鞍子，误不住大青山转弯子。”这是当年区政府战士们的一句口头语。说起区政府，人们总要念叨起通讯员四娃子，他是区里最惹人喜爱的小战士。一次，他去碾子沟给王县长送信，谁知信刚送到，他们就被伪军发现了。“抓活的！”枪声、喊声四起，村子里一阵骚动。他俩骑马跑出了村，谁料刚跑不远，王县长却从马上摔了下来，马也脱缰惊跑了。四娃子急中生智，毅然把自己的马让给王县长，结果王县长脱险了，他自己却被抓住了。后来伪军把他带回村子里，严刑拷问。他什么也不说，最后终于被杀害了。

是呀！区政府像一把匕首，直插敌人的心脏，又像一颗手榴弹，随时都可以抛向敌人。八年抗战，她红心向党，坚如磐石，永远和大青山在一起。

骆驼场

骆驼场，顾名思义，这里一定有骆驼，确实在很早以前，这一带山沟是蒙古人放牧骆驼的地方。不过，现在这里已没有放场的骆驼了，甚至山里也很少见到骆驼。可是多少年来，山里还是把这里叫作骆驼场。

登上骆驼场的峰巅，这里已高出海面 2200 多米。举目望去，真有“千山鸟飞绝，万径人踪灭”之感。山比别处又高又险，沟也格外深，到处有明灭可见的溪水，阴背上的桦树十分茂密，但是这里没有村落，不见炊烟，在沟底或坡上，经常能碰见放场的羊群、牛群、马群。如果顺着山里人打柴采药和放牧踏出来的羊肠小道走去，看到的是，一山一坡的灌木丛，齐刷刷的胡荆子，成片成行的小柏树，一簇簇的马茹子，黄澄澄的酸刺刺，还有山坡上盛产的山葱、野韭菜、面果果、酸窝窝，以及红茎绿叶的醋柳柳……

就在这里有一条沟，本来无名，只因为安上了磨，人们把它叫作磨扇沟。那时，磨坊就盖在这条沟里。现在遗存下来的那盘大石磨的直径三尺，厚约五寸。放在靠近一处石壁一丈见方的碎石杂草丛间，上扇的一半已埋在沙石泥土中了，下扇丢弃于杂草丛间。这盘被人们遗弃的大石磨成了历史的见证，如实地反映了当年八路军的战斗生活。见到它，就会自然而然地勾起人们对磨扇的缅怀之情。

40 年前的深秋，骆驼场驻满了八路军，崖底沟畦到处是 A 字形的窝棚。日寇加紧了“扫荡”，进山的大小沟口都很难出入，部队的给养十分困难。骆驼场的战士们开始挖野菜，搞野果。山谷子、山葱、野韭菜成了每天的主食。一天，供给处的老田同志为伤病员搞到点麦子，因为没法加工，只好整煮着吃。他想，要是山里有磨，自己能磨面就好了。可是又一想，这里山大沟深、穿林过崖的，即使有磨，又怎么往里抬呢？突然，他想到了李气沟的白生宝。这人老家是山西的，40 多岁了，单身一人，没家没业，无牵无挂，力气大得出名。他和八路军跑得很熟。他早听说家乡很早就去了为民除害的八路军，如今看到大青山里的子弟兵，打心里感到格外亲。

在一个风雨交加的深夜，老田下山找到了白生宝，给他讲了部队的困难和自己的想法。白生宝，这个老实厚道的贫苦农民，没有激昂慷慨的语言表示，也没有柔肠千回的思想流露，只是吧嗒着烟袋，慢吞吞地说了声："行！"就走了。

黑洞洞的山沟像灌了墨，天上不见星月，地下不辨沟崖，只有一阵紧似一阵的凄风苦雨，伴着几声阴冷的枪声……

村子里几经烧毁，到处是焦黑的灰烬，连几间磨坊都成了废墟。然而石磨是烧不毁的，白生宝背起一扇大磨，悄悄地消失在漆黑的夜幕里……一次、两次、三次，一天、两天、三天，他背走了两扇大磨和一口大缸；一次、两次、三次，一天、两天、三天，他没有和任何人讲，默默地在漆黑的深夜，在漆黑的山沟，穿过桦林，攀过峭壁……伴着秋风和枪声走啊、走啊……这20多里的危崖怪石、险沟丛林，哪里是路呢？在那泼墨似的秋风寒夜，怎能不迷失方向呢？这200多斤重的大石头，能背得动吗？你想，那该是个多么纯朴、善良、刚毅的同志啊！从此，骆驼场八路军的小麦、莜麦、豌豆、荞麦，再也不用整煮着吃了，战士们的野菜汤里有了面糊糊，伤病员也有了可以下咽的流食……

战争像风暴一样地过去了。可是，战争在这黑老深山沟里留下什么呢？

磨扇沟里还有几处窝棚的遗址。它和碎石、青草长在一起，每间窝棚有约一丈见方的碎石，顺着墙基四四方方地散堆着。在那一方方碎石中间，我们发现都有石片铺就的火炕。据说这房子在当时便没有门窗，满天的星星沙壁墙，炕头上摸一把翻滚烙热，睡到半夜却是个冰凉。

就在这一带，有一座几十丈高的悬崖，举目一望，可见半壁有一山洞。这是八路军的供给处，是存放粮食、布匹、物资的仓库。如攀上洞口，回首向下，眼下是悬崖陡峭，仰首洞顶，上面巨石欲坠，洞里平展展的，能容下几十个人，像一座天然的会议室。从洞里向外一望，长方形的洞口像照相机的取景框，一大块青山桦林繁茂；沟底的绿树环抱着一潭明净的泉水；小西沟口，峭壁峥嵘，山松倒挂；左边是磨扇沟，磨坊遥遥可见；脚下的半山坡上是供给处的一串窝棚，另外，还有石砌的猪圈……在这里所能见到的崖下坡上，三步不近、五步不远地到处是窝棚。骆驼场真是一个藏龙卧虎的地方！

历史过去了，骆驼场的遗迹依然存在。虽然知道它存在的人越来越少，但毕竟还有人来寻找；自然，来的人不会很多，但来过的人都一刻也不能忘掉。骆驼场之行，使人们领略到那血与汗、火与剑的历史现实，骆驼场里的一切仍然顽强地存在着！

灯笼素

灯笼素，这个青山深沟的一家村，它偏僻、宁静，不为人们所知。然而，人们相信，凡与大青山有过一点缘分的人，没有一个不了解它、不熟悉它的。

当你进了沟，一定会被山里的景色迷住的：西侧的山坡上尽是茂密的白桦、小杨，几处峰顶像戴着墨绿色的帽子，那是一片片青翠的松柏；路旁林疏草茂，灌木丛丛，草间点缀着许多野花，有红的、黄的、白的、紫的……沟底清溪涓涓，一弯弯水草齐刷刷的，碧翠欲滴，像一块块、一条条深绿色的地毯……山风徐徐吹来，桦林飒飒作响。只见远处近处，有许多鸟雀，那头上长着两撮毛的“大角鸪”，那嫩羽鹅黄的“窜树林”，那水草边欢叫的“放马雀”，还有五颜六色不知名的鸟……“吱吱——”“喳喳——”“啾啾——”叫个不停，那空谷间盘旋的红嘴鸦儿，那草丛里的蚂蚱，山坡上的野鸡、半鹨、石鸡子，还有秃尾巴鹌鹑，多么富有生气的沟呀！多美的山呀！灯笼素，这个深山小村，真是仙境般的美，古刹似的静。这里的主人，更是须发皆白，飘然潇洒……

是的，对于生活在今天的人来说，想象那崇山峻岭深处、孤村独户人们的生活，那自然感到十分遥远、十分淡漠。

然而，当年抗日战争，指挥大青山战斗的八路军就驻扎在这里，在深沟处，在密林里，八路军的窝棚遗址就有十几处，其中横排的三间，是部队的伙房；那品字形的两间，是团部所在地；那后照山卜子里的两排六间，是四连连部和事务处的驻地……如今这些窝棚都已倒塌，坑里长满了青草，积满了 40 多年的枯枝败叶。

是啊，战火已熄灭，硝烟已散尽。当年那些人，牺牲的牺牲了，活着的也天各一方。可是此刻，对灯笼素这个青山一家村，人们还想知道它当年发生过什么事情？八路军在这里做过些什么？过去？现在？……

灯笼素 300 多年来，自古是这样的一家村。这儿山大沟深，出去一趟不容易，哪里知道外边的事情。直到1938年来了八路军，这里的人们才知道有共产党，要领导穷人闹革命。一开始，就动员民众起来抗日，说他们就是过去的红军。省动委会在万家沟成立，后来就落脚在这里，动委会成立后，在这山沟深处设立了组织部、宣传部、分配部、锄奸部、武装部、总务处，让山里的精干青年当领导，又从部队派了一些干部。村里的人们给八路军搞情报、送给养、抬担架、撒传单、站岗送信……军民吃着一锅饭，点着一灯油。

后来，引起了日军的注意。有一次伪军汉奸偷偷摸进山村来，正好部队已撤走，扑了个空。可是，在沟里发现了给八路军放马的四柱老汉的侄儿，那时年方19岁，他就被敌人活活打死了，还割了一个耳朵，用铁丝穿上，回去请功。日军汉奸隔不了几天就来骚扰一次，"村里的人都往山里钻，日军什么也搞不到，就烧房子，烧一次，盖一次，一共烧了七八次。可是八路军给吃的、穿的，开会、学习，人们懂得只要有八路军在，什么也不怕"。

40多年前，就是在这样一个偏僻的山沟里，有这样一些人，在共产党、八路军的领导下，满怀希望地设计着祖国的蓝图，伴着苦难和牺牲，扎扎实实地为抗日战争胜利做出了应有的贡献。

一天，咱县的杨县长正在这儿养伤。突然北山上放哨的民兵喊道："鬼子来了！"干部和民兵都钻了山，杨县长还没来得及隐蔽，汉奸领着日军就冲进了四柱的家，指着炕上的两个后生逼问四柱的母亲。

"这是什么人？"

"这是我的儿子，这是我的侄儿。"

"八路军从哪里走了？"

"从沟里跑了。"四柱母亲说得很平静自然。

日军见他们几个头发蓬乱、衣衫破烂，相信了，站在院子里朝着沟口乱放了一顿枪，就退回到酒馆村的据点里。

日军走后，杨县长紧紧握着四柱母亲的手，瞧着她老的脸，激动地说："您老人家真像我的姑姑……"从此以后，四柱和杨县长结为姑舅兄弟，直到解放后，杨县长在城里当了大官，还把四柱母亲接进城住着。

井尔沟抗日生产合作社[①]

1937年，日本帝国主义在卢沟桥发动了侵华战争，实行野蛮的“三光”政策，妄图占我国土、亡我民族。日本侵略者的魔爪很快伸向大青山，对大青山军民在军事上进行了残酷的“扫荡”，经济上进行了严密的封锁，企图将我抗日健儿困死、饿死在大青山地区。

在敌人经济封锁严密的情况下，大青山地区军民日用品和军需物资十分困难。就连每月给战士发的一元津贴费都花不出去，部队战士和干部每日五钱盐、三钱油的最低伙食标准也达不到，医药更是严重缺乏。为了解决军民必需的部分生活用品和军需物资的供应，在群众的积极筹备、上级机关的支持和资助下，陆续在万家沟、井尔沟、得胜沟办起了合作社。

1939年，敌人的经济封锁十分严密，军民买不到东西，小商贩不敢进山卖货，军民所用物资相当紧张。武归县委书记兼县长杨建林同志，根据绥西地委书记杨植霖同志的建议，发动群众，宣传了办合作社的重要性、目的和意义。当张润喜、张鳌狮、王三元、王芝堂等群众报名入股时，县政府也资助了一部分，并派县政府的沈青山同志于当年秋季在井尔沟的东窑子村办起了合作社，取名为生产合作社。沈青山原是马占山部队的，后流浪到大青山谋生，县里发现他为人忠厚，有一颗抗日救国之心，并认识几个字，便收留他在县政府工作。合作社成立后，沈青山同志便挑起井尔沟一带一千来人的生产自救和解决生活、

① 选自《武川文史资料》第三辑，1986年4月；原载于《大青山抗日游击根据地绥西地区合作社》，呼和浩特市供销合作社史志办编。

生产用品的重担，加之张润喜、张鳌狮二人在归绥城有亲戚，能买到东西，于是在合作社成员团结战斗、各尽其力的努力下，合作社越办越活。经一年的时间，商品由简单的一些盐、碱、火柴、肥皂、毛巾、针线、棉、麻、炊具、农具等几十种发展到 200 余种，有了车具、布匹、罐头、烟、酒、糖、茶以及牛黄解毒丸、人丹、万金油等小成药。

绥西地委书记杨植霖等党政领导视察到井尔沟生产合作社时，对经营品种、服务项目、服务态度感到很满意。当发现农民手中缺钱，需要的生产、生活用品都买不到时，就指出：合作社要大量收购农副产品，还可以货换货，等价交换，换回的东西由合作社拉到城镇去卖，再设法买回军民所需物资。这一指示，深受广大农民群众的欢迎。妇女们提上鸡蛋，换回针线、灯油、盐、麻；小孩子兜里装上两颗鸡蛋，能拿回读书识字的文具纸张；老大爷、大娘拿上鸡蛋，换回了烟叶和茶糖；农民背上皮张、绒毛、猪鬃、猪毛，把锹、镐、犁、车换回家了；牧童娃娃挖来药材，能穿上新鞋新袜，合作社买卖兴隆，老老少少喜笑颜开。合作社的露天仓库货物齐全，交换的东西堆满了院子，两间窑洞的营业室里，生产、生活用品琳琅满目。这个一心一意为人民大众服务、为抗日战争服务的生产合作社誉满山区。

1941 年，井尔沟的形势严重恶化，为使合作社不受损失，合作社迁到井尔沟的大南洼子。为体现合作社为人民大众服务的性质，生产合作社改名“大众合作社”。不久，迁到深山老林的合作社仍然受到敌人的骚扰和袭击。每次隐蔽回来后一进村，农民首先打听，咱们合作社受损失没有？王威同志于 1941 年 2 月被调任到武归县（现在的武川县和呼和浩特市的郊区、土左地区）任县长之后，仍多方关心合作社事业，大力支持了合作社的工作。尤其在一次“扫荡”中，合作社的东西全都被抢光、烧光，但县政府又设法拿出一笔款，帮助恢复了这个合作社。绥察行政公署建设处处长马南风同志和财政处处长赵全壁同志，传达了行政公署关于通过合作社形式搞生产建设的指示，王威县长根据指示精神，结合游击环境和经济条件，亲自挂帅，组织人员试制马鞍、染布、皮毛制品等以及开展多种形式的生产自救工作。

1. 试制马鞍

当时，我军骑兵需要一部分马鞍，而在敌人封锁下很难买到马鞍。县政府想通过合作社试制，解决其不足部分，故发动群众，四处找马鞍技工，但没有找到。后由水磨沟的朋顺营子村张大员外介绍来两位驴鞍木工，经研究决定就地取材，用大青山的桦木试制。于是就在金銮殿北山麓的山腰密林中的头道庵子村张三虎家中试制了几副。但因技术不佳，怎么也脱离不了驴鞍子的框框，放在马背上无论垫多厚都打马背，桦木又不结实。大家坐下来共同找原因，总结经验，改用榆木做出来的马鞍，比第一批美观耐用多了。经过一段时间的试用，又发现水胶黏合的马鞍，在颠簸起伏的山路上使用，有松动现象，而黏合马鞍的鱼胶又买不到，所以没有再生产。

2. 试制皮、毛制品

当时从二区、八区征收了一些皮子和羊毛，并在水磨沟的茶馆村找到几位毛毛匠，就在继鹅子老乡家弹毛，代替棉花絮军民棉衣，解决了缺絮棉的大问题。同时给部队制作了一部分马垫和毡袜子，为缺少过冬棉、毡鞋的部分军民解决了困难。还用小熟皮做过一些皮衣，后因环境关系不能大量收购皮张加工而停产。

3. 染布

1941年以后，敌寇为限制八路军的穿戴，禁止商界出售黄布和灰布，连这两色染料也不能经营。各区征收的布，多数是丈八尺的零块白粗布，不能冬夏穿白，于是就动员群众寻找青灰泥。在王县长的亲自带领下，先浸泡青灰泥，然后再用手擦磨成糊糊，加水搅匀，清除渣子，加水稀释，再清除细渣后放入水缸，这时可将已用水湿透的白布放进灰水缸内，用木棍搅拌均匀，直到布丝看不到白色后捞出，拧在一起，在备好的一块较平的石头上用力摔打，使青灰汁尽量浸透在纤维内，再用清水清洗一遍，就成了很好的灰色军用布。虽然颜色不太牢，但总还是灰色。军用布解决了，农民也学会了不花钱的染布法。

军用绿布，是用秋灰菜染的。将灰菜连梗带叶采回来，用水浸净，当日晒发霉之际，将叶梗捞出，叶绿色素便留在锅内。这时可把军衣或布料放入，煮沸20分钟后，清水过一遍，染成了好看的军绿色布。后因技术、原料和游击环境等原因，未能实现。但在当时毕竟解决了军用布、毡袜、马垫、絮衣棉等部分问题。

4. 发动群众，生产自救

合作社组织一区山上的村庄，驮余粮或农副产品到附近的东、西沟煤窑换煤，解决烧柴和冬季取暖问题，又组织守桦木林的群众，生产犁耙、柄把、架杆、顶棚条，编织糖鱼、筐、篮、箩头等运往城镇出售；还组织群众上山采黄芪等药材，增加收入。在农忙季节，宣传生产互助；秋收时，组织群众快收割、快碾打、快储藏，以免在敌人“扫荡”时受到损失。

1942年，形势日趋恶化，日寇从大同、张家口、归绥、包头等地调遣大量日伪军，实行“无人区”，对井尔沟山区到处烧杀。除了东、西煤窑，山区个别村庄及归武公路沿线的村落以外，都烧得差不多了。山里群众纷纷向后山、前川迁移。山里机关，今天在这个沟，明天到那个沟，夜行露宿。军民一齐施行“坚壁清野”，使敌人在山里无法过夜。敌寇虽然施行什么“强化治安”“施政跃进运动”“经济封锁”，连城镇人民定量购买的日用品都加以限制，但由于合作社跟随政府和军民活动，背包服务，不仅方便了机关和战士们，也方便了群众。人们把这名副其实的大众合作社热情地称为“咱们背包合作社”“咱们游击合作社”。但打游击时能背走的东西毕竟有限，损失越来越严重，为此，根据地命令又迁到水磨沟的东黑背儿村，至1943年春才搬回大南洼。

1943年冬，县、区领导干部一齐到偏关整风学习。武归县仅留下靳崇智副专员和工作人员及合作社的沈青山同志坚持工作。形势仍然很紧，敌寇一次又一次地“扫荡”，军队转移到红军背一带战斗，合作社也随军转移，打游击，继续为军民服务。

在这艰苦卓绝的抗日战争时期，把鲜血洒在大青山抗日游击根据地的，不仅有共产党八路军的指战员、游击队和地方党政的同志，也有为大青山抗日根据地党政军民服务从事合作社事业的同志。他们为革命做出的业绩将载入史册，他们的名字将永远刻在人民的心中。

第六辑　军民鱼水情

支前模范张兰女①

李斌

在内蒙古博物馆革命文物保管部里，存放着许许多多珍贵的革命文物。其中存放着“支前模范”——张兰女纳鞋用过的针锥和毛套套。

张兰女是武川县纳令沟乡李气沟村的女社员。1938年秋，八路军刚开进大青山区时，她还是一个十六七岁刚过门的农家小媳妇。她家境贫寒，缺吃少穿。八路军进山后，多次对她家给予照顾，帮助她家干农活，使她萌发了爱憎分明的朴素的阶级感情，明白了共产党领导的八路军是人民的军队。于是，她主动组织村里的妇女，积极开展支前活动，为八路军做军衣、军鞋，磨面，送情报，每天忙得不可开交，战士们都亲切地称呼她“二嫂”。旧社会，在后山地区，妇女参加工作可不是一件容易的事，封建思想的束缚，家庭和社会地位的低下使妇女不敢抛头露面，特别是领头人不好选，多数妇女羞羞答答不给干，还有些人讽刺打击，风言风语泼冷水。张兰女的婆婆首先站出来支持她的工作，丈夫也很通情达理。在张兰女的带动下，李气沟村成了支前模范村。

1942年秋，日寇集中了大批兵力对大青山抗日根据地进行了疯狂“扫荡”。在反“扫荡”的日子里，八路军指战员避实击虚，与敌寇开展了巧妙的游击战，给敌人以沉重打击。由于整日与敌人周旋，战士们穿的衣服被山中荆棘、梢枝挂得破烂不堪，身上划了很多血道子，有些战士没鞋穿，打着赤脚，脚上裂着大口子。指战员转移到李气沟，张兰女和村里妇女见状，目不忍视。她想，八路军为咱穷人打江山，整日爬山过梁，没有衣服和鞋子怎么行？她联络了几个

① 原载于《武川文史资料》第二辑，1985年7月。

妇女，仅用十多天时间，就缝补好了三四百件衣服，并和婆婆夜以继日地为战士们赶做了八双实纳帮子牛鼻鼻鞋。婆媳俩眼睛熬红了，手背勒肿了，针针线线纳进了对八路军战士的深情厚谊。

在抗战那些年月里，她家成了支前模范户，连她自己也数不清，为八路军做了多少衣服、多少鞋。她为抗战做出了贡献。

张兰女为八路军做军衣、军鞋的事被特务汉奸发现，她不幸被捕了。敌人把她吊在房梁上用皮带抽、用枪托踱，逼供问："八路军军需库在什么地方?""给八路做了多少衣服、鞋袜?"张兰女身受毒刑拷打，被折磨得死去活来，但始终没有向敌人屈服，表现了一个年轻的农家妇女对共产党、八路军忠贞不渝的爱，对敌人的恨。后来，在地下工作者和乡亲们多方营救下，她逃出了虎口。

新中国成立后，张兰女和老区人民一样过上了好日子。1951 年 7 月，中央访问团来老区慰问了她，对她在抗日战争中支援前线的功绩给予了极高评价，授予她"支前模范"的光荣称号。同年 9 月她被选为老区代表，满载着老区人民对党中央、毛主席的无限深情，去北京出席了老区会议，参加了国庆观礼，见到了毛主席、朱总司令等党和国家领导人。以后几十年她每次想到这些，浑身便充满了力量。她为八路军做军鞋用的针锥、毛套套也被内蒙古博物馆革命文物保管部收藏，作为革命文物展出。张兰女为革命做出的贡献将永远载入内蒙古革命运动史册!

张二女舍身救亲人①

黄厚 忆述 武川妇联 整理

1942年秋，日寇为配合太平洋战争，企图打通北路，收罗所有的驻绥远部队，并从华北专门调来两个机械化旅团，配有飞机大炮，共达3万余人，对我大青山游击根据地发动了空前规模的极其残酷的大“扫荡”。实行了烧光、杀光、抢光的“三光”政策。采取了步步为营的“篦梳式”战术，全面包围，进攻我大青山根据地，企图把我大青山部队全面吞掉。

在这危急关头，为了保存革命力量，我军领导机关进行了转移。姚喆司令员决定把部队化整为零，以连或班为单位活动。姚喆司令员带了一个班到了平川（大青山有了“姚喆班长”的称呼就是指那个时候），坚持地下活动。当时骑兵三团和游击队共500多人被敌围困。三天后，我军突破了敌人的包围，撤到绥东。绥东的敌人也很多，敌强我弱，从绥东又转向绥西后，姚喆司令员命令我带了一个班到大青山游击根据地进行侦察。

当时，日寇到处安营扎寨，建立据点。白天根本不能行动，晚上12点我们到了武川县的什尔登村，敌人像猪一样都打起了呼噜，我们一步一爬，越过了什尔登村，到了大兰旗乡的乌尔什台村，找到了张天元，在他家住了一晚上，白天隐蔽在山沟里。我们临行时，姚司令员一再吩咐，绝对不能泄露机密，以免暴露目标。第二天晚上我们才到了二道沟，天明时刻到了任罗罗的家。任罗罗不在家，只有他的媳妇张二女一个人，她急忙告诉我们，敌人到处安岗设哨，搜查频繁，你们在这里很危险，给我们拿了些炒面，让我们赶紧走。我们只好

① 原载于《武川文史资料》第二辑，1985年7月。

急匆匆地离开她家，到了山上的一个小庙里。那里杂草茂盛，总有半人高，天然的屏障真是我们隐蔽的好地方。十几个人爬到那里，个个虎视眈眈，子弹推上了膛，随时准备开火战斗。

正在这时，日本人像恶狼一样闯进了任罗罗的家，逼问张二女看见八路军没有？张二女果断地说："什么八路军、九路军，我没看见。"敌人就用枪托、皮鞭和连枷杆，淋雨般地打张二女，把连枷杆打成两截。当时她就昏迷了过去，又用冷水浇醒，张二女醒来后，毫不畏惧地说："你们就是把我揪成一块一块的，我也没看见。"敌人穷凶极恶，恼羞成怒，又把张二女打得昏迷了过去。

当时我们隐蔽的位置离张二女的家只有100多步，敌人疯狂的吼叫声和殴打声真是让我们撕心裂肺。战士们个个眼睛都红了，他们争着要和敌人拼命。当时我的心真是说不出的难过，真想跳出去和敌人拼了。但是，为了抗日全局，为了抗日胜利，只好咬着牙关，忍耐着，心里想，等待时机，一定要给张二女同志报仇。

敌人看到张二女昏迷不醒，在她的身上得不到一点口供，就把她驮到马上，到了小井村的麻湾沟，把她埋在那里（用沙土埋了半截身子，敌人走了）。当时那里有个开茶馆的老头，知道此地埋了张二女，急忙刨出来摸了一下，感觉她的心口还有一点气，就抬回家，扶到热炕上，喂了开水，张二女慢慢苏醒过来。在混乱的年代里，老大爷也不敢留她，用毛驴驮上，把她送回家。

敌人走后，我们又转移到了强盗沟的桦树林中，在一个烧木炭的家中住了两晚。第二天的晚上，我就派了一个班长、两名战士拿了80元钱和四两大烟土，到二道沟看望张二女同志，并让她请医生治疗，尽快把伤养好，叫她马上离开二道沟，转移到红召乡官庄子村（原归武川县，现划归卓资县）。战士们看到张二女同志被敌人打得遍体鳞伤，个个泣不成声，感动得说不出话来。

这时张二女同志虽然伤势很重，但她仍用宽慰的话安慰战士们：只有保住你们，才能早日把日寇从中国的土地上赶出去，老百姓才能过上安生的日子。你们为了打日本人，离乡背井，出生入死，我挨点打算不了什么。一席话说得战士们都暗暗下着决心，要为这位救命恩人报仇！

在那个战争的年代里，张二女同志能够做到这一点，真不愧是妇女中的英雄豪杰。要不是她守口如瓶，我们十几个人就全完啦！她在敌人面前宁死不屈的精神，激励我们英勇奋战。张二女同志为什么能够这样做呢？因为她经常听丈夫讲，八路军、游击队是为咱穷人打天下，是咱穷人的大救星。有时部队到了他们家里，挑水、扫院忙个不停，晚上休息不是睡在地上，就是睡在外面。事实教育了她，使她真正认识到，八路军、游击队才是我们自己的军队。有了好吃的，自己舍不得吃，准要留着等待同志们去了，拿出来让大家吃，对待战士们像亲人。可惜，这位顽强的妇女因遭敌人的毒打，身体一年不如一年，于1946年秋，年仅三十出头，就离开了人世。

张二女同志受伤后，我们经常去看望她，抬回粮食就给她送去，并经常给她送钱，以表我们的一片心意。

1947年，我带着部队到了官庄子村，找到了任罗罗，才得知张二女同志已经病故。因家境贫寒，买棺材借款100元。为了报答救命之恩，我们为她还清了债，并送了粮食（新中国成立后，任罗罗和他的儿子们又搬到了武川县大兰旗乡的孔独脑包村居住）。

事情距今虽然40多年，但张二女同志永远活在我的心中，使我时时不能忘怀，她的英雄事迹值得后人学习。

张五子为革命烧木炭①

张贵*

在那艰苦的抗日战争年代里，大青山深处的得胜沟，大青山八路军抗日游击队司令部从1938年初秋就驻扎在这里，有多少个苦难的日日夜夜，小小山寨里的父老乡亲们，和八路军同心同德，休戚相关，生死与共，并肩战斗，保卫着家乡的神圣土地。

住在村子东侧的张五子，从心底领会到八路军领导抗日的一片真挚情谊。在那八年的抗战岁月里，他未曾离开家乡一步，带着全家老小四口人一面辛勤地耕种着自己的土地，一面积极支持革命进行斗争。那时张五子才20多岁，他中等个头，粗眉大眼，满身虎劲，正血气方刚，精力旺盛。他性格豪爽开朗，为人正直憨厚，办事细心认真，是个标准的淳朴山农。

他对家乡四周的山山峁峁、沟沟汊汊了如指掌，爬山下沟，越河穿林，动作敏捷。寻察地势环境，他无所不知，可谓名副其实的“山里通”。他遇事沉着，但又多谋善断，常为人们占卜吉凶，所以深受姚喆司令员的赏识！他以朴素的阶级感情，在八路军的教育下，积极投身于革命斗争。为方便工作，姚喆司令员和他成为结拜弟兄，相互称兄道弟，亲如家人。司令部只要有事向他吭一声，他总是满口答应，欣然而为。姚喆司令员常常夸奖说：“俺五子弟为革命出力不少，等抗战胜利后，该给记一功！”

---

① 原载于《武川文史资料》第三辑，1986年4月。

* 此材料根据张五子妻、长子张振业及得胜沟几位老者——张存银、张存金和侯白等人提供史料而成。

1939年初冬的一天早上，深山里传来阵阵枪声，一队日军又进到山里“扫荡”。军民们迅速离开村子，隐蔽到村南榆树沟的桦树林里。冷飕飕的西北风一个劲儿地吹着，冻得人们直打战。为司令部做向导的张五子，找了个隐蔽的地方，在一个藏身的小岩洞里烧起了木炭。不多久，他把烧好的木炭送到了姚司令员避身的山洞里点着取暖，司令员望着红红的木炭放着青蓝的火焰，惊喜地拍拍他的肩膀说：“呵，俺五子弟还有烧炭的手艺，今后给部队多烧点。”张五子笑着自信地回答说：“那还愁？要多少，烧多少。”

敌人“扫荡”走后，张五子就遵照姚司令员的嘱托，在村外的山上找好了烧炭的地方，便在村南榆树沟的一个向阳山岔上，用石头砌了三间炭窑，每天早出晚归，顶风冒雪，劈好了一垛垛干柴，放满了三间炭窑。点火后，他就带些干粮，昼夜守在炭窑旁，吃住在野外。姚司令员怕他受冻挨饿，还派战士们送去了衣物和小米粥，嘱咐他注意保重身体。

一个冬春，张五子为司令部烧了三次木炭，他烧的木炭色纯块大，表里一致，耐烧火旺，为司令部解决了一冬春的取暖燃料，深受八路军干部战士的赞扬。

1941年春，当司令部从得胜沟转移时，姚司令员多次到张五子的草屋内看望他，给他讲解了许多革命道理，让他坚定革命胜利的信念，继续支援斗争，做出更大贡献。临走时，司令员紧紧地握住他那满是老茧的双手，感情深重地说：“五子弟，等革命胜利后，我一定再上门来看望你！”五子双眼含着惜别的泪花，点点头，激动得不知说什么是好。

40年过去了，张五子为八路军司令部烧木炭被传为美谈，他的行动表达了一个普通的老区人对革命斗争的忠贞贡献和无私援助。如今，当人们来到得胜沟村南榆树沟时，那三间石砌的木炭窑残墙断壁依稀可见，四周野草丛生，内外荆棘遍地。望着这简陋木炭窑的遗址，张五子那淳朴机灵的笑脸又会浮现在眼前，进而联想到革命战士张思德在延安为党中央、毛主席烧木炭的光辉形象。在艰苦斗争的岁月里，我们的军队、我们的人民是怎样地默默无闻地为革命做出了平凡而伟大的贡献。

新中国成立后的1951年秋，积极支援革命斗争的张五子，以“老民兵，老交通，老支前”的光荣称号，作为绥远省武川县老根据地人民代表，光荣地出席了绥远省各界人民代表会议协商委员会第二次会议。会议期间受到了姚喆司令员、杨植霖同志等领导的接见。在这次大会上，张五子代表老根据地人民进行了发言（其发言全文曾刊登在会议文集上），根据当时的形势和实际情况，对人民政府提出了具体的恳切希望和要求，把老区人民的心声向人民政府做了实事求是的反映，得到了党和政府的关注和重视。会后这些要求得到了妥善的落实和解决。

散会时，姚司令员手挽手地送张五子上了车，嘱咐他有事常来信，回去后好好工作，发扬革命传统，争取更大的光荣。

此后，张五子被选为乡农会主任，带领乡亲们积极投身于土地革命运动。他以坚强的斗志，旺盛的精力，和老区人民在革命的征途上，为后代子孙作出了榜样，铭刻在人们的心中。

鱼水情深[①]

武川县妇联 整理

大兰旗乡黄岱沟村委会大补力格村的郭蚕女老大娘，今年 72 岁，看上去头发已经花白，但她对往事依然记忆犹新。每每谈到她在抗日战争时期和八路军、游击队一起活动的日日夜夜，总是滔滔不绝。每谈到激动时，禁不住热泪夺眶而出。

郭蚕女老大娘原来是四子王旗后大滩人，1931 年，她在 18 岁时，嫁给了地处偏僻山区的大兰旗草垛山的白忠。抗战开始后，大兰旗乡成为八路军、县区政府的抗日游击根据地。地方和部队的同志常来这里和群众取得联系，得到了老乡们的热情接待、机智掩护和大力支持。郭蚕女家住的草垛山，位于大兰旗乡以北 20 多里的深山沟里，而且是独门独户，南来北往的人们都得路过她的家门。由于她和丈夫积极参加抗日，她的家也就成了八路军、游击队的落脚点。

1942 年秋季，日寇调动重兵对我绥中抗日游击根据地进行了一次空前规模的大“扫荡”，我们的军队、政府为了保存实力，暂时撤离了这个地区。这年的冬季，范建国区长随姚喆司令员从绥西地区重返绥中开展工作。当时范区长因为患急病，不能随军行动，留下来搞地下工作，带两名战士准备到大兰旗乡草垛山郭蚕女家休养。他们是晚上去的，因情况不熟悉，又不知郭蚕女家是否有外人，进院后就先在院内的柴垛里藏起来，想摸清情况后再进去。这天晚上，郭蚕女正准备给忙了一天农活的丈夫做饭，去柴垛里抱柴火，突然发现三个人藏在柴垛里，顿时吓得倒退了好几步，几乎要喊出声来。在战乱时期，这一带

---

① 原载于《武川文史资料》第四辑，1987 年 8 月。

土匪出没频繁，经常上门搜查八路军、游击队，进家就横鼻竖眼，这使她养成了警觉和应急的习惯。当她在寻思着应付的办法时，忽听柴垛里的人轻声解释道："别怕，我们是自己人。"她定睛细看，认出是八路军的游击队，顿时转惊吓为欣喜，急忙把他们领回家，热情地问长问短，安排吃住；然后将三人脱下的军衣放到厕所的石头墙里，用石头垒好，又左看右瞧，直到觉得没有破绽时才放心地回了家。

两天后，范区长的病稍有好转，便派出一个战士外出了解情况，可他未按商定的时间返回，不知是被捕，还是逃跑叛变。于是范区长又派一人出去探听消息。后来，他怎么也不放心，急着要走。郭蚕女考虑到事情可能有变化，也没挽留，急忙吩咐丈夫把衣服取出来用口袋包好驮在牛身上，又把自己的棉袄脱下给范区长披上，把他安全地转移到小井乡大石窑村，使阔别已久的"离群之雁"找到部队，又回到了温暖的战斗集体。

范区长刚刚离开郭蚕女家，第一次派出的那个人回来了。他问郭蚕女："范区长哪去了？"郭蚕女先是一愣，后又直爽地回答："不知从哪走了。"从而把他支走。后来才得知这个人叫安和子，那天他出走后并没有找区政府，而是向东八号的敌人据点走去，他叛变了。从那时起，郭蚕女才知道自己护理的是范区长。

1942 年，敌人集中兵力向抗日游击根据地实行疯狂的大"扫荡"，根据地处于极为不利的局势。但已经经受锻炼和考验的郭蚕女对共产党八路军的游击队更为热情，充满对抗日必胜的信心。她主动护理伤病员，帮助部队、政府保存物资给养等，为抗日做出了宝贵的贡献。

1949 年秋，武川县获得解放，郭蚕女一家也跳出了苦海见了天日，过上了幸福美满的日子。当她刚尝到幸福的甜头，不幸的事情发生了。1950 年，在郭蚕女 36 岁时，她因为过去经常给八路军、游击队办事，东跑西颠，操费心血，劳累过度而落下残疾的双眼失明了。人的眼睛是心灵的窗户，失去了双目，这对郭蚕女真是巨大的打击，她痛苦万分。在她坠入病痛的黑暗深渊时，党和政府及时向她伸出了温暖的手。曾受她保护过的范建国、黄厚等同志听说此情况后，更是着急万分，想方设法帮她联系看病。最后，黄厚司令员亲自与内蒙古二五三医院联系，为郭蚕女做了手术，使她失明的双眼重新见到了光明。当她看见站在自己身边的亲人，看见蔚蓝的天空、火一样的太阳和窗外美好的景物时，她感慨万分，非常激动地说：“没有共产党就没有我的一切，是共产党给了我光明，叫我重见天日！我要继续为党工作；为建设社会主义新中国做出新的贡献。”

后 记

2019年，习近平总书记在中央政协工作会议暨庆祝中国人民政治协商会议成立70周年大会上作了重要讲话，对新时代人民政协寄予为实现“两个一百年”奋斗目标、实现中华民族伟大复兴的中国梦、实现人民对美好生活的向往而继续奋斗的殷切希望。同时要求广大政协委员坚持为国履职、为民尽责情怀，把事业放在心上，把责任扛在肩上，认真履职尽责。

如何把习近平总书记的重要讲话精神贯彻到政协武川县委员会的具体实际工作中，是政协委员和政协工作者必须认真思考、努力践行的重要课题。

在2021年中国共产党百年华诞之际，政协武川县委员会牢记嘱托，履职尽责，在围绕中心、服务大局，全面做好政协整体工作中，充分发挥政协文史工作特色优势，编辑出版纪念中国共产党成立一百周年的文史资料《红星耀武川》，以此向党的百岁生日献礼，成为我们政协党员和干部的心愿。

从2020年底，武川政协即开始酝酿、筹备如何拿出这个文史成果。这个心愿是由衷的，这个计划实施需要付出艰苦的努力，也是一种义不容辞的责任，同时我们也在“审视”着武川具备的可行性条件。一是武川政协自1984年成立以来，已出版了20余辑《武川文史资料》（内部资料），其中有不少记录武川红色历史和可歌可泣英雄故事的文章，可以好中选优，集合正式出版，以利于更好地讲好党的故事。二是有北京市门头沟区政协的大力帮助和宝贵的资金资助。三是有武川县委和县人民政府的大力支持。四是有政协干部职工迎难而上、攻坚克难的作风和筚路蓝缕、不懈努力的精神。五是有多年来在政协工作中与上级党史部门、革命前辈及其子女家属的长期联系和广泛支持。有与中国文史出版社多年密切合作的良好基础。所以我们有决心、有信心开展好这项工作。经过努力，于2020年底，完成了从《武川文史资料》(内部资料)1—7辑中筛选记述武川红色历史文章的前期工作。与此同时，与中国文史出版社进行了初步的沟通和对接工作。

2021年1月，政协武川县九届四次会议后，经过武川政协党组和政协主席办公会议研究决定，编辑出版纪念中国共产党成立一百周年书籍《红星耀武川》，并与中国文史出版社正式签订出版合同。武川政协开始着手成立编委会，由苏凤梅和尹璐同志负责收集图片资料，安排司建国同志起草前言工作。同时将原始文章书稿移交中国文史出版社，进行排版、审核，编排名录、审核书名等工作。经过数月紧张工作，责任编辑梁玉梅同志亲自校对三遍，同时找质量很高的三校进行校对，总共校对六次。于11月1日将书稿审核稿正式返回武川政协。

主编张立侠同志在2021年担任呼和浩特市委党史学习教育第一巡回指导组组长工作期间，于11月1日—12月15日加班加点，集中一个半月时间，再次对返回的书稿进行三次初审、复审、核对工作，突击45天完成了对书稿的再审把关工作。

主编和责任编辑人员，认真贯彻习近平总书记关于党史学习教育重要讲话精神，坚持马克思主义唯物史观和正确的党史观，认真负责地进行全文阅审，查找问题，纠正偏差，核准史实，完善内容。

编审期间，登门请教并得到了自治区正省级离休干部云照光，大青山抗日老战士王荣华，内蒙古工商联副主席、内蒙古党史研究室原副主任姜爱军，呼和浩特市委党史研究室主任王珺，武川县委宣传部原党支部书记、党史办曹海英同志，革命烈士后代张明、侯集成，革命前辈张达明的女儿张军、女婿金孝直以及革命前辈郝秀山之子郝时远、大青山老前辈王威之子王志民同志的支持，还有文章作者之一的王有根、胡国栋、孙少勇同志的帮助。参阅了郝维民同志主编的《大青山抗日斗争史》，郝秀山同志编写的《青山草原情》及其他著作。编审工作得到了革命老区武川县得胜沟乡得胜沟村张米贵、张兰贵同志，以及呼和浩特团市委书记张宇峰、办公室主任杨靖宇，武川县退役军人事务局局长张耀，武川县红十字会会长魏丕智，武川县档案局负责人张林俊同志，自治区、呼和浩特市和武川县有关单位退休干部冯茂、吴志勇、张保民、张天富、刘宏凯，武川县大青山乡坝顶村委会支书杨德华、大青山乡井尔沟村农民兼大青山革命烈士陵园管理员张补伟的帮助。同时得到了内蒙古退役军人事务厅谢建平、张中华两位处长，张健、刘政两位同志和呼和浩特市扶贫办及武川县退役军人事务局的支持帮助，使我们不仅为革命前辈立传，同时贯彻习近平总书记在考察广西，参观湘江战役有关“做好革命烈士遗骸收殓工作”的重要指示精神，将大青山先烈任克定、朱维德和柴吉成三位烈士之墓迁址，让革命烈士安葬于大青革命烈士陵园。

在编辑过程中，作为本书的主编和呼和浩特市委党史学习教育第一巡回指导组组长的张立侠同志，与呼和浩特市委党史学习教育第一巡回指导组副组长张永红和吕世忠、雷斌、张俊丽、其乐木格、郝雨佳七位同志参观了在内蒙古展览馆展出的“不忘初心，牢记使命——中国共产党历史展览”，内蒙古博物院的“草原丰碑·内蒙古革命史展览”，赴乌兰夫故居、荣耀先故居、贾力更故居、多松年故居参观学习，寻访全国爱国主义教育基地：呼和浩特市武川县得胜沟大青山抗日游击根据地旧址、井尔沟大青山革命烈士陵园、大青山抗日游击根据地展馆，以此更好地助力完成编辑出版工作。

党中央历来高度重视党史研究和学习工作，2010 年中央党史研究室作出对革命遗址进行普查的部署。武川县委宣传部组织开展了武川县革命遗址的普查，并由张立侠同志主编，编辑出版了《武川县红色革命遗址概览》一书。2021 年党中央立足百年党史新起点，着眼开创事业发展新局面，作出了在全党开展党史学习教育的重大战略决策，编辑出版《红星耀武川》，既是武川政协人对党的百年华诞的最好纪念，也是学习党的历史，包括党在内蒙古的历史，发挥党的历史以史鉴今、资政育人的作用和讲好党的故事、革命的故事、英雄的故事的实际行动。

在责任编辑梁玉梅和内蒙古退役军人事务厅刘政，以及市政协姜向峰、市委宣传部郝雨佳和曹倩、市委党史学习教育领导小组办公室贾晓玲和李晓晴、武川政协办公室尹璐诸位同志的帮助下，张立侠同志为本书撰写后记，内蒙古文史研究馆馆员、内蒙古诗书画研究会会长郭瑞金为本书题写书名。

辑录于《红星耀武川》的文章，以大青山的革命斗争，讲述我们的红色政权来之不易、新中国来之不易；记录八路军大青山支队不折不扣地贯彻了党中央、毛主席创建大青山抗日游击根据地的决策部署，体现了对党绝对忠诚的共产党人的政治本色；大青山抗日游击根据地的艰苦创建充分印证了中国共产党与人民心连心，党领导人民、依靠人民，军民团结，各民族同仇敌忾打败日本侵略者的坚强意志。启示我们要始终站稳人民立场，永葆清廉政治本色和党的先进性、纯洁性，坚定不移贯彻党的群众路线，永不脱离群众，为建设亮丽内蒙古、共圆伟大中国梦，汇聚磅礴的人民伟力；大青山抗日游击根据地的创建、坚持和发展、胜利，以实际行动诠释了伟大的抗战精神。使我们进一步加深了对中华民族在抗战斗争中表现出的天下兴亡、匹夫有责的爱国情怀，视死如归、宁死不屈的民族气节，不畏强暴、血战到底的英雄气概，百折不挠、坚韧不拔的必胜信念和革命精神的认识。

大青山革命斗争中涌现出的无数舍生忘死、视死如归的革命烈士，以及用热血和汗水、智慧和勇毅捍卫理想信念、展示使命担当的抗日英雄和支前模范，书写了无数可歌可泣的英雄篇章，使我们从中汲取了信仰信念的力量，成为我们今天应当传承的红色基因。

我们要学深悟透习近平新时代中国特色社会主义思想，弘扬伟大的建党精神，自觉践行党的初心使命，紧密团结在以习近平同志为核心的党中央周围，坚定不移贯彻好党的基本理论、基本路线、基本纲领，以史为鉴、开创未来，埋头苦干、勇毅前行。我们要以学习贯彻十九届六中全会精神为重点，巩固拓展党史学习教育成果，把思想行动统一到党中央的要求上来，以强烈的历史主动精神，奋进新征程、建功新时代。始终保持艰苦奋斗的昂扬精神，干事创业，攻坚克难，把革命老区武川建设好，努力促进经济高质量发展，让老区人民过上更加幸福的生活。

由于收录文章时间久远，写的人物较多，涉及面积既广又细，加上编辑和工作人员人手少、时间紧，书中定会有不少不足，甚至失误，敬请读者批评指正，提出宝贵意见。

编 者

2021 年 12 月 26 日

图书在版编目（CIP）数据

红星耀武川 / 政协武川县委员会编 ; 张立侠主编
. -- 北京 : 中国文史出版社 , 2021.7
ISBN 978-7-5205-3069-9

Ⅰ . ①红… Ⅱ . ①政… ②张… Ⅲ . ①中国共产党－地方组织－史料－武川县 Ⅳ . ① D235.264

中国版本图书馆 CIP 数据核字 (2021) 第 133511 号

责任编辑： 梁玉梅

出版发行： **中国文史出版社**
社　　址： 北京市海淀区西八里庄路 69 号院　**邮编：** 100142
电　　话： 010-81136606 81136602 81136603（发行部）
传　　真： 010-81136655
印　　装： 北京新华印刷有限公司
经　　销： 全国新华书店
开　　本： 16 开
印　　张： 26.5　**插页：** 12
字　　数： 431 千字
版　　次： 2022 年 3 月北京第 1 版
印　　次： 2022 年 3 月第 1 次印刷
定　　价： 78.00 元
